# ISLAMIC
## GARDENS AND LANDSCAPES

# 図説 イスラーム庭園

フェアチャイルド・ラッグルズ
*Dede Fairchild Ruggles*

桝屋友子 監修
木村高子 訳

原書房

# Contents

## 第 1 部

はじめに　6

1　イスラームの風景　11
　　場所と記憶

2　砂漠に花を咲かせる　21
　　荒涼たる大地を変身させる

3　園芸術　37
　　農耕や造園に関する書物

4　大地を整備する　49
　　十字型庭園とチャハール・バーグ

5　樹木と草花　61
　　文献、および考古学に基づいた植物学的痕跡

6　庭園と景観の表現　75
　　彩色写本、織物などの技法にみる比喩的描写

7　空想の庭園　89
　　理想の庭園、文学に登場する庭園

8　楽園としての庭園　105
　　絵画表現の歴史的起源

9　現世と来世　121
　　廟と墓廟庭園

10　景観としての庭園　137
　　タージ・マハルとその先駆者たち

11　**宗教と文化**　153
　　非イスラームによるイスラーム庭園文化の採用

## 第2部

### スペイン　176
　コルドバ——大モスク〈メスキータ〉／マディーナ・アッ＝ザフラー
　グラナダ——アルハンブラ宮殿／ヘネラリーフェ離宮
　モンテアグド——城
　セビーリャ——アルカサル

### イタリア　シチリア　183
　パレルモ——ファヴァラ宮殿／ジーザ宮殿

### モロッコ　185
　フェズ——ダール・アル＝バサ／アブド・アル＝カリ・パシャの宮殿
　マラケシュ——アグダール庭園／アル＝バディーウ宮殿／クトゥビーヤ
　ラバト——シェーラ墓所

### アルジェリア　190
　バニー・ハンマードの要塞都市——ダール・アル＝バフル

### チュニジア　191
　カイラワーン——アグラブ朝の貯水槽
　マヌーバ——ブルジュ・アル＝カビール／ブルジュ・クッバト・アン＝ナース

### エジプト　194
　カイロ——アズハル公園／アズバキーヤ庭園／フスタートの市街地

### トルコ　197
　アランヤ——ハスバフチェ
　イスタンブル——ボスフォラス海峡沿いのあずまや／フェネルバフチェ／
　　　　　　　　カラバリ庭園／スレイマニイェ墓地／トプカプ宮殿
　マルマラ海——ウスキュダル宮殿／イュルドゥズ宮殿
　マニサ——マニサ宮殿

### 大シリア　205
　アッ＝ルサーファ——宮苑
　ダマスクス——アル＝アズム宮殿／18、19世紀の住宅群
　ウエストバンク——ヒルバト・アル＝マフジャル
　パルミュラ——カスル・アル＝ハイル・イースト

### オマーン　209
　マスカット——スルターン・カーブース大学

### イラク　210
　サーマッラー——バルクワーラー宮殿／ダール・アル＝ヒラーファ宮殿

イラン　212
　　イスファハーン──／ナイチンゲール庭園とハシュト・ビヒシュト〈八つの楽園〉／チャハール・バーグ大通り／チヒル・ストゥーン〈40柱殿〉
　　カーシャーン──フィーン庭園
　　シーラーズ──玉座の庭園
　　タブリーズ──王の池の庭園

アフガニスタン　219
　　ヘラート──アブド・アッラー・アンサーリー廟
　　イスターリフ──キャラーン庭園
　　カーブル──バーブル庭園
　　ラシュカレ・バーザール──宮殿群

トルクメニスタン　223
　　メルヴ──スルターン＝サンジャル廟

パキスタン　224
　　ラーホール──ラーホール城／ヒラン・ミーナール／ジャハーンギーリー、アーサフ・ハーン、ヌール・ジャハーンの廟／シャーリーマール庭園

インド　228
　　アーグラー──イイティマード・アッ＝ダウラ廟／月光庭園／ラーム庭園／アーグラー城〈レッド・フォート〉／タージ・マハル
　　アンベール──アンベール城／ジャイガル要塞
　　ビージャープル──イブラーヒーム・ラウザ複合施設
　　デリー──ジュード庭園／ハウズ・ハース／フマーユーン廟／ラシュトラ・パティ・バワン〈副王宮〉のムガル風庭園／デリー城〈レッド・フォート〉／サフダール・ジャング廟
　　ドールプル──睡蓮の庭園〈ニールーファル庭園〉
　　ディーグ──ディーグ宮殿
　　ファテープル・スィークリー──後宮庭園
　　カシュミール──アチャバル庭園／ニシャート庭園／シャーリーマール庭園／ヴェールナーグ
　　マーンドゥー──宮殿群
　　ナーガウル──アッヒチャトラガルブ城塞
　　オルチャ──アーナンド・マンダル庭園
　　スィカンドラ──アクバル廟
　　ウダイプル──市街宮殿

アメリカ合衆国　253
　　ハワイ州、ホノルル──シャングリラ館
　　ワシントン──エニド・A・ハウプト庭園

庭園の所在地、イスラームの主な王朝　256
注　260
監修者あとがき　290

用語集　258
参考文献　276
訳者あとがき　292

両親へ：ジャンヌ・フランソワーズ・ペーター・ラッグルズ
トーマス・モリール・ラッグルズに本書を捧げる。

# 第1部

# はじめに

**庭**園とは、大地や宇宙との関わりを、人が表現する重要な場である。そして冬の時季にも飢えることなく、翌年に蒔く種を収穫するために野菜や果物を栽培する、ありふれた日常生活の場でもある。庭の手入れ——野生の景観からごくわずかな植物を残してすべてを摘みとり、水やりをし、植物が開花して実がなるまで世話をするという、日常的な活動の場といっていい。元手はわずかしか要らず、設計図も不要だ。野心的な王の命令や共同体の力が効率的に働いて、複雑な灌漑・排水システムを備えた庭園がつくられることもあるが、簡素な庭園が自然に誕生することも多い。

本書では、イスラームの庭園と整備された景観を主題とし、都市と建築を一方の極に、そして自然と原野をもう一方の極として連続するスペクトル上に並べて解釈を試みている。イスラーム庭園については、建築家や愛好家に人気が高く、美しい庭園の図版を多数掲載した書物が毎年出版されている。しかし、こうした文献が取り上げている多くの事例は、権力者らによってつくられた整形庭園であり、しばしば「地上の楽園」の象徴として、壁に囲まれた幾何学的な庭園と定義づけられる。地形、農業、給水といったより広いコンテクストから庭園を切り離した結果、狭く表面的な見方しかできなくなっているのである。それは、宗教や王朝政治の重要性を強調するあまりに、同じように庭園の外見や意味を決定づけてきた、他の重要な要素を無視していることになる。

本書は、イスラーム庭園の起源や、表面的な特性を扱った本ではない。特徴的な外見をもつモスク、宮殿、墓に代表されるイスラーム建築とは違い、正式な庭園のデザインは、いくつかの派生形を別にすれば、イスラームの歴史を通じても一種類しか存在しなかった。いわゆるチャハール・バーグ（四分庭園）——中心軸となる十字に交差する通路によって四分割された庭園である（4章で詳述）。その応用形である階段状テラスの庭園は、サファヴィー朝やムガル帝国において数多く見られた（10章で詳述）。

造園は、現世での勤しみとして始まった。自分を取り巻く空間を整備し、自然を飼いならし、大地の恵みを膨らませ、資源を配置するためのわかりやすい地図を描くという現実の必要にせまられて登場したのである。こうした現実的な側面

については、最初の1〜3章で扱う。その後、人の手による自然の支配、豊穣の意味を象徴的に解釈する行為が生まれ、その結果、優れた庭園は、人による技術の勝利を、豊穣な大地は神の恵みを意味するようになった。ムスリムにとって庭園が楽園を意味するという刺激的な神学的解釈は、これまでに何度かなされてきたが、初期の庭園はそのような意味をもっていなかったことは明らかである。神学と史学はどちらも真実を探し求めながら、それぞれ投げかける問いと答えは異なっている。実際に整備された庭園や解釈について、本書では純粋に歴史的な観点からの回答を試みている。

　イスラーム庭園を扱う場合に陥りがちなのは、現存する庭園を重視しすぎる傾向である。そこに出かければ、誰もが容易に目にできる魅力的な庭園があることから、それが考古学的調査を経ないまま、植栽がまったく現代の仕様であるにもかかわらず、歴史的なものとして扱われてしまうのである。たとえばグラナダにあるヘネラリーフェ離宮の「アセキアの中庭」は、現存する真正のイスラーム庭園ともてはやされてきたが、実際には土壌も植栽も現代のものである。残念なことに往々にして、建築家や歴史研究者や遺跡保存に携わる人々は、史跡の植生の不正確さに対してあまりに寛容すぎる。しかも、かつてそこに植えられていた植物を同定する技術が、すでにいくつも存在しているにもかかわらず。庭園考古学の成功例を見れば、庭園を扱った文献や絵画にそうしたアプローチを組み合わせた結果、何が可能で、何が可能でないのかは一目瞭然のはずだ。

　もうひとつ問題とされるべきなのが、アラブや、特にペルシアの詩歌というベールを通して実在の庭園を解釈しようとする傾向だ。歴史上の記述や考古学的なデータが存在しない以上、こうした詩句は実際の庭園の描写としてよりもむしろ文学作品として研究すべきものである。たとえばタージ・マハルに関しても同じことが行われてきた。遺された銘文に、最後の審判や神の玉座について述べられているため、研究者たちは何の躊躇もなく、このモニュメントを神学的、政治的な側面から解釈してきた。しかし、従来とは違う位置に墓を置いたことや、川を隔ててタージ・マハルの反対側に世俗的な庭園を配置した理由を、こうしたコーランの文言から説明することはできない。

　また、庭園はイスラーム世界各地においてきわめて強力な芸術表現であったことから、ムスリム以外にも取り入れられている。それによって彼らはムスリムの支配者とのつながりを広く示し、宗教上の明白な違いを超えた共通の文化アイデンティティを誇示した。そのひとつの例がインドのムガル帝国におけるラージプート族だろう。つまり、庭園は決してムスリムだけの専有物ではなかった。それは特定の気候条件や景観支配術の中から生じ、同じ風土に住む人々が共有する関心事を反映していた。ここで重要なのは、庭園が宗教的・文化的コンテクストとは無関係に誕生したということではない。実際、地形の改造は、人間にとって最も強烈な経験のひ

とつだ。人間はその活動を通じて、宇宙に対する畏怖、死への恐怖や希望を感じる。しかし本書で一番強調したいのは、歴史研究者が振り返って「イスラームの」と形容する庭園の意味や、構造や生産性は、宗教や文化という視点からだけでは説明できないということだ。

　イスラーム庭園の歴史が、ごく最近までイスラーム宗教や文化の専門家でない人々によって書かれてきたためか、庭園についての記述はしばしば歴史的事実とまったく無関係、あるいは侮辱的ともいえる固定観念に陥っていた[1]。その中でも最悪のケースについては、途方もない東洋趣味(オリエンタリズム)の幻想と切って捨ててしまうことは実に簡単だ。しかし、遠い昔に姿を消した景観や住民の経験を再現しようと試みる場合、どんな歴史研究者でも、自分の願望や期待をそこに反映させる傾向があるのではなかろうか。私自身、イスラーム・スペインやムガル・インドを、さまざまな民族や宗教の共存に成功した社会として紹介したい誘惑によくかられる。イスラーム、キリスト教、ヒンドゥー教、仏教、ユダヤ教がこれらの文化の中で融合していたという事実が、あたかも近代社会の進むべき方向性を指し示しているかのように。文化の多様性や相違は、初期イスラーム社会の際立った特徴だった。しかし、庭園を特徴づけるのがそこにある植物の多様性だとしても、顕著なのはむしろ継続性である。農業はしばしば政治紛争の影響を色濃く受けたが、人々の慣習は政治的、宗教的、民族的境界線をやすやすと乗り越えることができた。このため、13〜14世紀に南部スペインで築かれた庭園が、ムスリムのためにつくられたものなのか、あるいはキリスト教徒のパトロンのためにつくられたものなのかを見分けるのはほぼ不可能である。通常、新しい農業技術が開発されると、政治的・文化的な状況さえ許せば、その利点が認められた瞬間からたちまち広まっていくからだ。

　本書で取り上げているのは、7世紀から20世紀の庭園である。はじめの数章でイスラームの黎明期を扱っているものの、数々の王朝を厳密に年代順に追っているわけではない。逆に写本挿画（6章）や天上の楽園（7章）などのテーマを取り上げた場合も、そこに登場する庭園は必ずしも年代順に並べられていない。本書では南アジアとイスラーム・スペインの例を特に多く取り上げているが、その理由のひとつは、これらの地域には、これまで歴史研究者や考古学者によって深く研究されてきた庭園が、現在も数多く遺されているからである。もうひとつは、筆者がこの地域について最も詳しいからである。反対に東南アジアやアフリカ北岸以南の地域に記述が及んでいないのは、これらの地域の環境整備についての情報があまりに少なく、そんな中でも存在している資料はすべて、非常に多くの遺跡や庭園が残っている近代のものだからだ。

　第2部では、地域ごとのイスラーム庭園や遺跡を一覧にまとめた。ここに取り上げた基準は、歴史的に重要か、保存状態がよいか、（特に19世紀および20世紀の邸宅に付

属する庭園は、非常に多く残っているので）何らかの意味で代表的とされるかどうか。このセクションに挙げられた庭園や遺跡についてはすべて図版や写真が示され、簡単な参考文献を載せている。

本書のために用意した80以上の図版の多くは、古いものに加筆修正、あるいは新たに描き起こしたものであり、古い図面を訂正し、本書で初めて紹介したものも多い。平面図は空間分析には役立つが、三次元の地形を平らな紙の上に展開するため、その地に庭園を築く理由となったかもしれない地表の起伏や、地下水などの情報が欠けた建築図面となってしまいがちだ。概して庭園は周囲の景観から独立して示されており、それが砂漠の中にあるのか、森の中にあるのか、山頂にあるのか、平原にあるのかが、かろうじて読みとれるに過ぎない。もうひとつの問題は、平面図は当初の計画段階での完成予定図、おそらく計画が意味をもった唯一の瞬間を図示していることが多いことにある。つまり断面図や俯瞰図は、木々が育ち、季節の花が咲き乱れる、未来のある瞬間を示しているに過ぎない。とはいえ他に選択肢がないので、そうした図版の多くが本書におさめられている。本書に登場する庭園のほとんどを第2部の庭園・遺跡セクションに収載しているので、第1部の各章を読むにあたっては図版を参照されたい。

本文中に登場する「イスラーム」と「ムスリム」は、決して同じ意味ではない。「ムスリム」は、預言者ムハンマドによって伝えられた神の言葉であるイスラームの教えを信じる者を意味する。またモスクをはじめ、宗教と直接関わりのあるさまざまな習慣などの諸概念を表すキーワードでもある。一方「イスラーム」は、ムスリムの共同体全般、そして信者だけでなく、彼らに混じって生活していた非ムスリムも共有した社会習慣や物質文化を示す。したがって7世紀のエルサレム、8世紀のコルドバ、15世紀後半のイスタンブル、16世紀のアーグラーなどは、ムスリムの政府に統治され、イスラームの価値観が社会を支配していたので、イスラーム都市と呼ぶことができる。しかしいずれの都市でも、多くの非ムスリムがともに暮らしていた。エルサレムではビザンツ人（ギリシア人）とユダヤ人が、そして、アーグラーではひとくくりにヒンドゥー教と呼ばれるさまざまな教えの信者が、圧倒的にイスラームが支配している文化の中で暮らし、時にはその文化を特徴づける外見の多くを共有しながらも、キリスト教徒、ユダヤ教徒、ヒンドゥー教徒としてのアイデンティティを保ち続けた。したがって「ムスリム」という宗教用語は「イスラーム」という、より大きな文化概念の下位概念である。

年代表記には西暦を用いているが、原典がヒジュラ暦（イスラーム暦）で記されている場合は例外とする。

はじめに

# 1 イスラームの風景

場所と記憶

　庭園や風景の概念は、とらえどころがない。どちらも空間や時間の中に位置づけられ、それでいながら一方にのみ属しているわけでもない。イスラーム庭園を扱う場合の問題はまだある。何をもってイスラーム庭園と見なすかという、定義の問題があるからだ。イスラーム世界はきわめて広大かつ多様で、農耕のやり方から社会秩序、そして歴史さえも地域によって異なる。したがって、バルカン半島とサハラ砂漠とを比較することも、ナイル川の氾濫を利用した灌漑システムと、イランやイラクの地下水路を利用した灌漑システム、さらにはインドの貯水システム（図1）と比較することも、意味がない。16世紀のムガル帝国建国者バーブルも、ヒンドゥースターン地方（ほぼ現在のインドおよびパキスタン）を故郷のカーブル地方と比較して、次のように述べている。「ここは風がわりな場所だ。故郷と比べるとまったくの別世界といっていい。山、川、森、荒野も、村、田舎、動植物も、人々や言語、そして雨風までがまったく異なっている」と [1]。

　イスラーム世界の気候はきわめて多様である。地中海沿岸では夏は乾燥して暑く、冬は湿度が高く温暖だ。エジプトからチュニジアまでの地形はほぼ平坦だが、チュニジア西部からアルジェリア、モロッコにかけては、雪を戴いたアトラス山脈が広い高原を挟みながら東西に延びている。そして南には気温が50度以上にもなるサハラ砂漠が広がっている。

　一方、インド北部やパキスタン西部、アフガニスタンには、標高7500mを超える恐るべき自然の障壁ヒマラヤ山脈がそびえている。山脈から流れ出る河川はインド北部の広大なインド・ガンジス平原に注ぎ込む。もうひとつ、この地に水をもたらすのはモンスーンの風だ。シリアとイラクは国土のほとんどが低地砂漠で、一部がティグリス・ユーフラテス川によって潤っている。この地方では何千年をも費やして、川の水を利用した灌漑システムが発達した。川の上流から引いた水を運河で運び、低地を潤したのだ。

図1●インドのアフマダーバード近郊にあるアダーラジの階段井戸（1498年頃）では、二つの深い井戸に向かって階段が下りていく。底部に設置された滑車を使って、地表まで水が汲み上げられた

イスラーム世界の風景が多様であるように、これらの地域に住む人々の伝統や歴史的アイデンティティもまたバラエティに富んでいる。主なグループだけでも、アラブ人、北アフリカのベルベル人、東地中海沿岸地方の東方正教会信徒、イランのペルシア人、中央アジアのステップ地帯で暮らすテュルク系民族などがいる。8世紀以降、イスラームの教えが北アフリカとイランに浸透すると、アラビア語を第二外国語として採用するムスリムの共同体が増えた。つまりアラビア語は家庭の団らんではなく、モスクや政治の場で使用される言語となったのだ。このような多様性を目のあたりにすると、「イスラーム」が果たして明快な文化の表象(レーベル)となり得るのか、首を傾げないわけにいかない。しかし14世紀のグラナダとカイロに住んでいたムスリムは、どちらもアラビア半島の聖地を共通のルーツと見なしており、イスラームの王国に住むキリスト教徒、ユダヤ人、ヒンドゥー教徒でさえ、しばしば地元の文化を取り入れ、改宗することなくイスラームの料理、音楽、服装、建築、文学を、我がものとしていた。貿易や巡礼によって遠く離れた社会が接近し合い、人々は旅することによって物や考え方を交換した。アラブ文学は、船や隊商を利用してイスラーム世界の果てや、さらにその先まで旅した男たちの旅行記で満ちている。たとえば最も決意に満ちた旅行家の一人イブン・バットゥータは、1325〜1354年に北京、カルカッタ、ブハラ、コンスタンティノープル、グラナダ、トンブクトゥを旅している (図2) (2。旅の途中で出会った人々の嗜好や珍しい風景、奇妙な習慣などを記録し、礼儀作法や記念碑的建造物についても関心をもって記している。そう

図2●イブン・バットゥータ（1304〜1368/1377）が旅した経路。彼は前近代イスラーム世界を旅した大旅行家だった。旅行記は、『諸都市の新奇さと旅の驚異に関する観察者たちへの贈り物』、一般に『三大陸周遊記』『大旅行記』と呼ばれる書物にまとめられた
(Robert Irving に基づき Ruggles と Variava 作図)

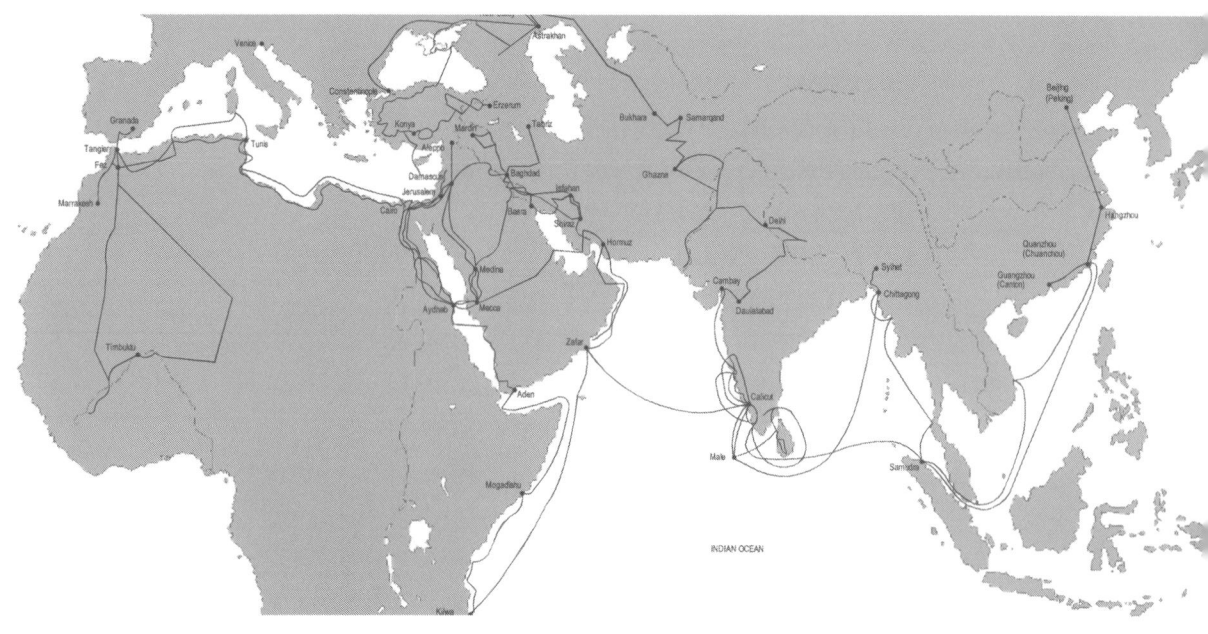

した旅する地理学者たちは社会だけでなく地形も細かく観察し、しばしばイスラーム世界のある地方を別の地方と比較した。セビーリャの川の眺めをティグリス川やナイル川と、あるいはバグダードをカイロと比べ、同じ文中で両方を賞賛している。境界を接しておらず、同じ言葉を話さない社会の場合でさえも、イスラームを共通の遺産、つまり宗教的基盤と見なし、ともにコーランを聖なる書物、そして法律や共同体組織の根本としていた。

図3●グラナダのアルハンブラ宮殿、ヘネラリーフェ離宮。14世紀に造営された「アセキアの中庭」では、建物から眼下の庭園を見下ろせるだけでなく、その向こうの市街や耕作された田園風景、そしてさらに遠くの山々まで見渡せた

庭園にやって来ると、人々は空間的な構造物を視覚的に認めるだけでなく、聴覚と嗅覚も動員してその理解に努める。(多くのイスラーム庭園の唯一の記録である) 紙に描かれた庭園からは、流れる水のせせらぎや鳥のさえずりを思い起こすことはできないが、多くのイスラーム庭園にはナイチンゲールやハトがたくさんいて、そのさえずりによって人々を楽しませていたことは、数多くの詩にも詠われている。カスピ海沿岸のある庭園について、ペルシアの偉大な詩人フィルダウスィーは次のように詠った。「ナイチンゲールはすべての小枝に止まり／柔らかな声で美しい調べをさえずっている」[3]。別の詩人マヌーチフリーは、ある庭園の春を次のように表現した。「ハトは礼拝の時間を呼びかける者、その鳴き声は祈りを促す」[4]。庭園は花の香りで満ちていた。花々で覆われたオレンジの木立を目にした人間は、思わず目を閉じて深く息を吸い込む。きわめて多くの植物が、その美しさばかりでなく、よい香りや果実の瑞々しい味が好まれて、栽培されていた。

特定の場所、たとえば隠れ家的な場所からの見事な眺めも、また感覚に訴えかけてくる。地平線にまっすぐ向かう眺めは、高所からの全景とはまったく異なって見える。アンダルシア地方の宮殿都市マディーナ・アッ゠ザフラーでは、王宮の大広間は庭園に向かって開かれ、庭園群からは王宮の敷地や遠くの肥沃な河畔にある農園が見下ろせるように配置されていた[5]。同様にアルハンブラ宮殿でも、いくつかの張り出し窓は、宮殿の住人がそこから周囲の市街地を見下ろし、遠くの山並みを眺めるためだけに設けられていた(図3)[6]。しかし数多くの広間や園亭が平面的に表されているアルハンブラ宮殿の図面からは、広間ごとの、そして宮殿と地形の間の立体的な関係性をうかがうことはできない。

設計図を重視することは、庭園がいつまでも変わらないと解釈することにつなが

イスラームの風景｜1

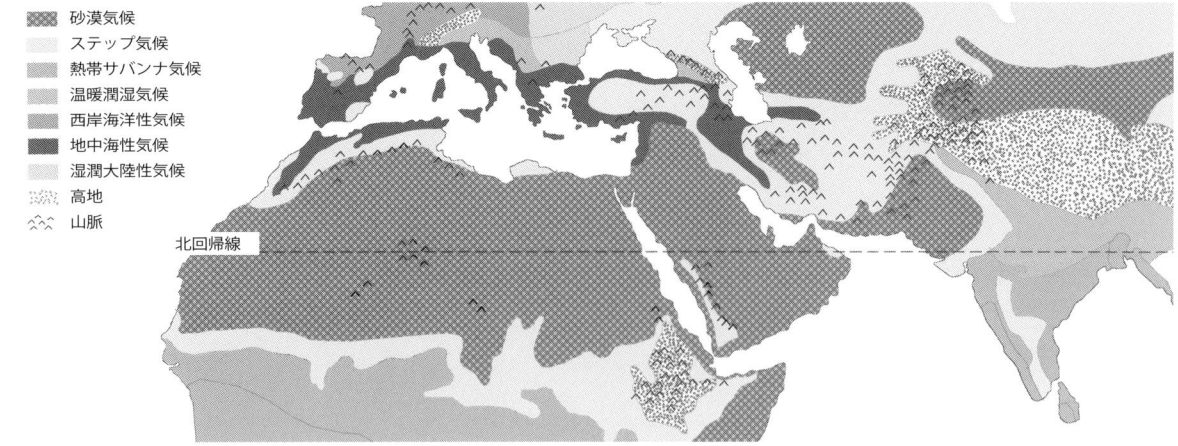

図4●イスラーム世界の気候図
(RugglesとVariava)

凡例:
- 砂漠気候
- ステップ気候
- 熱帯サバンナ気候
- 温暖湿潤気候
- 西岸海洋性気候
- 地中海性気候
- 湿潤大陸性気候
- 高地
- 山脈
- 北回帰線

る。しかし景観とは、石材や煉瓦や漆喰でつくられた不変の構築物ではない。それは動植物や人間に提供された住処として、生きた存在なのだ。その住処がいかに人為的につくられ、維持されているとしても、この事実は変わらない。したがって環境学者にならい、景観を相互に作用しあう機構としてとらえるのも得るところが多そうだ。環境学者は庭園史に登場するような壁に囲まれた小さな庭ひとつひとつに目を向けるかわりに、広大な景観を一体としてとらえる。たとえば、川の上流で営まれた日々の活動は下流域の生活の質を深刻に脅かす。高地で森林を伐採すれば表土が流失して低地の川を沈泥で汚染する。農業灌漑のために大量に地下水を汲み上げると、帯水層が枯渇して、人間の一生に相当する期間を経ても、その水位が回復することはない[7]。イスラーム世界各地の気候風土の違いなどの環境要因を考慮に入れるなら、こうしたアプローチも重要だろう（図4）。完全に実利的で歴史とまったく関係ないように感じられるかもしれないが、多くの環境学者たちは、生態学的にバランスがとれ、美的でもあった歴史的景観の保存を強く願っているのだ。

建築学モデルでは景観や庭園を芸術作品と見なす傾向があるのに対して、環境学モデルでは景観を機能的システムととらえる。建築史の専門家は景観の形態、類型学、それが象徴するものや意義、建造者といった要素を直線的な歴史的枠組みの中で解明しようとする。一方、環境学者は時間的なコンテクストの中で、因果関係や自然の力と文化的価値とのバランスをとらえようとする。どちらのアプローチにも長所があるので、本書では両方の視点を併用して、景観を空間の中に存在する物体であると同時に、時間とともに展開していく営みとして扱っていく。

時間という側面は、庭園内の植物の成長を見るときに最も意識しがちだ。しかし、それは大小の景観を前にしたときの私たちの視覚的体験にも重要な役割を果たす。通常、一瞥しただけで景観のすべてを見てとることはできない。一度に全体像を視界に収めることはなかなかできなくても、庭園の中を動き回り、園路をたどり、樹

冠の下を散策して建物の周囲をことによって少しずつ見えてくる。身体が空間を移動する間、人は頭を左右にめぐらして遠景や近景を眺め、最終的に全体像を把握する。イスラーム庭園の場合、視覚的な期待が満たされるまでの緊張感は、窓や出入口、一瞬視界を遮る装飾スクリーンなどの小道具によって高められる（図28と53を参照）。目にしているものを理解するためには、視線をまっすぐ前に向けて進み、さらに両側も眺めることが望ましい[8]。

　私たちは移動することによって空間を体験するが、一方で景観自体も日々、季節ごとに、そしてさらに長い時間をかけて変化していく。ある瞬間の眺め、音色そして香りは次の瞬間には移り変わり、同じ庭園なのにまったく違って見えてくる。ムガル帝国の皇帝ジャハーンギールも、カシュミール地方を訪問した時にそれを経験した。彼は以前の訪問時に目にした夏の植物には慣れ親しんでいたが、1620年になって初めて春の庭園を見たのである。そこにはチューリップ、水仙、スミレ、薔薇、そしてさまざまな樹木の花が咲きほこり、さながら目もくらむような色彩の洪水であった[9]。花自体は見慣れたものだったが、多くの種類がまるで爆発したように咲き乱れていたため、周囲の景観が一変して見えたのだ。

　何年も、時には何世紀もかけて、予想した姿になるよう設計された庭園はさらに成長し、成熟する。植物は生い茂り、庭園の外観が変わって、建設者の当初の計画どおりの姿をとることもあるが、予測を遥かに超えて似ても似つかない姿になることもある。だからこそ、過ぎ行く時を表す最も強力でロマンティックな比喩は、荒れ果てた庭園なのである。その放置されたありさまは、喪失、欠落、失われた時を意味する。景観は常に現実であると同時に記憶でもある。実際の場所というだけでなく、そこで起きたいくつもの出来事をしのばせる場所であり、いわば過去と現在の混合といえる。回想とは究極的には現在の行為であり、回想を介して記憶や情景が、我々が戻ることのできない過去の出来事と置き換わる。過去を追体験することに最も近いのは、その出来事が起きた場所を訪問することだ[10]。したがって記憶の中で場所は重要な役割を演じている。

　初期アラブの詩歌で扱われた重要なテーマのひとつは「取り残された場所」であり、それはしばしば失われた愛と結びつけられた。たとえば七つの頌歌（イスラーム以前の詩歌の中では最も優れていたとされる7編の詩で、メッカのカアバ神殿に掲げられているといわれる。イムルー・アル＝カイスの詩は最も古い）の中で最も有名なイムルー・アル＝カイスの詩は次のように始まる。「友よ、しばし立ち止まり、失われた愛のためにともに泣いてくれ。アッ＝ダフールとハウマルの砂漠の間、この場所に愛する人は住んでいた」。詩人は、記憶の中の情景に細かい説明を加えている。強い風、乾いた渓谷、アカシアの木、そして「まるでコショウの実のように」散らばったガゼルの糞。見事な描写だが、すべて記憶から掘り起こしたものだ。この詩を詠った時、彼はすでにそこにはいなかった。さらに別離の悲しみについて、「思い出の痕跡も消えつつある時、何をもっ

イスラームの風景｜1

図5●「岩のドーム」は、イスラームが現在もこれからもエルサレムに存在し続けることの証しとして、特に目立つ「神殿の丘」に691年に建てられた
(Robert Ousterhout)

て過去をしのべばよいのか？」と嘆いている[11]。かつて野営地は現実にその場所にあった。しかしその後、そこに住んだ人々の痕跡は風にかき消され、詩人の（そして私たちの）心の中にしか存在しなくなったのだ。

庭園もまた、寿命の短さもあって、感傷的な懐旧の情にひたるのにはうってつけの場所だった。アンダルスの詩人イブン・ザイドゥーンは、激しい内戦を経て長い不在の後でコルドバに戻ったとき、打ち捨てられたカリフの都市マディーナ・アッ゠ザフラーの広間に泊まり、かつての恋愛をしのんだ。その昔、「庭園の花は咲き誇り、銀色にきらめく水はあたかも美しい乙女の胸元からこぼれ落ちる首飾りのよう」だった華やかな景観を、現在の放置された悲しいありさまと比べている。「今、私は目を奪う花の眺めを楽しむが、花の上に置かれた露の重みで茎は悲しげにうなだれている」[12]。庭園は、愛や過去などすでに消え去ってしまった取り返しのつかないものを象徴しているが、それが詩人の帰還によって回顧されている。アンダルス宮廷の失われた黄金時代という主題はやがて、(1492年にキリスト教徒に屈服した) アンダルス自体へのノスタルジーに置き換えられ、この地は失われた王国のシンボルとなった[13]。

新たに建物や庭園を築く場合でさえ、そのために選ばれた土地がすでに特別な意味を備えていることがある。そのシンボリズムを、新しい建築物が利用することもあれば、再定義し、あるいは覆い隠そうとする場合もある。7世紀に建設されたアル゠アクサー・モスクや「岩のドーム」(クッバ・アッ゠サフラー)のあるエルサレムの「神殿の丘」(ハラム・アッ゠シャリーフ)、オスマン朝による征服の直後に建設されたイスタンブルの征服者のモスク(ファーティフ・ジャーミイ)などには、そうした「土地の図像学(イコノグラフィ)」が認められる。691年に完成した「岩のドーム」は、ウマイヤ朝のカリフ、アブド・アル゠マリクによって、エルサレムの高台にある大きな岩盤の頂に建てられた(図5、66)。ここはモリヤ山と呼ばれ、ソロモン王の神殿があり、また、アブラハムが息子イサクを犠牲に捧げようとした場所として、またアダムが誕生し、没した地として、ユダヤ人に神聖視されている。キリスト教徒にとっても、破壊されたヘロデ王の神殿の所在地として重要な意味がある。その後、「神殿の丘」はムスリムにも、預言者ムハンマドが奇跡的な天界への夜の旅へ出発した地として重視されるようになった。しかし8世紀にはまだ、この場所での建設は何よりも征服の記念碑、宗教的遺産の横領という意味合いがあった[14]。最初のイスラームの記念碑を建てる場所としてこの地を選んだのには、二つとない特別な記憶がその

図6●メルキオール・ロリクスは、1559年にイスタンブルを訪ねたおりに町の全景を描いた。オスマン朝の重要なモスクである征服者のモスク（ファーティフ・ジャーミイ）はひときわ高くそびえ立ち、そのドームとミナレットは、当時庭園が広がっていたボスフォラス海峡の対岸からも見えた。非常に巨大で、かつイスタンブルに七つある丘の頂のひとつにそびえ立っていたからだろう（ライデン大学図書館蔵、BPL 1758）

場所に付与されている事実を踏まえた戦略的な意図があったことは明らかだ。

　イスタンブルにある征服者のモスクは1463〜1470年に、征服者(ファーティフ)と呼ばれたスルターンであるメフメト2世によって、1453年のコンスタンティノープル征服を記念して建てられた（図6）。征服以前にもすでに町の中にはいくつかの小さなモスクが存在していたが、これはビザンティウム陥落後にスルターンによって最初に建てられた巨大なモスクで、丘の上というそのロケーションや巨大さによって、イスラームの教えを奉じるオスマン朝が支配者となったことを広く人々に実感させた[15]。この地に建てることで、モスクをコンスタンティノープルの市街を睥睨する存在とすることも、メフメト2世の意図のひとつであったのは間違いない。さらに、ここにはかつて聖使徒教会があったこと、そして9世紀以降の東ローマ帝国皇帝が葬られてきたこの重要な教会から切り出された石材が、モスクの建設に使われたことは、建設地の選択の正しさをいっそう確信させたことだろう。「岩のドーム」と征服者のモスクの両方において、それが物理的高台にあるという事実は、すでに

イスラームの風景｜1

そこに存在していた特別な意味合いが新しい記念碑にも付与されるであろうとの認識と密接に関係し合っていた。

　土地を命名することによって現在と過去の、さらに具体的にいえば、今のこの場所と地理的・歴史的に隔たった場所とのつながりを強めることができる。古代ローマ人はこうして、遠征の勝利の記憶を余暇や余生を過ごす別荘にとどめようとした。たとえばハドリアヌス帝（在位118-138）は、皇帝在位中に目にした世界中の記念建築をなつかしんで、アテネ、ナイル、テッサリアをティヴォリの別荘に再現したが、それに加えて番犬ケルベロスの彫像に守られた冥界（ハデス）をもつくらせた。同様にイスラームの支配者たちも、歴史的、神話的な場所を想起させる名を選んで建造物を命名することがあった。いくつかの名は、特定の場所というよりもむしろ特定の建築様式を指すようになった。ティムール朝やサファヴィー朝で多用された、ハシュト・ビヒシュト（八つの楽園）は、中心部を取り囲むように八つの小部屋が配された八角形の建造物であり、チヒル・ストゥーン（四十柱）とは、列柱が設けられた広間やポーチのことだ(16)。イスファハーンやカーシャーンなどの都市では、庭園に沿ってチャハール・バーグ通りが走っていた。チャハール・バーグはもともと、中心で交差するように軸線上に園路を配して四つに分けた特定の形の庭園を表していたが、後に庭園全般を表すようになった(17)。

　17世紀イランのサファヴィー朝でも、先行する王朝の建築を意識しており、たとえばスライマーン1世（在位1666-1694）がイスファハーンに建てた建物を、ハシュト・ビヒシュトと命名したのは、採用された建築様式のためだけではなく、アクコユンル朝時代にタブリーズに建てられた同名の別の建物（1466-1478）も意識してのことだった。同様に多柱式のチヒル・ストゥーンも、サファヴィー朝によく見られた建築様式であると同時に、ティムール時代にサマルカンドに建てられた建物の名前でもあった(18)。

　ティムール帝国の人々もまた、歴史的な由緒ある地名を自分たちの庭園につけることを好んだ。14世紀後半、王朝の創始者ティムールはサマルカンドの周囲に、シーラーズ、バグダード、ダマスクス、カイロ（軍営都市）など、イスラームの大都市名を冠した農園をいくつも設けた(19)。こうした大都市とのつながりは、実際に名前の由来となった土地からサマルカンドへ連れてきた職人たちをティムールの宮廷に奉仕させることによって、さらに強化された。サマルカンドを訪れたクラビホ（レオン・カスティーリャ王国の大使として1404年にこの地を訪れた）は、次のように書き残している。「貿易はつねに奨励されていた。ティムールが帝国の首都を最も偉大な都にしようとしたからだ。遠征した先々から、ティムールはその地に住んでいる最も優れた人々をサマルカンドに移住させ、ありとあらゆる民族の熟練職人を連れてきた」。クラビホは、サマルカンドの人口があまりに増えすぎたため、家屋が足りなくなり、そこに住むすべてのトルコ人、アラブ人、ムーア人、ギリシア人、アルメニア人、そし

てインド人を収容することができなくなったとも書いている[20]。

　ムガル朝の宮殿にはシーシュ・マハル（鏡の間）やシャー・ブルジュ（王の塔）と呼ばれる広間があった。これらの名称も、特定の建築物を指すというよりは一般名詞的に使われていた。しかし16世紀にムガル朝の皇帝バーブルがアーグラーの川沿いに庭園を建設した時、水車で水を汲み上げ、水路を利用して潤されたその庭園を、アーグラーの人々は「カーブル」と呼び、遠くはなれた同名の地に思いを馳せた。地元の人々はカーブルを見たことがなかったので、この命名は同じ名の場所との外観上の類似からではなく、新たに開発された地域をアフガニスタンからやってきた征服者と同一視した結果によるものだろう[21]。面白いことにまずは征服者が、次いで彼らとつながりの生じた土地が、彼らの出身地と同一視されている。こうしてカーブルとアーグラーは遠く離れ、また性格も異なっていたにもかかわらず、バーブルの家臣たちによって結びつけられた。

　1641年、ムガル朝の皇帝シャー・ジャハーンがラーホールにシャーリーマール庭園（バーグ）を造営した時、当時すでに一般的になっていた階段式庭園を建設し、その命名によって1630年に彼自身の手により大幅に改修されたカシュミールのシャーリーマール庭園（バーグ）を人々に想起させた。したがってラーホールとカシュミールの同名の庭園には一般名詞としても固有名詞としても共通項がある。命名を通じて、歴史的な過去だけでなく、たとえば天上の楽園に対抗する伝説の美しい町イラム（コーラン第89章：円柱の立ち並ぶ宮殿があったという）をはじめとする伝説上の場所とのつながりが意図されるケースもあった。カージャール朝の君主ファトフ・アリー・シャー（在位1797-1834）のためにテヘランに造営された庭園を称えて、ある詩人は次のように書いている。「このイラム庭園はいにしえのイラム庭園とも見まがう美しさだ[22]」。

　命名によって離れた場所とのつながりをもたせることが可能であるのと同じく、ある場所から別の場所にもたらされたものによって、前者のもつ象徴的あるいは物理的な性質を後者に付与できるとも考えられていた。オスマン朝の支配者たちはイスタンブルのトプカプ宮殿に聖遺物室を設け、そこにメッカのカアバ神殿から運んできた鍵や錠や雨樋、預言者ムハンマドの足跡、そしてメディナにある彼の墓の砂などを納めた。これらの聖遺物は王朝と預言者との物理的な絆を強める結果となった。オスマン朝の支配者は他の多くのイスラーム王朝と違って、シャリーフ（預言者の子孫）であると主張ができなかったため、このつながりはとりわけ重視された。これらの聖遺物はムハンマドとだけでなく、イスラームの信仰やその歴史の中心であるカアバ神殿とのつながりを可能にした。特にトプカプ宮殿にあった一握りの聖なる砂は、イスタンブルを「預言者モスク」と物理的に結びつけた。

　また、歴史的な場所を訪ねることによって、現在と過去を結びつけることが可能になる。セビーリャのターイファ国王アル＝ムウタミド（在位1069-1091）は、即位後すぐにコルドバにあるマディーナ・アッ＝ザフラーの宮殿の廃墟を訪ねた。かつて

イスラームの風景 | 1

繁栄し、広大な領土を誇った後ウマイヤ朝のアンダルス王国 (756-1031) の首都に立つことによって、その後継者としての権威を確立しようとしたのである。宮殿は明らかに荒廃していたが、いにしえの黄金時代や君臨した王たちをしのばせる、歴史的・現代的なシンボルとしての意味がそこに存在したからだ[23]。11 世紀にカイロを統治したファーティマ朝のカリフたちも、由緒ある地の権威を借りることの重要性を理解していた。彼らは毎週町に姿を見せ、多くの信徒が集まる、町の主要な金曜モスク――アムル・モスク、イブン・トゥールーン・モスク、アズハル・モスク、ハーキム・モスク――を順に訪問していった。こうしてそれらの建物に、そしてモスクが建てられた地区や時代に我が身を実際に置いたのだ[24]。理論上はこれらの建物、ひいては町全体がファーティマ朝の支配下にあったが、カリフが実際に聖なる場所に現れてそこで祈りを捧げることでしか、支配を確実にすることはできなかった。所有と権威という概念は、そうした聖なる場所にこそ備わっていたからだ。

　人間の活動、しきたり、記憶などはそれらが生じた土地に対して意味を与える。一方でその解釈やシンボリズムといったものは、その土地にすでに備わった物理的特性によって規定される場合もある。川は普通、ひとつの方向に向かって流れる。ヒマラヤ山脈は降水量が多いが、サハラ砂漠では雨はまったく降らない。山をならし、川の流れを変え、灌漑や排水の設備を建設して治水を行うことなどによって、人間はこうした自然条件を変えることができる。何らかの形で人間の活動という刻印が押されていない景観などほとんど存在しない。実際、ある土地を知ろうと思えば、そこに実際に行ってみるか、空中もしくは地上から眺めることによって、大昔から繰り返されてきた人間の経験に照らし合わせ、それらを再現してみればいい。しかしながら、ある社会が「高みにある」はずの天上の世界に近づこうとするとき、往々にして山（あるいは空から降ってきた隕石）などが当然の現象として、地上界と精神世界を結びつけるという事実は変わらない。これらの場所に意味を与えているのは私たち人間だが、これらの場所もまた人間社会を規定し、地上における人間活動の可能性を枠にはめる。そして人間はその限界に挑んでいくのである。したがって建築や絵画と違い、造景し造園する活動は、気温、湿度、日照量が定められ、すでに枠組みが決められた場所で始められる。そしてこれらの特徴に、そこで起きた出来事や記憶を介して社会的に意味が与えられる。昔から伝わってきたイスラーム庭園や風景は、自然と設計と歴史が交差する場所に存在してきたのだ。

# 2 砂漠に花を咲かせる

荒涼たる大地を変身させる

スラーム文明は、支配を及ぼした地域の風景を大きく変貌させた。水をうまく手に入れ、運ぶことによって、中東と北アフリカの灼熱の大地は人造の緑のオアシスに一変した。そこで生産された農作物によって経済状況が改善されただけでなく、これらのオアシスはイスラーム文化の強力な表象ともなった。この変化を可能にした技術は、もともと古代ペルシア人やローマ人によって開発されたのだが、ムスリム共同体はそれをより広範囲に適用したのである。彼らが示したこの熱意の背後では、土地所有制度や労働制、相続法、税制、都市の拡大、田園生活の美化などさまざまな要因が複雑に絡み合っていた。

　最初のムスリムたちは、アラビア半島内陸部の砂漠地帯からやってきた。彼らを率いたメッカ出身のムハンマド (570/571-632) はカリスマ性を備えた指導者であり、610年頃に新しい世界についての神の啓示を初めて受けた。その後20年にわたって口頭で伝えられたいくつもの啓示の内容が、聖典コーランにまとめられている。神の預言者としてムハンマドが説いた教えは、新しい宗教に敵対的なメッカの人々に拒絶され、ムハンマドは命からがら逃げることになる。避難した先のメディナでは信者が彼の家に集まり、祈りを捧げるようになった。それは南壁に沿って並べられた椰子の幹の柱が、椰子の葉葺きの屋根を支えている、壁に囲まれた長方形の敷地で、後の金曜モスクの原型となった（図7）。その後何世紀にもわたり、金曜モスクはこの預言者の家と同じように、メッカの方角を向いた多柱式の屋根付きの祈りの部屋と、壁をめぐらした露天の中庭を備えることになった。

　ムハンマド時代のムスリムたちは、アラブ人の交易商人やメッカとメディナに住む小売商などの小さな集団で、農業経験はほとんどないに等しかった。しかし7世紀中頃になると、イスラーム史上最初の世襲王朝であるウマイヤ朝 (661-750) のムスリム軍が、

図7●イスラームにおける最初の祈りの場は預言者ムハンマド自身の家だった。それは敷地の一、二辺だけが屋根で覆われた、壁で囲まれた広い空間で、622年頃メディナに建てられた。こうしたアラブの伝統的な住居が、それ以降の金曜モスクのモデルとなった (Sauvaget に基づき Ruggles と Variava が作図)

現在のシリア、ヨルダン、イスラエル、パレスチナ、レバノン、イラク、イランの大半を征服した。急速に増えるイスラームへの改宗者の中には、都市生活者、遊牧民、農民の姿も見られるようになった。8世紀初めまでには、ムスリム軍が征服した領土はシリアから西に向かって北アフリカのモロッコやイベリア半島、そして東に向かってイランから中央アジアまで広がった。

ムスリムたちは、古代ローマ人によって整備された景観の中で暮らし、その実践的な知識や学問的な知識を受け継いだ。彼らはまた、さまざまな信者仲間からも知識を得た。この地域にはもともと、東方正教会の信者、ユダヤ人、コプト教徒、そしてゾロアスター教をはじめとするさまざまな多神教の信者が居住していたからだ。しかしイスラームの台頭とともに住民の文化志向が変わったとはいえ、彼らの住む土地の性格までもが一変したわけではない。なぜなら地中海沿岸地域の気候は、過去二千年間にそれほど変化してはいないからだ。したがって初期のムスリムたちは、古代から伝わる既存の農業知識や土地管理術を活用することができた。彼らの建築の多くが古代ローマ、ビザンツ、ササン朝ペルシア (226-651) の建築様式の折衷であったのと同じように、彼らの利用した農業技術もさまざまな伝統を受け継いでいた。

新たに征服されたイスラーム世界の大半は乾燥地帯にあった (アラビア半島、シリア、ヨルダン、アナトリア高原、イランの大半、そして沿岸部を除く北アフリカ)。こうした地域ではいわゆる雨季に少量の雨が降るが、雨季でさえ降雨は不定期だった。そのため、ナツメ椰子やオリーブなどの耐乾性作物が盛んに栽培された[1]。一方、多量の水を必要とする作物、たとえば果物や各種穀物、そして特に野菜などは、降雨や灌漑などを利用して、決まった季節だけにしか栽培できなかった。砂漠では何年もの間、まったく降雨——灌漑設備もこれに依存している——がないことも少なくない。また、時たま雨が降っても砂漠の硬盤には入り込みにくい。砂漠では乾燥が激しく、水が地表を流れやすいので、降った雨の10パーセントほどしか地中に吸収されない[2]。したがって、降雨を最大限に活用するためには組織だったネットワークを介して雨水を集め、貯蔵し、分配する必要があった。

灌漑技術のもたらす経済的な利点は、イスラーム世界でもすぐに認められ、その支配者や土地所有者、農民は既存のローマやペルシアの先例を調査し、改良した。多くの場合、ムスリム共同体は水力工学を利用したシステムを新たに設置するよりもむしろ、既存の灌漑設備を修復して拡大するほうを選んだ。しかし、アラブ文化史は古代文化の継承にその正当性の基盤を置いているにもかかわらず、イスラーム初期の歴史家たちは、古代ローマ帝国から物質的、建築学的な遺産を受け継いでいることをなかなか認めようとはしなかった。そういうわけで、古代ローマ文明の影響は、綿密な考古学調査を経なければ明らかにはならなかったであろう。たとえばスペインのコルドバ郊外に10世紀に建てられた水道橋は、建設者とされる人物よ

図8●シリアの大半はステップ地帯だ。一年のほとんどは荒涼とした不毛の地に見えるが、雨が降ると――数年の間隔があく場合もある――植物が芽を出す。ここに見られるクサイル・アムラの浴場施設（711～715頃）は季節性の川から水を得ており、それを巧みに活用していたおかげで、8世紀には周辺は緑に覆われていた（Ruggles）

りも年代が古いことがわかっている[3]。イスラーム時代のコルドバの技術者たちは、山岳地帯とグアダルキビル河畔の沃野との間に集まっていた数多くのローマ時代からの別荘に水を供給していた古い設備を修復したに過ぎなかったのである。

　水の定期的な供給を保証する信頼性の高い灌漑設備によって、砂漠を不毛な土地――極端に生産性の低い土地――から、小規模農園の存在する豊かな景観に変えることが可能になった。こうした農園は定住型の共同体を存続させ、交易に利用するのに必要なだけの食料を生産した（図8）。水を確保し利用する技術を通じて、イスラーム地域内の農業経済は発展した。そして余剰生産物をほかの地域との交易に利用することにより、地方は市場がある都市部との間に強いつながりを保てた。こうして都市部と地方双方の住人間に、相互依存的な緊密な絆が築かれたのだ。

　灌漑設備を活用した結果、シリアとヨルダンには数多くの農園が出現し、まるで褐色の大地のあちこちに緑の島があるように見えた。そんななかで、たとえばダマスクスの南東105kmに位置し、707～715年に建てられたジャバル・サイスでは、使える水の量は非常に限られていた（図9）。ジャバル・サイスの場合、水は近くの火山からもたらされていた。その死火山の直径2.5kmの火口には季節性の泉と浅い湖があり、その水を三つの貯水槽に保存していた。冬の雨でさらに増えた貯水槽の水を使って、穀物の単一の生育期と、オリーブなどの耐乾性作物をまかない、こうして生産された農作物のおかげで、支配者の住む城砦（カスル）や隊商宿、モスク、浴場、農園、大きな穀物倉庫などを備えた共同体を支えることができた[4]。

　カスル・アル＝ハイル・ウェスト（ガルビー）は、パルミュラの西約60kmの乾燥地帯にあった。ウマイヤ朝のカリフであるヒシャームのために724～727年に建てられ、当時は「オリーブ」を意味する「アッ＝ザイトゥーナ」という名で知られていた。宮殿、浴場、隊商宿は、壁に囲まれた四角い敷地（1050m×442m）内に建てら

砂漠に花を咲かせる｜2

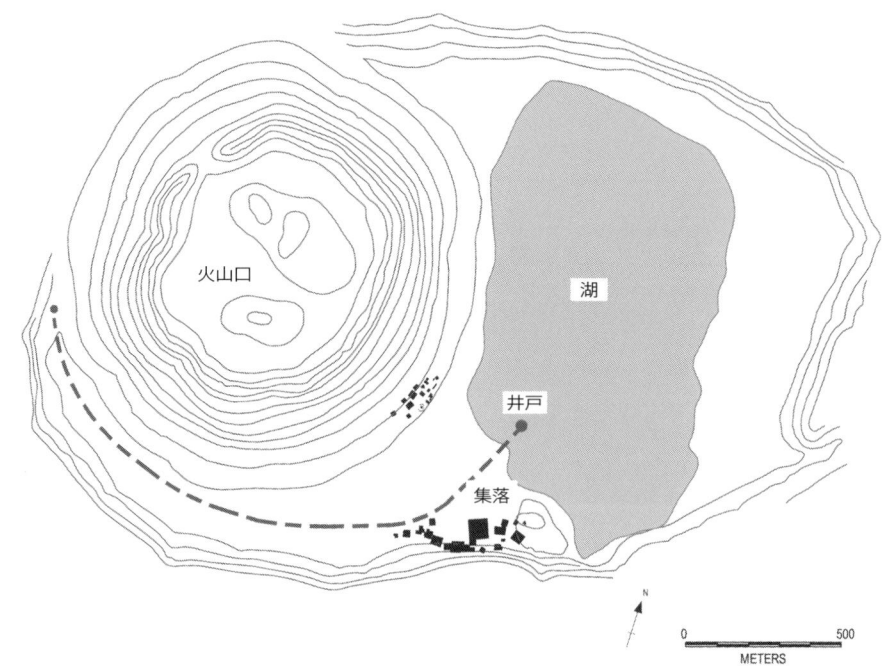

図9 ● 707〜715年にシリア砂漠に建設されたジャバル・サイスの集落には数軒の農家、浴場、モスク、そして隊商宿または支配者の邸宅があり、人工湖に集められた水に完全に依存していた
(Sauvagetに基づきRugglesとVariavaが作図)

れており、この敷地は主に灌漑農耕とオリーブ栽培に利用されていた。水はカナートと呼ばれる地下水路を通じて、16km南にある3世紀のローマ時代のダムから運ばれていた。また雨季になると、水の流れる水路と水門を備えた半円形のダム（厚さ2.75m）もあった[5]。

　カスル・アル＝ハイル・イースト（シャルキー）は、700〜730年に、ウマイヤ朝の君主によってパルミュラの北東に建てられたオアシス集落だ（図10）[6]。壁に囲まれた大きな構築物（約7km²）で、住民のための施設とともに、短期滞在の商人のための隊商宿も備わっていた。前者では、考古学者が大量のオリーブの種が残された部屋を発見した。これは、集落の経済活動がオリーブの生産と精製、そして果物やその他の季節性作物の生産で成り立っていたことを示している。また果樹栽培のほかに狩猟が行われていた可能性もある。その仮説に従うならば、壁に囲まれた場所は草の生えた小さな放牧地だったのだろう。灌漑農耕は、雨水を集めたワーディー（ワジ）と呼ばれる季節性の水路を低い壁で囲まれた部分に引くことによって行われた。囲いの南北両端には巨大な水門が設けられ、水の出入りをコントロールしていた。厚い壁と狭い門を備えた北側の水門を岩や砂で堰き止めれば、人工的にダムをつくることができた。囲い地の北東から南西に向かって1本の水路が通っている以外に灌漑用水路は見られないため、何人かの歴史研究者は、ここで農業生産が行われていたとは考え難いと述べている[7]。しかし、雨水とワーディーの水を使えば比較的耐乾性の高い植物を栽培するのは充分可能だっただろう。南側の水門の元々の高

図10●カスル・アル゠ハイル・イースト（700〜730）はシリアの農耕集落で、オリーブを栽培し、図内にも見られる大きな建築物の中で定住性共同体を維持していた

さは5mで開口部も大きく、水の勢いがあまりにも激しいときにはすばやく排水ができるようになっていた。カスル・アル゠ハイル・イーストの単純だが効果的な囲い地と水門のシステムは、いったん雨が降るとたちまち激流となって固い大地の上を流れていく水を最大限に活用することができた。水を閉じ込めて何ヵ月もかけてゆっくりと利用し、地中深くまで浸透させることによって、住民たちは長期間にわたって灌漑作業を行い、昔ながらの「一か八か」の水補給方法から脱して、作物の生育条件を改善することができたのだ。

　一方、ヒルバト・アル゠マフジャルはそれに比べるとはるかに贅沢な施設だった。739〜743年に、カリフに即位する前のワリード2世によってイェリコの近くに建てられた、未完ながらも設備の整った宮殿複合施設で、壁に囲まれた大きな中庭を通って、宮殿、モスク、壮麗な浴場、そして大きな屋根付きの泉水に行けるようになっていた。近隣のいくつかの泉から引いてきた水はローマ時代の水道橋を通り、宮殿より24.5m高い、700m離れた場所にある貯水槽にためられた。そこから宮殿の地下貯水槽や浴場に向かって流れてくる途中で、多くの水車を回すことができた。宮殿の東側には、一段低い、広さ約60万$m^2$の不規則な形の土地が、控え壁で支えた壁で囲い込まれている。ここで栽培された穀物はおそらく上部にある水車で粉にひかれたのだろう[8]。

　ヒルバト・アル゠マフジャルやカスル・アル゠ハイル・ウェストのような王侯貴族の宮殿の場合でも、より機能的な農園であるジャバル・サイスやカスル・アル゠ハイル・イーストの場合でも、その存続を充分な水量の確保と適切な使用に負っていた。たとえば、季節によって偏りのある貯水量や地下水量を増やすことにより、

砂漠に花を咲かせる｜2

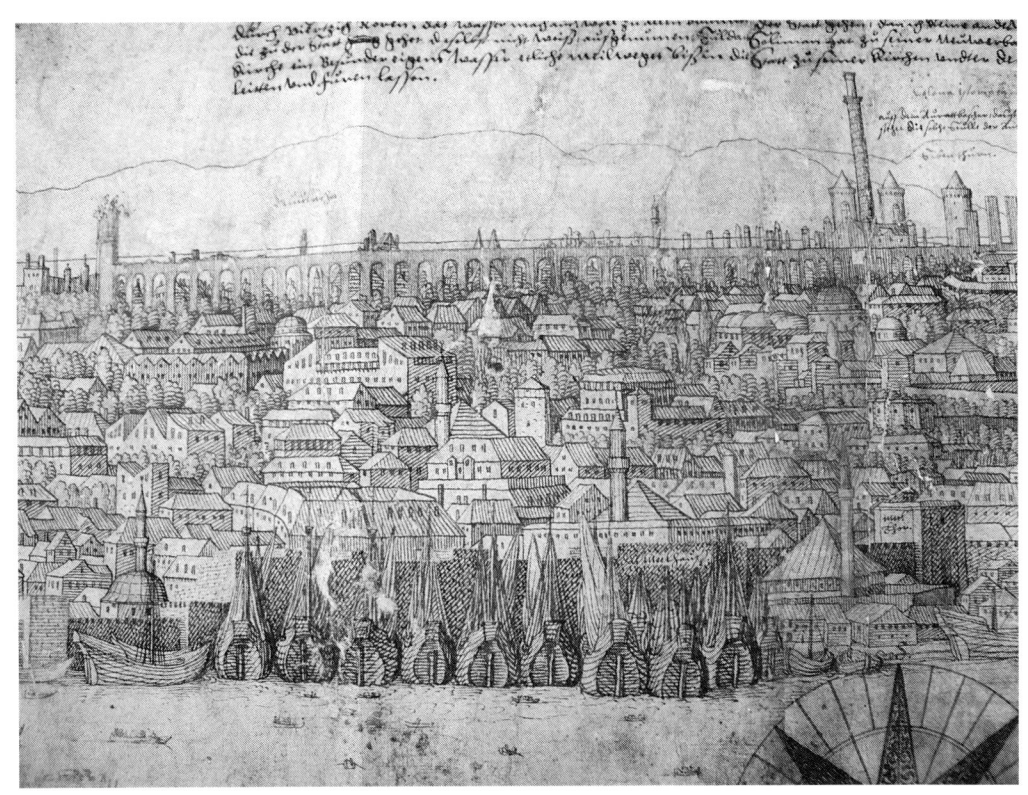

図11●メルキオール・ロリクスによるイスタンブルのパノラマ図。ローマ時代に建てられたヴァレンス水道橋（325年）が際立っている。現在も立つこの水道橋は、古代ローマの技術力の証しだ

（ライデン大学図書館蔵、BPL 1758）

高い生産力を誇り、なおかつ美しいオアシスの景観をつくり上げることができたのである。水の最も重要な役割は、交易用に町に送られる作物を灌漑農耕で生産することであり、次に中庭を飾る泉水や池、そして浴場の浴槽を満たして人々に喜びを与えることだった。これらの遺跡のほとんどは何世紀も前に廃墟と化し、往時の姿をしのばせるものといえば、壁の土台部分や壊れた化粧漆喰の破片や石材のかけらだけだ。かつての建築史家がこれらを誤って「砂漠の別荘」と呼び、その存在理由であった水力工学的な設備や植生を無視して建物の平面図だけを紹介していたのも無理はない。年代順に見ていくと、確かにそれらの図面はウマイヤ朝の大宮殿や、邸宅のデザインを忠実に踏襲しているが、建物が建てられる原因となったより大きな背景は示されていないからだ。これらの遺構を総合的にとらえた時に初めて、東地中海地域の景観を変え、イスラーム台頭後の最初の150年間におけるその政治的、経済的な成功の鍵でもあった水と土地管理システムが明らかになる。

　水を運ぶのは非常に難しい。水は重く形が無く、暑く乾燥した気候ではすぐに干上がってしまうからだ。しかし灌漑設備に水を供給する方法はいくつかある。最も効率的なのは、水路や重力を利用して、水槽や湖など高所の貯水施設から灌漑用水

路のある低い場所まで水を引いてくることだ。そのためには、水路の傾斜を正確に計算できなければならないが、その技術は大規模農園の出現以来、活用されてきた。そして優れた水力工学の技術をもっていた古代ローマ人は、不規則な地形を横切って遠くの主要都市まで水を運ぶ見事な水道橋を建設した。その一例として、4世紀のコンスタンティノープルのヴァレンス水道橋が挙げられる（図11）[9]。水道橋を建てるための幾何学計算は何があっても間違ってはならなかった。水路の傾斜が急すぎると水はたちまち急流となって側壁からあふれ、逆に傾斜が緩すぎると水は流れず、よどんだ水たまりとなってしまう。ローマ時代の水道橋は地中海沿岸の各地に数多く存在し、先人の残した数学、幾何学、天文学、測量術を取り入れた初期のイスラーム文化は、水道設備の建設や修理に優れた才能を示した。

　水の貯蔵および装飾要素の両方の点で優れている例は、アンダルスつまり現在のイベリア半島の南半分を支配していたイスラーム国家で多く見られる。756〜1031年まで、シリアのウマイヤ朝王族一派が、後ウマイヤ朝としてこの地を統治していた。首都のコルドバは、ウマイヤ家の王族や宮廷高官の所有する農園で帯状に囲まれていたが、そうした農地は見て美しいだけでなく、国庫を潤し、アンダルスをイスラームの後背地から活気に満ちた商業と文化の中心地へと変貌させた。こうした農園の最初のモデルは首都北部に設けられ、後ウマイヤ朝の建国者アブド・

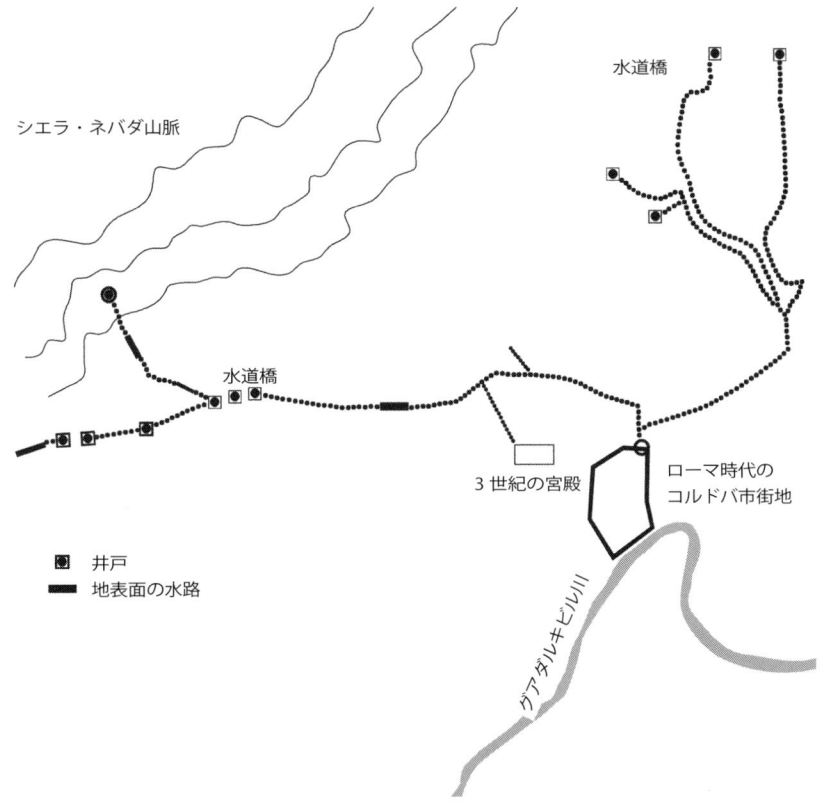

図12●水道橋や井戸を用いたローマ時代の水道設備は、イスラーム時代になるとコルドバの都市部と農園を潤すのに利用された。この図ではその幹線を示している
（Ventura Villanuevaに基づき、RugglesとVariavaが作図）

アッ゠ラフマーン1世がアンダルスに来るまでの少年時代を過ごしたシリアの宮殿にちなみ、アッ゠ルサーファと名付けられた。しかし、その中でも最大の規模を誇ったのは、マディーナ・アッ゠ザフラーだった。この宮殿は936年に建設が始まって以来、増改築を繰り返し、最終的には1010年に火災と内乱で破壊されてしまった。

　マディーナ・アッ゠ザフラーを潤した水はバルデプエンテス水道橋から引かれていたが、この水道橋は一部が古代ローマ時代の建造物の再利用であり、一部は新たに建設された[10]。全長18.6kmの水道橋は、宮殿の北西に位置する山岳地方から延び、水が適度な速さで流れるようにゆるやかに傾斜していた。そして起伏の多い場所では、傾斜が一定になるように高架橋になっていた。このようにローマ時代に建設され、8世紀以降も利用され続けた数々の水道橋のおかげで、コルドバは豊富

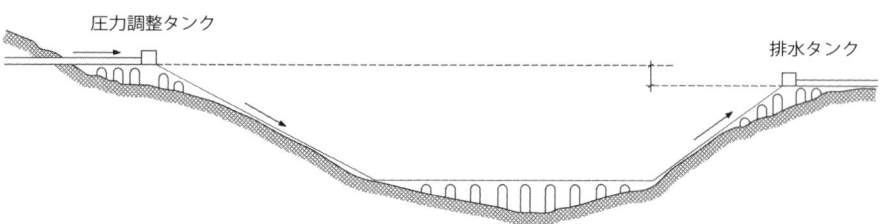

図13●
上：バケツを輪につなげた水車
中：二つのシャードゥーフの連動
下：サイフォン式システム
(Thorkild Schiolerに基づきRugglesとVariavaが作図)

な水に恵まれていたのだ。現在でもこうした水道橋は町から遠く離れた場所や、かつての市壁のすぐ西側、今では市街地となった地域で目にすることができる（図12）。地中海沿岸の他の地域でも、遠方まで水を運ぶ技術は利用されていたが、地表面に沿って峡谷を横切る橋を建設する代わりに、垂直なシャフトを何本も用いてサイフォンの原理で水を流していた（図13下）。この場合の利点は、水道橋の建設に比べ、必要な煉瓦や石材がずっと少なくて済むということだ。

より安価ではあるもののはるかに大きな労働力を必要とする技術に、バケツや大きな柄杓で水を汲み上げる方法がある。たとえばアンダルスのムルシア近くにあった12世紀のモンテアグド城は、孤立した丘のてっぺんに立っており、雨水だけで敷地の中心部にある中庭を潤すのは不可能だっただろう。そこで灌漑や飲料水に使われる水は、サーキヤという水車の一種を使って非常に高い場所まで持ち上げられた [11]。この揚水施設では、多数の容器をくくり付けた環状の鎖やロープが（普通の中庭の井戸のように）水平に渡された棒に取り付けられている（図13上、図14）。この棒の端につけられた歯車は、横に回る大きな歯車と連動しており、これに繋いだラバやウシに円運動をさせることによって回転する。最も高い位置に到達したバケツが傾くと、中の水が水路にほとばしり落ち、そこから畑、庭園、泉水などに流れて利用される。この方法は、井戸や地下貯水槽のような深くて狭い場所から水を汲み上げるのに最も適している。汲み上げられる水の量は限られるものの、かなりの低所からそれが利用される高所まで持ち上げることが可能なのだ。

水を汲み上げる別の装置はシャードゥーフと呼ばれる跳ねつるべで、長いつり棒の一端にはバケツが、もう一方にはおもりやハンドルが付いている（図13中）。ナイル川から水を汲み上げて川岸の畑で利用するため、古代エジプトで広く使われていた。棒を使う跳ねつるべは、水車より効率が悪い。一度に少量の水しか汲み上げられず、人間がバケツを使って作業を行わなければならないからだ。時には、シャードゥーフをいくつも組み合わせて使って、図に示したように少しずつ高い場所に水を汲み上げた。この方法は、ナイル河畔のような低地に最も適している。水源であるナイル川と農作業に水が使われる畑が距離的に近く、高低差もあまりないからだ。8世紀に中東からエジプトに伝わった水車によってシャードゥーフは徐々にとって代わられた [12] が、それでも安価で簡単に組み立てられるため、現在でも小規模農

図14●エジプトの水車。縁には土器が取り付けられている。水車が回転すると、土器は下の灌漑用水路から水を汲み上げ、次いでそれを畑に向かう小さな水路に注ぎ込む

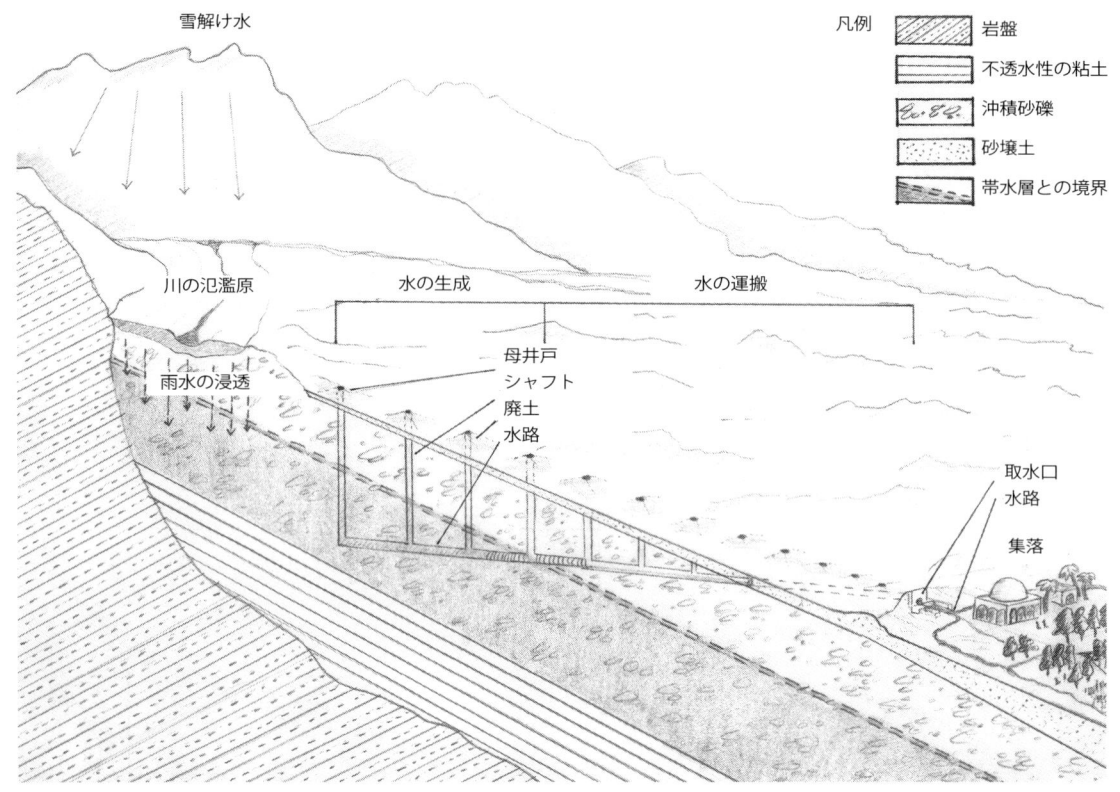

図15●カナートを利用して、水を遠くまで運ぶことができた。帯水層が比較的地表の近くにある山麓で母井戸が掘られ、そこから集落に向けて大きな地下水路が通された。水が自然に流れるように、水路には傾斜が付けられたが、帯水層に達するほど急勾配ではなかった。何 km も離れた村落では、帯水層が地中はるか深くにあったにもかかわらず、水は取水口から豊かに流れ出た

(Ruggles のために Schleicher が作図)

家で利用されている。

　揚水施設の三例目はノーリアという水汲み水車で、回転する水車に付けられた（通常8個の）バケツが、川や貯水槽などの水源に潜って水を汲み上げ、頂上でそれを用水路に放つ。ノーリアの原理はサーキヤに似ているが、つながれた役畜（その場合、水車はドゥーラーブ dūlāb と呼ばれる）や、川の場合は自然の流れを動力源としているので、より安価で済む。川の流れを利用した水車は、水を高所の灌漑水路に汲み上げるのに最も経済的で簡単な方法だが、水車よりも高い場所には汲み上げられないという欠点をもつ[13]。水量が増えて勢いも激しくなる冬には揚水量は増えるが、灌漑用水が非常に必要になる夏には、効率はかなり落ちる。しかし技術的に遅れている地域では、こうした水車は現在でも利用されている。

　どの場合でも、装置を組み立て、役畜や人間の力で比較的少量の水を水源から灌漑用水路に汲み上げなければならない。したがって灌漑設備を用いて農作業を行う利点は、それにかかる労働力と初期の設備投資で相殺される。さらに水源は灌漑される畑から遠く離れていてはならない。

図16●カナートは不毛の地を一変させ、砂漠の真ん中に農地と果樹園のある人工的なオアシスをつくり出すことができる。水路は砂漠の地中を走るため、目につくのは垂直に点々と掘られたシャフトだけだ
(Dale Lightfoot, オクラホマ州立大学)

　水を灌漑用水路に運ぶまったく別の方法にカナートがある。このシステムでは大量の水を長い距離運ぶことができる。豊かな水資源が存在する高地、たとえば雪解け水の豊富な山から、場合によっては30km以上離れた低地まで地下水路で水を運ぶのだ。カスル・アル゠ハイル・ウェストでは、古代ローマ時代の貯水池から居住・農耕集落まで16kmの距離をカナートが結んだ。アケメネス朝ペルシア帝国(紀元前6〜4世紀)時代のイランですでに使用されていたが、もっと早い時期にも存在していたかもしれない。しかし初期のカナートが鉱山の排水路だったのか、それとも灌漑用水路として使われていたのかははっきりしない。イスラーム時代にもカナートが使われ続けていたことは、9世紀にイスラーム法学者がホラーサーンに集まって用水法やカナート使用の規則についての本をまとめあげたことからも明らかである[14]。カナートの技術はシリア、アラビア半島、インドに広がり、ローマ人はさらに北アフリカへ、またムスリムたちはイベリア半島とシチリアに伝えた。

　カナートを建設する場合、まず山麓の比較的浅い地下水源に向かって垂直に母井戸が掘られる(図15)。そこから伸びる横穴は、地下帯水層や地表よりも緩く傾斜していなければならない。横穴が地表に出る場所では、地下水よりもずっと高い位置に水が噴出することになる。また、水路の途中にいくつも設けられたシャフトを通じ、換気とトンネルの崩落を防ぐため定期的な修理が行われる。建設工事には莫大な労力が必要となるが、このシステムのすばらしい点は、完成後に水が川のように流れ、人間や動物の労力がまったく不要になることだ。カナートは昼夜を問わず大量の水を運び、しばしば集落全体を潤す。また乾燥地帯では水を蒸発させないため、地上に露出した水道橋や季節性のワーディーよりも効率的だ[15]。したがってシリア、イラン、北アフリカなどの乾燥地帯では、カナートは歴史を通じて使用され、農園や果樹園の維持に必要な水を大量に供給して、砂漠の風景を一変させた(図16)。

しかし、カナートを建設するには何人もの熟練労働者が必要であり、たとえ何世代もの労働者間で分散されたとしても、総じて労力が非常にかかることに違いはない。そのうえ広い土地を必要とし、建設前に綿密な計画を立て、完成後には水路を維持し、得られた水を分配するために関係者の間で緊密な協力関係を保ち続けなければならない。このような大規模な計画の立案と調整には、中心となる指導者か集団による監督が必要となる。監督者は労働力を集め、費用をまかなうために税金を徴収する権威と権力を備えていなければならない。また、皆に公平に水を分配する適切なシステムも必要だった。イスラーム世界の一部地域では、所有地の面積に応じた時間だけ給水される決まりになっており、それぞれの土地には週に半日、水が与えられた。ダマスクス（シリア）やバレンシア（スペイン）では、農民は一巡するまで順番に水門を開けていって必要な量の水を自分の畑に引き入れた。川がなくて慢性の水不足に悩まされている地域ではさらに別のシステムがあった。たとえばイエメンや砂漠のオアシスなどでは、水の利用権は、土地所有とは無関係に一種の商品として時間単位で売買された[16]。

イスラーム世界の治水システムは、農民一人が使う井戸から共同体を利するカナートまでさまざまな規模で存在していた。しかし複数の人間が同じ水源を利用する灌漑設備では、それが川から水を引いた水路であろうとカナートであろうと、資源の獲得と分配を行うための社会的メカニズムは欠かせなかった。水を争いが起きた時には、専任の管理人や専門知識をもつ判事のいる裁判所といった制度を通じて問題を解決しなければならなかった。一部の歴史研究者や人類学者は、こうした水の分配システムこそが、最初の大規模な政治組織を生み出したのではないかと述べている。つまり、一人の権力者が強制的に労働力を集めて灌漑設備を建設し、それが後に彼の管理する貴重な財産となったというのだ[17]。反対に、集団の共有物である水の管理を通じて、相互利益に基づいた地域レベルでの共同体が形成されたという考えもある[18]。乾燥地帯では水資源が政治的・経済的に最も重視されたことは疑いない。だからといって、必ずしも政治的抑圧があったとも言い切れないだろう。農民たちや土地所有者たちが自発的に同意し、協力し合って（相互依存という社会的な紐帯を確立して）、費用を分担する代わりに治水設備の直接の恩恵を被り、その結果、大規模な社会システムが誕生したということも充分考えられる。

近代以前の歴史書のほとんどがカリフやスルターンのために書かれ、一般庶民についての記述は少ないため、個々の農民が資本集約的な灌漑設備の恩恵をどれくらい受けていたかを判断するのは容易ではない。もちろん豊作時に蓄えられた余剰作物を、政府だけでなく、個人も不作時に備えて保存しておくことによって、安定した生活を営むことはできただろう。市場では贅沢品の需要が高まり、その結果、地域の交易ネットワークにおける市場の重要性も増したに違いない。初期イスラーム世界各地の宮廷年代記作者によれば、情け深い支配者とは、まず灌漑設備の建設者

口絵1●
カーシャーンのフィーン庭園。現存する最古のこのサファヴィー朝の庭園では、掘割に青いタイルが張られ、クリーム色の石や樹木の緑とコントラストをなしている。豊富な水量に恵まれているように見えるが、実際には水はカナートという地下水路によって長い距離を運ばれてきた
(Yasamin Bahadorzadeh)

口絵2●
ヘネラリーフェ離宮の「アセキアの中庭」。中央を走る長い掘割の両端には水の噴き出す低い大理石の水盤がある。狭い通路が掘割を中央で横切って庭園を四分割しているが、建設当初とは異なっている可能性もある。現在の植生はイスラーム時代のグラナダのものと異なり、また花壇は当時より70cmほど高い

口絵3●
デリーのフマーユーン廟。現地インド産の赤砂岩と白大理石を組み合わせているものの、廟のドーム建築とペルシアの典型的なハシュト・ビヒシュト形式は、ムガル帝国がティムールの伝統の影響を受けていることを明白に示している

口絵4●
セビーリャのアルカサル、通商院の庭。深い沈床花壇は四分割され、各部分を区切る壁には煉瓦でできたブラインド・アーチが重なり合って連なっている。水路は園路の内側の高い位置に設けられ、庭園中央の噴水付きの水盤（大幅な修理が行われた）で交差している。高く持ち上げられた園路と水路のおかげで水やりは容易だっただろう。一方、花壇は深く沈んでいるので、植物の頂部がかろうじて園路の高さに達する

口絵5●
1595年のムガル帝国の写本挿絵。水路で四分割され、草の植えられた庭園が示されている。春の花が水路を縁どっており、水路の一方の端では、川に突き出した一段高いプラットフォームから対岸が眺められる。一方、奥の建物の断面図には牛が水車を回している様子が表されている
（大英図書館 Or. 12208, f. 65a）

口絵 6 ●
『バヤードとリヤードの物語』を絵で表現したアンダルス唯一の写本である。この絵では、青銅製の馬頭形の放出口が見える池で水鳥が泳ぎ、ウサギは階段を駆け上がろうとしている。上方には蔓がからみあうブドウ棚がある。これは恋愛物語で、ほかには貴婦人たちの気を惹こうと音楽を奏でるリュート奏者、打ちしおれた恋人、そして王宮の場面が主に庭園を背景に描かれている
（バチカン図書館　VAT.AR. 368, f. 13b）

口絵 7 ●
『ハムサ（五部作）』は、12 世紀イラン最大の詩人ニザーミーの代表作である五つの長編叙事詩だ。1595 年に描かれたこの写本挿絵では、市門の外で男性のグループがくつろいでいる様子が示されている。前景には葉の茂ったブドウ棚が見える。水がよく行き渡るように、ブドウ棚は小川のすぐそばにつくられている
（大英図書館 Or. 12208, f. 40b）

口絵8●
アルハンブラ宮殿の「ライオンの中庭」では、中央の12頭のライオンの背に水盤がのせられている。庭園のもともとのデザインはよくわかっておらず、過去百年間にさまざまな植栽が行われてきた。たとえば水路で花壇が四分割されたり、むき出しの土地のあちこちに灌木が植えられたりすることもあった。いずれにしても14世紀には、花壇は現在よりもずっと低い位置にあったと考えられている

口絵9●
アルハンブラ宮殿では、マートルの中庭の中心に池があり、鏡のような水面に(「大使の間」のある)大きな「コマーレス塔」が映し出されている。池の両端の丸い水盤から水が噴き出し、その結果水面に生じたさざ波の同心円は、長方形の池の静止した水面と好対照をなしている

口絵 10 ●
フェズのアブド・アル＝カリーム・パシャの邸宅の庭園（1860 年）は左右対称で、中心に八芒星の形をした噴水がある。幾何学的な構成だが、チャハール・バーグの四分割形式は採用されていない
(Mercedes Maier)

口絵 11 ●
カシュミール地方のダル湖の周りにはムガル時代の庭園が数多くつくられ、湖に沿って走る道路か船で近づくことができた。この地方の気候はインド平原とは全く異なる。春と夏には球根の花が咲き、何百もの滝が川の急流をほとばしり落ちる。雪を頂いた険しい山々に囲まれた湖は見事な景観を演出している

口絵 12 ●
絵画に描かれた庭園の多くは理想化されているため、風俗画としての意味しかないが、この絵（1663年）ではムガル帝国のシャー・ジャハーン帝が、明らかにカシュミール地方のスリーナガルにあるニシャート庭園(バーグ)にいるところを表している。この絵では水が中心に置かれ、いくつもの区画に分けられた長方形の花壇の間を流れている
（王立アジア協会 Persian MS 310, f. 21b, Titley and Wood）

口絵 13 ●
アル＝ハリーリーによる『マカーマート（集会）』には、日常生活の一場面、たとえばモスクの説教師やメッカからの巡礼者たちの帰還などが描かれている。1237年のこの写本では墓地の中の、ドーム天井の墓で会葬者たちが嘆き悲しむ姿が表されている
（フランス国立図書館 Arabe 5847, f. 29b）

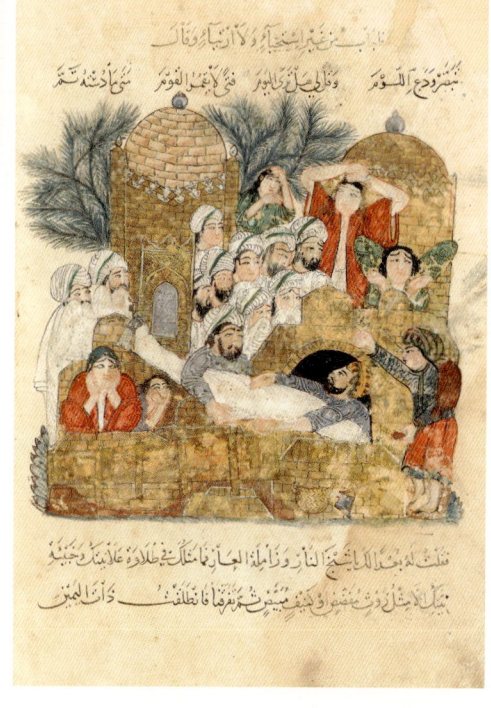

口絵14●
『バーブルナーマ』の1590年ごろの写本。バーブル帝はヴァファー庭園(バーグ)の造営を監督している。庭園には色とりどりの植物や鳥、そして人間が見える。造園監督が手にしているグリッド分けされた設計図に特に注目したい。これは確認できる限りイスラーム造園史で最初の例だ（ヴィクトリア＆アルバート美術館）

درختهای انار هم هست کرد و حوض تمام سه بر کنار

جای این باغ همین است در وقت زرد شدن برگ بسیار

口絵 15 ●
後期ティムール朝の著名な詩人ジャーミーの作品集『ハフト・アウラング(七つの玉座)』のサファヴィー朝時代の写本である。1556～1565年にイブラーヒーム・ミールザー王子の注文で制作された。無神経な都会人によって荒らされる庭園を描いたこの場面で、植物は細部まで精緻に表されている
(フリーア美術館、スミソニアン協会、ワシントン D.C. 購入, F1946.12, f. 179b)

口絵 16 ●
インド・ラージャスターン州、ディーグ宮殿の広大な庭園は単純なチャハール・バーグ形式で、水路と園路は持ち上げられ、一方、沈床花壇には現在は草が植えられている。後ろに見えるケーサブ・バワン園亭が、庭園から人工湖へ向かう眺めを区切っている

口絵 17 ●
ラージャスターン州、ウダイプル市街宮殿の最上部のテラスにあるアマール・ヴィラスの中庭には、中央の四角い水槽を囲んで青々とした草木が植えられている。18世紀の宮廷生活を描いた挿絵とよく似た眺めである
(Jennifer Joffee)

口絵 18 ●
ナイチンゲール庭園（バーゲ・ブルブル）の植栽はこれまであまり庭園史の研究者にとり上げられていない。しかし、ここには17世紀後半のハシュト・ビヒシュトが今でも建っており、建築当初の壁のタイルが一部残っている。他のサファヴィー朝の園亭と同じように、庭園の軸線上にあるアーチ状の開口部から自然が室内に取り込まれている
(Yasamin Bahadorzadeh)

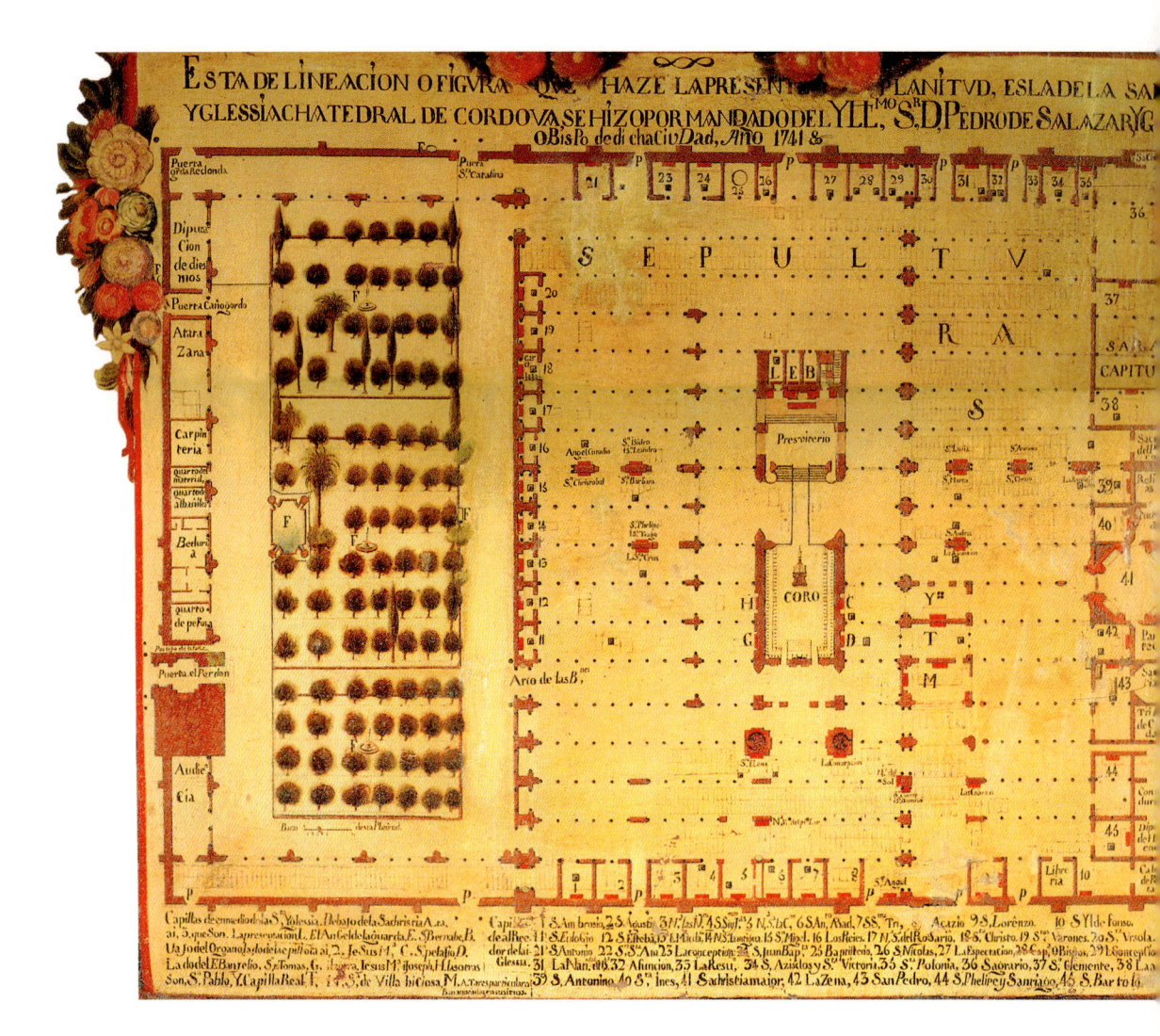

口絵 19 ●
1741年に描かれたこのコルドバの大モスクの平面図では、中庭にオレンジと椰子の木が規則正しく植えられているのがわかる。8世紀に植えられたのと同じ木々ではないものの、同種の木が植え続けられ、伝統が受け継がれていることを示している
（コルドバ大聖堂文書館）

口絵 20 ●
ラバトのシェーラ墓所では、屋外の中庭の中央に長方形の深い水槽があり、周りが修道場(ザーウィヤ)になっている。水槽の底部と側面には色鮮やかなタイル細工が施され、両端には美しく彫られた大理石製水盤が配されている。中庭を取り囲むいくつもの小部屋は居住者の宿坊だった。大きなミナレットがそびえ立ち、その傍らにはモスクと墓地がある

口絵 21 ●
イイティマード・アッ＝ダウラの白大理石の廟所は典型的なチャハール・バーグ形式の庭園の中心に立ち、アーグラーのヤムナー河畔にある数多くの美しい庭園付き建築のひとつだ。墓廟建築と邸宅建築は、各々の庭と同じく互いによく似ているが、墓廟があの世の住居であり、また庭園が善行の報いとしての天国を表すだけでなく、現世での生活の記念碑でもあったからかもしれない

口絵 22 ●
モンスーンの霧ごしに、ラーホールのシャーリーマール庭園のアイヴァーン園亭が中央テラスに立っているのを見ることができる。庭園中央の長い水路を走る水は園亭の床下を通り、大きなチーニー・ハーナで装飾された幅広いチャーダルを滝のように流れ落ちる。手前の高く持ち上げられた台座では涼しさを味わいながら水の躍動感を楽しむことができる

(James L. Wescoat, Jr.)

口絵 23 ●
壮麗なハース・マハルはアーグラー城のアングーリー庭園を見下ろす高台に建っている。水はテラスの中心の蓮形の水槽を満たし、ジグザグに配された灰色と赤の大理石で装飾された幅広い水路を通ってチーニー・ハーナの上を流れ落ちる。17世紀の記録によれば、このようなチーニー・ハーナは昼は色鮮やかなマリーゴールドやバラで飾られ、夜になるとそこに置かれたオイルランプの炎が揺らめいていたという

(著者撮影)

口絵 24 ●
ジャハーンギーリーの建設した四角い庭園（クワドラングル）は、ラーホール城の私的空間のなかで最も大きな庭園で、同心円状に配された四角で構成されていた。他のムガル城砦と同じように、皇帝の住居は城の一辺に沿って設けられ、外の景色を楽しめるようになっていた

(James L. Wescoat, Jr.)

口絵 25 ●
1930 年代後半に富裕なアメリカ人によって建てられたホノルルのシャングリラ館は、単なる模倣でもオマージュでもない。むしろムガルおよび（ここに見られるように）ペルシアの庭園と建築の概念をモダニズムのフィルターを通して解釈し直している。その結果、多様な質感をもち、装飾的であったり、あるいは完全に幾何学的であったりする景観が出現した

口絵 26 ●
ヒンドゥー系のラージプート族によって建てられているものの、アンベール城のこの中庭は完全にムガルの伝統を踏襲している。華麗なチャハール・バーグ形式で、高くしつらえられた園路や、チャーダルやチーニー・ハーナの上を水が流れる水路が設けられている

口絵 27 ●
2005年に完成したカイロのアズハル公園では、歴史的な伝統を近代的にすっきりとまとめている。中央の園路の下や脇を流れる水は、水路を通ったり噴水になったり、時にはアンダルシアやペルシアの宮殿庭園のようにチャーダルを流れ落ちたりしている。園路の横の、中央に噴水をあしらった沈床花壇は、古典的なオスマン朝の庭園を彷彿とさせる。公園のどの部分でも主軸を走る園路沿いの、またその先の市街地まで伸びる眺めは見事である

であり、その設備はまず宮殿の庭園を、次いで周辺の農園や市内の公共水飲み場を潤した。イスラーム時代初期の歴史家や地理学者が、主要な出来事や景観の特徴について書き記すなかで灌漑用水路や水飲み場を文明の発達した共同体の印として繰り返し賞賛していることからも、その重要性は明らかだ。

　イラクのアッバース朝宰相ムアーウィヤ・イブン・アブド・アッラーは、給水設備の建設および管理にかかる費用は政府が負担すべきだと述べている[19]。しかし実際には、灌漑によって改良された土地がハラージュを課せられる国有地か、ウシュル地という私有地であるかによって状況は異なった。カリフであるマフディー(在位775-785)がワースィトに水路を通した時、新たに水の供給を受けた農民たちは2倍の税金を払わなければならなかった。アッバース朝(749-1258)の軍隊は8世紀後半から10世紀までに広大な領土を征服し、時には遠く離れた多様な土地を管理するという難題に直面した。そこで彼らは、土木技術や土地管理の専門家の協力を仰ぎ、アブー・バクル・アフマド・イブン・ワフシーヤ(870年没)、アブル・ワファー・アル゠ブーザジャーニー(997年没)、ヤアクーブ・ビン・イブラーヒーム・アブー゠ユースフ(798年没)らの助けを得た[20]。政府は給水設備を設置するだけでなく、時には経済的な安定を図り、かつ土地を無駄にしないために、植える作物を指示することもあった[21]。農地改良に投資して得られた余剰作物を元手に、かつて見たことのない規模の贅を凝らした建築物を建てることができたのだ。

　9世紀半ば、アッバース朝の都市サーマッラーは、新しい首都に水を供給するために巨額の出費を余儀なくされた例である。建築費と労働力は、アッバース朝がイスラーム帝国を拡大するために行った征服戦争で得られた莫大な戦利品と何千人もの奴隷でまかなわれた。こうして無尽蔵の資源を利用して、アッバース朝のカリフたちは世界史でも類を見ない、途方もない建築学的愚行を行った。つまり、これまで建てられたいかなる建物よりも大きくて贅を凝らした宮殿群をつくったのだ。壮大な野心を満たせる場所を探して、アッバース朝のカリフ、ムウタスィムは836年に宮廷を首都のバグダードから、シャンマーシーヤ、カートゥールを経てティグリス川沿いのサーマッラーへ移した。バグダードの場合、ティグリス川とユーフラテス川の双方から引かれた運河によって潤っていたため、都市形成に適していた。住民たちは豊富な水を使ってナツメ椰子を栽培するだけでなく、果樹園や庭園もつくっていた[22]。しかし新たに宮廷が移された地は、いずれも水の問題が考慮されていなかった——技術者たちは、その地が選ばれた後で初めて招集された——ため、水の供給はたちまち解決すべき大きな課題となった[23]。

　バグダードでは、アッバース朝はササン朝時代から存在する運河を利用していた。しかしサーマッラーの宮殿群では、ティグリス川から水を引く新たな運河の建設が必要だった。そのためにひとつの村全体が移住させられたが、この大事業にかかった費用は年代記作者ヤアクービーによると150万ディーナールにものぼったとい

う[24]。しかしこうして出来上がった運河も、次々と建設される住宅、浴場、庭園付きの宮殿、泉水、水飲み場などに充分な水を供給するには至らなかったようだ。ほとんどの家庭では川から水をくんできていたとヤアクービーが述べているからだ[25]。同様に8世紀のエジプトのフスタートでも、毎年繰り返されるナイル川の氾濫で一時的に運河が使えなくなると、水は駄獣によって人工貯水槽に、そしてそこから人力で各家庭の小さな貯水槽に運ばれていた[26]。しかしフスタートはサーマッラーほどの規模を誇っていたわけではない。50年後、ティグリス川から運河で水を引き、またバケツで水をくむやり方では不充分なことがはっきりすると、政治的理由もあってアッバース朝はサーマッラーを放棄してバグダードに戻った。

　慎重かつ計画的に水資源を利用することによって、イスラーム世界でこれまでは短期の放牧にしか適さなかった地域でも農耕が行えるようになった。現在では荒涼たる不毛の地でしかない場所でも、かつてはあちこちで灌漑農耕が行われており、実際シリアやヨルダンの砂漠には、カスル・アル＝ハイル・イーストのような石と日干し煉瓦と（現在では木が生えていなくても）木材で建てられたウマイヤ朝時代の遺跡が各地に残されている。これらの遺跡は、荒涼たる大地――昔は砂漠というより少量の降雨があるステップ地帯だった――がかつては肥沃で、高度に組織化された定住集落を維持できたことを示している。主にオリーブが栽培されていたが、ブドウも重要な作物で、生産されたワインの（すべてではないが）ほとんどをキリスト教徒が消費していた[27]。シリアとヨルダンの「緑化」はヘレニズム時代に始まり、ローマ時代に加速したが、7世紀にアラブ人の征服に伴う社会の激動でその勢いを失った。しかしウマイヤ朝時代には土地が再分配され、水インフラ設備の修理が行われたために農業は再び盛んになった。イラク北部では、ムスリムたちはシリアの荘園制度をモデルに農業制度を改良し、ムスリムとキリスト教徒双方の市場が利益を得た[28]。

　ステップ地帯での灌漑農耕に成功した結果、さらに多くの定住集落が人工のオアシスとして誕生し、砂漠とウマイヤ朝の首都ダマスクスなどの都市近郊に広がる農地との中継点となった。砂漠は遊牧部族の領域で、彼らは山羊やラクダや羊の放牧を行い、小さな町や隊商を襲撃して暮らしていた。都市部には多くの消費者が住み、農作物が売られる大市場があった。カスル・アル＝ハイル・イーストやジャバル・サイスなどの中間的な集落、ヒルバト・アル＝マフジャルやヨルダンの離宮であるムシャッターなどの宮殿、そしてクサイル・アムラ（ヨルダン）などの浴場施設は、ウマイヤ朝の支配者が地元の独立した部族長をもてなす出会いの場所として利用された。というのも、イスラーム支配が始まった当初の200年間は部族長の支持が欠かせなかったからだ。750年までは、こうした遺跡はウマイヤ朝カリフの政治的勢力を示す視覚的マーカーの役割も果たしたが、その後アッバース朝時代には、新しい首都バグダードを中心とするさらに広大な帝国の中に吸収されていった。

　アッバース朝は東方を重視し、地中海を中心とするローマ帝国の残照と同じくら

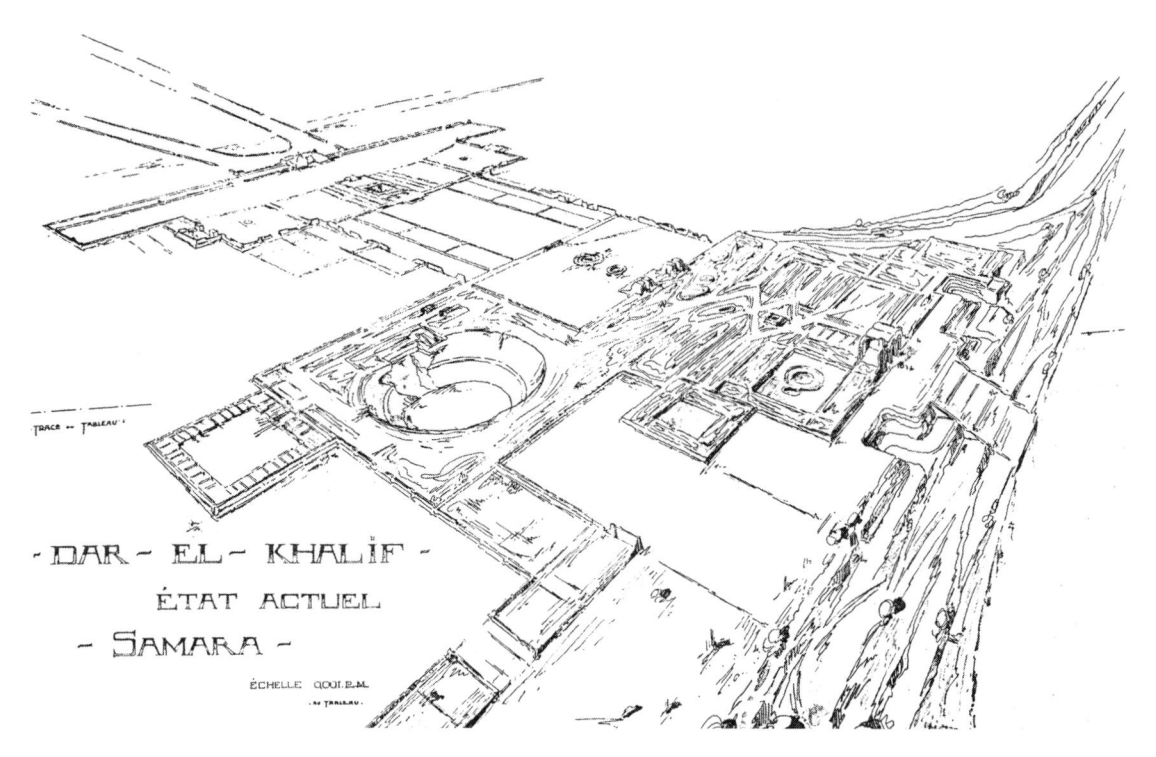

図17●1913年に描かれたサーマッラーのダール・アル＝ヒラーファ宮殿の図。宮殿の巨大な階段の上にある幅広いテラスには三重アーチの門が立っており、階段の下の庭園と池、川沿いの小さな園亭に向かう水路、ティグリス川、そして比較的人口の少ない対岸の様子などが一望のもとに見渡せた　　　　　　　　　　　　　　　　　　　　　　　　　　　　　　　　　　　　　　　　　　（Henri Viollet）

い古代イラクとイランの文化の影響を受けた。その東方的な性格と、すでに確立されたイスラーム帝国を受け継いだという二つの理由から、彼らはウマイヤ朝の支配地とはまったく異なる土地を大切にした。ウマイヤ朝が、宗教と王朝を示すわかりやすいシンボルでイスラームをどのように定義するべきかという問題に直面したのに対して、アッバース朝はイスラームのアイデンティティを表す、すでに確立された一連のシンボルやメカニズムを受け継いだ。たとえば、建築上の様式として、多柱式のモスク──柱で支えられた屋根付きの祈りの部屋を備えた、壁で囲まれた長方形の建物で、メディナの預言者の家に由来する──や、王権を意味する円蓋付きの玉座を備えた王宮の謁見の間などが挙げられる。ウマイヤ朝時代には庭園デザインも様式化され始め、その主要な表象のひとつが水だった。水は大きな泉水や美しい浴場、そしてもちろん庭園自体で多用されていたが、特に庭園の草花はあらゆるものを育む水の特質をはっきり示すものとしてよく使われていた。次のアッバース朝では土地と水の両方が、サーマッラーの大宮殿でさらに惜しげもなく使われた。849〜859年に建てられたバルクワーラー宮殿（第2部-37）と、836年頃に建てられたダール・アル＝ヒラーファ宮殿（図17）はどちらもティグリス川沿いに立っていたため、陸側からだけでなく、反対側の川側からも近づくことができた[29]。川側に

は高台の広間や園亭のような門があり、建物と川岸の間にはよく手入れされた庭園があった。その中を水路が流れ、あちこちに池が設けられていて、川は景観の中に完全に取り込まれていた。宮殿の巨大な中庭の中心にも泉が設けられ、その水しぶきはイラクの炎暑において清涼剤の役割を果たしていたものと思われる。ほこりっぽい遺跡と化した宮殿の植物はもはや失われ、残された水路や泉水の遺構から往時のみずみずしい庭園の様子を想像するしかない。しかし、すべてを想像力にゆだねなければならないわけでもない。たとえ人工的に供給されようと、川のような自然の形で供給されようと、水はかわらず命を与える存在であり、美しい眺めと喜びを与えてくれることを現代の私たちもまたよく知っているからだ。アッバース朝の宮殿についての詩にも、水仙やマートル（銀梅花）やサフランの植えられた庭園でダチョウが水車を回す様子が詠われている[30]。

　後世の建築家たちも土地の地理的条件に注意を払い続けた。サーマッラーや16世紀インドのムガル宮廷都市ファテープル・スィークリーのような場所では、入念な設計と水の慎重な利用が要求される。今日、ファテープル・スィークリーでは水の流れはもはや見られず、庭園も失われてしまった。当初から水の供給システムが不適切で、建設後ほどなく宮殿が放棄されたときに庭園も打ち捨てられてしまったからだ。かろうじて残る水供給システムは今も、地元の共同体によって飲料水や水浴びなどの基本的な用途に利用されている。サーマッラーとファテープル・スィークリーでは、技師が計算を間違ったのだろう。なぜなら荒涼としたこれらの土地には、都市を維持するのにかろうじて必要な量の水資源しかなかったからだ。しかしイラン砂漠の端にある工芸の町カーシャーン近郊に、16世紀に建てられたフィーン庭園では、水はいまだに水路を流れて植物を潤している（口絵1）。最初に建設されたカナートを通って運ばれた水が宮殿と周囲の農地を潤しており、したがってどちらも同じ貴重な水源の恩恵を被り続けているのだ。

# *3* 園芸術

農耕や造園に関する書物

8〜9世紀にかけてイスラームの景観が大きく変化すると、行政官や土地所有者、農民がまず注意を向けるようになった。イスラーム世界は拡大し、さまざまな気候条件や農業規範をもつ新しい地域を含むようになっていた。その上、交易ネットワークがまず地中海沿岸地域へ、次いで陸路を通って中央アジアや東方まで延びていったことで、栽培植物や農業知識が活発に交換されるようになった。8、9、10世紀には、北部および西部ヨーロッパは中世の暗黒時代にまどろみ、かろうじてカロリング・ルネッサンスによって一部が照らされているに過ぎなかったが、イスラーム世界の勢力圏は9世紀にはイベリア半島から北アフリカ、東地中海沿岸、ティグリス・ユーフラテス河畔を越えて中央アジアのアフガニスタンまで広がり、経済は活況を呈していた。新しい征服地を管理し、開発する必要から、軍事貴族の間で土地管理術や農書への関心が急激に高まった。また、このような風土から出現した富裕層の最大かつ現世的な願望は、田舎に美しい家をもち、花鳥を愛でる詩歌をつくることのようだった[1]。

こうした土地所有者は、自ら農作業を行う場合もあれば小作人に土地を貸すこともあったが、彼らは自然の美しさを愛でるだけではなく、土地をいかに管理していくかという現実的な点にも注目した。収穫量の増加を願ったのは土地所有者と耕作者だけではない。借地料や税金は収穫量による歩合制だったので、国家もこれを奨励した。9世紀以降の記録が残るエジプトの場合を見ると、もともと正確な税額を定めるためのものだったとはいえ、国家の中央集権的なコントロールは、結果的に農業規範の改善と国民に必要な量の食糧についての長期的な計画立案を可能にした。

君主や大土地所有者、税務官が関心をもったために、たちまち数多くの農学に関する書物が農業経済が発展した地域で書かれるようになった。特に、後ウマイヤ朝とターイファ(独立した小王国)時代のアンダルス、コプト教徒とムスリムに支配されたエジプト、そしてラスール朝時代のイエメンではその傾向が強かった。最初に記されたのは、いつ、どうやって植物を植えるかを指示する暦や年鑑、また(主に野生)植物とその医学的効能を説明する植物事典だった[2]。こうした重要な概論書には幅広い情報が含まれ、その中には食料の貯蔵法や薬草の処方箋などもあった(図

図18●医者は薬草を見分けて栽培するだけではなく、薬の処方もしなければならなかった。ここに示されているのはディオスコリデスの『薬物誌 De materia medica』の写本挿絵だ。屋根裏には薬剤の壺が貯蔵されている。医者が調合物を煮立て、患者が横で辛抱強く待っている。（メトロポリタン美術館、コーラ・ティムカン・バーネット・コレクション——写本挿絵等ペルシア美術品、コーラ・ティムカン・バーネットによる遺贈品、1956〔57.51.21〕）

18）。現存する最古のイスラームの暦は9世紀にイラクの医師イブン・マーサワイフによって記された[3]。早い時期にラテン語に翻訳されたため、より広く知られているのは、967〜976年に記されたアンダルスの『コルドバ歳時記 Kitab al-anwa』だ[4]。ムスリムのパトロンのためにアラビア語で記されたものの、『コルドバ歳時記』やそれ以降の暦では、キリスト教の暦とラテン語の月名が採用されている。イスラームの太陰暦では1年が短く、月と季節が毎年少しずつずれていくので、キリスト教徒が使っていた太陽暦の方が、農作業には適していたからだ。実際、13世紀後半にイエメンで記された『ミルフ・アル=マラーハ Milh al-malāḥa』の1章は次のように始まっている。「まず大事なのは太陽暦の知識だ」[5]。こうしたさまざまな年鑑に見られる折衷主義は、汎イスラーム的な文化（暦と祭日）と、ムスリム以外の人もいる各地の共同体の実際の習慣の間で調整が行われたことを示している。また、エジプトの年鑑を調べると、さまざまな場所から知識がもたらされていることがわかる。つまり天文学的な知識はアラブから、食料と薬事学についてはヘレニズムから、そして行政や宗教祭儀については地元のイスラームやファラオ時代の知識に負っているのだ[6]。10〜14世紀に記された（あるいはそう伝えられる）暦が、モロッコ、アンダルス、チュニジア、リビア、エジプト、イエメンで発見されている[7]。イエメンだけでも1271年から15世紀までに記されたとされる年鑑が8点発見されている。おそらく今後その数はさらに増えることだろう[8]。

　農書の第2グループは植物学に関する研究書で、多くの植物がどのような薬効をもつかを説明し、それを利用した調合法を紹介している。これらの研究書ははじめ、先行するヘレニズムやローマ時代の書物、たとえば『薬物誌 De materia medica』などをもとに記された。『薬物誌』はギリシアの従軍医師だったディオスコリデスが紀元78年頃に記したもので、薬効をもつ植物やその用法を取り上げている。これが非常に役立つとしてもてはやされたことは、中世にそのギリシア語の写本——いくつかは華麗に装飾されていた——がビザンツ宮廷にあったこと、そしてその後ムスリムの支配者向けにアラビア語に翻訳されて注釈を付けられたことからも

明らかだ。ビザンツ宮廷の写本の一例として、コンスタンティノス・ポルフュロゲネトス帝が所有していた10世紀中頃の装飾写本が挙げられる(図19)[9]。129～200年にガレノスによって記された『単体薬の諸力について De simplicium medicamentorum temperamentis et facultatibus』もアラブ世界に知られていた。

植物学についての研究書には細かい説明がつけられ、植物は系統にしたがって分類されていた。「ジンス jins」は属、「ナウア naw'」は種、「スィンフ sinf」は変種を意味していた[10]。挿絵が添えられているものも、添えられていないものもあった。これらの挿絵は、イスラーム初期の自然の実態を初めてかいま見せてくれるはずのものだが、残念ながら往々にして細部があいまいなため、現代知られている植物に同定するのは難しい。この不正確さの一因は、写本製作のプロセスが原因だろう。はじめに口頭で伝えるための言葉が考え出され、内容が重要で貴重な場合に限って書き留められたのだ。需要が高まるにつれて、さらに多くの写本がつくられ新しいパトロンの蔵書や図書館に納められた。時にはディオスコリデスの場合のように、描写された植物が必ずしも存在しなかったり、また存在するとしても異なる外見をもつ別の国にまで送られた。書物の内容に万全を期すため、正本を忠実に書写したものだという証明書や許可状によって写本制作システムがうまく管理されていたとはいえ、挿絵の方はそれほど厳密に管理されていたわけではない[11]。時に細部が失われてしまったのは、描いている対象の植物学的特性を画家が理解していなかったからか、実物でなく別の絵を描き写していたからだろう。

挿絵の信頼性があまり高くなかった理由のひとつに、そもそもそれがどういう状況で描かれたのかという問題がある。挿絵は文書を二次的に補助するもので、言葉による説明と対等なものとは見なされていなかった。地理学者が、自分では行ったこともない地について先人の書き残したものをそのまま鵜呑みにして説明を加えていたような風土では、植物を描く画家が、詳細な文章の説明に添えるときに、様式化された略図で充分だと考えたのも理解できよう。そもそもこの時代の画家たちは、じかに植物を観察して写生していたのだろうか？ 16世紀以降にムガル朝、サファ

図19●東ローマ帝国のコンスタンティノス・ポルフュロゲネトス帝のためにつくられたディオスコリデスの著作の写本の挿絵には、薔薇の花、つぼみ、茎、根が示されている（ニューヨーク、ピアーポント・モーガン図書館。MS M.652, f.142 b）

園芸術｜3

39

ヴィー朝、オスマン朝などの絵画工房で、画家の細かい観察を反映した風景画や植物画が制作されるようになると、こうした状況も変わるが(10章参照)、それより以前には植物はもっと簡略に描かれていた。

9〜11世紀の間、植物学研究の中心はバグダードとイスファハーンで、カイロ、チュニス、そしてアンダルス各地の主要都市でも重要な研究書がまとめられた。初めの頃は古典の翻訳や注釈にとどまっていたが、じきに地元の植物に関する研究書が多く発表されるようになった。植物学者リンネより何世紀も前に、イスラームの植物学者たちはすでに植物を形態学的に分類し、自ら直接観察して、地元や異国の自然の不思議について研究を進めていた。アンダルスのある植物学者が、インド、コンスタンティノープル、イエメン、ホラーサーン、中国などを旅した人が直接、目にして伝えた植物標本についての補足的な情報の重要性を認めたように、時には

イブン・バッサールの『農書』キターブ・アル＝フィラーハ掲載の植物

| | | |
|---|---|---|
| アーティチョーク | エニシダ | ケーパー（2種） |
| アーモンド | エノキ | ケール |
| アカシア | エンドウ | ケシ（2種） |
| アカネ | オーク（ナラ） | コットン（2種） |
| アサガオ | オオムギ | ゴマ |
| アザミ（シスル） | オニナベナ | コムギ |
| アシ | オリーブ | コリアンダー |
| アスパラガス（3種） | カイソウ（海葱） | コロシント (citrullus vulgaris) |
| アスパラガスビーン（長ササゲ） | カモミール（anthemis 他2種） | サイプレス（糸杉） |
| | カヤツリグサ | サクランボの木 |
| アップルミント | カルドン | ザクロ |
| アニス | キイチゴ | ササゲ |
| アフリカハネガヤ | ギシギシ | サンバンサイカチ (cassia fistula) |
| アプリコットの木 | キビ | |
| アマ | キャベツ | シダ |
| アマランサス（2種） | キャラウェイ | シトロン |
| アメリカボウフウ | キュウリ | ジャスミン |
| アワ | キンポウゲ | シロガラシ |
| アンチューサ | クコ | シロバナルピナス |
| イグサ | グミ | スイートマージョラム |
| イグサ (lygeum spartum adjuncus) | クミン | スイカ |
| イチゴの木 (arbutus unedo) | クリ | スイセン（4種） |
| イチジク | クルミの木 | ストック |
| イナゴマメ | クレソン | スベリヒュ |
| イネ | クロガラシ | スミレ |
| イボタの木 | クロコショウ | スモモの木 |
| エゴの木（2種） | クロッカス（サフラン） | セイヨウアブラナ |

第1部

経験知と比較研究が組み合わされることもあった。
　また旅人が異国の植物標本を持ち帰り、植物学者がその栽培を試みることもあった。一例として、8世紀のマラガ（スペイン）、11世紀のトレドやセビーリャにおけるイチジクやザクロの新種が挙げられる[12]。サーマッラーとバグダードにおかれたアッバース朝の宮廷から、後ウマイヤ朝スペイン宮廷に821年に移った詩人のズィルヤーブは服装、音楽、行儀作法、料理などの分野で数々の新しい流行を伝えているが、彼はアンダルスでアスパラガスを収穫して食べた最初の一人だった。もしかしたらイラクにいたときにすでに経験していたからかもしれない[13]。しかし、アッバース朝の宮廷用に栽培されていたアスパラガス自体が栽培植物化された外来種であり、もともとはヨルダン渓谷の原産だった[14]。同様に、イエメンのスルターンたちは12世紀にシリアのサラディンから果樹を手に入れ、他の地からもココ椰

（Hernández Bermejo と García Sánchez より）

| | | |
|---|---|---|
| セイヨウキョウチクトウ | ビート | マルメロ |
| ソラマメ属（3種） | ピスタチオの木 | マロー（ゼニアオイ、*althaea* その他2種） |
| ダイダイ（*citrus aurantium*） | ヒトツバエニシダ | |
| タイム | ヒョウタン | ミルラ |
| タチアオイ | ヒヨコマメ | ミロバラン |
| タマネギ | ヒルガオ（3種） | メリロート |
| チコリ | フジマメ | メロン |
| テレピンの木（*pistacia terebinthus*） | ブドウ（ワイン用） | モウズイカ |
| ドーム椰子（*hyphaene thebiacca*） | ブラッククミン | モモ |
| トネリコ（3種） | プラタナス | モロコシ |
| ナシ | フランキンセンス（乳香） | ヤナギ（4種） |
| ナス | プルヌス・マハレブ | ヤマホウレンソウ |
| ナツシロギク | ブロッコリー（*brassica oleracea*） | ヨモギ |
| ナツメ | ヘーゼルナッツ | リーキ |
| ナツメヤシ | ペッパーグラス（マメグンバイナズナ） | リンゴ |
| ニオイアラセイトウ | | レタス |
| ニガキ | ベニバナ（2種） | レタマ（*retama sphaerocarpa*） |
| ニレ（2種） | ヘビメロン | レモン |
| ニワシロユリ | ヘンナ | レモングラス（*cymbopogon schoenanthus*） |
| ニンジン | ヘンルーダ | |
| ニンニク | ホウキモロコシ | レモンバーム |
| バジル | ホウレンソウ | レンズマメ |
| ハツカダイコン | ポプラ（2種） | ローレル（月桂樹） |
| パニックグラス | マートル（銀梅花） | |
| ハマスゲ | マツの木 | |
| バラ | マメ科 | |
| バルサムの木 | 桑の実（桑2種類） | |

子、マンゴーの木、ブドウの数々の品種、稲、そして数々の珍しい植物を入手している[15]。

植物についての研究書や暦に続き、3種類目の農業書『農書』が登場した。しかしまったく新しい分野が登場したというわけではなく、むしろ視点の転換が認められる。天体観測に基づいて作付け、灌漑、施肥、収穫など季節ごとの活動を行う時期を算出する暦の重視から、時期だけではなくこうした作業を行う実践的な方法に注意を向けるようになったのだ[16]。こうした農書には多くの先行例がある。大プリニウス（23/24-79）は『博物誌 Naturalis historia』を著し、この百科全書的な書物では菜園、畑への給水、土壌の準備、栽培作物、そして野生植物の外見と利用法などを解説している。全37巻からなる大作は、筆者による実際の農作業よりも、むしろ先行する著作を参照している部分が多い。しかし60〜65年頃に描かれたコルメラの『農業論 De re rustica』では、先行書だけでなく父親の所有地での実際の農作業の経験に基づいた記述が見られる。

現在知られている中で最古のアラビア語の農書は、904年にイラクでイブン・ワフシーヤによって記された『ナバテア人の農業書 al-Filahat al-nabatiyya』である。しかしこれは古代後期とアラブの先行書を参照し、アラム語の文書を翻訳したものだともいわれている[17]。また、実践的な方法よりも社会哲学に焦点を当てており、後世に記された科学的な手引書と比べることはできない。この農書では、農耕社会のあるべき姿にまで踏み込んでいる。「民衆を幸福な状況に置けるかどうかは、社会全体の根本にあり、その実体であり支柱でもある農民や労働者にかかっている。したがって彼らは最も優れた人々なのだ。……次に国王、王権とその存続について考えよう。農園所有者や農民は国王を支え、その生存を助ける。そして彼らは王権を高め、その存続を保障するのだ」[18]。しかし、大体においてこの書物は信頼性に欠け、迷信的だ。最も俗悪なところでは、人間の性交渉によって、ある木から別の木の幹への接ぎ木の成功率が高まると述べている[19]。この写本は10世紀にアンダルスにもたらされ、おそらく同地で新しい農書が書かれるきっかけとなった。後にこの地で記された別の農書によると、10世紀の第3四半期に『コルドバ歳時記』の著者の一人が農書を著したとのことだが、その題名すら遺されていない[20]。その次に古いのはアブールカシス（アッ＝ザフラーウィー）によって975〜1013/14年にコルドバで記された『農書概説 Mukhtaṣar kitāb al-filāḥa』だろう[21]。こうした書物の多くには植物のリストが収められ、特定の時期にある場所で栽培されていた植物がだいたいわかるようになっている。たとえば11世紀にイブン・バッサールによって記された研究書では、177種類の植物が挙げられており、その中にはレンズ豆やタマネギのような基礎食品、バジルやクミンのようなスパイス、キビやモロコシといった穀物（この分野は不完全気味に思われる）、そしてスミレや西洋キョウチクトウなどの観賞用植物が含まれている（表参照）[22]。イエメンではラスール朝時代（1229-1454）に4冊

の農書が記された。その中にはイエメンで特に広く栽培されていた植物もとり上げられており、主要作物であるナツメ椰子に重きが置かれている。しかし一方で、少なくとも1冊には、あまり栽培されていなかったオリーブやキンマ (betel) についての情報も載せられていた[23]。

年鑑は季節ごとの作業を列挙するだけで、どちらかといえばつまらないのに対し、農書は、造園に実践的な関心をもつ人間にとっては今日でさえ驚くほど面白い読み物だ。たとえば11世紀アンダルスのアブル・ハイルは、スペインの主要作物のひとつだったオリーブを殖やす方法について説明している (図20)。10〜12掌尺 (約2m) ほどの長さの若枝を切りとって好きな場所に植えるが、そのとき小石を敷きつめた穴に差し込んで土で固め、水を吸い込むように少しくぼませておく。しかしひとつの方法だけで満足することなく、著者は小枝を木から切りとらずに地面にさして根付かせる方法、またオリーブの木の幹が4年後に指の太さになるように、種から発芽させる方法なども紹介している。筆者は他人の研究を紹介する場合でも「私たちは自らこの方法を試してみた」と述べている[24]。またそれぞれの方法がまったく異なる結果をもたらすこともあり得たので、植物を殖やすさまざまなやり方を紹介する必要があった。ナツメヤシ phoenix dactylifera の場合、種から育て他家受粉を行って殖やす方法は大して満足な結果を生み出さない。なぜならそうして育った木のうち、よい実がなる確率は5パーセント以下だからだ。したがって、オリーブと同様に乾燥地でも育つナツメ椰子を殖やすには、同じように (幹の根元から生える) ひこばえを利用することが多い[25]。

アブル・ハイルは輪作についても説明し、亜麻を収穫した畑で小麦か大麦を栽培できるとした。また相補的な作物、特にブドウとオリーブの混植も取り上げている[26]。しかし11世紀にトレドに住んでいたイブン・ワーフィドは、特に豆木と果樹の混植をすべきではないとしている。果物の味が損なわれてしまうからだ[27]。

いくつかの農書では、家や庭の立地についても説明している。アブル・ハイルは南向きの斜面を畑にすることを勧め、そうした斜面は日照時間が一番長いからだと説明している。また、イブン・ワーフィドは次のように助言している。「農園で建物を建てるのに最も適しているのは一番高い地点だ。そこなら洪水に襲われることも、日照りに悩まされることもなく、農園の残りの土地や庭園や畑を潤す水を流水

図20 ◉ オリーブの栽培方法は機械化されたものの、アンダルシア地方は今でもオリーブの主要生産地であり、ローマ時代からほとんど変わらない接ぎ木の手法で栽培を行っている

から確保できるからだ。また川沿いに家を建て、戸や窓を東に向けるのが望ましい。東風は西風よりも健康的で、太陽の熱は悪い空気の作用を取り除いてくれる。家は高さも幅も大きくして出入口を広く取った方が、風通しがよくなって好ましい。そうすれば住人は健康に暮らせるだろう[28]」

奇妙なことに、いくつかの農書は韻文形式で書かれていた。おそらく記憶に留めやすいようにとの配慮からだろう。10〜12世紀にかけてのイスラーム世界は、新しい安価な記録媒体である紙の登場のせいもあって、口承文学から筆記文学への転換点にあった。農業についての研究書は筆記され、何度か書写もされたと考えられるが、それらが学者の集まりで読み上げられ、記憶されて伝えられた可能性も高い。その一例が12世紀のイブン・ルユーンの農書だろう。簡単な韻律を踏んだ彼の著作は、当時の大詩人からの注目は浴びなくても、農学に関心をもち、そこそこ教養のある土地所有者の関心を惹きつけたに違いない。同様に15世紀のグラナダの作者不詳の暦も、一節がきわめて短い詩形式で書かれており、想定される読者が記憶しやすくするためと思われる。イエメンでも、アフマド・ビン・アビー・バクル・アッ=ズマイリーが17世紀に著したような、健康や一年の月について述べた類似の著作が、同じ理由から韻文で書かれていた[29]。

こうした農書に登場する栽培作物は、作物の一覧表——イエメンのラスール朝(1229-1454)ものがすでに研究されている[30]——や、14、15世紀シチリアの例[31]に見られるような公証人の作成した書類などにも記載されている(11世紀後半のノルマン人の征服によってイスラームによるシチリア支配は終わったが、農業規範をはじめシチリア・ノルマン文化の多くの点がイスラームの慣習を色濃く保ち続けていた)。土地所有者と小作人の間で交わされた契約は通常、借地料だけでなく水の供給や耕作方法まで規定していた。借地料はしばしば収穫量に対する歩合で払われたため、土地所有者は小作人と同様に、豊作を願っていた。

イランでも同じように農学に関する書物は発表されており、作者不詳の『*Yavāqīt al-'ulūm*』(1117年)、ファフル・アッ=ディーン・アッ=ラーズィーの『*Jāmi' al-'ulūm*』(1179/80年)、そしてシャムス・アッ=ディーン・アームリーの『*Nafāyis al-funūn*』(1340年)などが知られている。地中海沿岸地域と同様に、これらの農書もガレヌス、プラトン、大プリニウスの『博物誌』、6世紀東ローマ帝国のカッシアヌス・バッススの(10世紀までにペルシア語に翻訳された)『ゲオポニカ』などの先行書を参照している[32]。こうした書物には養蜂、園芸、樹木栽培、収穫物の保存など、有用と思われるさまざまな情報が記録されていた。16世紀の『農業便覧 *Irshād al-zirā'a*』などは韻文で書かれているものもあるが、それは読む人が内容を記憶するのを助けるためだけでなく、文才を駆使してその信頼性を高めようとしたものと思われる。こうした書物がイスラーム世界であれだけ遠くまで運ばれたということは、特定の地理条件をもつ地域で書物の内容が実践できるかどうかは、古代の作者の権威ほど重視されなかったことを示している。

こうした一連の書物は、ふたつの意味で農業の重要性を示している。つまり、一般労働者が昔から行ってきた作業としての重要性、そして語学や天文学や植物学の分野でさまざまな能力をもつ知識人が研究する学問としての重要性だ。ここで、これらの農書が一体誰のために書かれたのかという問題が残る。額に汗して大地を耕す農民のためではないだろう。しかし植物を殖やし、受粉させ、接ぎ木するさまざまな方法を説明する比較的高価な手引書が、それを購入する財力をもった知識人階級の人たちにすぐに役立ったとも思えない。羊皮紙に一字一字書き写された植物学の本は、普通の農民にはとても手の届かない贅沢品だったはずだ。10〜12世紀にかけてアラブやペルシアで登場した造園や農耕についての書物は、すでに盛んに行われていた農耕の現状を記録するために記されたのかもしれない。つまり灌漑など新しく導入された技術を記録し、種の植え付けや挿し木、土壌の準備や新種の肥料の利用などの知識を後世に伝えるためにだ。言い換えれば、年鑑や手引書は、一般の農民によって最近取り入れられた新しい方法や、土地を所有するエリート知識人階級と農民の両方にとって有益な変化を記録に残しているのかもしれない。しかしアンダルスに限っては逆のケースも認められる。つまり、さまざまな方法を比較して最適なものを取り入れようとするイスラーム文化の特徴そのままにこれらの書物が記されたが、その結果として新しい植物標本が求められ、新たな挑戦が行われて、日々の農耕のやり方が進歩したのだ[33]。

　10世紀までに（アンダルスではもっと早く）、地中海沿岸のイスラーム地域では経済と科学、そして社会の大転換が始まった。農業技術の発展——なかでも最も特筆に値するのは灌漑用水の獲得、貯蔵、そして分配——によって、社会は好景気に沸いた。新種の作物や新しい農業技術は、利益をあげるのに熱心な農民によっていち早く採用された。カリフや君主自身、徴収した税金から投資や改良の利点を実感していたので、盛んに改良を奨励した。たとえばバグダード近郊にあるサーマッラーの宮殿都市で、アッバース朝のカリフであるムウタスィム（在位833-842）は庭園にイラク各地から取り寄せた椰子の木を植えた。当時の年代記作者は次のように述べている。「あらゆる種類の草木が植えられた。よい香りのするもの、食べられるもの、そして青々とした葉を茂らすもの。何千年もの間この地は農耕が行われず休んでいたので、植えられたものは何でもよく育った」[34]。そして庭園や果樹園や畑には税が課され、カリフの金庫を潤したと続けている。

　君主は植物学の研究を後援し、農書の執筆に財政支援を与えることで改良を奨励し、さらなる経済的繁栄を目指した。それだけでなく、新種の植物に直接、個人的な関心を寄せるものもいた。たとえば11世紀にセビーリャに君臨していたアッバード朝時代のある観察者が、近隣の村の農民が君主に四つの巨大なメロンを献上したことを記録している。そのメロンは「あまりに重かったため、頭上にのせたバスケットに入れて運ぶのはほとんど不可能なほどだった。スルターンは見事な果物にすっ

かり感心し、つくり方を尋ねた。農民によると、メロンはいつでもこれほど大きく育つわけではないが、もし10本を残してすべての枝を切り、支柱で幹を支えるなら、簡単につくることができる」(35)。中世や近代の菜園の庭師なら誰でも知っているこの摘枝、摘芽の技術は君主の注意を引いた。これは農業の、ひいては地域の料理文化や経済を改善するよい機会だったからだ。

収益という観点は明らかに重要で、しばしば文化的、宗教的な価値観よりも重視されたようだ。それより百年足らず前、後ウマイヤ朝のカリフ、ハカム2世（在位961-976）はアンダルスからブドウ栽培を追放し、その主製品であるワインをなくそうとした。しかしブドウはイベリア半島主産品のひとつだったため、家臣たちの反対にあった(36)。サマルカンドではティムール帝（在位1370-1405）が今後、建物やテントにロープが必要になるだろうと予測し、初めてアマとアサの栽培を命じた(37)。彼の子孫であるムガル皇帝アクバル（在位1556-1605）は秋にカシュミールの畑をめぐってサフランの収穫を眺めるのを好んだ。サフランの花が美しく咲いていたからだけではなく、おそらく収穫を待つばかりの花々に取り囲まれる満足感を味わっていたのだろう(38)。

ほとんどの君主が経済的な利点を認めていたものの、誰もが農業サイクルとそのひとつひとつの作業について理解していたわけではなかった。アッバース朝のカリフ、ムクタディル（在位908-932）が宮殿の中庭で水仙の花に囲まれてパーティを催そうと考えたとき、球根が植えられる予定の花壇の土壌を準備するために、一人の庭師が当時の習慣にしたがって花壇に堆肥をかぶせようとした。しかし自分が座る場所に動物の排泄物をまくつもりかとカリフは怒った。だが庭師の説明を聞くと、においをよくするためにジャコウと混ぜるように命じた(39)。反対にムガル皇帝ジャハーンギールは景観とその生態学的な作用に強い関心をもち、台木に接ぎ木をした果樹がおいしい果物をつけること、絹生産におけるクワの役割、そして百合の野生種と園芸種の違いなど基本的なことを理解していた(40)。

農業の分野で数々の変化や改良があったため、9世紀後半から10世紀の著述家や植物学者や後援者たちは、それについて知られているあらゆることを記録に残した。しかしティムール帝国（1370-1506、以後衰退）末期のアフガニスタンのヘラートでは、政治・社会状況はまったく異なっており、逆のことが起きたようである。そこでは、1515年にペルシア語で記された農書に、破壊的な変化の脅威にさらされていた活発な農業活動の現状についての記録が残されている。この『農業便覧 Irshād al-zirā'a』が記されたのは、ウズベク族がホラーサーン地方に侵入し、指導者層が交代したために農業が危機に陥ったのがきっかけだった。著者はカースィム・ビン・ユースフ・アブー・ナスリーで、ヘラートのアブド・アッラー・アンサーリー廟に借地料や収穫物を納める土地の管理を任された会計士だったようだ。この書物で説明されている農地管理術は、数学、幾何学、財務会計、農業規範、水力工学の知識

を必要としているが、特に最後の水力工学は、ヘラートのあるホラーサーン地方では不可欠の技術だった。作者は明らかに農業経験をもたなかったようで、ベテラン農民の助言を得ている⁽⁴¹⁾。

　中世初期の科学的な書物では、個人的な実験や発見よりもむしろ伝来されてきた知識を重視する傾向があった。しかしその後、著者本人による観察が増えたのは見てきたとおりである。農業規範については多くの書物で述べられているのに対し、庭園の外観や実際の花壇や園路などの配置についてはめったに説明されていない。また庭師も、農書には登場しても実際の庭園に関連した記述では姿を見せないとはいえ、スペインのセビーリャでは、ムワッヒド朝の君主アブー・ヤアクーブ・ユースフ1世が、12世紀後半に町の東部に壮麗なブハイラ庭園をつくり、庭の管理に3人の男を雇ったことがわかる。一人は大モスクのミナレット（ヒラルダの塔）の建築家であったイブン・バス、もう一人は判事のアブル・カースィム・アフマド・イブン・ムハンマドで、3人目はモスクのイマームであったアブー・バクル・ムハンマド・イブン・ヤフヤーだ⁽⁴²⁾。彼らは測量、土壌の準備、そして栽培計画、つまり農書に説明されているようなあらゆる仕事を任された。したがって教養が高く、しかも実際の作業も行った彼らのような人たちこそ、農書のような書物を最も効果的に活用したのだろう。

　ティムール朝のスルターン＝フサイン・バイカラ・ミールザー（在位1469-1506）に仕えたイランの園芸家ミーラケ・サイイド・ギヤースについては、多くのことが知られている。彼は、15世紀中頃から16世紀の大半、イランで続いた景観設計に携わった重要な一族の出身で、ヘラートで生まれ育った。父親から農学、灌漑、建築などについて伝統的な教育を受けている。スルターンの景観設計家として、彼は庭園や庭園建築の造営を監督したが、それには上記の三分野すべての知識を必要としただけでなく、美観と生産性が同じくらい重視された。1507年のウズベク族の侵入で内戦が始まると、サファヴィー朝が権力を握り、彼にも逆風が吹くようになった。一度ならずミーラケ・サイイド・ギヤースの土地は没収され、そのうえ投獄もされたが、さほど間をおくことなく仕事に戻り、『農業便覧』の著者に助言を与えている。その後移ったインドでは、征服者バーブル（在位1526-1530）がドールプルとアーグラーでの建築作業のために景観設計の専門家を必要としていた。1540年までにはミーラケ・サイイド・ギヤースはブハラに移り、1550年を過ぎて間もなく死を迎えるまで、景観設計家としてウズベク族のハーンに仕えた⁽⁴³⁾。

　書物は明らかに、あるイスラーム社会から別のイスラーム社会へ科学知識を伝える媒体となった。書き付けるための最も安価なものとして紙が採用され、コーラン以外のすべての書物を作成するのに紙が、羊皮紙にとって代わるようになると、その役目は重要性を増した。しかしアンダルスの芸術家ズィルヤーブやミーラケ・サイイド・ギヤースなどの伝記からは、人間自体も情報を伝達するのに重要な役割を

果たしたことがわかる。異民族による征服が起きたり新しい機会を求めて景観設計家や造園家が移動したりするとき、彼らはカースィム・ビン・ユースフ・アブー・ナスリーの『農業便覧』に記されたような新しい理論を携えていき、また仕事のやり方についての実践的な知識も伝えた。

　中世イスラームの植物、農業、土地管理についてこれほど豊富な文献資料が残されているということは、農民や学者や君主が土地の有効な活用に強い関心をもっていたことを示している。いくつかの資料には理想的な庭園の構成が記されてはいるが、実際のレイアウトや植栽やシンボリズムなどについてさらに詳しく知るためには、文献の描写や現存する遺跡、また発掘を通じて明らかになった実際の庭園を調べなければならない。

# *4* 大地を整備する

十字型庭園とチャハール・バーグ

　**イ**スラーム庭園は何もないところから誕生したのではない。イスラームの宗教やそこから派生した文化と同じように、先行する伝統があり、それさえ理解すれば発展の経緯を説明することができる。それ以前の、また同時代のビザンツやサーサーン朝の社会、そして都市生活者のアラブ人やユダヤ人は、造園を通じて人間と大地の関係を表現した。したがって初期のイスラーム庭園の形態や意味を理解するには、西南アジアや地中海沿岸地域の古い庭園を調査するのが望ましい。もちろん先行例を調べたからといってイスラーム庭園のすべてが理解できるわけではない。なぜなら伝統的な習慣だけをもとにその後の変更や改善、たとえばアラブの農民がよりよい灌漑や農耕の技術を取り入れたという事実を説明することはできないからだ。しかし収穫を増やす技術は宗教の垣根を越えて広がり、新しい宗教の信者は新たに発明するよりもむしろ、すでに存在する農業や正式な造園の慣行を取り入れ、庭園に新しい政治的、宗教的なシンボリズムを付与した。景観がなぜそのように整備されたのか、歴史的伝統や実際の地形のどちらか一方だけから説明することはできない。どちらも同じくらい重要であり、ともに考慮すべきなのだ。

　イスラーム庭園を代表する形式のひとつに、中心で交差する十字の園路によって四分割された庭園がある。非常に幾何学的なこの庭園配置はチャハール・バーグと呼ばれ、人間の力で自然を飼い慣らし、変貌させたこうした景観は強力なメタファーとして、イスラームによる広大な帝国の征服・支配に重ね合わされた。しかし十字型庭園だけが唯一の庭園形式というわけではなかった。君主や貴族の邸宅、または一般庶民の家でも、舗装された土地の真ん中に泉水や埋められた水盤が設けられ、植木鉢の植物が周囲に置かれているだけの庭も見られた。ヘネラリーフェ離宮の「アセキアの中庭」のように細長い花壇の中央を水路が走る場合（口絵2）もあれば、ムガル帝国時代のカシュミールのニシャート庭園のように、いくつもの花壇が傾斜する地面にテラス状に並んでいる場合もある〈2部-72〉。フマーユーン廟（口絵3）とタージ・マハル（図76）のように、異なる建築材料を使い、構成要素を少し入れ替えただけで、同じような建築プランの建物がまったく異なった印象を与えることがあるが、同じことは四分庭園にもいえる。四分割された部分が深く沈められ、そこに植

えられた灌木の頂部が、隆起させた園路と同じ高さにくるようになっている場合もあれば（口絵4）、腰を下ろすのに適した芝生が園路とほぼ同じ高さに広がっている場合もある（口絵5）。17世紀初頭のムガル帝国時代の南アジアでは、直線に支配され、水槽をもつ単純なチャハール・バーグに曲線や星形の模様が導入され、その結果、庭園は複雑かつ装飾的になった。

最近まで研究者たちは、古文献に登場するチャハール・バーグという語は4または4の倍数に分割された庭園を指すと考えていた。したがって、ある庭園についての同時代の説明にこの語が使われている場合には、その庭園は四分割されていると考えられた。しかし16世紀のブハラに関する研究の結果、この語はより広い意味をもち、チャハール・バーグ、それにバーグチャ (bāghcha)、ブースターン (būstān)、ラバズ (rabaz) などその他のペルシア語の単語は、さまざまな大きさ、形、機能、そして重要性をもつ庭園を指す場合があることが明らかになった[1]。初期にはチャハール・バーグが特に四つの部分をもつ庭園を意味していた可能性が高いが、それでも庭園の形に簡単に単語を当てはめることには慎重になるべきである。同時に、このタイプの庭園を安易にイスラーム庭園とみなすべきでもない。なぜなら四分割された庭園の概念はイスラームに先行し、地中海沿岸地域とペルシアにすでに存在していたからだ。

整形式庭園の先行例は、イランのパサルガダエ遺跡で見ることができる。アケメネス朝ペルシア王キュロス2世（在位：前559-530）の首都であるこの遺跡では、王宮の玉座の間に面して長方形の庭園が設けられていた（図21）。長方形の小水槽を等間隔に結ぶ石造の水路が庭園の三方を取り囲み、玉座の間からまっすぐ伸びる庭園の軸線上にも配されているので、十字に交差する水路でこの庭園が四分割されていた可能性は高い[2]。庭園を分割することによって灌漑用水を隅々まで行き渡らせられるという実用性もあっただろう。しかしこれが本当に四分庭園であったという証拠はなく、考古学的な痕跡も少ないため、千年以上後のイスラームの四分庭園を、論拠のひとつとして挙げているのが現状である。とはいえ、石の水路が本当に庭園を四等分していたかはともかく、玉座の間から延びる視線が空間を分

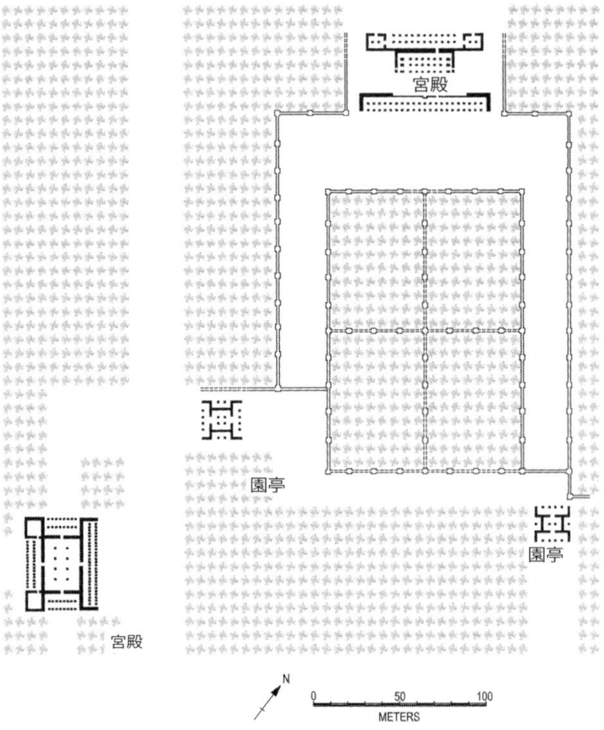

図21●パサルガダエのキュロス2世（在位紀元前559－530）の宮殿の庭園は、交差する水路によって四分割されていたかもしれない。北西の壁の中央に設けられた玉座の間から、王は遠くまでの眺めを楽しんだのであろう
（StronachにもとづきRuggles作図）

割して四分庭園を想起させたことは確かだ。

　ローマ時代の庭園については多くの考古学調査が行われている。特に紀元79年にベスビオ山が噴火した時、ポンペイやヘラクレネウムおよびその周辺には大量の軽石や火山灰が降り注いだが、そのおかげで周辺の遺跡の保存状態はきわめてよい。これらの庭園には大きな水槽、(時には大理石製の細い橋が架けられた) 水路、あずまや、泉水、彫刻や植物を表現する美しい壁画、鳥、そして木製のトレリス (格子垣)、垣根、園亭など一時的に利用される構造物などがあった。また、花だけでなくつる性植物や、マートル、糸杉、プラタナスなどの剪定された木や灌木もある。整形式庭園の規格は非常に多様で、田園や都会、沿岸部などの個別の立地条件に応じていた。庭園が回廊に囲まれている場合もあれば、建物から周囲の地形に向かって庭園が大きく広がっている場合もある。

　ローマ時代の庭園では、1本の軸線が長く伸びているものがしばしばみられるが、その一例がポンペイのマルクス・ロレイウス・ティブルティヌスの家だ (図22)。庭園の北端にあるテラスから南端まで伸びる長い水路を水が勢いよく流れ、その両側にはあずまやが設けられている。この軸線の中間点にはパーゴラと泉水があり、この位置に泉水が置かれたことは、交差する横軸が存在した可能性をうかがわせる。しかしローマ時代の庭園では、横軸は園路や水路として発達することはなかった。フォロ・ボアリオ (牛市場) は交差する通路によって大きさの異なる四つの区画に分けられているが、これはきわめて珍しい例だ (図23)。フォロ・ボアリオは農作業を行う大きなブドウ畑で、ブドウの木は1.2m間隔で植えられ、その間の区画では野菜が育てられていた。つまり整形式庭園ではなかったということだ[3]。

　帝政ローマ期 (紀元31年以降) の標準的な大邸宅は柱廊(ポルティコ)に囲まれ、時には泉水を備えた閉鎖的な中庭があった[4]。しばしば庭園を取り囲む壁の一面には草花や鳥の絵が描かれ、それが空間に奥行きを与え、また空想や神話のシーンなど幻想的な絵画へのローマ人の嗜好を満足させつつ、多くの中庭を備えた非常に広い家という錯覚をつくり出していた。野生動物の絵は狩猟園(パラディソス)——アレクサンドロス大王のペルシア征服 (紀元前334年) によってギリシア・ローマ世界にもたらされた概念——を想起させる[5]。壁画に描かれたものはまるで本物のように見えたが、本当にだまし絵として描かれたのかどうかはわからない。なぜならそれらの絵は日光、雨、そして舞い上がる

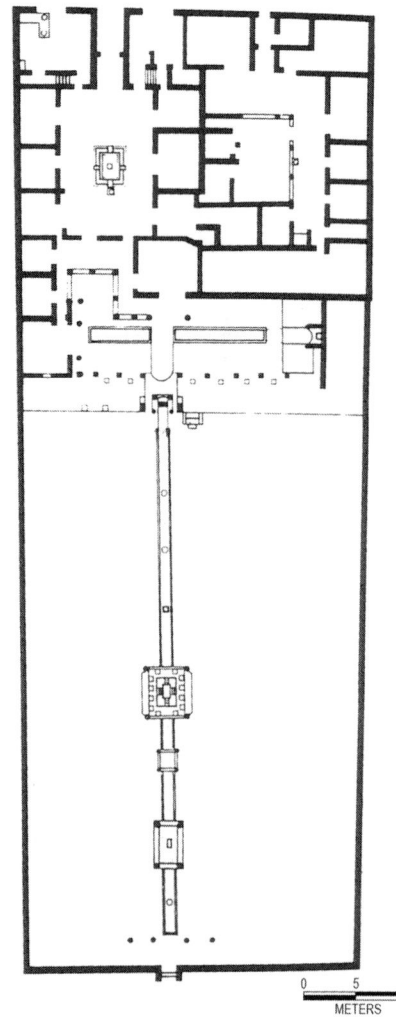

図22 ● ポンペイにあるマルクス・ロレイウス・ティブルティヌスの家で。縦に走る水路の中ほどに泉水とあずまやが設けられ、庭園の十字型の構造を暗示する。しかし交差する園路はなく四分割の構造にはなってはいない (Jashemskiに基づきRuggles作図)

大地を整備する | 4　　51

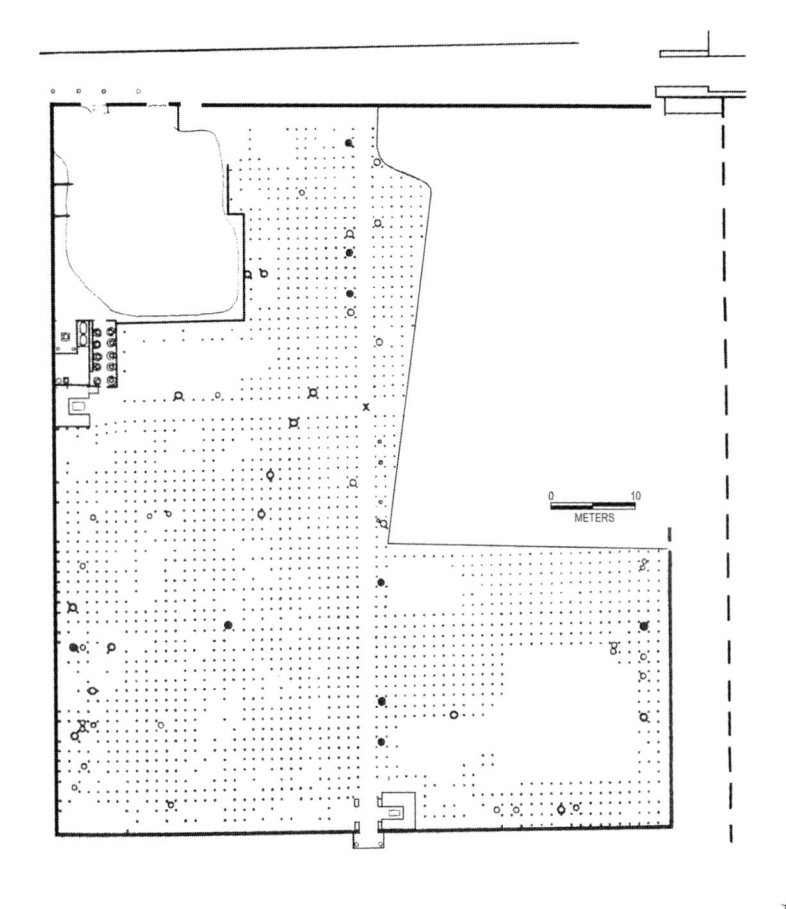

図23●フォロ・ボアリオ（ポンペイ、紀元79年）は園路によって四分割されていたが、これは遊楽のための庭園ではなく、農作業を行うブドウ園で、58本の木やブドウの木が1.2m間隔で植えられていた
（Jashemskiに基づきRuggles作図）

ほこりにさらされて、屋外にあった痕跡をはっきり留めていたに違いないからだ。とはいえ漆喰の仕上げはそのような損傷を目立たなくするほど優れていた。この庭園にいる楽しみのひとつは、間違いなく、目前にある本物の木と、壁に描かれた木の葉の茂みを眺めながら庭園のかなたにあるはずの、手の届かない草木で満ちた世界にしばし思いをはせるところにあったのだろう。

イスラーム庭園は古代ローマから、中心軸に園路や水路を据えた幾何学的な庭園配置を受け継いだが、色鮮やかな庭園壁画や、庭を飾る人間や動物の像は取り入れなかった。これは、広く考えられているように具象的な芸術を忌み嫌ったからではない。確かにモスクや墓地に人間や動物の像を飾ることは偶像崇拝に陥りかねないとして禁じられていたが、宗教と関係ない部分では具象表現は許されていた。実際、ヒルバト・アル゠マフジャルのようなイスラームの宮殿や浴場は、しばしば花や跳ね回る動物、音楽家などの絵で飾られ、裸婦の絵までもがあり、庭園には動物像を飾った泉水もあった。しかし具象的な像の需要が宗教界になく、聖人像が制作されなかったため、肖像画や三次元の彫刻芸術はキリスト教世界のヨーロッパほどには発達しなかった。代わりにイスラーム庭園は泉水やトレリス、豊かな水の芸術で飾られ、そして宮殿など限られた場所では金箔や高級織物や宝石を使用することで自然の植物を劇的に変化させることさえあった。

ウマイヤ朝とアッバース朝の最初の2世紀（7〜10世紀中頃まで）につくられた、現存する最古のイスラーム庭園は壁に囲まれ、多くは軸線上に園路が設けられている。イスラーム初期の整形式庭園のほとんどは宮殿に付属しており、庭園にただよう官能的な香りや色とりどりの草花、涼しいそよ風は現世の美と快楽を味わわせてくれた。現在、最も有名なイスラーム庭園のいくつかは墓に付属しているが、それらがつくられたのは比較的遅く16世紀頃のことだ。またイスラーム初期のモスクの中

庭には植物がよく植えられていたが、信者に木陰を与え、モスクの管理人報酬として栽培する果樹がならんでいることが多かった。

漆喰壁で囲まれたルサーファの町で、考古学者はウマイヤ朝のカリフ、ヒシャーム〈在位724-743〉時代のものとみなされる庭園を発見している。この年代設定が正しいとすれば、これは現存する最古のイスラーム庭園だ。城壁がめぐらされた町の南壁の外には、日干し煉瓦の壁で囲まれた大きな庭園を備えた石造の宮殿があった。二つのつき固めた漆喰製の園路が交差する庭園の中心に、石造の四角い園亭があった。壇上にあるこの園亭は周囲より少し高く隆起し、各辺に設けられた3段の階段を使って上がることができる〈2部-31〉[6]。軸線上の園路、園亭の四方の開口部、そして周囲の回廊のつくりを見ると、高い位置から360度の眺めを楽しむためにこの園亭がつくられたことがわかる。

庭園の中心に園亭を配置して全体の眺めを楽しむという趣向は、次第にイスラームの宮殿で繰り返し採用されるようになり、王権を象徴するものともなった。11世紀アフガニスタンのラシュカレ・バーザール宮殿複合体には、壁に囲まれた大きな庭園がいくつもあり、少なくともそのうちのひとつでは、上段テラスの中央部に周囲よりも高い園亭が設けられ、眺めを楽しめるようになっていた。17世紀のイスファハーンでも、チヒル・ストゥーンやハシュト・ビヒシュトの園亭は宮殿の敷地内の壁に囲まれた庭園の中央部に立っていた。

これらの庭園のすべてが、十字に配された園路によって四つに分割された真の四分庭園だったわけではない。いくつかの例では、十字形は中央の園亭とその各面に正対する囲い壁の真ん中に設けられた開口部によって暗示されているに過ぎない。たとえばラシュカレ・バーザールの中央宮殿の庭園では、中央の十字形の園亭の四方に設けられたスロープ状の開口部と各方向の囲い壁のスロープ状または階段状の出入口が、庭園自体の軸線と重なっている。実際に石造の園路が設けられている場合でも、単に視覚的に暗示されている場合でも、十字型庭園があったのはほぼすべて宮殿に限られ、この庭園形式は君主の特権だったようだ。

十字型が宮殿庭園に採用されたのには、実用的な理由もあった。農園の場合と同じように効率的に灌漑が行えたからだ。水道橋や貯水槽や揚水装置などで一元的にもたらされた水は、運河網を通って庭園の四分割された区画に達し、各区画で数時間ずつ、あるいは少なくとも水が植物の根元にしみ込むまで灌水した。土製またはタイル張りの小さな水路に開口部を設け、それを開放したり粘土や土で塞いだ

図24●マラケシュ郊外の、農業の盛んなアグダールの灌漑用水路。この水路は近代のものだが、取水口を塞ぐことによってひとつの水路から別の水路に水を誘導するやり方は太古から行われてきた

大地を整備する｜4

図25●イランのカーシャーンにあるサファヴィー朝時代のフィーン庭園へは、カナートが水を運んでいる。十字に配された水路は庭園の隅々まで潤し、実用的であるとともに感覚的な喜びも与えてくれる
(Yasamin Bahadorzadeh)

りすることによって水を誘導したが、この規範は、たとえばマラケシュ郊外などで、現在でも見ることができる（図24）。

こうした灌漑ネットワークと後に登場した、花壇を分割して低く沈める方法はやがて、宮殿庭園の原則的な配置となった。しかし宮殿では景観の規模は抑えられ、四分庭園はより大きな農園の灌水区画を小型化したものになった。農地に日々水を供給する灌漑用水路や井戸は、1587年頃カーシャーン近くにつくられたサファヴィー朝のフィーン庭園（図25、口絵1）やグラナダに建てられたナスル朝のヘネラリーフェ離宮のように、宮殿庭園では装飾的水路や泉水として美しく丁寧につくられた。同様に宮殿庭園に植えられた珍しい数々の植物――モロコシ、硬質小麦、稲、バナナ、サトウキビ、茄子、綿花、アーティチョーク、さまざまな種類の柑橘類など――は、異国からもたらされた高価なもので、イスラーム時代初期からいわゆる帝国時代（オスマン朝、サファヴィー朝、ムガル帝国）にかけての農業技術の改良や交易の結果、人々の手に入るようになった農業用作物の多様性を示していた[7]。

ブドウなどのつる性植物を絡ませて果樹を高く持ち上げ、腐らないようにするために使われるトレリスのような道具も、遊楽の庭園で使用され、花や美味な果樹、美しくさえずる鳥の止まる生きた壁をつくり出した。庭園を描いた数少ないアンダルスの写本挿絵のひとつである『バヤードとリヤードの物語』の挿絵では、泉水の横に丸天井のあずまやがあり、前屈みになった左側の人物はトレリスの支柱につかまっている（口絵6）。くねくねと伸びるブドウのつるが格子状の天井部分に葉を茂らせている。もしかしたらこの庭にはブドウが絡み付いた壁もあったかもしれないが、挿絵では背景が描かれていないため、ここでは見えない。同

図26●中世の絵画でも、このガリシア（スペイン）の例のように現代においても、ブドウをトレリス・フェンスや格子に絡み付かせることによって、果樹を地面から離し、腐らないようにしている

じような格子状のトレリスは現在もスペインのブドウ園で使用されている(図26)。ニザーミーの『ハムサ(五部作)』の16世紀後半の写本挿絵にも、まっすぐに立てられたフォーク状の支柱に乗せられた簡単な格子状トレリスが見える(口絵7)。トレリスの使用、灌水、施肥、剪定、摘芽、接ぎ木などはすべて、農園と遊園の両方で必要な作業だが、純粋に実用的な農園から美しく芳しい異国情緒あふれる庭園へ移行する過程で、表現するという庭園の機能が前面に押し出されたのだ。より大きな景観を構成するさまざまな要素——そしてそれに付随する政治的、経済的、社会的そして宗教的な意味——が凝縮された庭園は、五感の喜びを提供し、また宮廷のエリートであるパトロンがそのシンボリズムを理解することが期待された。

歴史研究者たちはしばしば四分庭園がイスラームの典型的な庭園形式だとするが、これは不充分な証拠に基づいた、誤解を招きかねない結論である。これまでに発掘されたイスラーム庭園のうち最初の数世紀のものはほとんどが王宮の庭園であり、大多数が四分庭園だったとはいえ、これでイスラーム世界のあらゆる庭園を網羅したとはとてもいえない(8)。数は非常に少ないものの、イスラーム初期の質素な住居も発掘調査されているが、その庭が四分割されていた痕跡はない。

たとえばトゥールーン朝(868–905)とファーティマ朝(909–1171)に栄え、今は廃墟となったエジプトのフスタートでは、発掘の結果、四分割された庭園をもつ住居は発見されていない。人口密度が高く、土地が貴重だったフスタートの市街地からは、小さな家が39戸発見された。それらは中央に屋外の中庭をもち、そのうち19例にはひとつか二つの泉水があり、8例には花壇があった。ファーティマ朝時代の比較的大きな家には縦約14m、横約9mの大きさの中庭があり、長方形の水槽が長さ5mの花壇の横に設けられていた(図27)。中庭の北側、イーワーン(三方が壁で塞が

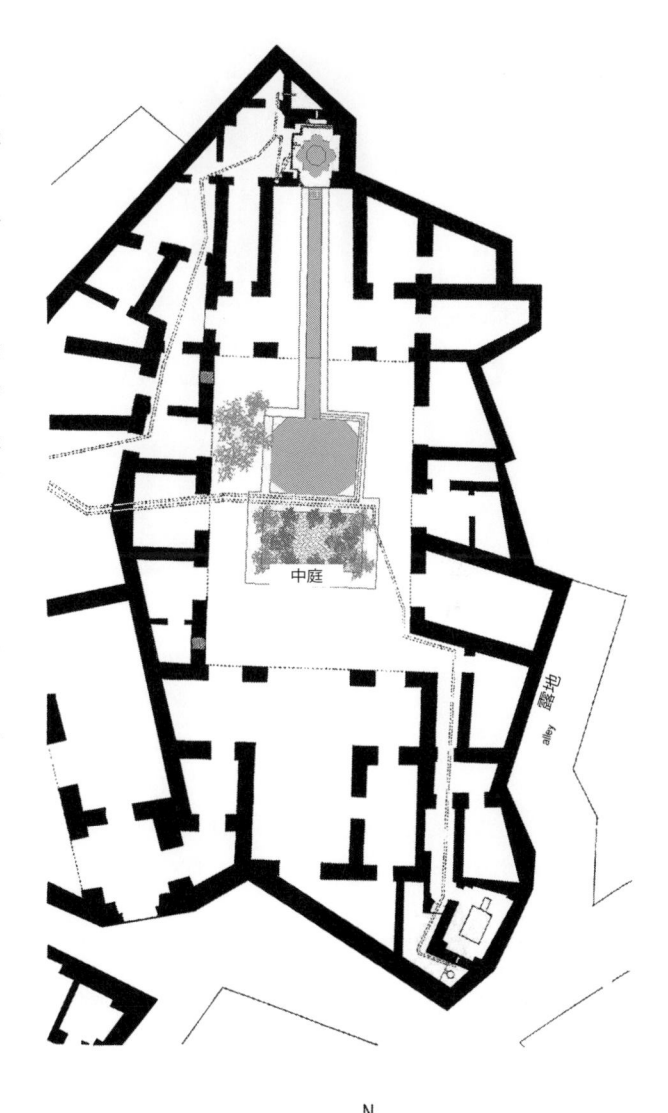

図27●エジプトのフスタートでは、いくつかの家の真ん中に中庭があり、そこに設けられた水槽は灌木やあまり背の高くない木その他の植物に囲まれていた。ここには家が示されている
(BaghatとGabrielに基づきRugglesとVariava作図)

れ、一方が大アーチの開口部となっている広間）背後の部屋で、地下水道管から装飾水盤に流し込まれた水は、露出した水路を通って中庭の水槽に向かって流れ、途中イーワーンが中庭に向かって開く場所で滝となって落ちた。長く暑い夏の間も、中庭の大きな水槽のおかげで壁に囲まれた住居は涼しかったことだろう。また植えられた草花や灌木は目を楽しませてくれ、空気をよい香りで満たしたに違いない。水槽の横に植えられた、比較的大きな灌木や樹木は、よい木陰を作った[9]。

フスタートにおける一般庶民の住居は、大建築への偏重という考古学での一般的な傾向を正してくれる数少ない貴重な遺跡だ。通常、日干し煉瓦や木材などの朽ちやすい材料で建てられた庶民の住居に比べると、大建築ははるかに残りやすい。また大建築はエリート階級によって建てられたため、コレクターや博物館の学芸員が喜ぶような品物が発見される確率も高い。一方、庭園描写があるような史書や文学作品を注文した強力なパトロンはしばしば、園亭を備えた庭園や大広間のある巨大な宮殿複合体に住んでいる富裕な支配者だった。当然その著者は、一般商人や中級官人の住居よりもむしろエリート階級の庭園を描くことを優先した。このように考古学、文献史学両面における宮殿建築の偏重のため、我々は質素な住宅よりも王宮庭園の形や意味について、はるかに多くのことを知ることになる。

こうした宮殿庭園の最古の例が、先に挙げたシリアのルサーファにあったウマイヤ朝の庭園で、8世紀の第2四半期のものだ。遺跡が現存する2番目に古い十字型庭園は、9世紀半ばのアッバース朝期につくられたイラクのサーマッラーである。カリフによって849年から10年かけてサーマッラーに建てられたバルクワーラー宮殿には三つの大きな中庭があり、20世紀に発掘を行ったエルンスト・ヘルツフェルトの図面によれば、それらは舗装された園路で等分割されていた。二つの庭園の横の出入口が軸線上

図28●マディーナ・アッ＝ザフラーのサロン・リコの両横と背後の壁は、すぐ後ろの高台にある広場を支える擁壁に接していたため塞がっていた。しかし南側では、中段テラスにある上の庭園に設けられた装飾的な園亭に向かって開いていた。サロン・リコは20世紀半ばに復元されたが、園亭は数本の柱が建て直されただけだった

図29●マディーナ・アッ＝ザフラーの上の庭園では、四分庭園を取り囲み、横切る園路によって十字のレイアウトがはっきり示されている。また園路沿いに、庭園の各部分に水を運ぶ水路が走っていた
（RugglesとH. Wilke）

に設けられていることからも、アッバース朝の君主が十字に分割された庭園に関心をもっていたことは明らかだが、それが四つに分けられた花壇で明示されていたかどうかは不明だ[10]。言い換えれば、ヘルツフェルトは推測に基づいて四分庭園を描いた可能性もある[11]。

　考古学的に実証された四分庭園は、アンダルスの宮殿都市マディーナ・アッ=ザフラーにある〈2部-2〉。後ウマイヤ朝のカリフは936年以降、壁に囲まれた首都コルドバから約5km離れた場所にマディーナ・アッ=ザフラーを建設した。二重の壁に囲まれたこの巨大な複合建築は山麓に展開され、三段のテラス状になっていた。上段にはカリフとその家族、そして君主の間近に住むことを許された高級廷臣の住居があった。また華麗に装飾された大広間もあり、1950年代に復元されて、サロン・リコと名付けられた（図28）[12]。この大広間では馬蹄形アーチの列柱廊が三つ並び、そこから横長の広間と同じようなアーチの列柱を隔てて大きな十字型庭園に向かって開いている（図29）。庭園は十字に走る園路によって、大きさの異なる部分に分けられていた。中心軸上にはサロン・リコに面して同じような間取りの、やや小さな園亭が設けられていたので、おそらく対称性が追求されていたのだろう。両者の間には魚を飼えるぐらいの深さがある大きな泉水があった。年代記作者によれば、おそらく人間の消費用の魚が大量に、宮殿の少なくともひとつの大水槽で飼われていたという。どちらの建物からも、水面に反対側の建物の姿が映し出されるのが見えただろう。その効果は幻想的でありながら、非常にリアルでもあった[13]。下段テラスにあるもうひとつの十字型庭園は上段のものとほとんど同じに見えるが、こちらの発掘作業はあまり進んでいない（図30）[14]。

図30●マディーナ・アッ=ザフラーの下の庭園は上の庭園より14mも低い位置にあったが、後者の十字型配置を踏襲していた

　イスラーム期のスペインとモロッコでは、12世紀に少なくとも五つの四分庭園がつくられた。そのうち四つが発掘され、三つはセビーリャのアルカサルで現在も見られるか、あるいは復元されている。そのうちのひとつは、かつてのイスラーム宮殿の西側に隣接する通商院内にある12世紀の庭園で、保存状態は極めてよいが、数十年前に行われた復元はやり過ぎたといえよう。2m沈められた四つの分割部分が園路に沿って走る水路から灌水されているのだが、この園路はアルカサルの乙女の中庭（パティオ・デ・ラス・ドンセラス）と様式的に似ており、14世紀のものと思われる（口絵4）[15]。調査の結果、花壇にはジャスミンとオレンジの木が植えられていたことがわかっ

た。庭園の一方の端からは、地面を掘り込んだ水槽をもつ、さらに古い11世紀の庭園の痕跡が見つかっている。宮殿内の別の場所には、十字庭園(パティオ・デル・クルセーロ)として知られる12世紀の庭園があった。この庭園では四分割された部分は何と5mも低く沈められ、オレンジの木が植えられていたので、樹冠は周囲の園路と同じ高さになっただろう(16)。「漆喰の中庭」(パティオ・デル・イェソ)は中央に大きな長方形の水槽を備えた四角い中庭で、水槽の周りには低い灌木が植えられ、南壁に沿って列柱廊があった。この庭園も同時期のものだ〈2部-6〉。最後に、ペドロ残酷王(在位1350–1369)の時代につくられた乙女の中庭では最近、発掘の結果14世紀の庭園が発見されたが、これは中央を走る高い水路で二分された低い中庭である〈2部-6〉(17)。この中庭はいくつもの時代にまたがって存在したので、中央の水路の両脇に花壇が設けられていたのかどうかはっきりしないが、沈んだ部分の壁に沿って見られる交差アーチは、通商院の庭園によく似ている。

　造園年代がはっきりしているモロッコで最古の十字型庭園は、マラケシュの第2クトゥビーヤ・モスクの下で発見されたムラービト朝の宮殿にある(18)。宮殿には長さ10.5mの小さな四分庭園があり、つき固められた漆喰製の園路で分けられた花壇は低く沈められ、全体が高い園路で囲まれている〈2部-13〉。宮殿は1106～1142年に建てられ、その後1147～1162年に同じ場所にモスクが建てられると破壊された。

　1147～1172年に建てられたスペイン東部のモンテアグド城にも、十字に分けられた庭園があった〈2部-5〉(19)。とうの昔に壁は崩れてしまったが、残された土台からは、かつてここに城砦があり、その中央にあった庭園は園路と水路によって等分割されていたことがわかっている。丘のてっぺんに立っていたこの城では、庭園の水やりに充分な水を得ることができなかったので、水車であるノーリアを使って下の貯水槽から水を汲み上げていた。

　四分割された庭園のプランは、マグリブ(北アフリカ西部を指すアラビア語)地方や、他のイスラーム世界において王権の強力な表象となった。イスラーム世界の西方では、これはウマイヤ朝、つまり最初にシリアに君臨し、749年に王族の大半が敵対勢力に暗殺されてからはイベリア半島に移って1031年頃まで支配し続けた王朝から受け継いだものと考えられたようだ。この遺産は非常に長い間、強い影響力を持ち続けたため、その後モロッコとスペインを治めたさまざまなイスラーム王朝で採用された。

　ナスル朝(1230–1492)の首都グラナダの上にそびえ立つアルハンブラ宮殿は、この王朝の支配者たちによって13～14世紀に建てられたが、この頃にはイベリア半島のムスリムの支配力は、敵である北のキリスト教徒たちのせいでかなり弱体化していた。アルハンブラ宮殿の「ライオンの中庭」は十字型庭園で、沈められた四つの部分を園路が囲み、また十字に分割されている(口絵8)。宮殿には他にも

十字型庭園があった可能性は高いが、今日まで残っているものはない。中庭中央の園路が交差する部分では、12頭の石造のライオンが優美な水盤を支えている（図31）。中庭の東西の端の、中央に向かって突き出すあずまやの床にはめ込まれた水盤、そして南北に隣接する部屋の床にもはめ込まれたより大きな水盤から、「ライオンの泉水」に向かって水が流れている。これらの流れは中庭の中央で出合い、（町の近くの山にある水源から水を運んできた重力の助けを借りて）ライオン像の口から水が噴き出している。

図31●アルハンブラ宮殿の「ライオンの泉水」は、庭園のチャハール・バーグ形式を示す、二つの軸の交差する位置に設けられている。ライオンは太古から力と王権の象徴であり、ここでは貴重な水源をコントロールしている姿を通して、ナスル朝の君主によるこの地の支配権を表しているのかもしれない

　近くのヘネラリーフェ離宮には、「ライオンの中庭」よりも古い庭園がある。ヘネラリーフェ離宮の「アセキアの中庭」は、中央を流れる水路に由来する名をもち（アセキアはアラビア語の水路サーキアからきている）、14世紀初頭の10年間につくられた。この庭園は非常に細長く、横が縦よりも4倍長い。中央に細い通路があるため、「ライオンの中庭」のようなチャハール・バーグ形式の印象を与えているものの、実際には「マートルの中庭」（口絵9）に似た空間配置で、長く印象的な水面の両端には同じように柱廊を備えたあずまやが配されている。細い通路が14世紀のものである証拠はない。発掘調査の結果、四分された部分は園路より70cm低かったことが判明し、おそらく何らかの背の低い植物、そしてより高い灌木などが植えられていたと思われる。

　ウマイヤ朝がシリアを、次いで後ウマイヤ朝がイベリア半島を支配した頃、十字型庭園は領土、所有、そして王権の支配を強力に象徴していた。王宮庭園は景観の整備だけでなく、政治経済を表現するものだった。君主は庭園の中央や主軸を望む場所など、中心的な位置に座を占め、入念に手入れされた眺めを楽しんだ。それはちょうど土地所有者が自分の農地を監督するのに似ている。肥沃な農地から生み出された収穫物は農民や土地所有者を富ませたが、そこから集められた税収で、君主はいくつもの庭園を備えた豪華な宮殿を建てることができた。一般的に、人間が景観に活動の痕跡を刻むことは文明の証しであり、なかでも宮殿の遊楽を目的とした庭園は君主による支配権を象徴していた。

　400年後のグラナダでは、かつて景観の整備を促し、ひいては整形式庭園の出現につながる美の追求を促した政治的、経済的な繁栄はすでに過去のものとなっていた。しかし、ナスル朝の君主の支配力と王国の国境が敵によって常に脅かされていたとはいえ、庭園が当初もっていた意味合いは存在し続けていた。ある意味で造園

は、不可知論者が信仰をもっているわけでもないのに宗教的祝日を祝うのに似た、機械的な営みだった。しかし他方では、ヘネラリーフェ離宮の豊かな「アセキアの中庭」、そして象徴的な水源である水盤をライオンが守るアルハンブラ宮殿の四分庭園は、土地の活用と所有を強固に象徴し続けていた。四分庭園の効能は、もはや変化を誇示し、権威や権力、領土と支配の拡大を取り巻く新たな状況を表現する力を象徴するものではなくなっていた。この時期には、それはむしろ栄光に満ちた過去、つまりコルドバを想起させる庭園形式となっていたのだ。

　四分庭園は唯一の整形式庭園ではなかった。南アジアのカシュミール地方では、まっすぐ伸びる軸線に沿っていくつものテラスを配した庭園が見られる。また必ずしも権力の象徴として常に王族に採用されたわけではないことは、モロッコのマラケシュの南にあるアグダール庭園を見ても明らかだ。この庭園は12、13世紀に当時の君主によってつくられたものだが、壁で囲まれたいくつもの果樹園がほぼ格子状に配されている〈2部-11〉。庭園の幾何学性が最も際立っている例のひとつは、19世紀にフェズにつくられたアブド・アル＝カリーム・パシャの邸宅だろう。中心の中庭では、ブドウや花壇がタイル細工で色鮮やかに飾られ、複雑に組み合わされた星形の構築物の中に収まっている（口絵10）〈2部-10〉。オスマン帝国の庭園は個々の場所の自然条件を反映してつくられたので、人工的な格子はあまり採用されなかった。しかし四分庭園であろうとなかろうと、イスラーム世界の他の地域の庭園にはすべて、強い幾何学性が認められる。

# 5 樹木と草花

文献、および考古学に基づいた植物学的痕跡

**庭**園とは儚(はかな)いものだ。園路の敷石、石や煉瓦づくりの壁などは、たとえ何世紀も放置されようと残るかもしれない。しかしそこに植えられていた木々、灌木、花々はやがて枯れ、なかったはずの雑草や自生植物に混じって無秩序に生い茂る。衰朽しにくい建物の遺構などと比べ、生物遺体は発見が難しいことを考えると、歴史上に存在する庭園に植えられていた植物は、どうすれば明らかにできるのだろうか？　先に見たように、10世紀の農書にはすでに特定の時期や場所で栽培されていた植物の一覧表が載せられていたが、庭園内の植物の配置やその数についての情報をこうした表から得ることは難しい。庭園が美しく手入れされ、土地が盛んに活用されていた頃の様子を直接知る地理学者、宮廷の年代記作者、旅行家の記述は参考になるが、作者がなじみのない植物について記述する場合には問題が生じる。どちらにしても、それだけに基づいて近代の歴史研究者が植物の配置を解明できるほど詳細な記述はなかなか存在しない。同様に、写本の挿絵には庭園に植えられた植物が生き生きと描かれていることが多いが、縮尺はでたらめであり、科学的な観察に基づいて正確に描かれている場合もあれば、簡単な図解にとどまっている場合もある。それでも植物の一覧表、文献記述、そして挿絵は、歴史上の植生を再構成するうえで最良の材料だ。稀ではあるが、実際に発掘および分析が行われた例もある。文献、挿絵、そして考古学調査を併用することによって、歴史的庭園における植生の実態を明らかにすることができるのである。

　植物遺体を回収し、土壌の構成を解明する目的でイスラーム庭園を発掘することは滅多にない。なぜならこうした調査手段はつい最近開発されたばかりであり、高度な専門知識を必要とするだけでなく、得られる情報に比べてかかる費用があまりにも高額だからだ。代わりに考古学者は通常、庭園にある建物を調査し、舗装された園路や石造あるいは日干し煉瓦製の壁の構造や建築年代を明らかにする。後世の堆積物の下に隠れている土そのものを調べ、石が多く含まれた下層土と当時花壇を覆っていた肥沃な土を分ける作業を行うことは少ない。皮肉なことに、考古学者がこれらの土層を発掘することは、調査対象そのものを破壊してしまうことにつながりかねない。幸い過去20年間に、考古学者は発掘の際に土層の構成を破壊することなく調査できる技術を使うようになった。その中には地中探知レーダー、プロト

ン磁力計を使った遠隔探査、航空写真などの視覚的な調査、そして土壌のリン酸分析などの理化学分析や、土壌の構成の変化を探るための磁気増強法といった技術がある[1]。

　考古学者は、ローマ時代の遺跡において、庭園の構成、植生、そしてその配置の解明に最も大きな成功を収めている。イベリア半島の豊かな共同体で、現在と同じくローマ時代にもオリーブ栽培を行っていたアルメディニラでは、エル・ルエドの大きな農園を発掘した結果、ニンファエウムという水のニンフに捧げられた単純な構造の聖所と、幅広い水路が発見された。水路は食堂を通って家の外に設けられた大きな貯水槽につながっていた。家の反対側の地面ではいくつもの穴が発見されたので、おそらく木立が日陰を作っていたのだろう。ポンペイ、ヘラクレネウム、スタビアにあったローマ時代の庭園についてはさらに多くのことがわかっているが、これは紀元79年にベスビオ山が爆発して、町が灰に覆われてしまったという極めて珍しい状況のおかげだ。噴火のために人々の日常生活がそのまま保存され、市街地の建物や庭園、そして郊外の果樹園や農園も残された。1960年代後半から、ウィルヘルミナ・ヤシェムスキは植物学者や他の専門家と協力して、かつて木の根があった空洞に残された花粉、化石化した植物遺体、堆積した灰などの分析を始めた。調査の目的は帝制ローマの初期に栽培された植物を同定することだった[2]。こうして考古学者たちは敷石、井戸、庭園の囲い壁だけでなく植物が植えられた間隔、木製の杭の利用、そして各区画に植えられた多様な植物についても知ることができるようになった。これは目覚ましい成果であり、考古学における新たな分野の発展を促した。

　しかしポンペイやヘラクレネウムで考古学者が編み出した技術を応用できるケースはあまり多くなかった。なぜならこうした技術が利用できたのは、火災や灰によって「保存」された、類例の少ない植物遺体だけだからだ。同様の分析方法は、内乱時の火災で1010年に破壊されたマディーナ・アッ゠ザフラーのような遺跡でも利用できるのではないかと期待された。だがこの地で行われた予備調査では、地表面についての情報は得られたものの、10世紀に植えられていた植物を同定することは困難だった。一般に、考古学調査の成果が期待できるような庭園遺跡はあまり多くない。なぜならそれらの土地が手つかずのまま残されていることは滅多にないからだ。一度後世の庭師や農民によって耕された土地では、それ以前の構造は失われ、植物遺体はたちまち分解してしまう。

　この点において、マディーナ・アッ゠ザフラーは特殊なケースである。宮殿施設が襲撃を受けて焼け落ちた後、コルドバの町も衰退し、周辺の農園は放棄されたからだ。マディーナ・アッ゠ザフラーの建物が火災で崩壊しただけでなく、庭園も灌漑設備が破壊されたために再生されることはなかった。数年後、宮殿には孤独な羊飼い以外足を踏み入れる者もなくなり、羊の群れは下層の土をかき乱すことなく表

面に生える草を食べた。宮殿は時の狭間に忘れ去られ、皮肉にも破壊を引き起こした大火災によって逆に保存されることになったのだ。宮殿跡に残されていた敷石、切石、大理石の装飾などは、15世紀初めに聖ヘロニモ修道院やその他の建物の建設に再利用するために持ち去られたが[3]、マディーナ・アッ＝ザフラーの広大な敷地はその後の歴史の中で、ほぼ手つかずのまま残された。農夫は傾斜地には関心をもたず、下の川沿いに広がるより平らな土地を好んだからだ。土層が再びかき乱されたのは、歴史的な正確さを無視した近代庭園がつくられた20世紀中頃になってからだった。

　現在の覆土の下のどこかで、マディーナ・アッ＝ザフラーの10世紀の庭園が調査を待っている。考古学者は、当時の地表面に灌木や樹木が植えられていたことを示す深い穴を見つけるかもしれないし、同時代のアラビア語文献に述べられているように、移植に使われた陶器の破片を見つけるかもしれない[4]。水を運ぶ容器、年代決定に役立つコイン、こて、刈り込み用のナイフや地ならしをするための道具（アラビア語でmurjīqal）、地表を軽く耕すためのかぎ状の器具（shanjūl）などの園芸用具を発見するかもしれない[5]。その上、そこで実際に栽培されていた植物の同定さえできるかもしれない。事実、植物考古学では近年になって、目を見張るような成功と残念な失敗の両方が見られる[6]。一方では、コアサンプルの花粉分析の結果、マディーナ・アッ＝ザフラーの上の庭園は現代の地表面よりも90cm低かったことがわかった（しかしそこが傾斜地で、後世の庭園がつくられたこと、そしてかつて発掘調査が行われたことなどで、庭園内には当時の地表面が露出している部分もある）[7]。しかし見つかった花粉サンプルはすべて地域に自生する植物のものだったので、庭園の壁を越えて吹き寄せられた可能性もある[8]。植物の種類を同定する努力は続けなければならないが、このような選択的なコアサンプリングだけでは、庭園内の植物の配置を知ることはできないだろう。

　ヘネラリーフェ離宮（1302-1308）の庭園とアルハンブラ宮殿の「ライオンの中庭」（1370-1390）は、近代の災害がきっかけで発掘された。1958年12月にヘネラリーフェ離宮で発生した火災の後、遺跡の管理人が「アセキアの中庭」の一端の修復を決定したが、その結果、北側の園亭の近代の付属物が取り除かれ、下からイスラーム時代の構造物が姿を現した。さらに特筆すべきは、中庭の同じ側の花壇も調査がなされたことだろう。「アセキアの中庭」は細長いチャハール・バーグ形式で、真ん中を走る水路と細い園路が中心に交差している。20世紀中頃に建築家のプリエト＝モレノによって付けたされた力強い噴水が水路に沿って水を噴き上げ、水路の両端と中央の交差部分にも水盤が設けられている。庭園の両端には柱廊があり、西壁側では17のアーチの開口部から、下の階段状テラスに向かって眺望が開けていた。この壁の中央部からは、九つの開口部をもつ望楼（ミラドール）（「大使の間」の小型版）が突き出ていた〈2部-4〉。

発掘の結果、イスラーム時代の園路の敷石や、水路中央の水盤と西壁沿いの望楼を結ぶ小水路が発見された[9]。四等分された花壇本来の地表面は、(現在の園路よりも低かった)当時の園路よりさらに70cm低い位置に発見された。当時の土層はあまりに深い位置にあったため、20世紀になってアルハンブラ宮殿とヘネラリーフェ離宮が政府の所有物になり、観光客を迎えるために整備された時も、14世紀の層まで掘り込まれることはなく、当時の土層は後に考古学者が調査を行うまで手つかずのままだった。14世紀の土の層は薄く、45cmほどしかなかったので、根の浅い植物だけが植えられていたと思われる。しかし根巻きを施した大きな植物を植えるために掘り込んだ形跡もあり、実際16世紀には、ここにオレンジの木やマートルが植えられていたという記録が残っている[10]。今日、中央の水路に向かって水を噴き上げている噴水は近代に付け加えられたものだが、もともと水が高い弧を描く噴水がいくつか備えられていた可能性はある。なぜならヘネラリーフェ離宮の上にそびえ立つ山々との高低差によって生じる水圧は、噴水を設けるのに充分だったからだ。16世紀のある目撃者によると、中庭のひとつにあった噴水は10m近い高さまで水を噴き上げていたという[11]。

　庭園の歴史はしばしば、発掘調査の思いがけない副産物として解明されてきた。1370〜1390年につくられたアルハンブラ宮殿の「ライオンの中庭」についても、同じことが言える。チャハール・バーグ形式のこの中庭(28.5m×15.7m)では大理石の園路に沿って水路が走り、十字に交差した場所に12頭のライオンの肩で支えられた、銘文が刻まれた水盤がある。中庭はほっそりした列柱が立ち並ぶ柱廊で囲まれ、東西の両端からは中心に向かってあずまやが突き出ている。20世紀半ばに整備工事が行われた時、花壇の深さ約80cm付近を境として、その上下の土がはっきり異なっていることに考古学者の一人が気づいた[12]。イスラーム時代の沈床花壇についてのこの考古学的証拠に対応する16世紀の旅人の記録がある。それによると、花壇のある場所に生えていた6本のオレンジの木は、その下に立つことができるほど高く育っていたそうだ[13]。「ライオンの中庭」の沈められた庭園と植生は、ヘネラリーフェ離宮の発見と一致する点が多い。しかし、考古学者の報告は非公式なコメントとして口頭で行われただけだったので、発見事項の正確な年代を特定することはできない。

　イスラーム世界の東部では、ムガル帝国の初代皇帝バーブルの設計による現存する数少ない庭園のひとつであり、彼の墓所でもある、カーブルのバーブル庭園（バーグ）が、非常に重要とされている〈2部-47〉。1971年末に修復を視野に入れて調査が行われたが、実際に修復活動が行われたのは2002〜2005年にかけてだった[14]。16世紀から20世紀の間に建てられた、庭園内の15のテラス、水力工学を利用した構造物、建物などは調査され、一部は復元された。しかし庭園の規模が大きいこともあり、植物学的な調査は行われていない。

バーブルが造園した別の庭園であるニールーファル庭園（睡蓮の庭園）は1527〜1530年にかけてドールプルにつくられた初期の庭園複合体である〈2部-68〉。発掘調査の結果、この庭園は赤い砂岩の大地を部分的に掘り込んでつくられ、水路も岩盤に刻まれていることがわかった。大きな庭園には睡蓮の形をした泉水をもつ数多くの中庭や遊歩道、水をためておく階段井戸、水道橋、浴場そして園亭があった[15]。庭園の給水システムと建物の構造は解明されたが、植物遺体はなかった。

かつてどのような植栽が行われたかを解明するのは難しく、時間がかかり、したがって非常に金もかかる作業であり、考古学者は試みさえしないことが多い。1565年か1569年にデリーに建てられたムガル帝国の記念庭園であるフマーユーン廟では、2003年に完了した発掘調査によって、現在芝生が植えられている大きな四分割部分にはかつてクローバーが植えられていたことがわかった。しかしフマーユーン廟は現在では市民の憩いの場となっているため、修復家たちはクローバーよりも丈夫な芝生をそのままにしておき、それに加えて歴史的に正しい樹木、つまりマンゴー、レモン、オレンジ、インドセンダン、ザクロ、ハイビスカス、ジャスミンなどを植えた[16]。

アーグラーでは最近、タージ・マハルからヤムナー川を挟んで対岸にあった謎の庭園で発掘が行われた。このマーターブ・バーグ（月光庭園）はシャー・ジャハーン帝によって1632〜1643年にかけて、タージ・マハルの建設と並行して造園された〈2部-55〉。エリザベス・モイニハンをはじめとする考古学者と植物学者のチームが、大部分が川の氾濫で流されてしまったこの地の歴史を調査し、発掘を行った。その結果、泉水の石の枠組み、テラスの敷石、川沿いの擁壁の一部——その両端には小塔（チャトリー）が現在も立っている——、そして灌漑用水路網と貯水槽などが発見された（図32）。庭園は元の形がわかるように復元され、かつて生えていたいくつかの樹木は同定された。花粉分析は思わしい結果を出さなかったが、焼けた糸杉、インドチャンチン、カシューナッツの木、ナツメ、そして夜咲きのキンコウボクなどが見つかった。より寿命の短い草花については、ケイトウ以外は発見されなかった[17]。建築学的に非常に重要な失われた庭園を再発見するまたとないチャンスだったが、繰り返しこの地を襲った洪水によって、重要な植物遺体が保存されていたかもしれない

図32 ● 1632〜1643年に、アーグラーのタージ・マハルから川を挟んだ反対側に建てられたマーターブ・バーグ（月光庭園）。発掘の結果、川沿いに高く設けられたテラス上には、砂岩でできた蓮型の水盤があったことがわかった。川沿いの壁の両端には小塔が建っている
(James L. Wescoat, Jr.)

図33●世界各地には、先祖代々まったく同じ方法で耕作を行っている農民がいる。理由のひとつは、農業生産の近代化をはかるための資本の不足だ。写真はインドのチャーンパーネールの畑だが、各区画の周囲を土で盛り上げ、土地を幾何学的に分割している。各区画が水で満たされている間、盛り土のおかげで水は溢れ出ない

土層は失われてしまっていた。

　植物遺体は朽ちやすく、土層が攪乱されずに残ることも稀だ。一方、給水システムは比較的残りやすい。煉瓦や石のような耐久性のある素材でつくられ、また灌漑設備はしばしば長期間、維持管理され、使い続けられるからだ。たとえばマラケシュ郊外で水を集め、貯蔵していたアグダール庭園の水槽は今も水をたたえている。そして今日では歴史的な庭園にだけでなく、農地にも給水している〈2部-11〉。現在では水槽はより大きな灌漑用水路網の一部となり、コンクリート製の水道管が使われているが、二股にわかれた水路の一方を塞ぐことによって順番に農地の各区画に水を流し込む、この伝統的な手法は今日でも見ることができる。農地や花壇を灌水するこの技術は昔も今もイスラーム世界全域で一般的な方法であり、これこそが、農地の区画をヨーロッパのように高く隆起させるのでなく、低く沈めてきた理由であった（図33）。区画内に流し込まれた水は数時間冠水する間に地中に浸み込み、根まで達する。それから水は次の区画に導かれ、すべての区画を一巡すると同じ手順が最初から再び繰り返される。

　庭園の植物を潤す水は遠くから運ばれることもあり、水利システムを解明するために広域測量を行うことも多い。たとえばイスラーム期のチュニジアでの農業生産を理解するには、この時代にも利用されていたローマ時代の給水システムを調べなければならない。紀元2世紀にはザグーアンの泉からカルタゴの貯水槽までの90kmの距離を水道橋が通っていた（図34）。何度か破壊されたものの698年に、次いで1267年にも再建されて使用が再開された[18]。中世の歴史家アル＝バクリーによると、南のカイラワーンでは724〜743年に、ウマイヤ朝のカリフ、ヒシャー

ムの命によって郊外に15の貯水槽が建てられたという[19]。町と周辺の庭園を潤すこの給水設備は、9世紀にアグラブ朝の君主たちによって拡張された。考古学者によってこれらの遺構が確認されている。貯水槽は円形または多角形で、しばしば不純物を捉えるための小さな浄化槽を備えている。これは古代ローマの技術者がザグーアンの水道橋に使用したのと同じ濾過技術である。現存する最大の貯水槽は48面の多角形で、直径128m。中央の台にはかつてあずまやが立っていた。この主要貯水槽で不純物が取り除かれた水は17面の水槽（直径37.40m）に流れ込んだ。水源は雨水（チュニジアの乾燥気候では少ない）と、39km離れた西の山脈から水道橋で運ばれた水だった。1950年代には水道橋から貯水槽までの間にもはや水は流れていなかったが、主要貯水槽には相変わらず季節性の川の水が流れ込んでいた[20]。カイラワーンのいくつかの貯水槽が未だに水をたたえているのは、この町が観光地および巡礼地としての重要性を保ち続けているからかもしれない。これに対して10世紀に建てられた近くのラッカーダの貯水槽は涸れている。

これまでの考古学調査によって、歴史的庭園の形態や給水システムはかなり解明されてきたものの、実際にどのような植物がどこに植えられていたのかを知るのは容易ではない。しかし幸いなことに、当時の科学書や文学書の記述がある。もっとも、こうした文書は実在する庭園の案内や説明として記されたわけではないので注意が必要だ。3章で取り上げた植物事典や農書にはしばしば、農園で栽培された植物の名称が記されているだけではなく、その同定を助けるための挿絵や育て方が記されていたが、その多くが役に立つと認められた植物だった。現在では美しさを愛

図34●紀元2世紀のザグーアンの「水の神殿」のニンファエウムから、地表と高架の水路を通ってカルタゴ（現チュニス）まで水が運ばれた。この水道橋はイスラーム時代にも使われた

樹木と草花｜5

でる花々でさえ、中世には目に心地よいというだけではなく食用や薬用として栽培されていた。香料はその芳しい香りだけでなく、（現在のアロマセラピーの人気に似た）一般的な養生法に利用するために生産された。したがって薔薇のような灌木は、その美しさとよい香りを楽しむ目的で庭園で育てられ、同時に香料生産のために農地でも栽培されていた。コルドバの町は、郊外の丘陵に育つ薔薇で有名だったが、ある観察者が次のように述べている。「実際、そこで育てられている薔薇の量といったら驚くべきものだ。薔薇の花びら１ルブア（25ポンド）がコルドバでは時には４ディルハム、またはそれ以上で売れることもあり、これは所有者にとっては大きな収入である。それでも他人が自分の庭先で勝手に薔薇の花を摘んでも誰もとがめないのだ」[21]。サフランも市場で売買された作物で、アンダルスとムガルの両方の歴史家が言及している。カシュミール地方では現在でも重要な作物だ。香料として珍重されたのは花のめしべだが、この花が喜ばれたのは秋の庭を美しく彩るためでもあった[22]。

そんな中でとりわけ美しさを賞賛され、どの庭園でも歓迎され、そのうえ多くの記録が残されている花がある。それはオスマン帝国の象徴ともなったチューリップ。この名はターバンを意味する「テュルベント」に由来していて、閉じたつぼみが似ていると考えられたのだろう。もともとはトルコ、イラン、中央アジアの草原に咲く野の花だった[23]。16世紀半ばに北ヨーロッパに伝わり、その後トルコとオランダの間の活発なチューリップ貿易は経済を活性化させた。多くの人間が珍しい品種を手に入れようと投機に熱中して大金を手にしたり、財産を失ったりした。税金が課され、市場の投機熱を抑えるため、いくつかの品種の値段は政府によって定められた。チューリップを好んだスルターン、セリム２世は1574年にイスタンブルの庭園用にシリアのアジーズから５万個のチューリップの球根を取り寄せている。これほどの量ということは、おそらく野生種を集めたのだろう[24]。アフメト３世（在位1703-1730）の時代に、珍しい色や模様をもつチューリップがあまりにももてはやされたため、18世紀前半は「ラーレ・デヴリ（チューリップ時代）」と呼ばれている。チューリップはオスマン朝の宮殿や離宮を彩っていただけではない。当時の布や写本や陶器の装飾にも登場している（図35）。

極めて多くの花が何かの象徴として詩に登場した。たとえばマートルは髪の毛を、果実は豊かな胸を、アーモンドは愛する人の目を意味した[25]。ペルシアの偉大な叙事詩『王書（シャーナーメ）』で、詩人フィルダウスィーは次のようにある女性を描写している。「彼女の頬はザクロの花のように赤く、唇はその種のよう、二つのザクロが彼女の銀の

図35●若者のしなやかな体のように風にゆれるチューリップの花は、様式化され、オスマン朝の布やこの背の高いカップのような陶器を飾った　（個人蔵）

胸に実っている。目は庭に咲く水仙に似て、眉はカラスの羽のような漆黒さ。彼女の姿はまるで楽園そのものだ」[26]。こんな大げさな描写では庭園の姿を再構成するのに何の役にも立たないが、他にも、理想化されているとはいえ庭園の花を直接描写し、そうした場所にいた経験を詠った詩もある。たとえばアンダルスの王アル＝ムゥタミドが首都セビーリャからマラケシュの近くの町に追放されたとき、彼は望郷の念を込めてかつての宮殿の光輝宮（ザーヒル）と昴宮（トゥライヤ）、そして庭園を詠っている。

　　　果たして再び夜を過ごせる時が来るだろうか
　　　花壇と泉水に囲まれて
　　　遠くまで名高いオリーブの木立が植えられ
　　　ハトが鳴き、鳥のさえずりが響きわたる
　　　優しい雨に清められた丘陵の光輝宮からは
　　　［丸天井をもつ］昴宮が私たちの目を引き、
　　　隆興宮（ザヒー）はその円い［天井をもつ］至福の間（サアド・アッスウード）でこちらを見る
　　　互いに焼きもちを焼きあう恋人たちのように
　　　これらすべて、今となってはもはや手が届かぬ
　　　しかしそれが神の思し召しならば、耐えられようというもの[27]

　こうした庭園の文学的描写には、植えられている植物の案内が意図されていたわけではない。しかし庭園の一般的な特徴――オリーブの木立、ハト、花々、泉水――を知ることはできる。また詩を聴いた聴衆の反応がうかがい知れ、イスラームの美の定義において自然のイメージが重要な役割を占めていたこともわかる。

　英雄叙事詩や宮廷詩では、そこに登場する庭園の多くについて、植えられている植物やその栽培方法などの詳細な説明がある。たとえばコルドバ近郊にあった後ウマイヤ朝の宰相アル＝マンスールのアーミリーヤ宮について、ある詩人がそこに薔薇、カミツレ、水仙、アネモネ、そしてバジルが植えられていたと詳しく描写し、その美しさを賞賛している[28]。9世紀の歴史家ヤアクービーによるサーマッラーの描写では、彼はそこに生えていた見事な椰子の木が「太陽に届くほどの高さだった」とほめたたえている[29]。征服王メフメト2世のギリシア人の伝記作者は15世紀後半のエディルネの王宮とトプカプ宮殿の庭園について書いているが、そこに見られる多くの花や果樹が充分な水を与えられ、楽しげにさえずる鳥で満たされていると激賞している[30]。1620年にはムガル帝国皇帝ジャハーンギールが、チューリップを植える準備として屋根に堆肥を被せるカシュミール地方の習慣を観察して、次のように感想を書いている。「本当に美しい。……今年は宮殿の庭園や金曜モスクの屋根のチューリップがとりわけ見事な花を咲かせた」[31]。シャー・ジャハーン帝の宮廷史家は、カシュミール地方で見られた常緑樹やプラタナスの木立、そしてダ

ル湖の赤い睡蓮や湖畔の柳について何度も言及している[32]。また11世紀アンダルスの詩人イブン・ザイドゥーンは人工授粉について説明している。椰子の木の声を借りて、彼は書いた。「汝は我が精神を育んだ。では最初になった実を採るがよい。椰子の実は、受粉を行った者の所有となるのだ」[33]。植物の有性生殖という概念は詩人と農学者のどちらも知っていたようだ。ある農書の作者が、カイロにあった2本のナツメ椰子の木について書いている。それによると、壁に隔てられていた2年間、2本の木は実を付けるのをやめてしまった。互いに相手を恋いこがれていた2本の木は、離ればなれでいることに耐えられず、壁が倒された時やっとその思いから回復したという[34]。

　ヨーロッパからの旅行者もまた、訪れた土地の地理、社会習慣、建築、植生を記録するのに熱心で、トルコ、イラン、中央アジア、インドで目にした植物についても書き残している。たとえば17世紀の旅行家ジャン・シャルダンは、中央アジアを旅行中にチューリップ、アネモネ、赤いキンポウゲ、黄水仙、らっぱ水仙、百合、スミレ、ジャスミン、ヨウラク百合、そしてさまざまな品種の薔薇を目にしたと記している。彼と同時代のフランソワ・ベルニエは、インドの風景全般については辛口のコメントを残しているが、ムガル皇帝アウラングゼーブの随員に加わって北インドのカシュミール地方を3ヵ月旅した時は、大いに風景を賞賛した（口絵11）。この旅で、彼はリンゴ、梨、スモモ、アプリコット、胡桃の木、また背の高い箱柳やポプラなど、多様で豊かな植生を目にし、次のように記した。「稲、麦、麻、サフランやいろいろな種類の野菜が栽培され、それは水が満たされた溝、小さなせせらぎ、運河、そしていくつかの小さな湖と混ざり合って景観をつくっている」[35]。

　旅行者はしばしば目にした植物や風景の印象について書き残し、植物事典や農書は植物の一覧表を載せ、その栽培方法を説明する。しかしこうした記録に植物の配置などが詳細に説明されていることは稀なのだ。幸い、例外もある。12世紀アンダルスで韻文形式の農書を書いたイブン・ルユーンは、水が少ない地方の庭園では低く沈めた花壇をつくることを勧めている。これはアンダルスおよびマグリブ地方で一般的だった、農地の冠水による灌漑の方法だった。花壇の標準的なサイズを横12キュビット（1キュビットは約50cm）、縦4キュビットとしているが、より頻繁な水やりが必要な場合はもっと小さくすべきだとしている[36]。また公式庭園の配置やデザインについても指示している。

> 庭の真ん中の家は、高い位置にあるのが望ましい
> 見晴らしのため、そして最適な配置のために
> 南を向き、片側には戸口を
> 上段には地下貯水槽と井戸を

または井戸の代わりに日陰を走る水路を
家に出入口が二つあれば
より安全、より多くの憩いの時間
貯水槽の横には灌木を植えること
葉が落ちない、目に快い木を
その先にはさまざまな種類の花を
さらに先には常緑樹を植えよ
周囲の壁には高く伸びるつる性植物を
敷地全体の中心にも充分なつる性植物を
その下には庭園を縁どる園路を設けよ
果樹の合間には、ほっそりした女のようなブドウ
または材木として使える木
それから何でも好きなものを育てるための処女土を敷くがよい
後ろにはイチジクの木
または害を与えないどんな木でも
そして植木鉢には大きく育つ果樹を植えよ
大きく育った暁には北風を防ぎ、しかし陽の光を通すように
庭の中心にはくつろぐための園亭を
四方の眺めが楽しめるように
でも誰にも気づかれずに近づいたり
盗み聞きしたりできないように
そこにはつる薔薇やマートル
そして庭園を彩るあらゆる草花を植えよ
庭園は横に広いよりも奥行きがあるべし
眺める者の視線が遠くまで延びるように [37]

　16世紀にカースィム・ビン・アリー・ユースフ・アブー・ナスリーによって記された『農業便覧 Irshād al-zirā'a』はさらに詳細である。このペルシア語の文献は、先行する農書やヘラートの農民からの聞き取り、そして筆者本人の経験に基づいて書かれている[38]。ヘラートは、農業に理想的な土地であり、市街地のすぐ外には農地や庭園が所狭しとひしめいていた。そして農地と遊楽用の庭園の両方が、囲まれた小さな区画を灌漑する方法に依存していた[39]。『農業便覧』では、一般的な農書で扱う事柄はほとんど網羅されている。たとえば土壌の種類、穀物や豆類や野菜などの作付けや栽培に最適な時期、植え付け方法、繁殖、接ぎ木などについてだ。しかし、おそらく農地と庭園で同じような技術が必要とされるためだろう、公式庭園にも一章が割かれており、そこには園亭や壇、泉水などの正確な大きさや、庭園

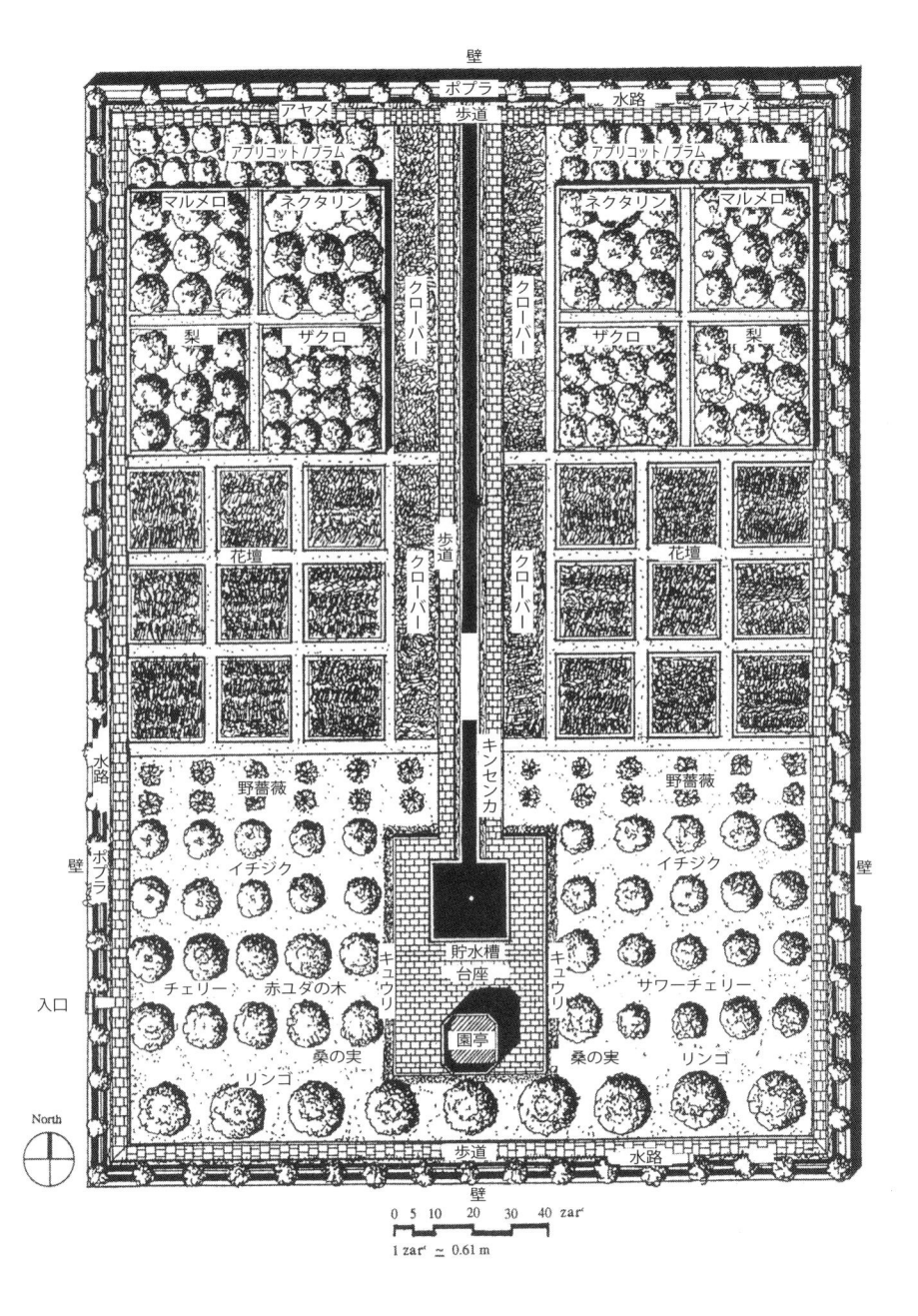

図36 ◉『農業便覧』から Maria Subtelny の図

内のその配置が記されている。

『農業便覧』によれば、庭園を囲む壁の内側に3ザルウ（変動する単位だが約60〜73cm）の幅を設け、そこに壁に沿ってサマルカンド・ポプラ、次いで幅1ザルウの水路を設け、さらに水路の内縁にアヤメを植える（図36、37）。次に（同じく幅3ザルウの）水路を地下に埋設した園路が続き、さらに内側には園路に沿って幅1ザルウをアヤメで満たす[40]。次に盛り土の上に8ザルウ間隔でアプリコットの木を、赤い薔薇や

第1部

ネクタリンの木と交互に植え、さらにアプリコットに接ぎ木したスモモの木が続く。地下水道管を埋設した園路に沿って、庭園の中央縦軸上を水路が泉水に向かって伸びているが、この泉水は庭園の南端に少し高く設けた園亭より20ザルウ手前にある。水路を縁どるようにキンセンカ、アヤメやその他の花が植えられる。この泉水から、庭園は果樹の植えられた四つの階段状テラス一段ごとに少しずつ低くなっていく。下の花壇にはサフラン、スミレ、アヤメ、水仙、薔薇、チューリップ、アネモネ、ジャスミン、赤ユダの木、赤いケシ、睡蓮、ムクゲ、ナデシコ、アマランサスやその他の花が植えられる。

1628〜1638年頃に記されたムガル帝国の『馥郁たる覚書 Bāyaz-i khwushbū'ī』にも詳細な記述が見られるが、こちらは園芸術ではなく土地管理に重点を置いている。それによれば小庭園（bāghcha）の一般的な長方形の花壇（kiyārī）の長辺と短辺は3：2の比率でなければならない。また、ある程度の大きさの庭園の手入れに必要な一般庭師と熟練庭師（おそらく単純労働と専門知識を要する園芸術を区別しているのだろう）、井戸、ウシ（役畜）の数を、豊富な実例とともに挙げている。たとえばジャハーンアーラー皇女の庭園は56ビーガフ（1ビーガフは約2500m²）の大きさで、60人の一般庭師と56人の帝室（熟練）庭師が働き、60頭のウシ、そして三つの井戸と12のバケツ（鎖に括り付けられたバケツのことで、サーキヤを意味しているのかもしれない）があった[41]。

スペインのイブン・ルユーンの農書のような早期の文献にも理想の庭園のレイアウトは説明されていたが、ティムール帝国末期の『農業便覧』が異なるのは、相対的な比率ではなく実際の大きさが示されていることである。具体的な数値が示されているのは、実在の庭園をモデルとして叙述が展開されていたからかもしれないし、両者を隔てる400年間に相対的な比率よりも絶対的な数値が重視されるようになったからかもしれない。『馥郁たる覚書』も必要な労働力や器具について、同じように細かく数値を挙げており、このムガル朝の文献にはマウラ・マハル、ジャハーンアーラーの庭園、ダラーヘ・カラーニー、ヌール・サーラーイの庭園など実在した庭園名が登場する。しかしいくら庭師や井戸の数を挙げ、庭園の大きさを比率や数値で表そうと、これらの描写は結局のところ、三次元の実態を文章だけで表現しようとしているに過ぎない。空間から言語体系へのこの移行は、取り上げられている庭園について読者がす

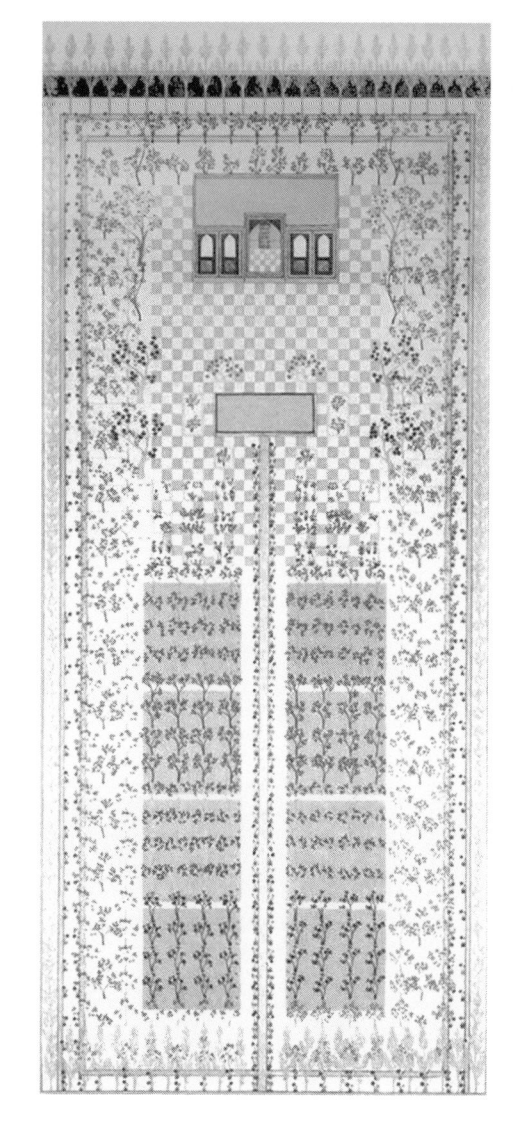

図37●『農業便覧』は16世紀の、ティムール朝末期の農書だ。そこに登場する庭園の説明に基づくSubtelnyの図（前図）はAlemiの図（本図）とは異なるが、どちらも同じ文章をもとに作図されている
(Mahvesh Alemi)

樹木と草花｜5

でに知っており、行間から必要な情報を読みとれることを前提としている。400年、千年の月日が経って、当時の様子を知る者はなくなり、それとともに庭園についての情報も失われた。文章だけで庭園を描写する難しさは、『農業便覧』の先に挙げた庭園の説明をもとに、20世紀の2人の研究者が描いた図面を見れば、明らかだ。彼らは同じ説明文をもとに異なる図を描いた。つまり個々の事実は同じなのに、そこから導きだされた解釈はまったく異なっていたのだ。どちらもとても実用的で、美しい図面ではあるが、実際の庭園を写し取ったものとはいえない。これが現代の読者の置かれている状態である。つまり我々は、物事の外観を説明した文章をどのように読みとるかという問題に直面しているのだ。

# 6 庭園と景観の表現

彩色写本、織物などの技法にみる比喩的描写

13世紀以降の写本に挿絵として描かれた景観や庭園は、空間的な奥行きのない略図的なものから細部まで入念に描かれた作品まで多岐にわたる。写本挿絵は視覚媒体なので、文章による庭園の説明よりも優れているように思われるかもしれない。しかし挿絵は、文章の説明よりも正確で完全だと本当に言えるのだろうか？ 失われた場所をかいま見せてくれる窓としての役割を、絵画はどの程度まで果たしているのだろうか？ 写本挿絵やその他の絵からは、画家が（自分の目で見たのかどうかは別として）目立つ特徴をもつ特定の庭園を描いているのか、それとも単に理想の、あるいは空想の庭園または風俗画を描いているに過ぎないのかは必ずしもはっきりしていない。前者の例として、座っている人物が明らかにシャー・ジャハーン帝で、水が壁泉（チーニー・ハーナ）を流れ落ちている庭園はカシュミール地方のニシャート庭園（バーグ）だとわかるムガル帝国時代の絵画がある（口絵12）。絵画をもとに実際の庭園を再構成しようとする試みには問題が多い。なぜならそれらは画家の目と想像力を介して制作された主観的な作品であり、さらに当時の文化規範を反映した視覚的な決まりにしたがっているからだ。とはいえ、庭園のような移り変わりのある芸術表現の場合、それを描いた絵画は庭園の一瞬の表情を捉えている。さらに大事なのは、我々がそれを通して当時の庭園を直接知る人の反応をうかがい知ることができるということだ。

最初に植物の絵が登場したのは科学的な書物だったが、そこでは植物の非相称といった形態や、発芽期などの成長周期の正確な描写よりも図案化された表現の方が好まれた。たとえばディオスコリデスの『薬物誌 De materia medica』の挿絵には、レタス、リンドウ、トウバナ、スミレ、クミンその他の植物が数多く登場する（図19）。しかし実物を写生するよりも他の絵画資料を繰り返し模写することの方が多かったため、挿絵だけを見てその植物を同定するのは必ずしも簡単ではない。写実的な絵画が描かれる以前には、布、象牙や銀製の容器、釉薬陶器などでも植物や、他の人気モチーフ、装飾文様が表現された。イスラーム世界の東部で制作されたミーナーイー陶器（上絵付けの施された多彩陶器）をはじめとするいくつかの媒体は写本挿絵と結びつきが深く、そこに表現された連続する場面は、物語の筋への関心の高まりを示している。初期の絵では人物が中心に置かれているため、背景の細部を描くスペー

スはあまりない。たとえ植物が描かれているとしても、それは、科学的に正確であるよりもむしろ装飾的だ。物語の場面に庭園や景観が登場する場合、画家は植物の科学的正確さや庭園の構造よりも物語そのものに注意を払っていたため、縮尺や細部などの処理は恣意的だった。それでも写本挿絵から読みとれることはたくさんある。16世紀以降の、細部まで丁寧に表現された華麗な本や絵画集についてはなおさらだ。

『カリーラとディムナ』と『マカーマート（集会）』の13世紀の写本挿絵では、植物が重要な位置を与えられ始めている。『カリーラとディムナ』はもともとインドで成立した寓話集で、6世紀半ばにイランに伝わり、その200年後にアラビア語に翻訳された[1]。物語は動物や人間を主人公として屋外で展開するが、挿絵ではしばしば主人公の行動や人物像よりも景観の方が重要な位置を占めている。14世紀初めから中頃にかけての挿絵では、木は図案化されているものの、さまざまな種類を区別しようという努力の跡が見られる。掌状の葉をもつ木や枝がわかれる様子を横向きの黒い線で表された木が描かれ、果実や花は青や赤に彩色され、つぼみや満開の状態で表されている。地面は緑の縞で、時折そこから細長い葉や花が顔を出している。ある挿絵では、野兎とライオンが池を覗き込み、ライオンは水面に映った自分の姿が相手のものだと思い込んでいるさまが描かれる（図38）。この14世紀の『カリーラとディムナ』の写本挿絵には2本の木、水、変化に富んだ地形、そして草地の境界線が表されている。イスラーム絵画でよく見られるように、この場面は文章の右余白を示す赤線を越えて展開しており、左側でも野兎の尾と丸々とした赤い果実が線を越えて突き出ている。まるでこの場面にみなぎるエネルギーを、長方形の枠では抑えきれなかったかのようだ。40年近く後に作成された写本では、景観はさらに細かく描かれ、登場する動物や人間はあまりに小さいので、ある研究者は次のような感想を述べているほどだ。「この画家は物語の登場人物を犠牲にしてでも景観を表現しているのではないかと批判されるだろう」[2]。

図38●多くの写本が存在する『カリーラとディムナ』の初期の写本挿絵からは、風景画への関心が認められる。しかし背景は簡単に表されているだけであり、細部は最小限しか描かれていない
（オックスフォード、ボドリアン図書館、MS Pococke 400, f. 51b）

アル＝ハリーリー（1054–1122）の『マカーマート』は、狡いながらも抜けたところもある主人公アブー・ザイドが巧みな話術でさまざまな局面を切り抜けていく50の説話から成る。物語のユーモアや筋立ては近代の読者にも面白く感じられるが、それだけではなく図書館、モスク、薬局、隊商宿、墓地やその他の場所がさまざまな挿絵入り写本で表現されているのも興味深い（口絵13）。景観も同様に多様で興味をかき立てる。そのひとつでは、実をつけた椰子の木がミナレットの前で枝をしならせ、村人たちは行き交い、動物は草花に縁どられた小川から水を飲んでいる（図39）[3]。下方では2頭のラクダが花の咲く野原を進んでいるが、そのうちの1頭は歯を剥き出しにしている。この絵を縁どっているのは建物と景観だけだ。こうした絵は実際の村を表しているわけではないが、それでも細部まで丁寧に描かれているため、まるで窓を通して過去をのぞいているような気分にさせられる。そこから見える世界は平凡だが魅力的だ。

図39● 1237年にバグダードで制作された、アル＝ハリーリーの『マカーマート（集会）』の写本挿絵には、村の生活が生き生きと描かれている
（パリ、フランス国立図書館．arabe 5847, f. 138a）

　偽ガレノスの『解毒の書 *Kitāb al-diryāq*』の挿絵入り写本は1199年に制作されたが、ここでも屋外の景観を写実的に描く努力が払われている。ある場面では主人公の医者が上段左側に座って農作業を眺め、召使いが食べ物の乗った盆を運んでいる（図40）。挿絵の残りの部分には農作業の様子が描かれ、労働者が鋤、鎌、殻竿（からざお）、唐箕（とうみ）、六本熊手をもち、また役畜を使って働いている。仕事の順番にしたがって左から右へ、そして上段から下段に向かうと、まず耕された畑が曲線を描くオレンジ色で表現され、続いて豊かに実った穀物が黄金色で表されている。どちらの畑からも、黄色の塊やふわふわのオレンジ色の「花」のついた植物が何本か突き出ている。大きく育った植物がほかの景色と一緒に表されているのはおかしいが、これは画家が陶器や金属器などに描かれた他の絵から労働の場面を写し取ったからだろう。もしかしたら農業の周期を充分に理解していなかったか、それとも正確な時系列的変化に無関心だったのかもしれない[4]。

庭園と景観の表現｜6　　77

図 40 ● 1199 年に制作された偽ガレノス『解毒の書 *Kitāb al-diryāq*』の挿絵には、ヨーロッパの時祷書と同じように毎年繰り返される農作業の様子が描かれている
(パリ、フランス国立図書館, arabe 2964, page 22)

　これらの写本から、早期の挿絵画家がすでに自然の景観に関心をもっていたことがわかるが、さらに時代が下ると、より複雑な宮廷の場面などが描かれるようになり、そこでは自然や庭園などは物語に不可欠な舞台装置となっている。たとえば『バヤードとリヤードの物語』では、人々が音楽に耳を傾ける場面や、恋人が川岸で打ち萎れている場面は王宮庭園で展開する。この恋物語の舞台はイラクだが、現存する唯一の写本はマグリビー体の書体で書かれ、古書体と挿絵に描かれた建物から13〜14世紀のスペインで制作されたものと考えられている [5]。ある場面では、望

楼をもつ塔のある庭園で主人公のバヤードがウードという弦楽器を弾き、貴婦人たちは杯や酒瓶を手に耳を傾けている[6]。植物は図案化され、緑や茶色の枝には同じ形の葉が描き分けられ、端には赤い丸い果実が描かれている。『カリーラとディムナ』のいくつかの挿絵と同じように、草地は曲線を描く緑色の帯として表現されている。このように景観を描くにあたって繰り返された手法は、写実性の追求とは別の視覚的な決まりなのだ。それでも多くの挿絵で、植物について詳しい情報を伝えたいという意図が認められる。緑の縞模様の地面についた赤い点は、芝生に野草の花が咲いていることを表しているのだ。『マカーマート』の挿絵でも形どおりの赤い点で花が表されているが、草が1本ずつ分けられ、赤い花も左右対称に配されていないため、より自然に見える。

　『バヤードとリヤードの物語』の写本挿絵の別の場面では、真ん中に泉水のある庭園が描かれている。泉水では水鳥や魚が泳ぎ、亀らしい姿も見える（口絵6）。左側ではブドウがトレリス（格子垣）に絡みついてくねくねと上に伸び、右側では赤い大理石の柱とアーチで示された園亭で女性たちが会話を楽しんでいる。人物像は大きく描かれているため、彼らの頭はアーチの頂部に届きそうだ。一人はトレリスよりも背が高く、その上部に軽く手を添えている。水は馬や鹿の頭の形をした放出口から泉水に流れ落ちている。後ろでは、ここでも小さな赤い点のついた波打つ緑の帯で表現された草地に小さな木が立っている。構築物は細部まで表現されているので、泉水の周りに水面上に突き出た歩道が設けられていること、トレリスの頂部には金属球の装飾がついていることなどがわかる[7]。奥行きは重なり合う面によって表現されているが、泉水の水面は上に向かって傾いているので、ここでは横からではなく上から見た姿を描いていることがわかる。空間処理や建物、人物、植物の相対的な大きさといった点を考えれば、この絵は写実主義からほど遠い。しかし複雑な場面でも表現が明快なので、内容の理解は充分可能だ。

　13世紀半ばのモンゴル軍の侵入により、イスラームの中心地域では名の知れた絵画の中心地の多くが破壊されて工房が四散したが、一方で東アジアから伝わった新しい絵画様式は、モンゴルの支配地を越えてマムルーク朝シリアやエジプトまで広がっていった。チンギス・カン（1162頃-1227）のもと、モンゴル帝国の勢力は中国東部からイラン、コーカサス山地まで広がった。その死後、帝国は四つに分裂したが、そのうちモンゴル系のイル・ハーン朝（1256-1353）は、他の三つの王朝と深い血縁関係を保ちつつイランを支配した。その支配下で政治が安定した結果、経済的な繁栄が促され、芸術が再生した。彼らはとりわけ写本制作を奨励し、多くの写本挿絵が描かれたが、なかでも『王書』の人気が高かった。『王書』はペルシアの英雄物語で、大規模な合戦や陰謀や恋愛など、絵画で表現しやすい逸話に満ちており、少なくとも10点の14世紀の写本が現存している[8]。イル・ハーン朝の支配下では新しい絵画様式が発達したが、風景描写にはとりわけ中国の影響が認められる[9]。

後退する平面によって空間の奥行きが表され、地平線は不規則になり、景観には情緒的な彩りが加えられたため、ごつごつした岩や節くれ立った木や渦を巻く雲は物語の劇的効果を高めた(中国風の雲は、ずっと後世の『ハフト・アウラング(七つの玉座)』の挿絵に見られる。口絵15)。その上、書物のサイズはそれ以前の写本よりも大きくなったため、挿絵も大きくなり、細部まで丁寧に表現しやすくなった。一方で人物とその乗馬が挿絵の大部分を占めてしまい、風景や(金色や鮮やかな赤や深い青色などで表現された)空など、物語に無関係な細部を描く余地がなくなってしまう場合もあった。

14世紀後半のイランでは、以前よりも明るい色を使い、人物像をより小さく描くようになり、絵画は一層洗練されて、空間の質感もより本物らしくなった。15世紀にイランと中央アジアにティムール朝(1370-1506)を打ち立てたチンギス・カンの子孫ティムールは、美しい挿絵入り写本の嗜好を自分の子孫に伝えた。この頃には、豪華本が人々の大きな関心を集め、しばしば政治的な贈答品や交易品として利用された。書物制作の水準は向上し、それとともに芸術家の地位も上がり、絵画の深い情緒的表現も発達した。ティムール朝のスルターン＝フサイン・ミールザー(在位1470-1506)に仕えた偉大なビフザードが描いたある挿絵では、葉の落ちた木に龍がかじりつき、曲がりくねった川(昔は銀色だったが今は酸化して灰色)が流れているさまが表されている。景観はページの左の余白にはみ出し、右側でも同様に抽象的な枠の代わりに、木の幹が構図を縁どっている(図41)。このように枠組みを突き破った手法は溢れ出るエネルギーを感じさせるが、この場合は自然らしさを強調していたのかもしれない。ヨーロッパのルネサンス絵画の消失点や、バロック絵画に特徴的な暗い部屋でのスポットライト的な明暗表現が自然主義を意味していたように。どちらの場合でも、これらの表現手法は当時の画家と鑑賞者の双方が理解し、共有して

図41●ニザーミーの『ハムサ(五部作)』(1442年の写本)の中の「バフラーム・グールが龍を退治する」場面に添えられたこの挿絵は、1493年にヘラートでビフザードによって描かれた。ティムール朝時代のこの写本挿絵で、1匹の龍が暗い洞窟から現れて枯れ木にしがみついているが、この枯れ木は狩人バフラーム・グールに退治される龍の運命を暗示している。銀色に輝く川が右前景のごつごつした大地を流れている (大英図書館、Add. 25900, f. 161a)

いたある種の符号だった。ティムール朝末期までには、枠組みの中の空間に木や岩や丘などの自然や人間や動物などが重なり合い、すべて明瞭に表現された前景、中景、そして背景が重層的に構成されるようになり、景観の三次元性、したがって本物らしさが強調されるようになった。

　写本挿絵として美しい彩色画が描かれただけではない。挿絵や文字が描かれた部分の幅広い余白にも、より抑えた色遣いや単色で見事な絵が描かれることがあった。1403年に制作されたジャラーイル朝君主スルターン＝アフマドの『ディーヴァーン（詩集）』には黒インクで描かれた次のような絵がある。連続する景観の右下はガマの生い茂る湿地で、一人の若者が2頭の牡牛を追い、水鳥が近くで泳いでいる（図42）。左の余白部分では、杖をついた老人が子供を抱いた女と並んで歩き、その頭上を鴨が翼を広げて飛んでいる。人物や動物は生彩に富み、風に吹き流される雲や下方の草からは、空気の質感が強く感じられる。絵の生き生きした様子は、鮮やかな色遣いや黄金色とは何の関係もない。むしろ細部まで細かく観察を行った賜物である。他の写本でも、こうした部分には水浴や散髪、職人の作業、肉体労働、建物、庭園の恋愛シーンやくつろぎのひとときなど、日常生活のひとコマが描かれている。迫真のこうした情景は、当時大いに好まれた。次のような話が伝わっている。師匠に一枚の風景画を言葉で説明するように命じられると、弟子の一人は次のように答えた。「先生、花がとても美しく咲いているので、私は1本とって自分のターバンに挿したくなりました」。二人目の答えは次のようなものだった。「私もそう思いましたが、もし手を伸ばしたら、鳥が木から飛んでいってしまうと思ってやめました」(10)

　同じような単色インクの絵は、1595年にムガル朝で制作されたニザーミーの

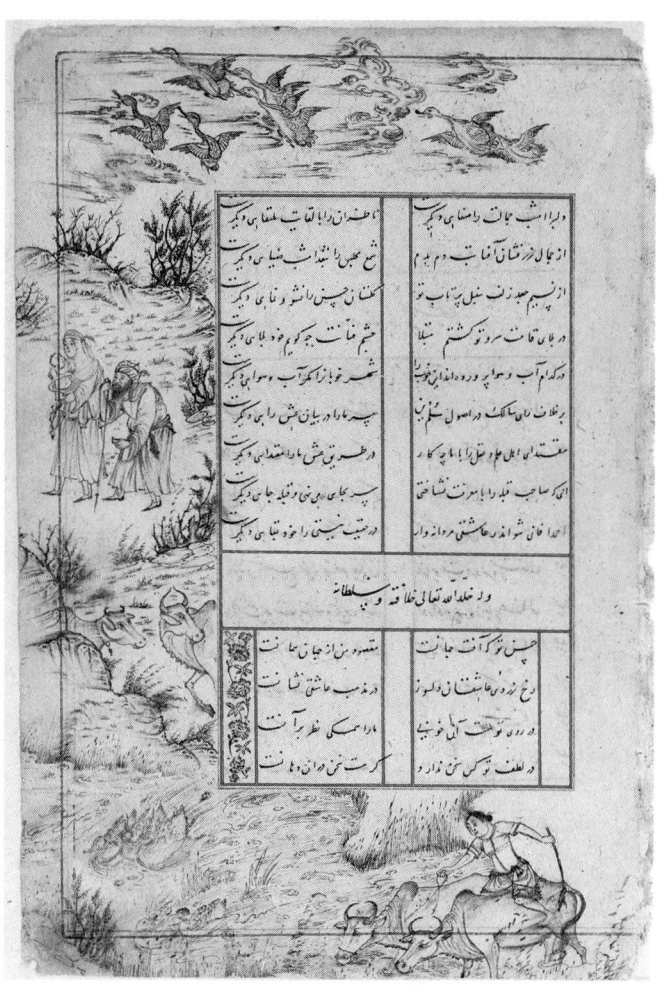

図42●ジャーライル朝君主スルターン＝アフマドの『ディーヴァーン（詩集）』の挿絵として1403年に美しく描かれたこの田園風景は、口絵7の絵の余白部分に似ている。イル・ハーン朝の後にイラクとアゼルバイジャンを支配したこの王朝に仕えたアブド・アル＝ハイイーがこれを描いたのかもしれない
（ワシントン、スミソニアン協会、フリーア美術館、購入、F1932.30）

庭園と景観の表現 | 6　　81

『ハムサ（五部作）』の写本の余白にも見られる (口絵7)。さまざまな花々が咲き、樹木や現実離れした険しい岩山が配された景観の間にライオン、ガゼル、野兎、鳥が描かれている。観察がよくなされ、写実的に生き生きと描かれてはいるものの、『ディーヴァーン』や『ハムサ』のこうした情景はどちらかというと風俗画のカテゴリに分類される。つまり、見る者にそれが英雄や恋人や道化といった定番の人物像、あるいは猛獣が獲物を襲うといった人気のテーマであることが最初からわかっていたということだ。細部まで写実的に描かれたのは、見る者の目を引きつけ、楽しませるためであり、必ずしも歴史的な事件や唯一無二の出来事を正確に描写したわけではなかった。

　物語などの挿絵入り写本に加えて一枚ものの絵も描かれ、その後、愛好家によって画帖にまとめられた。16世紀半ば以降、画家が一般の客に売るための絵を描き、目立つように署名をして芸術家としてのアイデンティティを主張することが増えた[11]。画家の工房の様子などを表す風俗画がよく描かれたが、植物画や肖像画、また流麗な書が描かれることもあった。このようにインドや中央アジアで盛んだった一枚ものの絵や写本挿絵の制作は、特にコンスタンティノープルの征服 (1453年) 後のオスマン朝や、南アジアのムガル帝国 (1526-1858) でも熱心に行われた。彼らの新しいパトロンは写本やカリグラフィの大工房を庇護し、芸術家を自らの宮廷に招いたり、時には強制的に移住させたりもした。芸術様式や鑑識眼は君主の個性としても広く認められたため、彼らはいにしえの芸術家の作品を集め、それらの絵を手持ちの本や画帖に貼り付けた[12]。

　16世紀以降、イラン、トルコ、南アジアの画家は花を細部まで丁寧に描くようになったため、今日でもさまざまな品種を見分けることができる。ムガル朝の写本挿絵だけでも、カーネーション、ケイトウ、クロッカス、デルフィニウム、ヘリオトロープ、タチアオイ、ヒアシンス、ジャスミン、ヒエンソウ、睡蓮、マリーゴールド、水仙、西洋キョウチクトウ、ストック、チュベローズ、スミレ、ニオイアラセイトウ、そして花を咲かせるさまざまな灌木や樹木が登場する[13]。写本挿絵や画帖におさめられた絵の精緻な描写を見れば、庭園内での特定の植物と建物の強い結びつきについてうかがい知ることができる。一方、絵が記号化されていることを考えると——様式、異国の影響、技術、象徴などが混じり合っていることや鑑賞者の反応という問題もある——、こうした絵は過去の庭園の真の姿をそのまま表しているとはとても言えない。植物はどのように育っていたのか？　花々は、多数の色をつくり出すためにひとかたまりに植えられていたのか、それとも草の植えられた中に等間隔に散らばっていたのだろうか？　挿絵をもとに植物の大きさや分布を解明するのは難しい。なぜなら人間の行動を強調するために大きく描いたり、挿絵の枠組み内に収まるように大きな構造物を圧縮したりすることはよく行われていたからだ。

たとえば1595年頃に制作された『バーブルナーマ』の写本挿絵は図版に掲載されることが多いが、ムガル皇帝バーブルがヴァファー庭園(バーグ)の造園を視察するこのシーンに見られるチャハール・バーグの四つの花壇は、実際にはあり得ないほど小さく描かれている(口絵14)。庭園の四分割構造は、各区画の大きさの比率や水路の深さや囲い壁を正しく描くことよりも、明らかに重視されたようだ。しかし比率が正しくないとはいえ、囲い壁の内側に沿ってさまざまな種類の果樹が植えられ、小さな植物が高く隆起させた花壇で栽培されている様子がはっきりと示され、このような庭園内の整然とした配置は、囲い壁の外の動植物が岩陰から現れるような野生の景観と好対照をなしている。また背中をこちらに向けた造園監督のもつ設計図を彼の肩越しにのぞき込むと、庭園は現代と同じようにグリッドを用いて設計されたことがわかる[14]。この写本やその他の『バーブルナーマ』の写本からは、ムガル朝の庭園設計と君主による庇護の実態がかいま見られるが、気をつけなければならない点がある。こうした絵が描かれたそもそもの政治的な目的、つまり南アジアにおけるムガル帝国の支配の正統性を主張し、栄光を称えるという意図とはまったく異なる事柄を、近代の歴史研究者はこの絵から読みとっているからだ。この写本の原典となる文書は、バーブル自身が回想録として執筆したが、華麗な挿絵はその死から75年後に広まった新しい写本に描き加えられたものだった。したがってジェームズ・ウェスコートが指摘したように、挿絵の庭園はバーブルの時代のものを表しているというより(多くの近代の歴史研究者によって、当時の庭園の構造や外観を表す例として引用されているにもかかわらず)、ムガル帝国の正統性を主張するために『バーブルナーマ』の挿絵入り写本を注文したアクバル帝時代後期の庭園を反映しているのだ[15]。
　いくつかの写本挿絵は、植物の栽培技術を正確に表現している。先に『バヤードとリヤードの物語』の挿絵に描かれている庭園の例で、いくつも枝わかれしたブドウのつるがパーゴラに絡みついている様子を見た(口絵6)。これがブドウ栽培で一般的に利用されていた技術だということは、イスラーム世界の他の地域の写本挿絵にもトレリスが描かれていることからわかる。たとえば16世紀後半のムガル朝時代に制作されたニザーミーの『ハムサ(五部作)』の写本挿絵には、建物が多く立つ町が描かれているが、その前には深い木立、ほっそりした糸杉、アヒルのいる渓流、そして水平に置かれた格子に絡みつくブドウが見える(口絵7)[16]。音楽に耳を傾ける宮廷の楽しみを表したこの情景の前景には、トレリス板の向きを直している男がいる。オスマン朝の写本挿絵にも、つる性植物が巻きつくための、ドーム天井を頂いたパーゴラが描かれている[17]。14世紀のイブン・バットゥータはイエメンで竹のトレリスに絡みつくキンマを目撃し、フランスの旅行家フランソワ・ベルニエは1665年にカシュミールの庭園でトレリスに沿った遊歩道を目にしたと書き残している[18]。つる性植物を支えるのは人工的な構築物だけでなく、自然の木の場合もあった。『ハフト・アウラング』の16世紀半ばのサファヴィー朝時代の写本挿絵には、

ユリノキかプラタナスの太い枝に絡みつくつる性植物が見られるが、この技術は庭園が描かれた挿絵によく登場し、現在でも世界中で使われている（口絵15）。

　挿絵にはよく手入れされた庭園だけではなく、人間の手の入っていない自然が描かれることもある。たとえば16世紀に描かれた『王書』の写本挿絵では、鮮やかな色で表現された自然の中で、主人公が敵や悪魔に出くわしたり狩りを行ったりする。自然の景観は、そこにいる人間に比べてずっと大きく見える。人間や動物は岩山の中に隠れているが、そうした岩から節くれ立った木が伸びているのだ。青く塗られた空にはしばしば雲が浮かび、太陽や月が描かれていることもある。景観は挿絵の余白にはみ出し、そのほとばしる勢いは絵の堅苦しい枠組みでは抑えきれないようだ。ニザーミーの『ハムサ』でもまた別のやり方で自然が表現されている。壁の内側できれいに整えられた庭園と、外の荒々しい景観が対比されているのだ。どちらも自然を見事に表現しているが、こうした絵は画家の植物や樹木や景観全体に対する関心——特にそれによって情緒的表現がしやすいという意味において——は示しても、実際に景観整備の立案や設計が行われていた証拠にはならない。

　植物が植えられ、手入れされている景観として、イスラームの写本挿絵では二種類のタイプが認められる。ひとつは芝生庭園で、もうひとつはさらに手のかかっている整形式庭園だ。色彩や香りや音色といった感覚的な快楽を味わえる場所として賞賛されてはいるものの、どちらの庭園も純粋に快楽だけを目的としていたわけではなかった。強い芳香を放ち、色鮮やかな花を咲かせる樹木からは食用になる果実が収穫され、それは庭師に給料として与えられるか、地主の大勢いる家臣などに贈られた。1556〜1565年に描かれた『ハフト・アウラング』の写本挿絵の庭園は実り豊かで、巣をかける鳥や、果物がたわわに実った樹木で満たされている。絵の右下方では、庭師がブドウを一房、物乞いに与えている。このように庭園における豊かな実りは、そこで味わえる快楽や満足の一部をなしていた。

　二種類の庭園のうち最初のタイプは、草地のあちこちに野生の花が咲く、自然な田園風景を追求したものだ。一見何の手入れもされていないように見えるが、決して放置されているわけではない。『ハフト・アウラング』の写本挿絵には、田舎で一日を過ごすために町から来た男が庭園のひとつに入り込み、たわわになる果物の重みで優雅に揺れる木から色鮮やかなリンゴやザクロやブドウを摘もうとして、地面をぐちゃぐちゃに踏みにじってしまう様子が描かれている。壁に囲まれた庭園へは門から入れるようになっており、なかの八角形の壇上には美しいテントが張られている。その下では4人の人物が飲み物を手に、弦楽器を奏でながらくつろいでいる。大きな木々は力強く、挿絵の四角い枠や文が書かれた小さなブロックの前や後ろに配されている。右上端に描かれた岩間から発した川がテントの後ろや庭園の果樹や糸杉の周りを流れ、川に沿ってところどころに小石が置かれている。恒久的な建物や美しく整えられた花壇、装飾的な噴水などはなく、川の流れは庭園の軸線

に沿っているわけでもないが、それでもこの庭園が計画的につくられたものであることは、鋤をもった庭師が右下の門の近くに立っていることからも明らかだ。そのことは、この挿絵に添えられた文章からも確認できる。庭園の所有者に対して侵入者が、何か悪いことをしたのかと尋ねると、所有者は次のように答えている。「何年もかかって整えてきたものを、あなたは一瞬のうちに破壊してしまった」。[19] したがって、この庭園が一見、草花や木が雑然と生えた草地のようだったとしても、実はこれが注意深く計画されて管理された庭園だということがこの一文からわかるのだ。

　絵画に登場するもう一種の庭園は、高い壁に囲まれ、建物、運河や噴水といった恒久的な水の設備や、小さな区画に幾何学的に分割された装飾部分などがある。人里離れた田園もしくは都市のどちらにある場合でも、このような庭園には、今日の景観設計家がハードスケープ——タイルや石畳——と呼ぶものや地面の高度差など明らかな建築上の特徴が見てとれる。写本挿絵によると、建築物と庭園は互いが見通せる位置にあり、建物の窓やイーワーン（屋外に開いたかまぼこ型天井をもつ空間）からは木々が見え、上階のバルコニーや恒久的に設置された園亭から庭を眺めることができるのだ。このような空間では植栽は列状に行われ、水は石造りの水路を流れ、花壇は左右対称になっている。『農業便覧』が奨励するのはまさしくこのような庭園だ。この文書が取り上げているのはイランの状況だが、ムガル朝時代の写本挿絵には整形式庭園の最も成功した例が示されている。

　1595年に制作されたムガル帝国のある写本挿絵には、赤い砂岩の壁に囲まれた王宮庭園の植栽が見える（口絵5）。庭園は川沿いにあり、遠くには堅固な壁に守られた赤っぽい建物がいくつも立っている。おそらくこれは16世紀のアーグラーで、ジャハーンギール、ヌール・ジャハーン、シャー・ジャハーンがこの町で建設活動を行う前の姿だろう。庭園の囲い壁からは白大理石製の円形の高い壇が丈夫な土台に支えられ、曲がりくねった川の上に張り出している。アーグラーのヤムナー川沿いの庭園の園亭にも、川や対岸の眺めを楽しむための同じような壇やテラスが設けられていた。庭園に植えられた植物は色鮮やかに美しく表現されている。四分割された部分は芝生になっていて、その縁にはクロッカスとチューリップが段の上にきれいに並んで植えられている。その段の一部は円形テラスと同じように、赤い砂岩の壁で少し高くなっている。他の部分の縁どりや段差はあまりはっきりしない。球根の花の他に、噴水盤の角に置かれた丸い植木鉢に4本の糸杉が植えられている。糸杉は、春に白や赤の花をつけるスモモや桜などの木と混植されている。丸い植木鉢は、腰掛けとして使うために置かれたのかもしれないが、むしろ水やりの際に水が根まで浸透しやすいように利用されていたと考えるべきだろう[20]。

　庭園の運営システムも絵に示されている。後方では川から水車で水が汲み上げられているが、その水車は心棒と歯車によって、2頭の水牛が回す縦向きの軸と連結

している。画家は庭園の壁の一部を取り去って、水車であるノーリアの動力システムを示し、また地面を少し上に傾けることによって役畜がぐるぐると回る様子を表している。ノーリアで汲み上げられた水は円形の貯水槽に流れ込み、そこから庭園を縦横に走る高架水路へと流れていく。これらの水路は非対称なチャハール・バーグを形づくり、庭園は絵の右枠の先までつながっているようだ（しかしこの挿絵は本の右ページにあるため、先には何もない）。水路は十字の軸端に設けられた四角い水槽と、川に突き出した円形テラスのすぐ前にある、いくつにも枝わかれした水が噴き出す丸い水盤で完結している。『バーブルナーマ』でバーブル帝が造園を監督している絵と同じように、ここでも細部までできるだけ描写し、たくさんの人間を描くために庭園内は圧縮して描かれている。

　チャハール・バーグ形式は大庭園で採用されることもあったが、その基礎となるグリッドという概念は、しばしば小さな庭園で小規模に、または小さな花壇に植える植物を分ける必要がある場合などに採用された。ニシャート庭園（バーグ）にいるシャー・ジャハーン帝を描いた1663年のムガル帝国の写本挿絵では、皇帝の後ろの庭園にグリッド構造は見えるものの、十字に交差する軸線は見えない（口絵12）。後景の園亭の前の幅広い水路を流れる水は、反対側に渡るために置かれた3個の飛び石を通り、チーニー・ハーナの段で飾られた棚の上から噴水盤のある泉水にほとばしり落ちている。前景の皇帝は、花模様の絨毯に置かれたクッションに腰掛けている。水路の両側の花壇は、それぞれ12区画にわかれている。花壇が砂岩の石組みによって区画分けされていたのか、そしてそれが花壇と同じ高さだったのか、それとも少し高くなっていたのかは不明だ。1625年に皇妃ヌール・ジャハーンの兄アーサフ・ハーンによって建てられたこの庭園での石組みの使用は、シャー・ジャハーン帝時代に好まれた装飾的なトレーサリー――その実例はアングーリー庭園（バーグ）(1628-1637)、アーグラー城（図86）、タージ・マハル (1632-1643)（図85）で見られる――より10年早い。

　ムガル帝国にはムスリムだけでなくヒンドゥー教のさまざまな宗派の信者も（数は少ないが仏教徒やジャイナ教徒も）たくさんおり、ヒンドゥー教徒の中でもラージャスターン地方のラージプート族の王侯は芸術を庇護し、ムガル帝国と互いに芸術的影響を与え合った。特に世俗的な宮廷建築や庭園などの分野では、水路や噴水や園亭だけから、イスラームとヒンドゥーのそれぞれの特徴を見分けるのは難しい。大きなチャハール・バーグ形式の庭園では、18世紀につくられたバラトプル近郊のディーグ宮殿（口絵16）のように、（おそらくさまざまな植物で構成された）草地が設けられることもあれば、一部が敷石で覆われ、深く窪んだグリッドをもつ庭園がつくられることもあった。後者の例としてはウダイプルの市街宮殿にあるアマール・ヴィラス庭園（口絵17）が挙げられる。このタイプは絵画にもよく登場する。ラージプート族の庭園で最もよく見られるこうした深いくぼみが、いくつものグリッドに分けられた花壇という、

ムガル帝国の庭園形式に影響を与えた可能性は否めない。なぜならムガルの庭園と同じように、ラージプートの庭園もはっきりした幾何学形の中に個別の植物をおさめる方法を好んだからだ。しかしムガル朝時代の南アジアの芸術を、単一の起源までさかのぼれることは少ない。数々の写本挿絵には、ラージプートとムガル双方の庭園で、直線または曲線を描く沈床花壇が登場する。明らかにどちらの系統でもグリッドを使って庭園を整備していたが、ラージプートの沈められた庭園がムガルのチャハール・バーグの影響を受けているのか、それともムガルのチャハール・バーグの幾何学性が、ラージプート族による地表の敷石の処理を見てから強調されるようになったのかは不明だ。残念ながら挿絵をもとに判断するのは難しい。なぜならそれは歴史研究者ではなく、パトロンを満足させるために制作されたものだからだ。

　したがって、失われた庭園の姿を復元するために写本挿絵を利用する場合、実際の庭園とその絵姿は、それぞれ別個の記号や表現法にしたがっていることに注意しなければならない。しかし両者は共通の幾何学的な美意識を共有している部分もあり、どちらも三次元的な空間ではなく、互いにつながりのある平面の連続として解釈することが期待されている。イスラームの視覚文化におけるこの平面重視は、絵画の分野では研究されてきたが、庭園に関してはあまり述べられてこなかった。しかしイスラーム世界全域で、景観設計家は植物や灌木を園路よりもかなり低い位置にしばしば植えたため、上からは花や葉は平面的にしか見えなかった。50cm以上も花壇が沈められた四分庭園では、植物は太陽に向かってまっすぐ伸び、その色とりどりの花は園路の高さにやっと届く程度だったと想像することができる。床に置いたクッションに座った人は低い目線で庭園を眺めており、そこからは花壇がまるで花をまき散らした床のように見えたことだろう。アルハンブラ宮殿の「マートルの中庭」のように、花壇は床に広げられた絨毯や、大きな水盤の静止した水にも見えたに違いない。それでも他の三次元空間や平面がまったく見えなかったわけではない。実際、セビーリャの通商院の庭のように花壇の枠組みの側面を装飾するブラインド・アーチ、彩色漆喰、砂岩の彫刻、大理石のはめ込み細工などからは、鑑賞者がこれらの面も眺め、交差する平面と立面を楽しむことを期待されていたことがわかる。

　庭園に関するこの美的価値観は、イスラーム初期の建築とも通じるものがある。イスラーム初期の建物は厚い壁が自らの重量と控え壁に支えられて立っているというだけの単純な構造だったが、壁は色鮮やかなタイル、大理石板、美しいモザイク、独特の質感をもつ漆喰などで覆われていたので、視覚的な複雑さが比較的単純な構造を圧倒していた（「岩のドーム」──図5を参照）。同じように庭園も、ボリュームのある構築物としてではなく、そこを通してさらに遠方まで眺め渡すための平面として捉えられていた。もちろん植物は一定のかさをもっており、特に糸杉、椰子、花盛りのオレンジなどは、上方の刃のように尖った葉や椰子の葉の天蓋、芳香を漂わせる

輝くばかりの白い花などに視線を引き寄せた。しかしマーガレット、水仙、薔薇、スミレなどの植物は通常、深く沈められた長方形の花壇に植えられたため、花は上から、個別にでもマッスとしてでもなく、緑のカーペットに散る鮮やかな色としてだけ鑑賞された。このような植栽方法は、挿絵だけでなく実際の庭園でも見られる。

　整形式庭園の花壇を「絨毯」風にすることはよく行われたものの、決して他の様式が存在しなかったわけではなかった。なぜならイスラーム世界各地では歴史を通じて、庭園を整備し、植物を植えるさまざまな方法が存在したからだ。絵画にも球根が一列に植えられた整形式庭園や、芝生のあちこちに花を散らした庭園が描かれている。鑑賞者は地面と同じ高さに座り、庭園を眺める。それでも庭園の設計やイメージにおいて平面が好まれたことははっきりしており、同じ傾向は絵画や布など他の芸術手段でも認められる。そこに共通する美意識が見られるのは、単にひとつの二次元的な芸術（絵画）が別の二次元芸術（庭園）を表現しているからではない。なぜなら現存する遺跡では、低く沈められた花壇を高い園路やテラスに立つ鑑賞者が上から眺めるという空間配置がはっきり認められるからだ。実物であろうと絵画であろうと庭園に身を置くという体験を通して、そこに存在するものがなぜ選ばれ、配置されたのかを知ることができるようになっている。

# 7 空想の庭園
理想の庭園、文学に登場する庭園

アラビア語の詩や散文、そしてイスラームの宗教文書でも、しばしば空想的な言葉を用いて庭園を描写することが多い。黄金の椰子の木にエメラルドの果実がなっているような庭園は想像の世界にしか存在しないが、木の幹が黄金の布で巻かれた庭園は実在した。後者の庭園は、決して本物らしく見せるためにつくられたのではない。芝居がかった演出はひとえに幻想や神話の世界を現出させるために、自然らしさを限界まで追求した結果なのだ。しかし空想と現実を簡単に分けることはできない。なぜならどちらも互いの領域に影響を与え合っていたからだ。皮肉なことに、文学作品では庭園を構成する要素をあり得ないほど誇張する一方、現実の庭園では奇妙な装置を用いて、空想上の庭園の途方もない豪華さを実現しようとした。したがって空想上の庭園が重要なのは、それが庭園の理想の姿を示していたからだけでなく、現実の庭園のデザインにヒントを与え、文学描写に影響を及ぼしたからなのだ。

　黄金と宝石に満ちた不思議な庭園という考えには、イスラームでは二重の意味が含まれている。ひとつには、天の楽園は文字どおりそのような場所と考えられており、コーランによれば楽園とはこの世で信心深い生活を送ってきたムスリムにとって来世で約束された報酬なので、そうした庭園は本質的に善であるとみなされた。永遠の楽園に受け入れられたいと願うことは、神の掟を固く守るだけの価値のある望みだったからだ。しかし一方で、贅をこらした動植物の装飾で埋めつくされた、想像力をもてあそぶような庭園は地獄に通じているものと考えられた。そのような庭園は狂気と不信心の証しであり、極端な場合、神による天地創造に対抗しようとする傲慢な野心を反映していた。ある意味では、極端な景観設計についてのこの両義性は、人間の置かれた状況をよく表している。人間は厳しい自然をコントロールし、世界をよりよく、より安全な場所にしたいと望んでいる。しかしそうすることによって、神と人間の関係を危機にさらしてもいるのだ。創造行為に手を出して神に対抗することと、地上での神の代理人として神聖な義務を果たすことの間には、絶妙なバランスが保たれている（コーラン、2章30節）。人間は本質的に自らの運命をよりよいものにしようと努め、自然災害を生き延びようとするものだが、その努力はどの時点で、神に定められた境界を越えてしまうのだろうか？　空想上の庭園のも

つ二重性——神的な要素、そして悪魔的な要素——は、そこに内在する緊張関係をはっきり表している。

　イラム庭園は、その夢幻のような建物と庭園が建設者を地獄へ追いやった一例である。この庭園についてはコーラン（89章7節）に短く、そして『千夜一夜物語』（第276～279夜）により詳しく記載されている。イラムとは伝説的な都市で、その建設者は自らの限度を超えた高慢さと野心の挙げ句、その代償を支払わなければならなかった[1]。彼、シャッダードは古い書物で楽園の建物や庭園について読み、自らもそのような場所を造ろうと決意して、家臣に次のように命じた。「世界で最もすばらしく、最も広い場所を見つけ、そこに金銀でつくられた都市を建設せよ。地面には橄欖石やルビーや真珠を敷きつめ、丸天井を支える柱は碧玉（ジャスパー）でつくれ。都市を満たす宮殿には柱廊やバルコニーを設け、大小の道に沿って、美しく熟すさまざまな果樹を植えよ。その間を走る水路は金銀製にするのだ」[2]。王が集めた最も優れた建築家や技師や職人たちは世界中をめぐり、とうとう「誰も住んでおらず、砂丘や山などの障害もなく、泉が湧き出し、川が流れる広大な平原」にたどり着いた。彼らは「これこそ王が我々に命じられたとおりの場所だ」と語り合った[3]。そして300年かけて、宝石や真珠や金銀で飾られた建物の基壇、園亭、噴水と水路をつくり、周囲を背の高いがっしりとした壁で取り囲んだ。しかし天の楽園と競おうという傲慢さを見せたシャッダードは、町の門をくぐる前に神の怒りを買って打ち倒されてしまった。そして町につながるすべての道は隠されたため、夢の町は結晶のようにいつまでも変わらず存在し続けたものの、人間の目には見えなくなってしまったのだ。

　『千夜一夜物語』に登場する真鍮の都の物語も、浪費と高慢さをテーマにした、似たような話だ。語り手のシェヘラザードによると、マグリブ総督のムーサー・イブン・ヌサイルは、真鍮の魔法の容器を求めて案内人とともにソロモン王の時代に旅立ち、真鍮の都に到達した[4]。城壁に囲まれた都には25の門があったが、ムーサーたちはひとつも開けることができなかった。しかしついにムーサーは近くの丘の上から壁越しに中をのぞいて美しい都市を目にすることができた。「住居や邸宅は高くそびえ立ち、宮殿や園亭や丸天井は栄光に満ちて光り輝き、大小の砦はいかにも堅固そうだ。そして泉は豊かに流れ、花々は美しく咲き、木々には見事な果実がたわわになっていた」[5]。ムーサーは都の美しさに感銘を受け、またその運命に涙して、家来の何人かに城壁をよじ登らせたが、誰一人生きて城壁を越えられなかった。

　だが、案内人のシャイフ・アブド・アッ＝サマドが神への祈りの言葉を唱えると、その言葉が町の呪いから身を守ってくれ、とうとう中に入ることができた。ムーサーが家来とともに都の中に入ってみると、そこには想像を絶する富があった。金銀、宝石、美しい絹織物や金襴、珍しい香料などが山と積まれていたのだ。ひとつの宮殿に入ったところ、四隅に金や銀や華やかな色の園亭のある大広間があった。「広

間の中央には、金襴の天蓋がかかるアラバスター製の巨大な噴水盤があった。四つの園亭にはそれぞれ腰をおろす場所があり、そのひとつひとつに、華やかに飾られた噴水と大理石板で覆われた水槽が置かれ、床を走る水路は多色の大理石でできた大きな水槽へと集まっていた」[6]。その後に見た園亭には、真珠、宝石、華やかな金襴の織物、象眼を施された武器、水晶の大皿、真珠がはめ込まれた杯などが納められた箱があり、宝石がはめ込まれた光沢のある大理石製の床はまるで輝く水面のように見えた。最後に一行は一人の乙女が横たわる寝椅子のところに来た。乙女は死んでいたが息をのむほど美しく、その目には生命の輝きが宿っているように見えた。宮殿で暮らす人々も生きてはいなかったが、その亡骸は完璧に保存されていた。

真鍮の都で発見された数々の銘文には都の歴史が刻まれており、ひとつの銘文は韻文で、読む者に警告を与えていた。

　　宮美しく飾りしかの者ども
　　自ら行いしことごとを刈りとるは塵となりはてたるその姿
　　いにしえの宮集う者はすでになく
　　財もて命救うも定めの日遅らすこともかなわず

警告は次のように終わっている。

　　訪れし者に墓は応え声枯らし叫ぶ
　　「死の腐敗によりて薔薇色の頬色褪せり!」
　　長きあいだむさぼりせしが、そも終わる日来たり
　　食む者こそ捕らわれむ、蛆の餌食となりはてむ[7]

この陰惨な物語は、地上における生命の儚さを我々に思い出させる。とはいえ、あらゆる広間に漂う死の気配は不穏であり、忌むべきことではあっても、この都で目にする財宝の数々は非常に魅力的だ。莫大な富は、これが悪魔のつくり出した危険な場所かもしれないという警告にもかかわらず、私たちを魅了し続ける。これらの描写では贅沢さの役割は曖昧で、それを示すひとつの例が輝く床だ。この床はスライマーン(ソロモン)王とシバの女王の、伝説的な宮殿での有名な出会いを思い出させる。色大理石でできたその宮殿には白や透明な水晶の柱や、トルコ石やガラス製タイルのはめ込まれた床があった。コーランによると(27章44節)、王に敬意を表すために訪ねてきた女王は、豪華な宮殿の磨きぬかれた床を池だと思い、スカートを持ち上げて足を露にしたという。

きらめく光を発する固形物が水のように見えるという錯覚は文学上のモデルとなり、イスラーム期には実際の園亭や宮殿で実践された[8]。トレドの支配者アル=マ

アムーン（在位1043-1075）の丸天井を備えた園亭では、池の真ん中に立つ水晶の構築物から水が流れ落ちる様子が、あたかも固い水晶が水に変化していくかのように見え、スライマーン王の伝説的な宮殿を想起させた[9]。ちょうど文学作品が先行する作品を引用するように、建物もそれより古い建物を下敷きにする。どちらも透明なために水と水晶を見分けることが不可能なトレドの園亭を見て、感嘆の声を挙げた宮廷の知識人たちは、すぐにスライマーン王を連想したに違いない。そして古代の賢人王の代表ともいえるスライマーン王とのつながりは、現在の王アル＝マアムーンの王権を称揚する意図を明らかにもっていたのである。

コーランによると、楽園の住人は黄金と宝石で飾られた寝椅子に横たわり、大きな瞳の乙女たちにかしずかれるという。

　　　静謐な庭園には
　　　昔からの者が多く
　　　後世の者は少ない
　　　黄金で飾られた寝椅子に
　　　向かい合って寄りかかる
　　　永遠の若さを保つ少年たちが酌をして回り
　　　杯や水差し、酒盃には泡弾けるブドウ酒
　　　飲めども酔うことなし
　　　好みのままの果物を
　　　好きな鶏肉を取り
　　　そして大きな美しい瞳の乙女が寄り添う
　　　まるで貝の中に隠された真珠のような……
　　　水はほとばしり
　　　数えきれないほどのさまざまな果物が
　　　つきることなく、禁じられることもない（56章12－33節）[10]

ハディース（預言者ムハンマドの言行録）には楽園の様子がさらに詳しく述べられている。そこにはひとつの巨大な真珠でつくられた園亭や、床が輝く真珠貝でできている、宝石があちこちにはめ込まれた宮殿があり、場所によっては真珠やルビー、ラピスラズリで織られ、金銀の縞の入った敷物が敷かれていた[11]。イラム庭園や真鍮の都のような絢爛豪華さは、貪欲さや、神に対抗しようという不遜な野望の現れかもしれないが、同じイメージはコーランやハディースの楽園についての描写に通じる部分もあったため、決して本質的には悪でなかった。したがってエジプト、イラク、マグリブ、アンダルス、南アジアなどの君主が建てた幻想的で華麗な建物は、時にはその乱費を批判されはするものの、目に見えない楽園やイラム庭園を暗示してい

ると理解された。この連想は明示的な場合もあり、たとえば11世紀初頭のペルシアの詩人たちは、ガズナ朝の宮殿（バストの町近くにあるラシュカレ・バーザールなど）を、イラムや他の伝統的な、あるいは聖なる土地に似せて称えた[12]。11世紀、セルジューク朝の宮廷では、ある詩人が宮殿を、「イラムの最高の姿に等しく、シャッダードの七つの宮殿にも比すべき」と、大げさな表現を使ってほめ称えている[13]。本書の冒頭で、イスラーム初期には庭園のパトロンにとって最大の関心事は世俗的であり、精神的というよりも政治的かつ経済的だったと述べた。しかし社会の最上層部、つまり限りない富に恵まれ、自由に想像力を羽ばたかせられるエリート層は、世間一般の状況をはるかに超越する理想の世界を実現し、農地が直面する厳しい現実——特に干ばつ、害虫、失敗——を退けることができた。

　目では見えないイラム庭園や天の楽園は、人間の想像力の賜物である。伝説上の、そして神の創造したこれらの地は、人間の手の届かない完璧な存在だ。しかし、同じような印象を与える実在の庭園はあった。そこでは植物に彩色を施したり布でくるんだりすることによって、木が真珠の実をつけるといった驚異の世界にいる幻想を見る者に与えた。10世紀初頭のサーマッラーにあった、カリフのアル゠ムクタディルの宮殿は、917年に東ローマ帝国の使節が来訪した時に、そうした演出の舞台となった。宮殿に入った使節は行事次第にしたがって、いくつもの大広間、廊下、中庭を通り、美しく飾られた馬や野生動物の狩猟園などを目にした。やがて新宮殿に到着すると、その庭園には金属の縁どりが施された水槽が置かれていた。その周囲に植えられた400本の大きな椰子の木は見事な実をつけ、枝にとりつけた黄金の輪から美しく彩られた布が垂れ下がっていた。庭園の周りにはオレンジの木が並んでいた。一行は次に「木立の中庭」に進んだ。中庭にある大きな水槽の真ん中に立つ木からは18本の金銀の枝が伸び、色とりどりの葉がまるで風にたなびくように動いていた。枝には金や銀の鳥が止まり、にぎやかにさえずっていた。最後に一行はカリフが待つ広間にたどり着いた。カリフが命令を下すと、不思議なことに地下から木が現れ、頭上の丸天井に届くほど高く伸びた。機械仕掛けの鳥がさえずり、足もとの噴水からは薔薇水や麝香の香りの水がほとばしり出た[14]。

　このような宮殿の記憶は明らかに『千夜一夜物語』の伝説的な宮殿にも投影されている。この物語（少なくともその原典）とサーマッラーの宮殿が同時代に属しているのは決して偶然ではない。真鍮の都の物語は9世紀初頭のアンダルスの物語から発展したもので、イベリア半島を征服したムスリムたちが、不思議な魅力を放つ西ゴートや古代ローマの文化に接したときの驚きや戸惑いをよく表している[15]。それは異なる文明や異国の風習に遭遇した人間の正直な反応を示しており、同じことはアンダルスだけでなく、さらに東方でも起きていた。自然を奇抜な姿として見せるのは、未知の国や遠い昔を、なじみのある場所と対比するのにしばしば使われた手法だ。ペルシアの叙事詩『王書』は、1010年頃にアブル・カースィム・フィルダウスィー

によって、それ以前の口承文学をもとに中央アジアのガズナ朝君主マフムードのために制作されたが、そこにはいくつもの英雄的な戦い、不思議な冒険、恋愛が物語られている。ある場面では戦士ルスタムは宮廷に伺候し、銀の幹と金の葉、宝石で飾られた木の下に座る君主に庭園で謁見した。その木にはマルメロとオレンジの実が同時になり、洞には麝香とワインがたまっていた[16]。実際の宮殿複合体と、『王書』『千夜一夜物語』などの場面との大きな違いは、ルスタムや真鍮の都は虚構の世界の伝説に過ぎなかったのに対して、サーマッラーの宮殿は現実に存在したということだ。中世の年代記作者の言葉以外ほとんど何も残らず、それも未知の世界への勇ましい冒険物語と同じぐらい誇張されているとは考えられるものの、宮殿は決して単なる文学的な発明ではなかった。ただのおとぎ話として片付けてしまうには、豪華絢爛な広間や庭園がイスラーム初期に各地に存在したと述べる古文献があまりにも多い。

　アル＝ムクタディルのサーマッラーの宮殿はたちまち伝説となったが、もしかしたらこれは歴史上の先例に触発されたものなのかもしれない。たとえば9世紀前半の東ローマ皇帝テオフィロスは、枝に止まった機械仕掛けの鳥がさえずる黄金の木を所有していた[17]。また近代のカイロのフスタート近郊には、アッバース朝の名代として統治していたフマーラワイフ・イブン・トゥールーン（在位884–896）が、整備された中庭付きの離宮を建てた。椰子、果樹、睡蓮、刈り込まれたマートル、薔薇、バジル、サフラン、そしてさまざまな珍しい植物がホラーサーンなど遠方から取り寄せられ、ここで育てられた。またクジャクなどの美しい鳥が自由に庭園を歩き回っていた。しかし、美しい庭園をつくり自然を支配するだけでは充分ではなかった。酸化を防ぐために金箔を施した銅板で椰子の幹が覆われ、その下に隠された鉛管を通って水が吸い上げられたため、椰子からは葉だけでなく水も噴き出す仕掛けになっていた。噴き出した水は水槽に落ち、そこから庭園の他の部分に流れていった。宮殿の別の個所には黄金の部屋があり、そこに置かれた水槽は水銀で満たされ、寝不足に悩むイブン・トゥールーンはそこに膨らませた革製のマットレスを浮かべて寝たという[18]。

　研究者のフォン・グリューネバウムは、詩の分野も並行して発展したと考えている。ウマイヤ朝時代には自然を称えることが多かったのに対して、アッバース朝時代になると個別の庭園や詩人の個人的な感想が重視されるようになった。8世紀半ば頃、美化しながらも現実に即した自然への嗜好は、植物を宝石に、星を真珠にたとえるような幻想空間への嗜好にとって代わられた[19]。もしかしたらこのように自然に対する態度が変化した結果、造園家たちは実際の庭園でもそれに沿う効果をつくり出そうとするようになったのかもしれない。しかし逆に、アッバース朝君主が大いに好んだ驚異的な建築物を目の当たりにしたことで、詩人による創作傾向も変化していった可能性もある。

アンダルスの古文書にも、所有者の気まぐれな性格が実在する庭園で発揮された例が紹介されている。宰相アル＝マンスールは10世紀後半、コルドバのマディーナ・アッ＝ザーヒラ宮殿（同じくコルドバにあったマディーナ・アッ＝ザフラー宮殿とは別物）の庭園に、多くの睡蓮が咲く大きな泉水をもっていた。ある時、潜在的な敵国である隣国から、彼の王国の国力を測ろうと使節がやってくると、アル＝マンスールはまだ涼しい早朝、睡蓮のつぼみが固く閉じている間に中に金や銀の塊を入れておくように命じた。日が高く昇って睡蓮が開花すると、集められた花々は使節団に贈呈された。彼らはその意味するところを直ちに悟ったことだろう。アンダルスの花々が金銀を産したという奇跡を見て、彼らはアル＝マンスールのもつ莫大な富を実感し、強い印象を受けたのだ[20]。

図43●後ウマイヤ朝時代の大宮殿都市であるコルドバ近郊のマディーナ・アッ＝ザフラー宮殿で発掘されたこの青銅製の雄鹿の像は、庭園の泉水を飾ったいくつもの大理石や青銅製の彫刻のひとつ。鹿の体内の管を上った水は、大きくあけたその口からほとばしり出た
（コルドバ歴史民族博物館）

マディーナ・アッ＝ザーヒラ宮殿の金銀を生み出す花は、強大な経済力を誇示する効果をもたらし、しかも仕掛けは簡単だった。しかし他の庭園では、生命のない物体を動かしたり音を立てさせたりするため、より洗練された技術が必要とされた。マディーナ・アッ＝ザーヒラ宮殿のとある噴水では、白い真珠の首飾りをつけた黒い琥珀製のライオンの口から水が流れ出し、別の泉水には鳴き声をたてるカメがいた[21]。生きたカメだった可能性もあるが、アンダルスの人々が動物形の噴水を好んだことを考えると、むしろこれは青銅製のカメで、内蔵されているパイプの中を水が通ることで音を発したのかもしれない。地中海地方ではこのような動物の形をした噴水や放出口は、少なくともローマ時代以降には数多く認められた。それはおそらく、生命をもたない物体に水の力で命を吹き込んでいるというイメージが好まれたせいだろう[22]。20世紀にはマディーナ・アッ＝ザフラー宮殿の発掘調査で、噴水口として使われた小さな青銅製の鹿が発見された（図43）。この像が泉水の端に設置され、口から水を吐き出していた様子が想像でき

図44●兎は庭園にふさわしい動物だ。高さ約15cmのこの青銅像は、噴水の放出口として使われた
（Stuart Cary Welch）

空想の庭園 | 7

る。11世紀か12世紀エジプトの二つの青銅製の兎も噴水の噴出口として利用された。動物の腹にあけられた四角い穴から入った水が口から流れ出すようになっている (図44)。庭師なら誰でも兎がおいしい植物を好むことを知っている。今にも走り出しそうなほど生き生きとした兎の体に刻まれた渦巻きは、豊かに茂る植物の葉やツタ植物を表している[23]。

アルジェリア、バニー・ハンマードの要塞都市 (1007/1008年頃建設) にはテラス状の庭園があり、宮殿のひとつには水の芸術を披露したり、スロープから船を浮かべることのできる巨大な長方形の泉水があった〈2部-15〉。乾燥した山岳地帯では、水の貯蔵と分配は周辺地帯の食料生産にとって不可欠だった。宮廷の需要を満たすために水が利用された様子はさまざまな装飾噴水から見てとれ、水が必需品から目を楽しませる装置へと移行している様子がわかる。多くの噴水は動物形で、たとえば青銅製の四足獣の足の破片、また両側にライオンの浮き彫りの縁どりを施した水盤などが残っている。このライオンの口が噴出口になっていた[24]。

グラナダのアルハンブラ宮殿の「ライオンの中庭」では、12頭のライオンの石像が水盤を支えている (図31)。ライオン像の制作年代や現在の水盤との配置の関係については、これまで研究者の間で活発な議論が交わされてきた。しかし動物、特にライオンが13～14世紀のグラナダのナスル朝や、それ以前のアンダルスやマグリブの宮廷の噴水モチーフとして人気があったことは間違いない[25]。先に挙げた例の他でも、動物形の放出口や噴水の破片は11世紀のエルビラ (グラナダ近郊)、10

図45 ● アルハンブラ宮殿のパルタール宮に置かれたライオン像は、同じ宮殿の「ライオンの中庭」の12頭のライオンによく似ているが、最初からこの場所に置かれていたのではなかった。口から噴き出す水は像に勢いを与え、見る者に本物のライオンを連想させた

世紀のベニー・ハレード (チュニジア)、10世紀か11世紀のコルドバで発掘されている。そしてグラナダでは、アルハンブラ宮殿のライオンによく似たライオン像がマーリスターン(病院)の中庭に置かれていた。20世紀になると、この像は、アルハンブラ宮殿のパルタール宮の泉水の脇という、より眺めのよい場所に移された(図45)。一部が欠けて内蔵された管が見え、別のライオン像は、アルハンブラ宮殿の聖フランシスコ修道院に今でも置かれている。また、もともとグラナダのアサリス地区の宮殿用につくられた2頭のライオン像は、現在は造幣所に置かれている[26]。

　硬い石でできた彫刻内部に水を通すのは、ごく基本的な水力工学の技術さえあれば充分なので、自動装置をつくるのは簡単だという印象を与える。しかし多くの噴水は、単に水を流すよりも複雑な仕組みにつくられていた。たとえば、美しい声でさえずる鳥や、体の一部が動くさまざまな動物像がつくられた(図46)。こうした巧みな庭園用の装置の多くは失われて現存しないものの、その設計図面は、オートマトン(自動機械)という人を楽しませる仕掛けについての論文で知ることができる。これらの仕掛けは永久運動によって動いているように見えるが、実際には灌漑設備や水車と同じ原理、動力源に頼っていた。オートマトンについての最古の文書には、9世紀にバヌー・ムーサー・ビン・シャーキルと呼ばれる3兄弟によってアラビア語で記された『精巧な装置 Kitāb al-ḥiyal』[27]、(10世紀と12世紀の間にまとめられた) 偽アルキメデスの論文、そして1203年に記されたリドワーン・アッ=サアーティーの時計制作についての論文がある[28]。これら初期のアラビア語の文献自体、ヘレニズムやビザンツの先行する研究に多くを負っていた。

　アラビア語の論文で最も知られているのは、1204年か1206年に中央トルコの東部で完成したアッ=ジャジリーの『巧妙な機械装置に関する知識の書』だ[29]。オートマトンを扱うこの著作が非常にもてはやされたことは、全体の、あるいは一部分の写本が少なくとも11例現存しており、そのうちひとつはムガル皇帝のためにつくられ、ひとつは18世紀につくられたことからも明らかだ。論文は6部にわかれ、時計、飲み物を入れる容器、そして瀉血や洗濯に利用する桶などをテーマごとに取り上げている。第4部は「泉水の中の形を変える噴水や、永久運動の笛について」で、第5部は「浅い静水や流水から水を汲み上げる機械について」だった[30]。それだけでも充分に簡潔でわかりやすい説明文には、173点の正確に描かれた設計図が添えられ、読者の理解を大いに助けた(174番目の図版は記号の凡例である)。

　手洗いの機械についての説明では、4本の柱で支えられた丸天井(取り外しのできるふた)

図46●偽アルキメデスの著作の写本で説明され、挿絵が添えられていた時計のひとつ。二つの丘の間に立つ銅の木に何羽もの銀の鳥が止まっている華やかな仕掛けだ。時刻が来ると、空気の圧力で丘から何匹ものヘビが現れ、鳥は鳴き声をたてて慌てふためく
(Variavaによる描き直し)

の構造をつくり、頂部には鳥を付けるように指示されている。この構造物の土台には、右手に水差し、左手にタオルと櫛をもつひざまずいた奴隷の像がある。その横には、アヒルの付いた水盤が固定されている。丸天井の下の水槽に水が満たされると、水は人形の体内の管を通って水差しに流れ、水に押された空気は別の管を通って（ちょうど笛付きやかんのように）頂部の鳥を鳴かせる。水の重みで傾いた水差しは、中身を下の水槽に空ける。水槽にたまった水はアヒルの体内の管を通って、底部に隠れた二つ目の水槽に流れ込むが、これはあたかもアヒルが水を飲んでいるように見える。水が容器にたまると、人形の頭部にロープで結びつけられたバケツが一杯になり、その結果、人形の手が伸びてタオルと櫛を差し出す(31)。別の図は、二つの水車を使って水を汲み上げる仕組みを説明している（図47）。ここに示されているのは、牛の木像のついた小さなおもちゃのつくり方だが、利用されている技術は庭園や農地で給水に使う大きな水車と変わらない。どれもテーブルの上にのるような小さな機械仕掛けのおもちゃとはいえ、こうした技術が庭園などで大規模に応用されなかったと考える理由はない。したがってオートマトンについての論文を読めば、金銀箔が施された椰子の木、宝石で飾られた植物、機械仕掛けの鳥、躍動感あふれる水の芸術がどのようにつくられたか、そして設計と製造の両方で熟練技術を必要とするこうした驚くべき仕掛けが、イスラーム、ビザンツ、西ヨーロッパにどのようにして広まったか、そのヒントが得られるだろう。実際、ビザンツ宮廷には庭園でオートマトンを利用する長い伝統が存在したが、ビザンツの宮殿はアッバース朝の庭園と同時代に年代付けられるため、どちらが先行するのかは、はっきりしない(32)。

『精巧な装置 Kitāb al-ḥiyal』の初期の写本の挿絵は、庭園史を研究するうえで特に興味深い。彫刻が施された放出口のついた水力工学の設備が登場するからだ。ある図には、2頭の雄羊の頭の形をした放出口が取り付けられた装置が、また別の図にはライオンの頭の形の放出口が描かれている（図48）。宮廷の人々を楽しませたに違いないこうした技術と造形の小さな融合体は、建築の場でも活用された。

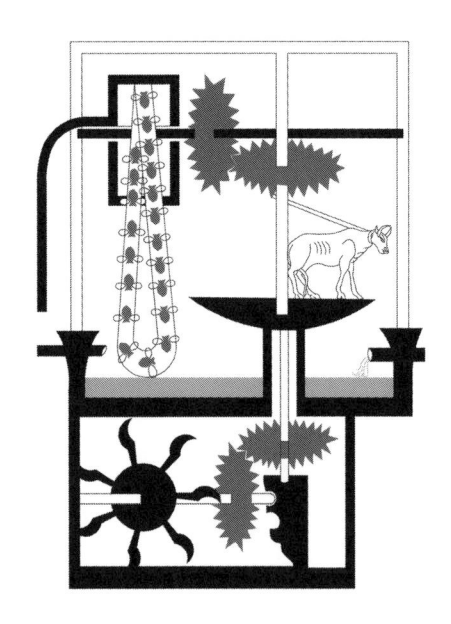

図47●アッ゠ジャザリーの著作に添えられたこの図では、垂直な棒に固定された歯車が、横向きに渡された棒を回転させる。この棒にはバケツに結び付けられた輪が付けられている。中世の教養ある観衆を楽しませたに違いないオートマトンのひとつだが、使用されている技術はノーリアと同じで、それを小さくしたものに過ぎない　　　（Variavaによる描き直し）

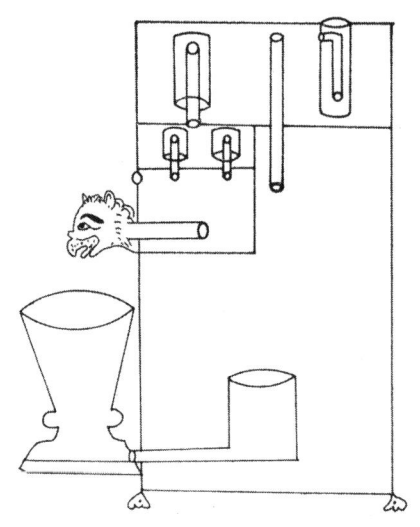

図48●『精巧な装置』写本挿絵で、ライオンの頭型をした放出口は、この書物を参照する技術者から、ポンプのつくり方の解説ほどには、関心をもたれなかった。しかしこの種の放出口は噴き出す水によって動きを与えられ、10〜14世紀のスペインやマグリブ地方の人々を楽しませた
（Variavaによる描き直し）

98　　第1部

図49●ラング・マハルの繊細に彫刻された白い水盤は、デリー城の王宮の水路であるナフレ・ビヒシュト（天国の川）を流れる水で満たされた

その例は、13〜14世紀のイスラーム期スペインで描かれた『バヤードとリヤードの物語』の一枚の写本挿絵に見ることができる（口絵6）。挿絵に登場する人物や泳ぐアヒルや兎は生きているが、泉水に水を吐き出す馬の頭は、『精巧な装置』の図に表されたのと同じく彫刻だ。技術史の専門家はいくつもの装置の図を描き直してその仕組みを研究してきたが、その過程で技術的に無関係な動物像や放出口は省略されることが多い。しかしこれらの像は庭園を描いた挿絵に登場する例や、マグリブなどに現存する噴水に似ているため、実際の庭園に利用された重要な証拠になる。

図50●イイティマード・アッ＝ダウラ廟の壁にはめ込まれた色石の装飾からは、周囲の庭園での人々の楽しみ方をうかがうことができる。ここには花瓶に生けられた花、飲み物の入った蓋付き容器とそれを載せる盆が示されている

空想の庭園｜7

図51 ● 18世紀初頭のイランの絨毯。このように絨毯は庭園の美を室内に移行させた。人々は花の間に座って手入れされた環境を楽しみ、なおかつ日差しを避けることができた
（ブルックリン美術館84.140.16. ジョゼフ・V・マクマラン夫人による遺贈、ジョゼフ・V・マクマラン氏を記念したボーブル慈善トラストによる寄贈）

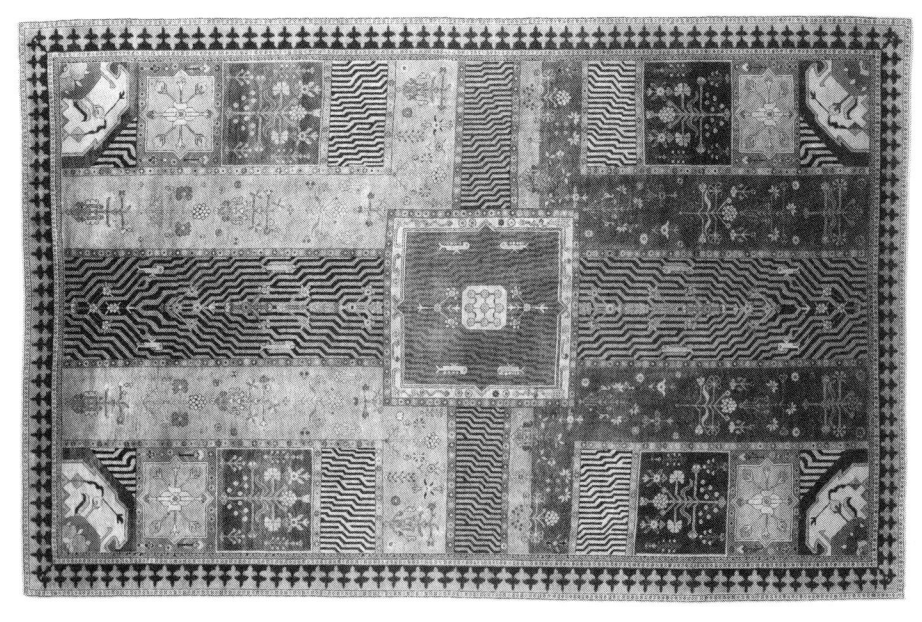

図52 ● イスファハーンの鏡の宮殿を表した1867年の版画には、チヒル・ストゥーンに似た園亭が見える。川に面した開放的な多柱式ポーチ（ターラール）からは、良い眺めが楽しめた。この園亭は現存しない
(P.Coste)

第1部

空想の庭園、そしてそれを現実に再現したものは、イスラーム史のあらゆる時期と場所で認められる。たとえばサマルカンドにあったティムールの宮廷では（1405年頃）、正夫人のテントに金のオーク樹が植えられ、金の鳥が宝石の果物をついばんでいた[33]。バーブルは16世紀の第2四半期におけるヒンドゥースターン（パキスタンとインド）征服を回想する中で、カーブルの祝祭で見た柳の枝は、金箔を施した細い皮帯で飾られていたといっている。そして柳の木が本物なのかさえはっきりしなかったと明かし、「見事なものだった」と続けている[34]。オスマン朝の人々も人工的な仕掛けや劇的な演出を愛していた。1582年に当時スルターンだったムラト3世の子息の割礼の祝いがあった時には、山車行列に色とりどりの紙でつくられた大木や巨大なチューリップが登場した[35]。1720年にあった別の祝いでは、砂糖でできた四つの大きな庭園の模型が披露された。その様子を描いた挿絵には、果物がたわわに実ったさまざまな果樹、チューリップ、糸杉、園亭、鳥、そして水を噴き出す噴水まで見受けられる[36]。デリー城の王宮にあるラング・マハル（1639-1648）には開花した花の形につくられた浅い泉水があり、はめ込まれた色石で花や葉が表現されている（図49）。ある観察者は、泉水に水が満ちると、「はめ込み細工で表された葉はゆらゆらと水に揺らめいているように見えた」と記している[37]。泉水に水

図53 ● 1867年の版画に示されたイスファハーンのハシュト・ビヒシュトの園亭は、巨大な噴水装置のようだ。中央の噴水で高く噴き上げられた水は床より低い水槽に流れ落ち、装飾的な滝をほとばしり落ちて、周囲の庭園の泉水に流れ込んだ　　　　（P.Coste）

空想の庭園 | 7

図54●ハシュト・ビヒシュトのイーワーン（大きなアーチ状の開口部）は四方の庭園の眺めを縁どっていた。ここに示されたような園亭では、自然は壁のタイルや床の絨毯に表現され、本物の花や木や鳥もいつもすぐ近くにあった
（Yasamin Bahador-zadeh）

を注ぎ込んでいたナフレ・ビヒシュト（天国の川）という名の幅広い水路は、浴場（ハンマーム）や、デリー城の川沿いに立つすべての園亭の中を通っていた。イタリア人訪問者マヌッチは、ルビーや真珠を通した黄金の輪をかけた魚で水路を満たすようにシャー・ジャハーン帝が命じたと記録している[38]。これらは人々を驚かせ、喜ばせ、異世界に遊ぶ心地にするための仕掛けというだけでなく、別の目的もあった。つまり庭園の一瞬の表情を周囲の建物に投影し、それを永遠に留めようというものだ。

遊楽用の庭園や記念庭園では、人工的な庭園世界という概念がしばしば具現化された。たとえばマディーナ・アッ＝ザフラー宮殿のサロン・リコの壁には、ブドウの葉や実が絡まり合った図案が漆喰で表現された。アーグラーでは石を使ったピエトラデュラ技法（象眼細工）を用い、色とりどりの石で表した植物が、ムガル皇妃両親の庭園式墓所であるイイティマード・アッ＝ダウラ廟（1628年に完成、図50）やタージ・マハル（1632-1643）の白い壁を飾った。こうして植物は建物の壁にまで表現され、宮廷の詩人は次のように詠っている。「大理石製の花がはめ込まれた。それは本物の花に香りで負けるが色では優る」[39]。このような壁の植物装飾は、本章の冒頭で述べたような宝石をちりばめた宮殿とは比べ物にならないかもしれない。しかし宮殿の大広間や墓廟庭園で、本物と人工の境界をなくしたいという願いがあったことや、葬送の場において永遠の生命を表そうとした可能性を示しているのだ。

壁だけでなく、園亭や宮殿の広間の床に敷かれることの多かった絨毯にも植物があしらわれた。16世紀以降のイランでは、絨毯にチャハール・バーグ形式の分割された庭園が表現されるようになり、水がジグザグに描かれた小川、木や花や小鳥のいる花壇などが織り込まれた。人工物は上から、植物は横から見た姿で表された。絨毯もまた、建物のなかに自然を持ち込み、人を庭園にいる気分にさせたのだ（図51）[40]。

建物と庭園の空間関係は必ずしも明白ではなかった。それは建物内部の床や壁を飾る植物装飾のせいだったが、それだけでなく、空間それ自体が曖昧だったのだ。特にサファヴィー朝（1501-1736）とカージャール朝（1796-1924）時代の園亭は大きな

アーチ（ペルシア語でayvān、アラビア語でīwān）、多柱式ポーチ（tālār）などを通じて外に向かって開いていた。その例として、イスファハーンのチャハール・バーグ大通りに沿ってある王宮地区のチヒル・ストゥーンや川沿いの鏡の宮殿（現存せず）などが挙げられる（図52）。大きな庭園の中に立つチヒル・ストゥーン（当初の庭園の配置については未だ研究し尽くされていない）では、周囲の景観はいくつかの方法で建物の内部に取り込まれていた。絨毯が敷かれ、クッションが置かれた床に座る人間は、建物の壁や床のタイルに表現された色鮮やかな植物や、外の庭園に植えられた本物の草花を眺めることができた。多柱式ポーチ（タラール）は鑑賞のための枠組みとなり、また強い日差しから鑑賞者を守った。しかし壁はなかったため、外部の幅広い水路や植生に向けられた視線を遮るものは何もなかったのだ。庭園から園亭の屋根の下に写しとられた噴水や水盤も、自然の中にいる印象を強める。同じように17世紀のイスファハーンのハシュト・ビヒシュトでも、噴水からこぼれ落ちた水は建物の床の端まで流れ、そこから庭園の水路に向かって滝となってほとばしり落ちた（図53、54）。イーワーンのアーチは周囲の庭園の眺めを縁どっており、視線を動かさずに建物の内部と外部を同時に鑑賞することができる（口絵18）。同じ水を利用し、装飾される建物と周囲の景観を隔てる境界の意図的なあいまいさは、青々とした植物、きれいな小鳥を表す漆喰やタイルの装飾、また幾何学的な庭園とその花壇、運河、植物を模写した床の厚い絨毯によって強調された[41]。

　17〜19世紀のイランで人気があった、金で象眼されたり線刻が施されたりした鉄製の果物も、同じ文脈で理解することができる。それは実物よりわずかに大きく、ここに示した線刻を施した鋼鉄のリンゴは、直径約11cmだった[42]。葉や茎、そして時にはフックの付いたこうした飾りは簡単につり下げることができた。金属的な光沢をもつこうした果物が、本物と違ってカビや細菌に蝕まれることもなく、鉢に盛られたり、イラムやサーマッラーのような庭園で木の枝――それが本物か人工かはともかく――につり下げられたりしていた様子を想像することができるだろう。

　永遠に咲き続ける花があしらわれた絨毯、銀の果物、そして命じるままにさえずる鳥がある環境をつくるには莫大な富が必要であり、それが可能だったのは最も豊かで最も権力をもつ者に限られていたに違いない。このような贅を凝らした庭園は文化的、経済的なステイタスの表れであり、決して多くはなかった。しかしこうし

図55 ● リンゴや梨を模した飾りは、18、19世紀に人気があり、装飾品として鉢に盛られたり、自然の果物を真似て木につり下げられたりしたかもしれない。これは線刻が施された19世紀の鋼鉄のリンゴで、イランのカージャール朝時代のものだ　（Walter Denny）

た驚くべき庭園は、人間の別の願いもさらけ出した。冬に枯れることなく、干ばつや霜の被害を受けることもない永遠の庭園をつくることは、支配という概念につながり、それは人間にとって最も恐ろしい体験である死を制御することにも通じていたのである。君主や富裕な土地所有者が灌漑設備を設け、植物を各地から取り寄せて景観を変貌させるように、移り変わる季節という自然の周期に打ち勝つことは、世界をコントロールしていることのひとつの表れだった。神は自然を創造したが、よき代理人は自然をコントロールすることを神から委託されたのだ。神は人間を地上に置くだけでなくその支配者とする、とコーランに述べられている。「神は地上にあるすべてのものを汝のために創造された」(2章29節)。次の節で、神は天使たちに次のように言う。「地上に代理人を置かねばならぬ」。そしてアダムに地上のあらゆるものを名付ける知識と権限を授ける[43]。空想上の庭園やそれを再現したものは、浮わついて世俗的な、胡散臭い偽物っぽさを感じさせるが、その人工性こそが、強力なシンボリズムとなっている。なぜならそこから連想する、誇張されて現実離れした世界では、自然は人間の努力次第で変貌し、人間の支配に服従し、そして完璧な存在として永遠に存在し続けるからだ。この意味で、これらの庭園は天の楽園と同じように、死に対する永遠の生命の勝利を保証している。

# *8* 楽園としての庭園

絵画表現の歴史的起源

**先**の2章で扱った楽園というテーマは、文学の世界における架空の、あるいは理想の庭園、そして王宮の豪奢な庭園との関わりの中から出現した。本章と次章では、モスクや廟に付属する庭園における楽園のシンボリズムについて考察する。

　イスラーム思想では、楽園は庭園だと考えられており、その比較的詳細な説明がコーランに見られる。「神を敬う信仰深い者たちに約束された楽園(ジャンナ)、そこには悪臭の漂うことのない川、味が変わることのない乳の川、舌に快い酒の川、純粋な蜜の川がある。あらゆる種類の果物があり、そして神のお赦しがある」(47章15節)[1]。他の節では庭園や泉 (44章52節)、簡単に手の届く場所に実っているあらゆる種類の果実 (44章55節、55章54節)、錦や絹の衣 (44章53節)、絨毯 (55章54節)、そして大きな黒い瞳の乙女たち (44章54節) が登場する。さらに別の節では木々が枝を張り、泉が湧き出る二つの庭園について、そしてナツメ椰子やザクロが育ち、二つの噴水がある別の二つの緑陰豊かな庭園について、それぞれ述べられている (55章46-68節)。これらの詳しい描写のおかげで、楽園の外観や楽園における永遠の生をイメージすることができる。楽園は四つの庭園と4本の川が流れる緑したたる場所として描かれているため、これがイスラームのチャハール・バーグ形式の原型となったと考えるのが自然だろう。しかし第4章で見たように、土地を四分割し、灌漑用水路を造園の要とする考え方は、イスラーム以前にすでに存在していた。したがってイスラームにおける楽園という概念が現実の庭園に投影されたのではなく、逆にコーランに描かれた天の楽園の姿の方が既存の庭園の姿を反映しているのだ[2]。

　学問分野としてのイスラーム学がユダヤ文化やキリスト教文化を扱う学問から分離してしまった (そして地理や知識もまた、方法論的に「東方」と「西方」という、後につくられたカテゴリに分けられてしまった) ことの不幸な結果のひとつは、ある文化において一定の形式や概念が誕生すると、研究者は通常、その起源を同じ学問分野の中に求めようとすることであろう。その結果、チャハール・バーグ形式がなぜ、どのように登場したかという問題について多くの歴史研究者は、イスラーム文化、特にコーランの中に明白な回答があると考えてきた。7世紀に誕生したイスラームは東地中海地域で勢いを増したが、この地域はカトリック、東方正教会、そしてユダヤ教の地盤でもあり、イ

スラームの物質文化および宗教はこれらの文化から多大な影響を受けてきた。初期のムスリムはこれらの宗教からの改宗者であり、彼らはユダヤ教、キリスト教、多神教信者としての文化的素養を身につけていた。コーランには聖書と同じ物語がいくつも収められ、その注釈書はしばしば『啓典の民』の聖書を参考にしている。たとえばコーランにはエデンの園についての簡単な記述がある。「そして我はアーダムに告げた。『汝と汝の妻はこの園に住み、どこでも好きな所で思う存分食べなさい。しかしこの木にだけは近づいてはならない。さもなければ我が命に背く者となるだろう』。悪魔が彼らを誘惑し、彼らを幸せな状態から追放せしめた」(2章35-36節)[3]。ムスリムは、聖書の記述の繰り返しや聖書と類似の表現が出てくるのは、コーランの模倣性ではなく、むしろ補正性を表すものであると見なした。

　ムスリムたちはユダヤ教徒やキリスト教徒の近くに暮らしていた。彼らは同じ資源――土地、都市、人間集団、交易路――をめぐって争い、また互いの文化習慣を観察するだけでなく、その多くを取り入れた。宗教面でも、一神教、特定の対象の礼拝、偶像の否定など多くを共有していたのだ。加えて、初期のムスリムの知識人が古典数学、天文学、光学、薬理学、水力工学などに強い関心を抱いていたことは、学問の歴史的、文化的な起源にこだわることなくそれらの知識が求められていたことを証明している[4]。もちろん初期ムスリムの指導者たちは、キリスト教徒やユダヤ教徒との思想的な違いを重視して自己定義しようとした。しかし初期イスラームが見せた強さの一因は、彼らが特にビザンツをはじめとするさまざまな起源から、役に立つ考え方や技術を取り入れるのに躊躇しなかった点にあった。

　イスラーム初頭の4世紀間、コーランに見られる楽園の記述を真似して実際にも四分割され、4本の水路が流れる庭園が設計された痕跡はない。文学作品に登場する庭園であれ、実際に建設された庭園であれ、ほとんどが宮殿に付属しており、それは政治的な顕示、飲酒、謀略、そして性的な快楽を目的とした、明らかに信仰とは何の関係もない場所だった。モスクに庭園が付属している初期の数少ない例でさえ、楽園のシンボリズムが反映されているのではないかという予想とは裏腹に、当時の歴史家たちはその宗教的な意味合いについて沈黙している。これは彼らが周囲の世界を描写する際に、楽園を連想することはなかったという意味では決してない。彼らはしばしば美しい都市や肥沃な大地を「楽園のようだ」と称えたが、個々の庭園にそうした意味合いを与えることはなかったのである。

　植物が植えられていたことが知られている最古のモスクは、コルドバの大モスク（メスキータ）で、少なくとも810年までには中庭に植樹されていた（図56）[5]。このモスクの建設は785～787年に、アブド・アッ＝ラフマーン1世によって始まった。アブド・アッ＝ラフマーン1世はシリアで生まれ育ったウマイヤ朝の皇子で、一族の大半が暗殺された時にアンダルスに逃れてきた。当初モスクには11の身廊があり、その後200年間に、礼拝室は何度か南に拡張され、新しいミフラーブ（祈

りの方向を示す壁龕）がつくられた。さらに礼拝室とモスクの西側にあった総督（アミール）の宮殿とを結ぶ橋が架けられ、中庭に面して列柱廊が設けられ、礼拝室の入口に面した中庭の壁に新しいミナレットが築かれた。モスクとしての最後の増築は、987/988年に、八つの身廊を築いて礼拝室と中庭の両方を東へ拡張したことであり、その結果、中庭は横120m、縦60mの大きさとなった〈2部-1〉。1236年にコルドバがキリスト教徒に征服されてからも大きな変化が起き、モスクはキリスト教会に転用されていくつもの墓や、チャペル、そして巨大な中央祭壇が付け加えられた。

　さまざまなパトロンが数回にわたって行ったモスクの増築については、11～12世紀の多くの記録が残されている。しかしモスクの間取り、構造、装飾、調度品については多くの記述と賞賛の言葉が残されているのに対し、中庭については残念ながらその面積と周囲の列柱廊との関係が言及されているだけだ[6]。数少ない例外は、12世紀にさまざまな種類の樹木が新たに植えられたという短い記事ぐらいで、たいていの場合、建物は記録に残す価値を認められていたのに対して、中庭の植物は重要でないとして無視された[7]。

　中庭についての記述はあまり残されていないものの、遺構からその発展段階を追うことはできる。当初、中庭に柱廊はなかった。今日、中庭を取り囲む柱廊は、新しく背の高いミナレットが築かれた951/952年より少し前に付け加えられ、角柱と2本の円柱を交互に配した柱廊の端のファサードも、同様にミナレット建設の前のものと年代付けられる[8]。中庭にあった浄水槽の水は、礼拝室の屋根を流れ落ちる雨水を地下水槽に集めたものだった（図57）[9]。動物を動力源とする水車によって地下から汲み上げられた水は、中庭の木々に水をやるために掘られた浅い水路を流れていった。967年に、コルドバの北西の山々からモスクに向かって鉛管を使った大規模な石造運河が建設されると、使用できる水の量は増えた。ある観察者は、

図56●コルドバの大モスク（メスキータ）の中庭には、9世紀から現在まで途切れることなく樹木が植えられていた。マラガとセビーリャの金曜モスクにも植栽されていた

楽園としての庭園｜8　　107

図57●コルドバの大モスク（メスキータ）で切妻屋根の間を走る雨水は中庭に集められる。屋根の端まで来た水は、そこから中庭に向けてほとばしり落ちる

水路を通ってきた水が「モスクの灌漑用水路および東西両側にあった浄水槽に流れ込んだ」と記しており、この時期までに中庭に二つの泉が築かれていたことがわかる。おそらくモスクを利用するムスリムの数が増えたからだろう[10]。991/992年に、より大きく、深い地下水槽がいくつか中庭に掘られた[11]。20世紀に行われた発掘では、北東角から中庭に入る地下水路につながった大きな地下貯水槽がひとつ発見されている[12]。

果たして当初から中庭に香りのよいオレンジの木が植えられていたのか、歴史文書では明らかになっていないが、植えられていたのが果樹だったことはわかっており、現在と同じように、礼拝室の柱に沿って1列に植樹されていたと思われる。現在では中庭は舗装されているが、当時は礼拝室と同じように、土がむき出しだった。1557年にはモスクはすでに教会に転用されており、オレンジ、ダイダイ、レモン、ライムなどの木が植えられていた[13]。1741年に描かれたコルドバ大聖堂文書館所蔵の図面では、中庭に三つの泉水と貯水槽があり、木々──おそらくオレンジ──が規則正しく間隔をあけて植えられている。茂った葉はコンパクトなボール形で表され、間に何本かの糸杉や椰子も植えられている（口絵19）。

なぜモスクで木が栽培されたのだろうか。木陰や食物を供給するという現世的な欲求を満足させるためか、それともムスリムの礼拝者に約束された楽園を思い起こさせるためだろうか？ 11世紀のコルドバで指導的なムスリム法学者の一人だったイブン・サフルは、楽園説を否定している。1093年に没したイブン・サフルは、1051年頃からコルドバの裁判官(カーディー)の役所(ディーワーン)で秘書を務めるようになり、その権限で町のすべての法律文書や公文書に目を通すことができた[14]。彼はこうした記録を調べ、審議中の問題について、他の裁判官や、町の日々の活動に責任を負う監督官(ムフタスィブ)から尋

ねられた事柄に答えようと努めた。その結果、示された回答はそれ以前の権威者の判断に基づいたもので、矛盾点も露わにされ、検討された<sup>(15)</sup>。モスクの中庭に木を植えることについて司法的見解を求められた時、イブン・サフルは次のような意見を述べている。

### モスクの中庭に樹木を植えることについて

　イブン・アッターブ (ヒジュラ暦462年/西暦1069年没) ――彼に神の慈悲があらんことを――はモスクの中庭にいかなる植物も植えることを認めなかった。彼はこの習慣を批判し、禁じて、可能な限り (木々を) 引き抜いた。アフマド・ビン・ハーリドは、あるモスクの中庭に生えている木について、自身がイブン・ワッダーフ (287/900年没) に尋ねたと述べている。それに対する答えは、「そうした木は切り倒すべきである。シリアでも他の地域でも、どの町 (amsār) のモスクでも木を目にしたことはない」というものだった。アフマド・ビン・ハーリドは「木が植えられている場合、実っている (果実を) 食べてよいと思われるか」と尋ねた。イブン・ワッダーフは「いや、［ムアッズィン？］だけがそうすることを許されている。この問題には疑わしい点 (shubha) があるので、私自身はそうした果実を食べることはないだろう」と答えた。アフマド・イブン・アブド・アル＝バッル (338/959年没) は自身の著作『歴史』のサアアサアア・ビン・サーッラムの項目で、彼、すなわちサアアサアアがコルドバの祈りの導師であったと述べ、次のように続けている。「サアアサアア・ビン・サーッラムが生きている間、金曜モスクには木が植えられていた。アウザーイーとシリア人の学派に従った結果だが、マーリクと彼の弟子たちは、これは非常に不都合であると述べている。サアアサアアは192年 (807/808年) に死去した」<sup>(16)</sup>。

　イブン・サフルが引用した9〜11世紀の5人の権威はすべて、モスクの中庭に植物を植えるのは好ましくないとしている。引用された中で最も古い人物は、9世紀初めには確かに中庭に木々が植えられていたが、(アンダルスで支配的だった) マーリク学派に従えば、そのような習慣は「不都合である」と、司法用語を使って批判している<sup>(17)</sup>。9〜11世紀 (そして16世紀、18世紀) には、コルドバのモスクの中庭にも木が植えられていたが、神学解釈と先行する司法的見解の両方をもとに意見を述べるイスラーム法の権威たちは、明らかに木々を楽園の象徴や信仰心のしるしとは見なしていなかった。

　しかし20世紀の歴史研究者は、イスラーム庭園を宗教面から解釈する傾向があり、水路や泉水を備えた整形式庭園を天の楽園に結びつけることが多い。次章で述べるように、確かに時代が下ると墓廟庭園に楽園のシンボリズムが色濃く現れるようになるが、コルドバの宗教法の解釈者たちは、モスクの「庭園」をそう解釈しなかった。中庭で木が栽培されたのは、モスクの管理人に報酬として果実を与えるた

めだった可能性の方がはるかに高い。この習慣は、資産とその収益を分けて永久に寄進するワクフ制度に似ている。これは預言者ムハンマドの時代までさかのぼる法的行為で、ムハンマドは弟子の一人に、このような贈与財産の管理人は「果実」を得る権利があると述べている（近代英語ではこれをusufruct（使用権）といい、「果物の利用」を意味するラテン語の単語に由来する）。コルドバのモスクに関して法学者が判断を迫られたのは、こうした環境で収穫された果物を消費するのが許されるかどうかということだった。モスクや中庭の木がワクフであるとはどこにも述べられていない——どちらもワクフとして設定されていた可能性はあるが——ので、問題が使用権についてだったのか、それとも木がそこにあること自体の不都合さだったのか、その点ははっきりしない。しかし主人が所有地の収穫物を特定の使用人や家来に報酬や給料として与える伝統は長く存在し、1557年のある文書でも、少なくともキリスト教時代にはコルドバ大聖堂（元のモスク）で収穫された果物は、確かに管理人に与えられたと記されている[18]。

コルドバの大モスク（メスキータ）は、中庭で植物が栽培されたアンダルスや地中海沿岸地方で唯一のモスクではなかった。11世紀のカイロにも、中庭に椰子の木が生えているモスクが少なくとも一例あった。現存しないあるモスクに残されていた銘文には、「これらモスク内の椰子はすべてムスリムのためのものであり、売買の対象としてはならない」と記されていた[19]。14世紀中頃、旅行中に立ち寄ったタブリーズで、イブン・バットゥータは中庭に樹木やハゴロモジャスミンが植えられたモスクを見たと報告している[20]。またアンダルスを旅した時には、マラガの金曜モスクの中庭で大きなオレンジの木を見たという[21]。1586年のセビーリャでも、中央に大きな噴水があるモスク（1172年から10年をかけて建設）の中庭に、オレンジの木と果実をつける椰子の木がいまだに規則正しく植えられ、灌漑されていたと、ある旅人が報告している[22]。もちろん、その頃にはセビーリャはキリスト教の支配下に入ってから300年以上が経過しており、モスクは取り壊されて15世紀には現在の大聖堂が建てられていた。しかし古い中庭はそのまま残されて、そこに新しく果樹が植えられたのかもしれない[23]。

図58 ● コルドバの大モスク（メスキータ）のモザイクは、後ウマイヤ朝のカリフ、ハカム2世の宮廷に招かれたビザンツ職人によって965年に制作された。ミフラーブの馬蹄形アーチの迫石には花の、また漆喰製のスパンドレル（四角い枠組みとアーチの間の三角形の平面）には植物の文様が施されている

聖域に木を植える習慣は、東地中海地域でとても長い伝統があり、聖書の詩編92章にも「正しい人は神殿の庭木のように茂るでしょう」と詠われている。イスラーム初期には、ムスリムがキリスト教会を占領し、略奪してその儀礼習慣まで我がものとすることがあったが、木を植える習慣も同じように取り入れたのかもしれない。東地中海地域では、ウマイヤ朝時代、モスクが庭園の近くに建てられることもあった。たとえばダマスクスの大モスク（705/706-715年建設）は、それ以前から存在していたビザンツ宮殿の近くに建てられたが、両者の間には庭園または空き地があった。アレッポの大モスク（715年着工）は、もともと東方正教会の大聖堂が所有していた庭園に建てられた。エジプトのフスタートにあったアムル・モスク（641/642年建設）は、庭園やブドウ畑に囲まれていたとされる。12世紀後半の旅行家イブン・ジュバイルは、メディナのモスクに椰子の木が生えていたのを見ているし、アル＝マクリーズィーが15世紀初頭に確認したところによれば、カイロには木が植えられたモスクがいくつもあった[24]。イエメンにあるサヌアの大モスクに所蔵されている7世紀後半のコーランの写本挿絵では、モスクのミフラーブの近くに木が表されている。これが本物の木なのか、それともモザイクや彩色漆喰による装飾表現なのかはっきりしないが、実物であろうと象徴であろうと、この初期のモスクに「植物」の姿があったことは確かだ[25]。イブン・サフルが引用した9世紀の法学者は、シリアや他の地域のモスクで木を見たことはないと述べているが、8世紀半ばのシリアの法学者は、植物をモスクの敷地内に植えるのは許されるとし、そういう習慣になじみがあったことをほのめかしている。初期のモスクやキリスト教会とその周辺の景観の関係はより細かく吟味する必要があり、あちこちの聖域に木があったというばらばらな証言だけでは、何も証明されたことにはならない。現時点では、少なくともひとつの東方正教会の聖堂が、壁に囲まれ、泉水を備えた灌漑庭園の真ん中に立っていたと述べれば充分だろう[26]。

　コルドバのモスクには本物の果樹が植えられていたが、モザイクや漆喰装飾の植物が象徴的に「植えられた」モスクもあった。こうした装飾は7世紀から8世紀初頭のエルサレムやダマスクスのようなビザンツの影響の強い場所、またメディナなどで早い時期から見られた。10

図59●ダマスクスの大モスクの中庭に面したファサード（705/706年着工、715年完成）は華麗なモザイク装飾に覆われ尽くしている。ミフラーブに至る身廊の入口には、青々とした葉の茂る樹木が表現されている

楽園としての庭園｜8　　111

図60●エルサレムの「岩のドーム」(690-692)の内側の壁はつる草文様のモザイク装飾で縁どりが施されている。この文様はヘレニズム期にすでに存在したが、ここではおそらく楽園を想起させるものとして採用された
(Robert Ousterhout)

世紀にコルドバのモスクが増築された時にも、拡張部分のミフラーブや華麗な丸天井は、銘文や植物のモザイクで飾られた（図58）。これにはコルドバのモスクが手本としたダマスクスの大モスクとのつながりを視覚的に強調する意図があったのだろう。ダマスクスの大モスクにはモザイク装飾が多用され、中庭の壁や独立して立つ宝物庫、キブラ壁とミフラーブに通じる身廊のファサードには樹木や景観が描写されていた（図59）[27]。問題視されたコルドバの中庭と異なり、ダマスクスの大モスクを飾る高木や植物の渦巻き装飾——コルドバでもミフラーブを縁どっている——は、楽園を表していると理解されていたことだろう。残念ながら、たとえ芸術作品は何世紀も生き延びても、それを目にした人々の反応が記録に残ることはなかなかなく、何人かの口うるさい法学者をのぞけば、鑑賞者の解釈や感想を知ることはできない。

　幸い、こうした装飾が楽園を表していたと言い切ることのできる例がひとつある。きわめて稀なことだが、705〜715年にメディナの「預言者のモスク」の増築が行われた際、モザイク（現存しない）の制作に携わった一人の職人の言葉が残されている。この職人は作品について、「我々は、これを楽園の木とそこに立つ宮殿の絵に基づいて制作した」と述べた[28]。メディナのモザイクが楽園（またはそのイメージ）を表しているなら、同時期に建てられたダマスクスの大モスク中庭や、690〜692年にかけて建てられたエルサレムの「岩のドーム」内壁の庭園都市や植物のモザイク装飾も、同じことを表現していたに違いない（図60）[29]。

　ここで疑問が生じてくる。本物の樹木とそれをモザイクで表現したものは、どんな関係にあったのかということだ。これまでに見てきたとおり、イスラームの歴史や伝説には、贅沢な建材をふんだんに使った人工庭園が数多く登場する。本物の庭園と人工庭園は、材質的にも象徴性からいっても互いに大きく異なるが、歴史研究者たちは本物の庭園とその図像表現を同じものと見なすことがあまりにも多すぎる。違いを理解するためには、自然を表現することから図像表現自体の性質へ視点を移さなければならない。メディナの職人の言葉、そしてそれが記録に残されたという事実は、メディナの、そしておそらくダマスクスや「岩のドーム」の植物画が、見る者に楽園を想起させるために制作されたことを意味している。楽園を示すこの記号はその後コルドバの大モスクにも取り入れられ、10世紀の拡張工事では絡み合うつたや青々と茂る植物を表現したモザイクやレリーフの装飾パネルが、壁やヴォールト天井、特にミフラーブにあしらわれた。しかしコルドバのモスク中庭

に実際に植えられていた樹木の場合は事情が異なっていた。なぜなら法学者たちはそれを楽園をイメージするものとはとらえなかったからだ。植物は非常に強いメッセージ性をもつ場所にあるにもかかわらず、モスクの複雑で豊かな記号体系には含まれていなかった。

どのような条件の違いから、木を表したモザイクが楽園を示すのに対して本物の木はそれを表さないのだろうか。すでに図像表現に変換された木だけが楽園を意味することができる。ダマスクスのモザイクの木は、本物の木を表している（外延的機能）と同時に楽園も意味している（内包的機能）。つまり、本物の木が意味の基となるレフェラン（指示対象）で、シニフィアン（記号表現→ダマスクスのモザイク）がシニフィエ（記号内容→楽園）を創造するのだ。記号論的な図式は一見簡単だが、シニフィエとレフェランとシニフィアンは混同されがちだ。実際、レフェランからシニフィアンへ、そしてシニフィアンからシニフィエへのずれは、記号自体のもつ力の一部をなしている。モザイク画は本物の木ではなく、ある記号を引き出すために特につくり上げられた。反対に本物の木の場合、それが人間の手で規則正しく植えられたのであろうと、偶然その場所に発芽して成長したのであろうと、記号の役割を果たすために意図的につくり出されたものでないことに変わりはない。結果的に後に記号としての役割を帯びるようになったとしても、8〜11世紀にかけては、何かを象徴するものとしては認められなかったのだ。

11世紀まで本物の庭園は宗教学的に楽園を想起させるものであることを認められなかったとすれば、この連想が確立したのは一体いつ頃なのだろうか。この問題については、墓廟を扱う次章でより詳しく見ていくが、答えの一部は14世紀のアンダルスとインドにおけるモスクの発展段階に見いだすことができる。ナスル朝時代（1230-1492）アンダルスの首都グラナダにあった14世紀半ばの個人礼拝用のモスクの中には、礼拝室が完全に壁に囲まれておらず、窓を通して周囲の景観に向かって開いていた例が三ヵ所ある。ひとつはグラナダの下町にある神学校（マドラサ）の所有物で、現在では大学の一部となり、大聖堂に面している。1349年にナスル朝のスルターン、ユースフ1世（在位1333-1354）によって創設された神学校にはおそらく、図書室、宿

図61 ● 1349年にナスル朝のスルターン、ユースフ1世によって創立されたグラナダの神学校で、現在まで残っているのは小さな礼拝室だけである。かつては二連窓から外部の眺めが楽しめた

楽園としての庭園｜8　　113

図62●アルハンブラ宮殿のパルタール宮にあるミフラーブの塔のこの小さな礼拝室では、キブラ壁の両側の壁に窓が設けられている。祈りの最中に信者の気が散ってしまったのではないかと思われるが、むしろ神の創造をより深く認識させる意味があったのかもしれない

泊施設、そして少なくともひとつの読書室があっただろう。しかし現在残っているのは、大幅に修復された小さな礼拝室だけだ。この優雅な礼拝室では、装飾されたミフラーブの両側に二重アーチの窓が開いていた (図61)。近代になって窓は塞がれてしまったが、もともとは外部に向かって開き、外には庭園が設けられていたのかもしれない。なぜなら階段に通じる扉の近くで発見された銘文には、コーランの一節や創立の経緯を説明する銘文に加えて、「この美しい庭園を見よ」で始まる詩があったからだ[30]。

　グラナダの町を見下ろす丘にそびえ立つアルハンブラ宮殿には、スルターンと宮廷のエリートたちが利用した礼拝室が二ヵ所あった。ひとつは「メスアールの間」という謁見の間に付属しており、宮殿の外壁から奇妙な角度で突き出ている。16世紀に起きた爆発でかなり損傷してしまったが、キブラ壁に直交する北東壁には大きな窓があり、そこから周囲がよく見渡せたことだろう。もうひとつの礼拝室は「ミフラーブの塔」と呼ばれ、パルタール宮の居住部分で唯一現存する貴婦人の塔の南に、ユースフ一世の時代に建てられた (図62)[31]。北西側の入口から礼拝室に進むと、反対側にキブラ壁とミフラーブがある。南北の壁には浅い壁龕が設けられ、二連窓を縁どっている。礼拝者は南の窓からはパルタール宮の庭園 (植栽は近代のもので、建設当初の建物のいくつかは失われた) を見ることができ、また北の窓からは緑の谷間や丘陵のすばらしい眺めを楽しめた。

　14世紀のある歴史家は、グラナダは庭園付き宮殿でまるで腕飾りのように自らを飾り立てていると記している。ナスル朝の君主たちは数々の離宮に加え、贅を尽くした生活と弛緩した宗教規律でも知られていた。まるで誘いかけるようなモスク

図63●チャーンパーネールの他の多くのモスクと同じように、15世紀後半に建てられたナギナ・マスジドにも屋上テラスがある。壁に囲まれ、ベンチが置かれたテラスからは、周囲の王宮都市や肥沃な農地が眺められた

の窓を見ると、君主たちが祈りよりも周囲の美しさの方に深い関心をもっていたと推測されるが、より穏やかな見方をすれば、彼らにとってこの世の美しさとは、すなわち神の恵みの顕れに他ならなかったのだ。実際コーランでも、創造主は穀物、ナツメ椰子、ブドウ、ザクロ、オリーブそして青々とした木々を育む雨を与えてくださると告げ、次のように述べている。「果物を見て、それがどのように木になるか、どのように成熟するかを見よ。なぜならこれらすべては、信じる者にとって神のしるしだからである」(6章99節)(32)。

グラナダの周囲は一方に雪を頂いた山脈が連なり、反対側には肥沃な農地が広がり、町の周りには多くの人が暮らすアルバイシン地区、そして郊外には果樹園、ブドウ畑、庭園や美しい園亭が見られた(33)。多くのムスリム地理学者が書き残したように、温暖な気候は農耕や牧畜に非常に適していた。しかし14世紀になるとその人口は5万〜10万人を数え、ヨーロッパで最も人口の多い都市のひとつとなった。キリスト教化したイベリア半島北部から逃れてきたムスリムが定住したことが大きな理由だろう。農地の生産性は高かったが、すべての住民の口を満たすには足りなかった(34)。大量の穀物を輸入し、代わりに絹などの高級品やドライフルーツを輸出し、イスラームの北アフリカと北部スペイン間の仲介貿易も行った(35)。12世紀以降、グラナダは農業生産において優位を保つことはできなくなっていたが、輝かしい文化と、ヨーロッパや北アフリカの他のどの競争相手よりも恵まれた気候を享受していた。このすばらしい環境は、間違いなく神の恵みであると理解されたことだろう。また中世において、領土とは決して抽象的な概念ではなかった。自らの王国を眺め渡すことは、所有と管理、そして究極的には王の主権を確認する行為

図64●スィカンダル・ローディー・モスク（1494年）は現在美しい公園となったジュード庭園（別名ローディー庭園）にある。しかし15世紀の信者たちも、顔を上げさえすれば礼拝室の側面の大きな窓から半自然の景観を眺めることができただろう

だった。祈りと景観を眺める行為をともに行うことは、スルターンのもつ、神の忠実な信者にして地上の代理人という二つの役割を再確認し、重ね合わせることにつながっていた。

　また同じ頃の南アジアでも、トゥグルク朝（1320-1414）やローディー朝（1451-1526頃）のスルターンや他の地方領主たちが建設したモスクは、しばしば側壁や、時にはキブラ壁自体に窓があけられていた。たとえばデリーのハウズ・ハース教育複合施設は1352年に高台の上に築かれたが、施設の一部をなすモスクでは窓がキブラ壁と側壁に設けられ、礼拝者は部分的とはいえ、周りの景色を眺めることができた〈2部-63〉。敷地内には木立に取り囲まれた大きな貯水槽があり、獣や鳥がやってきた。施設の住人は好きなだけ自然を眺められただけでなく、モスクの主要ミフラーブから直接2本の階段を通って貯水槽までおりていくこともできたが、それは非常に珍しい構造である。15～16世紀初頭にかけてアフマド・シャーヒー朝の支配下にあったグジャラート地方の町チャーンパーネールでも、金曜モスク（ジャーメ・マスジド）やその他の多くのモスクの礼拝室には障壁のついた窓があり、そこから広間の周りや中庭を眺めることができた。また、ほとんどの礼拝室は、屋上が欄干とベンチの備えられたテラスになっていた。これがムアッズィンのためだったとは思えない。ムアッズィンはどちらにしても屋上は利用せず、聖域の入口の一番高い場所へと階段で上がったのだろう。屋上テラスを利用したのはおそらく個人──モスクで勉強する学生たち──で、彼らはここで涼風にあたり、周囲の森や町を見下ろすようにそびえ立つパーヴァガドゥ山の美しい眺めを楽しんだことだろう（図63）。

　インドでは、建築年代もわからないようなごく普通のモスクの真ん中に、1本の木がそびえ立っている場合がある。この木は復活を象徴しているのかもしれない

図65●ビージャプルのイブラーヒーム・ラウザ複合施設ではモスクと墓廟が装飾的な浄めの泉水をはさんで向かい合っている。1620年に建てられた礼拝室側面の窓からは、ここに写る壁に囲まれた、周囲の庭園を眺めることができた

が、古代のアニミズム信仰に由来するテンジク菩提樹のような、仏教やヒンドゥー教の宇宙樹の思想が取り込まれている可能性もある[36]。樹木や庭園や景観にたったひとつだけの意味を与えることは、むやみに視野を狭めることにつながりかねない。なぜなら13世紀以降の南アジアのように、さまざまな宗教や民族や社会層が共存していた地域では、どんな文化形態も、唯一の説明で事足りることはないからだ。すでに見たように、イスラームでは庭園が楽園思想に結びついているが、この考え方は南アジアという、ヒンドゥー教徒が洞窟、川、山、泉、池などを神々も訪れる聖地と見なしているような地域では理解されやすかったかもしれない[37]。ヒンドゥー教における聖なる植物や水という概念は、若返りや生から死、そして再生へといった、ひとつの状態から次の状態への移行という考えと結びついており、イスラームの天の楽園という概念を補う役割を果たした。したがってスルターン朝時代、ムスリムの支配者は、住民の大多数がヒンドゥー教徒である国を治めるにあたって、相互理解のためにもこうしたシンボリズムを意図的に取り入れた可能性がある。

　ローディー朝のスルターンたちは、ドームを備えたいくつもの廟と、少なくともひとつのモスクをジュード庭園(バーグ)に建設した。この庭園は現在ではローディー庭園という大きな公園の一部になり、舗装された園路が建築物を結んでいる。ローディー朝時代にこの地域にどれくらいの住人がいたか、またどんな建物が立っていたのかは想像するしかないが、少なくともいくつかの例では建物と周囲の庭園部分が同時に設計された証拠が残っている。スィカンダル・ローディーの金曜モスク（1494年）は単身廊で、バラー・グンバドという高いドームをもつ建物に接していた（図64）[38]。バラー・グンバドの本来の用途は明らかではない——廟として建設されたのかもしれない——が、その後モスクの入口の役割を果たすようになった。この入口とモス

楽園としての庭園｜8

ク、そして反対側の円柱の並んだ広間はU字型に配置され、真ん中の空いたスペースは周囲より数段高く、中庭として利用された。礼拝室の側壁から突き出たバルコニーの窓には、何もない現在と違って昔は装飾的な障壁(ジャーリー)が取り付けられていたかもしれない。こうした障壁によって外部への視線は部分的に遮られただろうが、その前に立って隙間からのぞいてみれば、それは礼拝室の外に広がる緑豊かな景観を縁どった(39)。モスクの側壁やキブラ壁に窓を開けることは、イスラーム建築では非常に珍しかったが、南アジアのスルターン朝時代の建築ではよく見られた。

　1世紀後、ムガル帝国がインド北部を支配していた頃に南のデカン地方を支配したアーディル・シャー朝のイブラーヒーム2世(在位1580-1627)は、ビージャプル市壁の西にイブラーヒーム・ラウザ複合施設(1626年に完成)を建設した。これは壁に囲まれた庭園で、真ん中に長方形の壇が設けられ、その上にモスクと墓廟が、中央に噴水を備えた池をはさんで向かい合っている。これら二つの主要な建物は大きさも使用目的も異なっていたが、統一のとれたファサードのおかげで全体の調和が強調されている。北に建てられたデリー・スルターン朝のモスクと同じように、このモスクでも張り出し窓が設けられ、神への服従について瞑想していた礼拝者は礼拝室の両側に広がる庭園の快い眺めへと、すぐに気をそらされたに違いない(図65)。祈りと世俗的な眺めの並列化は、その眺めが人を祈りへといざなう場合に限って許されたのだろう。先に見たように、これ以前の王宮庭園は、神の代理人としての君主の資格と、領土支配を表す現世的な記号であり、また初期のモスクに植物を植えることはムスリム法学者によって非難されたが、庭園とモスクや墓廟の併設は、スルターン朝時代やそれ以降のインドでは明らかに人気があった。そう考えると、祈りの場を取り巻く庭園は、ちょうど祈拝用マットの花のモチーフが楽園を連想させるのと同じように、信仰深き者を待つあの世を想起させるものとなったのかもしれない。

　オスマン朝時代のイスタンブルでもモスクには通常、墓苑として使用される庭園が付属していた。征服者のモスク(ファーティフ・ジャーミイ)(1460-1473)にあるメフメト2世の廟はキブラ壁の背後の庭園に立ち、また礼拝室手前の前庭には泉水を取り囲んで4本の糸杉が立っていたが、これはムスリムにとって楽園を意味する配置だった(40)。この配置自体は、現存しないアヤ・ソフィアの前庭(アトリウム)——同じように中央の泉水の周りに糸杉が立っていた——を踏襲しているが(41)、モスクの植栽にはイスラーム固有の神学的解釈が与えられた。オスマン朝の帝室モスクが、病院、救貧施設、神学校(マドラサ)、図書室などを含む複合施設へと拡大するにつれて、樹木や芝生の植えられた外壁に沿った部分は、さまざまな建物を建設するのに都合の良い土地を提供した。18世紀後半に描かれたスレイマニイェ・モスク複合体(1550-1557)の図では、モスクの周囲と中庭の両方に樹木が植えられているのがわかる(42)。スレイマニイェ・モスク複合体やその他の多くの複合施設では、礼拝室のキブラ壁の向こう側に墓廟庭園が設け

られ、創立者とその家族の墓がつくられた〈2部-26〉。同じようにイスタンブルのイェニ・ヴァリデ・モスク複合施設でも、外壁の内側に糸杉、松、プラタナスの木が植えられていた[43]。

　イスラーム期のスペイン、インド、そしてオスマン朝トルコでは、君主たちが美しい宮殿を建設したが、それらの宮殿は、周囲の景観を整形式庭園をはじめ、さまざまな形で取り入れたことで知られている。これらの君主のもとで、神を礼拝する施設にも庭園は浸透していった。しかし庭園は決してそれだけの理由で、領土だけでなく信仰心や救済そのものを象徴するようになったのではない。実際コルドバでは、モスク内の植物は、栽培を行う実用的な理由があったにもかかわらず、正式に否定されている。次章で示すように、庭園のシンボリズムの変化はむしろ、そこに墓廟や記念建築を築いた結果として生じたのだ。信心深い人々はそこで、この世を去った死者があの世の楽園で完璧な状態にある自然を楽しむ様子を想像することができた。

# 9 現世と来世

廟と墓廟庭園

コーランや諸々のハディースでは楽園が庭園として描写され、またモスクでは見る者に楽園を想起させるために樹木や自然を表したモザイクや漆喰装飾が施されたとはいえ、イスラーム初頭の 400 年間に、本物の庭園が楽園を象徴していたという証拠は見つかってない。なぜなら本物の庭園はそこに墓が設けられるまで、特に楽園と結びつけられていなかったからだ。実際に墓廟庭園が築かれるようになると、それは神の恵みを目に見えるかたちで生者に示し、さらに信心深い一生を全うした者が永遠に生きる完璧な庭園を暗示した。

　庭園と同じように、ムスリムの墓の歴史も問題を含んでいる。ハディースは墓の建立を戒め、預言者ムハンマド自身も、自宅の部屋に墓碑もなく葬られることを願って手本を示したにもかかわらず、墓廟は徐々にイスラーム世界で最もよく見られる建物のひとつとなっていた。しかしイスラーム以前のアラブ人も、イランやメソポタミアのサーサーン朝の人々も、墓廟建設の習慣を持ち合わせなかった。イスラームにおける墓廟の忌避、そして近い過去に先例がないという状況を考えると、我々はこの概念や形態がどこから来たのか、自問しなければならない。シリアと東地中海地域におけるムスリムの墓のモデルとして最も可能性が高いのは、古代ローマの四角形、円形、または八角形の集中式墓廟やビザンツの墓廟、そして殉教者廟（キリスト教の聖人の殉教地、墓、聖遺物の所在地を記す記念碑）だろう。イタリアのスカファーティにあったローマ時代の墓を発掘したところ、壁に囲まれた墓の内部は泉水を備えた庭園だったことが判明した[1]。しかしローマ世界の他の地域では、墓廟庭園の痕跡はほとんど残っていない。おそらく古代ローマ史の研究者たちは、邸宅の華麗な庭園の方に関心をそらされてしまい、墓に付属していた簡素な植生を探そうとしなかったのだろう。アッバース朝時代以降、イランやイラクに傭兵、戦争捕虜、奴隷などとしてテュルク語族がやってくるようになり、イラン（その後シリアとエジプトも）では葬送儀礼や墓をテントで覆うテュルク語族の習慣の一部が取り入れられたのかもしれない。しかしこれらの墓の周囲が庭園として整備されたのかどうかはまったくわからない。

　ウマイヤ朝時代の埋葬習慣はあまりよく知られていないが、アッバース朝時代のカリフ一族の中には庭園に埋葬場所を示す構造物を建てるケースもあった。たとえ

ば8世紀後半、ハールーン・アッ=ラシードの乳母が死ぬと、カリフは「ユーフラテス川沿いのワーディー・アル=カナーティル横にある庭園の一画を購入した。乳母はそこに埋葬され、墓の上にクッバが建てられた」[2]。確実にムスリムの墓である最古のクッバト・アッ=スライビーヤもまた、アッバース朝時代のものだ[3]。862年にサーマッラーに建設されたこの墓は発掘の結果、ドーム天井と屋根付きの回廊を備えた集中式の四角い建物であることがわかった。埋葬されたのはムスリムのカリフだったが、建設者は母親である東ローマ帝国の皇女だったので、この墓は埋葬地に目印をして記念したいというキリスト教徒の願いを反映しているのかもしれない。しかしこの頃には、東ローマ帝国の皇帝はもはや個別の墓廟に葬られてはいなかった。独立して立つ墓廟という考え方は、古代後期以降には衰退したからだ。9世紀には、東ローマ帝国の皇帝はコンスタンティノープルの聖使徒教会に埋葬され、皇族以外の貴族階級も、墓廟ではなく教会の入口や個人礼拝堂に葬られた[4]。このように教会への埋葬が好まれたことは、ビザンツはイスラームに対して、墓廟の建築学的モデルを提供したかもしれないが、君主がそれぞれ別個の墓廟に埋葬されるという社会習慣は伝えなかったことを意味する。

「岩のドーム」(685/686年または687/688年に着工)は集中式プランの記念建築物としてはイスラーム世界で最も古い(図5、66)。これは、二重の回廊がドーム天井を頂いた中心部を同心円状に取り巻く構造になっている。中央には巨大な岩があり、ムスリムはやがてこの岩を、預言者がメッカから(「神殿の丘」と考えられた)「最も遠方のモスク」へ、また天界に向かって行った神秘的な夜の旅と結びつけるようになった(コーラン17章1節)[5]。これは墓ではなくある出来事を記念した建物だが、床に丸く記された銘文から、この地が比類のない、そしてきわめて重要な場所であることがわかる。つまり円の中心からドーム天井の頂部を通ってまっすぐ上昇する概念的な軸線は、地上を天界と結ぶ世界の中心軸なのだ。しかしイスラームにおけるこうした記念建築物の系譜が「岩のドーム」をもって始まるとしても、墓廟庭園はそれにあてはまらない。なぜなら「岩のドーム」の立つ「神殿の丘(ハラム・アッ=シャリーフ)」は石で覆われた壇で、庭園などはないからだ。

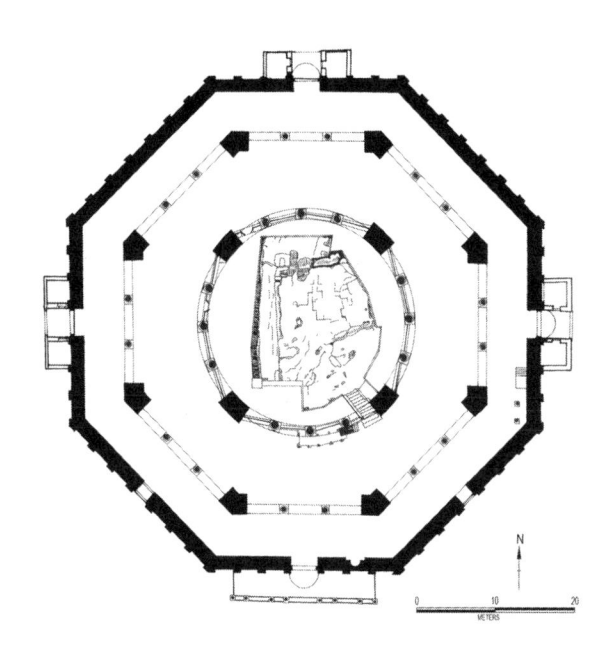

埋葬地に死者を記念する建築物が建てられた理由のひとつは、死者が建設者のことを神に取りなしてくれると考えられたからだ。神学思想上、特に聖者は生と死の間に位置し、神と敬虔な嘆願者の間を仲介してくれる

図66●「岩のドーム」(690〜692年に完成)はビザンツの殉教者廟の構造を採用し、イスラームにとって宗教的かつ政治的に最も重要な場所を記念している(Creswellに基づく)

と期待された[6]。初期のムスリムの墓廟建築の由来や形態については推測の域を出ないが、11世紀のイランとエジプトには支配王朝の一族の墓がすでに数多くあり、崇敬された個人のための墓も増え続けていたことがわかっている[7]。エジプトの墓は広い土地にまとまって設けられることが多く、その例はファーティマ朝時代（909–1171）のフスタートやアスワンの墓苑に見ることができる。中程度の富をもつ個人にとって自己の財力を顕示できる場である墓は、華やかに装飾されることが多かった。そこには糸杉（常緑で永遠の生の象徴）、クジャク、ドーム天井（天国や楽園の象徴）が表現され、またほとんどその痕跡は残っていないものの、こうしたいくつかの小さな墓廟は、庭園というほどではないが、木や花をつける灌木などが数本ある空間に立っていた可能性もある。装飾モチーフの多くは楽園を想起させるが、墓に刻まれたコーランの章句は、楽園の愉しみではなく、迫り来る死について語っていることが多い（コーラン21章35節、3章185節）[8]。

考古学および歴史資料からは、初期の墓廟や墓苑を取り巻く景観について多くを知ることはできない。これらの墓は独立しており、しばしば他種の建物のない墓苑内にあったので、当然周囲の景観は開け、季節によっては緑に覆われていただろう。アラビア語で墓を意味する語のひとつは「ラウダ」であり、これは庭園を意味することもあるが、整形された庭園という意味はそこに含まれない。『マカーマート（集会）』のバグダードの写本挿絵（1237年）には、ドーム天井のある墓廟に青々とした枝が伸びる墓苑での埋葬の様子が描かれている（口絵13）。これは墓苑の植生が決して整形されたものでなかったことを裏付けている。

おそらくコルドバのアルカサルにあった後ウマイヤ朝時代の墓苑も、9～10世紀には同じような様子だっただろう。同時代の資料ではそれも「ラウダ」と呼ばれ、何らかの植栽があったか、あるいは植物が自然に生えていたことをうかがわせる。壁に囲まれた単純な屋外の土地だったが、たとえ大きな墓廟建築や庭園があったとしても、その記録を残している同時代人はいない[9]。また14世紀のグラナダでは、ナスル朝の君主たちはアルハンブラ宮殿「ライオンの中庭」に隣接する、壁に囲まれた小さな区画に埋葬されていた。この墓苑には構築物をもたない墓がいくつかと、二室ある墓が一基あった[10]。このように、ムスリムの墓苑に植生が実際に存在したことが明白であったり推測されたりするにもかかわらず、実際に雑草を引き抜き、水やりをする庭師がいたかどうかについてはっきりしたことはわからない。フスタートの東の墓苑には、10世紀初めにはいくつかの浴場や水槽を満たせるだけの水利システムが存在していたものの、墓苑が灌漑されていた様子はない[11]。定期的に植物の世話をして水をやらなかったら、エジプトのカイロ、フスタート、アスワンなど、ほとんど降雨のない地域の大きな墓苑は乾ききって茶色い景観となってしまっただろう。

シェーラ墓所は1310～1334年にかけて、モロッコのラバトの城壁外に広がる

丘陵に築かれ、支配王朝であるマリーン朝（1196-1465）の一族の埋葬に利用された。塔を備えた入口の門から狭間をもつ粘土壁が続き、ローマ時代の遺跡とマリーン朝時代の墓が混在するまとまりのない景観の間を途中まで下っていくと、壁に囲まれた長方形の区画があり（44m×29m）、中には多くの墓、二つの礼拝室、一基のミナレット、そして修練場(ザーウィヤ)があった。またアブー・ユーフ・モスクと、その手前に庭があり、この庭は墓苑の入口でもあった。北東部の修練場には二階建ての小さな宿舎があり、その中心にある中庭には長方形の水槽が設けられていた。水槽の両端には曲線を描く大理石の水盤がタイル張りの床に埋め込まれている（口絵20）。中庭の南東端は住人のための小さな礼拝室に続いていた。修練場の南西側に細長い墓石が並ぶ屋外の地が、マリーン朝一族の埋葬場所だった。

図67●シェーラ墓所にあるマリーン朝一族の墓はかつて修道場の住人によって手入れされていた。墓石自体は素朴だったものの、この区画全体が死者を葬い、記念するという役割を果たしていた

今日、墓所は訪れる人も少ない過去の遺跡だが、それでも当時、宮廷関係者の宗教施設に景観がどれほどさりげなく取り入れられていたのかを推測することはできる。死者は顔がメッカの方角を向くように横向きに寝かせられ、墓石も同じ方向に置かれた（図67）。1922年にバッセとレヴィ＝プロヴァンサルは、いくつもの墓が並び、建設者アブル・ハサンの大きな廟がある区画の通路の遺構を調べ、かつてはそこに花壇があったのではないかと考えた[12]。もしかしたら美しく香りのよい花や灌木が植えられていたのかもしれない。水源は非常に近かったので、地表面を走る水路で灌漑され、あるいは庭の手入れを行う修練場の住人たちによって直接水やりされていた可能性もある。

庭園に聖者廟や墓苑を設ける習慣はマグリブ地方で広まった。マラケシュにある16世紀のサアド朝の墳墓群は（建設当初のものでない）庭園内の建物の中にある。タンジールの守護聖人スィーディー・ムハンマド・アル＝ハージュ・アル＝バッカールの廟はメディナ（城壁に囲まれた旧市街）の外にあったが、17世紀後半には、聖者廟だけでなく、周囲の広大な庭園も1714年に制定されたワクフによって維持されていた。この庭園はタンジールの人々の安息の地として人気を得たが、それは聖人に近く、その超自然的な加護（バラカ）が得られるものと考えられており、また霊廟と墓苑を取り巻く木立が神聖視されていたからだ[13]。

しかし整形されていない景観に墓を築く習慣はマグリブ地方だけに限られたもの

ではなかった。それは複合施設での埋葬の様子を描くオスマン朝の写本挿絵にも見ることができる。13世紀以降、さまざまな用途をもつ複数の建物の複合施設(キュッリイェ)が建てられるようになると、周りの土地はモスクや墓(テュルベ)、宿泊施設やその他の補助的な施設を建てるための用地として重要性を増していった。特にオスマン朝のスレイマニイェ、セリミイェ、イェニ・ヴァリデ・モスクなどの複合施設では、さまざまな施設の間に大きな広場が設けられていた。『スルターン・スレイマン史』の写本挿絵(1579年)には、壁に囲まれた中庭内の、すでに完成した皇妃ヒュッレム(1558年没)の廟の横にスレイマン大帝が葬られる様子が描かれている(図68)。このために張られたテントの下に直接墓穴が掘られ、囲い壁の内側の地面は緑色の芝生で覆われて、赤い花、おそらくチューリップがところどころに咲いている(14)。景観がきわめて簡素に表現されているのは16世紀の絵画表現の特徴に過ぎないのかもしれないが、スレイマニイェの二つの廟が置かれた敷地が、オスマン朝では大して美しいと考えられていなかったことを表しているのかもしれない。しかし現在ではスレイマニイェの皇帝廟やその他の帝室建立の複合施設は、直立する墓碑を備えた墓石にびっしり取り囲まれ、間にさまざまな花が咲いている。墓石自体に刻まれた穴に植物が直接植えられた例もある〈2部-26〉。

図68●『スルターン・スレイマン史』のこの写本挿絵には、オスマン朝の君主の葬いの様子が描かれている。スルターンの葬送の行列が進んでいく中、モスクの南側の庭ではまだ墓穴が掘られている。スレイマン大帝(1566年没)の廟が完成するまで、華麗なテントが墓廟の役割を果たしたのだろう。しかし彼の妻ヒュッレム(1558年没)の廟はすでに完成し、モスクには灯りが吊るされている。右側には、コーランを読誦する学生たちのための小さな建物が見える
(ダブリン、チェスター・ビーティー図書館の委託品)

　一体どの時点から、ムスリムの墓は非整形の景観でなく整形された庭園に設けられるようになり、また墓がもつ楽園の意味合いが明示され、誰の目にもはっきりわかるようになったのだろうか。墓は明らかに終末論的な響きをもち、あの世の楽園を想起させるが、実際に墓と整形式庭園が結びついたのは、芸術形態としての庭園が宮殿や遊楽の場において発展してからかなり経ってのことだった。そしてオスマン朝のアナトリアでは、庭園の整形性は主軸を流れる水路と幾何学的に配置された沈床花壇の形で表現されることはなかった。むしろ、より柔軟に自然の地形に対応していたのだ。イスラーム世界の他の地方では、園亭はしばしば四角形、もしくは

現世と来世｜9

集中式プランの四方に開けた独立した建物で、そこから周囲の眺め、香り、音楽などを楽しむのが最大の目的だった。しかし、住居が死者の眠る場所となることがあったように——預言者ムハンマド自身、自宅に葬られている——庭園に立つ園亭も同じような変化を経ることがあった。庭園の園亭は墓と同じようにさまざまな姿をとるが、シリアのルサーファ庭園は、集中式プランにドーム型またはピラミッド型の屋根を載せ、一、二方または四方すべてに開口部をもつ園亭のひとつの代表例だ。マディーナ・アッ＝ザフラーの中段の庭園の中央に立っていた園亭も、四方すべてに開口部をもつ四角い建物だった。したがって遊楽のための園亭から死者を記念する廟への意味上の変化は非常に大きかったが、機能面からいえば、天蓋を付け足す以上のことは必要なかったのだ。

　イスラーム世界の西方におけるこうした変遷の一例について、記録が残されている。コルドバの城壁の外にあったハイル・アッ＝ザッジャーリーは、10世紀末または11世紀初めの、王族ではないが勢力ある一族の所有する遊楽の庭園だった[15]。ある報告者によると11世紀前半に、所有者の宰相アブー・マルワーン・アッ＝ザッジャーリーとその恋人は「官能を満足させ」「しらふの時も酩酊した時も楽しむ」ために庭園を利用した[16]。庭園は現存しないが、11世紀後半にそこにあった色とりどりの園亭、白大理石の中庭、水槽、水路、植生などは、同じ報告者によって次のように描写されている。「庭園(ラウダ)には木が何列も左右対称に並び、開いたつぼみが見る者に微笑みかけている。葉が重なり合うために陽の光が地面に届くことはない。そして昼夜を問わず庭園の上を吹き抜ける風は香しい芳香に満ちている」[17]。

　アブー・マルワーン・アッ＝ザッジャーリーはやがて庭園に葬られ、程なく1035年には恋人もそこに埋葬された。以後は、ハイル・アッ＝ザッジャーリー庭園は遊楽の庭園というだけでなく、それに加えて二つの廟のある墓苑ともなった。同じ庭園と建物が、両方の用途に利用されたのだ[18]。現世を楽しむ、あるいは亡き人を永遠に偲ぶという二つの機能は、一見して感じるほど互いにかけ離れているわけではない。この世で人を酔わせる飲食物は、死者があの世でフーリーと呼ばれる黒い瞳の乙女たちとともに味わう果物、肉、酒によく似ており、ハイル・アッ＝ザッジャーリー庭園の木陰や果実や小川のせせらぎもまた、楽園のそれと二重写しになっていた。遊楽の庭園もあの世の楽園も、どちらも楽しみの園だ。一方は人間の労働によってつくり出されたはかない存在だが、もう一方は敬虔なムスリムに約束された神の褒美で永遠に存在するという違いがあるだけだ。

　中央アジアと北西イランでは10世紀以降、多くの墓がつくられた。その理由のひとつは、イスラーム以前にすでにテュルク語族の間には記念建築物を建てる習慣が存在していたことだろう。これらの墓は通常、塔やドーム型屋根を備えた四角や円柱や八角形の独立した建物で、より簡素な墓や墓碑に囲まれていた[19]。建物については建築史家や修復家によって研究されてきたが、周囲の様子にはあまり注意

が払われなかったので、果たして植物に囲まれていたのか、またそれが整形されていない景観だったのか、それとも園路や水路で区画された花壇のある整形式庭園だったのかははっきりしない。

しかしセルジューク朝時代の1152年頃、メルヴに建てられたスルターン゠サンジャル廟の場合、それが庭園内に立っていたと考えられる根拠がある〈2部-49〉。ロシアの著名な考古学者G．A．プガチェンコヴァが20世紀中頃に調査を行って以来、この廟は複合的な墓廟施設が発展していく上での重要な一段階として注目を集めてきたが、その空間的配置についてはあまり考慮されなかった。半ば崩れた廟は、大きな四角い土台の上に高さ14mのドームがのる構造で、外側では両者は柱廊アーチで連結されている。廟はモスクに付属しているが、この廟が特別なのは、巨大だというだけでなく、はっきり年代が特定できる最初のモスクと廟の複合体例だからだ。また周囲の景観が整形されている初期の例としても重要だ。19世紀後半にこの地を訪ねたエドモンド・オドノヴァンはスケッチ画を残しているが、それによれば壁に囲まれ、四分割された広い土地の、園路が十字に交差する地点に廟が立っている[20]。オドノヴァンの観察をもとに四分割構造を12世紀と年代付けることはできないが、スルターンの廟が宮殿を含む複合体に属していたという事実は、廟がもともとチャハール・バーグ庭園に立っていた可能性を強めている。なぜなら宮殿には果樹や花の植えられた整形式庭園がしばしば設けられたからだ。

壁に囲まれた庭園に廟が立っている場合、特にその庭園が交差する園路で四分割されている場合、建物と周囲の景観は互いに呼応し合う。つまり庭園の主軸は廟の位置で出合い、廟自体の軸線も周囲の景観へ延びていく。このような建物と景観の統合的な関係は、廟や遊楽用の園亭を緑や花に飾られた環境にただ無造作に置いた場合——つまり偶然的な並列の関係——とはまったく異なる。スルターン朝時代のインドでは、ハルジー朝（1290–1320）がマーンドゥー（マディヤ・プラデーシュ州）に、金曜モスク、フーシャング・シャー廟、そして東側に庭園の広がるドーム天井をもつ神学校（マドラサ）の複合施設を築いている。廟は庭園の中心にあったわけではないが、一連の建物は軸線に沿って左右対称に配置された統一感のあるまとまりをなしており、庭園もまた細部まで設計され、造成されていた。現在、庭園は荒れ果てているが、ビージャプルのイブラーヒーム・ラウザ複合施設と同じように、ここもかつては緑豊かな、おそらく花の植えられた環境だったのだろう。

反対にデリーにあるハウズ・ハースの神学校と廟の複合施設は、時間をかけて少しずつ建設されていった〈2部-63〉。最終的にいくつもの建物と景観が見事に統合されて洗練されたまとまりをつくり出したが、それは決してすべてを一度に設計し、建設した結果ではなく、時を経て徐々に計画し、建設していった結果なのだ。すべての始まりはハルジー朝のアラー・アッ゠ディーン・ハルジー（在位1296–1316）が築いた巨大な水槽だった。1352年に、トゥグルク朝で最も多くの建設活動を行った

| テラス1 | |
|---|---|
| | 園亭　廟 |
| | 見晴し台 |

テラス2
　　　　　モスク

テラス3
井戸　　地下　井戸　地下
　　　　貯水槽　　　貯水槽

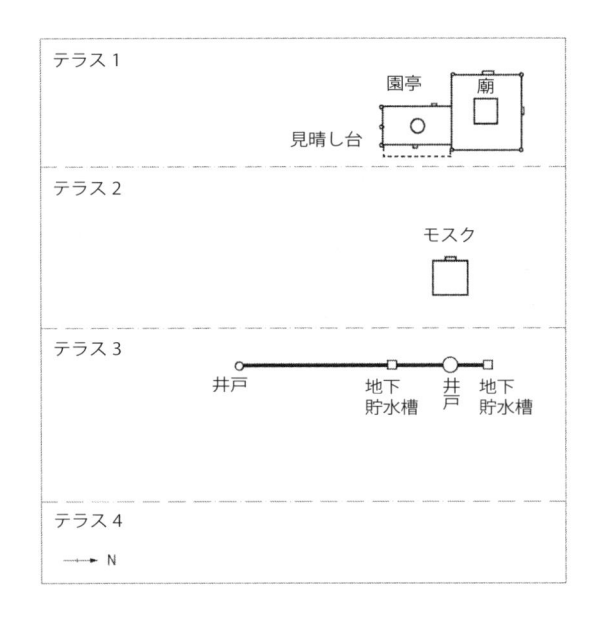

テラス4
→N

図69●今日ではほとんど何も残っていないものの、14世紀後半から15世紀初頭にかけて築かれたデリーのヴァサント・ヴィハール遺跡は、かつては階段状の庭園で、最上段に園亭と廟が設けられていた

フィーローズ・シャー（在位1351-1388）が、水槽の南東角に位置する自然の高台に二階建ての神学校とモスクを建設した。この複合施設は非常に洗練された建物で、平屋建ての、風通しのよい園亭を備えていた。この施設における重要な要素は水であり、デリーの厳しい乾季には、眼下に広がる人工湖や手をかけて維持される植物は、非常に深い印象と、そして快感を与えたに違いない。学び、祈り、楽しむこの空間に、フィーローズ・シャー自身の廟が1388年に加わった。ハイル・アッ＝ザッジャーリー庭園と同じように庭園は廟に先行したが、コルドバの庭園とは異なり、廟が建設された時には、この土地にはすでに現世の快楽を超越した宗教性が備わっていた。

また14世紀後半から15世紀初めに築かれたトゥグルク朝時代のヴァサント・ヴィハール庭園（デリー南部）の場合も、廟が建設されたのは、造園後しばらく経ってからのことだった[21]。壁に囲まれた長方形の庭園は12ヘクタールの広さで、一部は階段状テラスになっていた（図69）。下方のテラスには井戸や地下貯水槽を備えた石造の高架水路があり、庭園の植生の維持を可能にしただろう。その次のテラスにはモスクが立っていた。最上段にはドーム天井を備えた園亭があり、その片側の、何も立っていない壇上からは、おそらく庭園として整備された何段ものテラスを見下ろすことができたに違いない。約100年後のローディー朝時代に、園亭の北側に廟が建設された。四分割された整形式庭園の痕跡はないものの、周囲は手つかずの自然のままだったわけではない。それは壁に囲まれ、段状に整えられて灌漑された空間だったのだ。さらに廟が最上段のテラスの端の見晴らし台の横に築かれたということは、下方の庭園の眺めを最大限に楽しむために全体が注意深く構築されたことを示している。

アフガニスタンのガズール・ガー村にあったティムール朝時代の廟施設では、聖域と庭園は整形式庭園として整備されてはいなかった〈2部-45〉。1425年に建てられ、その後数十年かけて他の墓が徐々に付け加えられていったこの聖域は壁に囲まれ、四つのイーワーンがスーフィーの指導者アブド・アッラー・アンサーリーの聖者廟に向かって内向きに開いていた。壁をめぐらせ、外部から半ば隔離された庭園が聖域とそれを囲む墓群の西に広がり、そこに建物が（1棟または2棟）立っていた。似たようなティムール朝時代の例に従えば、そこはおそらく巡礼者がひと休みし、気持ちのよい環境を楽しむために設けられた園亭だったのだろう。聖域の近くの庭園に水やりをするためにアブー・サイード（治世1451-1469年）の時代に建設された運河に

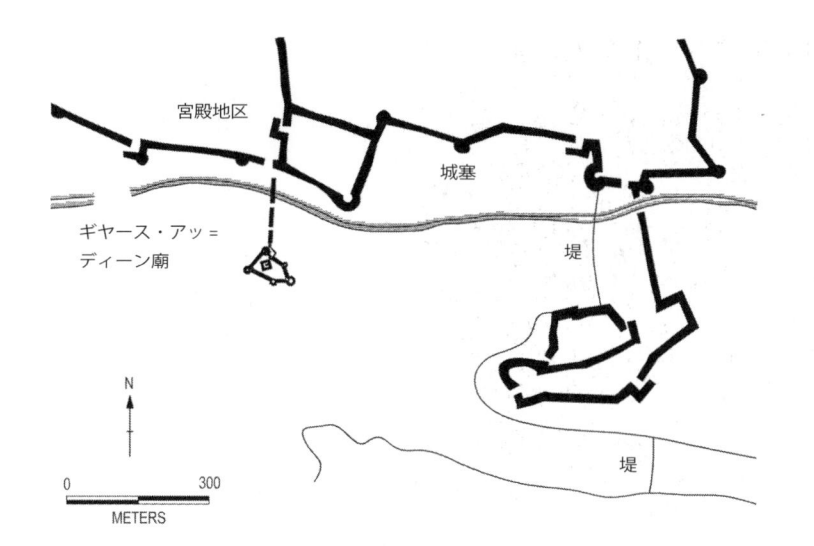

図70●デリー南部のトゥグルカーバードにあったギヤース・アッ=ディーン（在位1320－1325）の赤砂岩の廟は、時に洪水に襲われる地域にあって堅固な島に立っていた

宮殿地区
城塞
ギヤース・アッ=ディーン廟
堤
堤

よって、聖域内の植生も維持されたと思われる[22]。周囲の景観と関係のある建物の正確な年代ははっきりしないが、庭園に関しては二つの点が明らかだ。まず、景観が整形されていないということは、聖域の機能面から見ても建築学的な配置から見ても、庭園も園亭も必要不可欠な要素ではなかったということがいえる。どちらも単なる付け足しに過ぎず、たとえ建築年代からそう言い切ることはできなくても、全体の構造面からみればそれは明らかだ。次に、祈りを捧げるために聖域を訪れた巡礼者たちは、その後、庭園に似た環境でリラックスすることができたということだ。ちょうど家族連れが今日、マウント・オーバーン墓地（マサチューセッツ州ケンブリッジ）やデリーのフマーユーン廟で過ごすのと同じように、ピクニックを楽しんだのかも

図71●ムガル皇帝フマーユーンの最大の敵であったシェール・シャー・スーリーのこの廟は、1545年にサーサーラームに建設された。外部に刻まれたコーランの一節には、信者が楽園に入ると同時に渇きをいやすとあり、廟が湖に置かれたからこの文句が選ばれたのかもしれない
(Catherine Asher)

現世と来世｜9

しれない。面白いことに、ガズール・ガー村では、聖者廟が聖域の一番重要な要素だったのに対して庭園は二次的な役割しか果たさなかったが、コルドバのハイル・アッ＝ザッジャーリー庭園では反対にまず庭園がつくられ、そこに廟が付け加えられた。

庭園に死者を葬る習慣はもっと早い時期に始まっていたかもしれないが、この習慣はデリー・スルターン朝の間に特に広まった。少なくとも1210年には、奴隷王朝の始祖クトゥブ・アッ＝ディーン・アイバクが庭園に葬られている[23]。先に見たように、トゥグルク朝のフィーローズ・シャーは14世紀半ばに大きな複合施設の庭園に葬られ、デリーのローディー朝の君主たちは、ジュード庭園にドーム天井を備えた廟をいくつも建設した。その多くは今日も残っている〈2部-62〉。

墓のいくつかは水に囲まれており、その場合、庭園とその中に時おり設けられた水槽の関係は逆転した。水が景観を支配し、植生はそこに浮かぶ島や周縁に追いやられたのだ。トゥグルク朝の君主ギヤース・アッ＝ディーン（在位1320–1325）はトゥグルカーバード（現在ではデリー大都市圏に含まれる）にある自身の城塞の近くにそうした墓を築いた（図70）。雨水はダムや水門によってせき止められたので、モンスーン期には墓の周りに濠が出現し、参拝者が中央の墓に到達するには高架の園路を通らなければならなかった。同じようにアフガン系スール朝の創始者シェール・シャー・スーリー（1545年没）の大きな廟は人工湖の真ん中に設けられた四角い階段状の台の上に築かれ、そこへは北側の通路を通ってたどり着くことができた（図71）[24]。八角形の廟の角や突き出したバルコニーなどに設けられた小塔（チャトリー）から、周囲の水面や景観を眺めることができる。シェール・シャー・スーリーの息子で後継者のスルターン、イスラーム・シャー（1554年没）の同じく巨大な廟も、似たような立地にあった。宮殿や城塞が水の近くに位置していたのは、住人の需要を満たすためだったが、墓の場合、水やそれによって潤された植生は、楽園の限りない豊穣さを暗示していたのかもしれない。墓がリラクゼーションと記念碑という二つの用途を満たしていただけでなく、機能性と美的・精神的な価値が共存するより大きな景観システムにも属していたのだということを忘れてはならない。

暗示や幻想などの要素は、人工池の真ん中に多くの園亭が建てられたムガル建築で大いに追求された。1525年にアフガニスタンのカーブルからヒマラヤ山脈を越え、北インドの平原まで軍を率いてムガル帝国を建国したバーブルは、平らで乾燥した平原よりも故国の起伏に富んだ景観を好んだ。1530年に死去すると、一時的にアーグラーのヤムナー川ほとりの庭園に葬られたが、最終的に15段のテラスが設けられたカーブルの庭園に埋葬された〈2部-47〉。したがってムガル帝国の最初の皇帝廟は、バーブルではなく息子のフマーユーン（在位1530–1540、1555–1556）のために建設されたものだ。フマーユーン廟は、ムガル帝国の基盤が確立され、デリーを最大のライバルであったスール朝のシェール・シャー・スーリーの死後、後継者が

図72●デリー州のフマーユーン廟は、広大なチャハール・バーグ庭園の中心に立っている。庭園は、狭い水路が沿う幅広い園路によって小さなグリッドに細分化されている。水路の交差部分には四角い水槽が設けられていた

国の秩序を維持できなくなった後に築かれた。若き君主アクバルはこの廟を、亡き父親を記念すると同時に、ムガル帝国および王朝の権威を初めて高らかに謳い上げるものとして建設したのだ。

　1562〜1571年に建てられたフマーユーン廟はムガル帝国の皇帝廟としては新しい形態をもち、その後に築かれた多くの建物のモデルとなった。特徴的なハシュト・ビヒシュト形式(八つの柱が中央の柱を取り囲む)と堂々とした二重殻ドームは、ティムール朝時代のイランや中央アジアを想起させ、一方、建築と装飾に利用された赤砂岩とそこにはめ込まれた白大理石は、地元の南アジアで切り出されたものだった(口絵3)。したがって廟は、その歴史的ルーツや政治的な正統性を謳い上げると同時に、地元の景観になじんだ色で築かれたのだ[25]。庭園は周壁に囲まれた典型的なチャハール・バーグ形式で、中央の園亭——この場合は廟——から園路が軸線上を十字に走っていた(図72)。四分割された各部分はさらにグリッドにわかれ、そのうち八つは庭園で、残りのひとつは廟の巨大な基盤で占められていた。園路の中心を水路が走り、各交差部分で四角い水盤を満たしていた。四方の門のいずれかから園路をたどっていくと、壮麗な廟が眼前に大きくそびえ立ち、同時にその姿が水面に映っているのが見られたに違いない。

　建物と同じく庭園もまた二つの伝統を受け継いでいた。チャハール・バーグ形式はティムール朝の庭園整備形態で、バーブルによって導入され、遊楽のための庭園に応用された[26]。しかしそれを彩ったのは地元の植物だったに違いない。赤や白の西洋キョウチクトウ、ハイビスカス、そしてバーブルが南アジアで出合い、珍し

図73●ムガル帝国の伝統にしたがって、スィカンドラのアクバル廟は巨大なチャハール・バーグ庭園内に築かれた。この場所は『アクバルナーマ』に「ベヒシュタバード（楽園の住居）」の名で登場している。しかし廟自体はさらに前のフマーユーン廟の様式から逸脱している。古典的なティールーム風の丸屋根の代わりに、まぐさ式構造が積み重ねられ小塔が集中している様子は、住居建築を思い起こさせる
(Thaisa Way)

く美しいと感嘆した亜熱帯のさまざまな果樹などだ。外来のティムール建築が地元の建材で築かれたという意味で、フマーユーン廟の建設は画期的な出来事だった。しかし先に見たように、庭園内に死者を葬るのはムガル朝の発明でもティムール朝から伝えられた風習でもなかった。すでにデリー・スルターン朝の長い伝統があったのだ。

　その後のムガル朝墓廟はチャハール・バーグ形式の庭園内に築かれた。スィカンドラのアクバル廟、ラーホールのジャハーンギール廟とヌール・ジャハーン廟、アーグラーのイイティマード・アッ＝ダウラ廟、同じくアーグラーのシャー・ジャハーンとムムターズ・マハル廟、アウランガーバードのアウラングゼーブ夫人の廟などだ。四分庭園内に設けられた墓という基本構造は変わらなかったものの、廟自体にはさまざまなバリエーションが見られる。たとえばスィカンドラのアクバル廟(1613年完成)は珍しい寄せ集め建築で、五つの階層に統一感はないが、十字に分割された典型的な庭園に立っている (図73)。墓苑への入口として1ヵ所にだけ巨大な門が設けられていたが、グリッドの印象があまりに強いため、すべての主軸線上の園路の終わりに偽の門が建てられ、チャハール・バーグ形式の要求するシンメトリーを完成していた。ラーホール近くのジャハーンギール (1627年没) とヌール・ジャハーン (1645年没) の廟や、スィカンドラのマルヤム・アッ＝ザマーニー (1623年没) の廟は簡素なプラットフォーム形式だったが、フマーユーン廟やシャー・ジャハーンの築いたタージ・マハルには堂々とした二重殻ドームがそびえていた。イイティマード・アッ＝ダウラとその妻 (皇妃ヌール・ジャハーンの両親) の廟はハシュト・ビヒシュト形式でまったく異なる種類の基盤上に築かれた。巨大な球根形ドームの代わりに、上階部

分には平らなプラットフォームの上に比較的小さな四角い、ひさし付きの構造物と小塔を備えた四つの短いミナレットが築かれた[27]。チャハール・バーグ形式自体はそれほど変化しなかったが、四分割された各部分のバリエーションは時おり見られた。たとえばイイティマード・アッ＝ダウラ廟の庭園は単純な四分割庭園だったが、フマーユーン廟やタージ・マハルはさらに細かく分割されていた。通常、廟はチャハール・バーグ庭園の中心に立っていたが、タージ・マハルの廟は庭園の端の壇上に位置していた。

　16世紀までには多種多様な建物や庭園が数多く築かれたので、新たに建設を思い立った者はさまざまな様式の中から気に入ったものを選ぶことができた。時間とともに様式が変化したり（次章で見るように）新しい流行が生まれたりする場合もあったが、ほとんどの場合、いくつかの型式が同時に存在し、そのうちのひとつが建設者によって選ばれた[28]。またこの頃にはすでに、庭園はあの世の楽園を地上に映し出したものだとする強力なシンボリズムが広まっていた。この世で死者の肉体が涼しげな庭園で眠るように、魂もまた休息し、青々とした植物と熟した果物をあの世で永遠に楽しむと考えられたのだ。墓は間接的に死者を意味し、墓廟庭園は楽園を象徴していた。アラビア語やペルシア語の詩歌で詠われる庭園はもちろんこの意味を帯びていたが、コーランの章句が選択的に引用される建物の銘文さえ、楽園という意味を強調していた。たとえばアクバル廟の巨大な正門に刻まれた（アブド・アル＝ハックによる）ペルシア語の銘文では、これから入ろうとする墓廟庭園がエデンの園や楽園になぞらえられていた。

　　　天の庭よりも幸いなる、祝福されし土地よ
　　　神の玉座よりも高くそびえし建物よ
　　　天の園、その庭園に仕えるは幾千もの楽園の守衛（リドワーン）たち
　　　その庭園は幾千もの楽園と等しく
　　　神の教えを石もて積み上げし者のペンは中庭に次のように記せり
　　　「ここにあるはエデンの園。永遠に生きるため、中に入るべし」[29]

　タージ・マハルでも外壁のイーワーンを縁どるようにコーランの章句が刻まれていた。選ばれたのは終末論的な言葉で、神の力を宣言し、裁きの日の訪れを警告している[30]。タージ・マハルの南端の巨大な門にもコーランの章句が刻まれ、その中には次の語句で終わる第89章（暁章）が含まれていた。

　　　穏やかな魂よ
　　　あなたの主に戻りなさい、満ち足りて、また主に喜んでいただいて。

図74◉バーブル帝が1530年に死去して10年以上後に、遺体はカブールのこの地に移された。100年以上後、シャー・ジャハーン帝は墓を大理石の障壁（ジャーリー）で囲んだ。デリーのジャハーンアーラーの墓でもこれは繰り返された
(Charles Masson 1842)

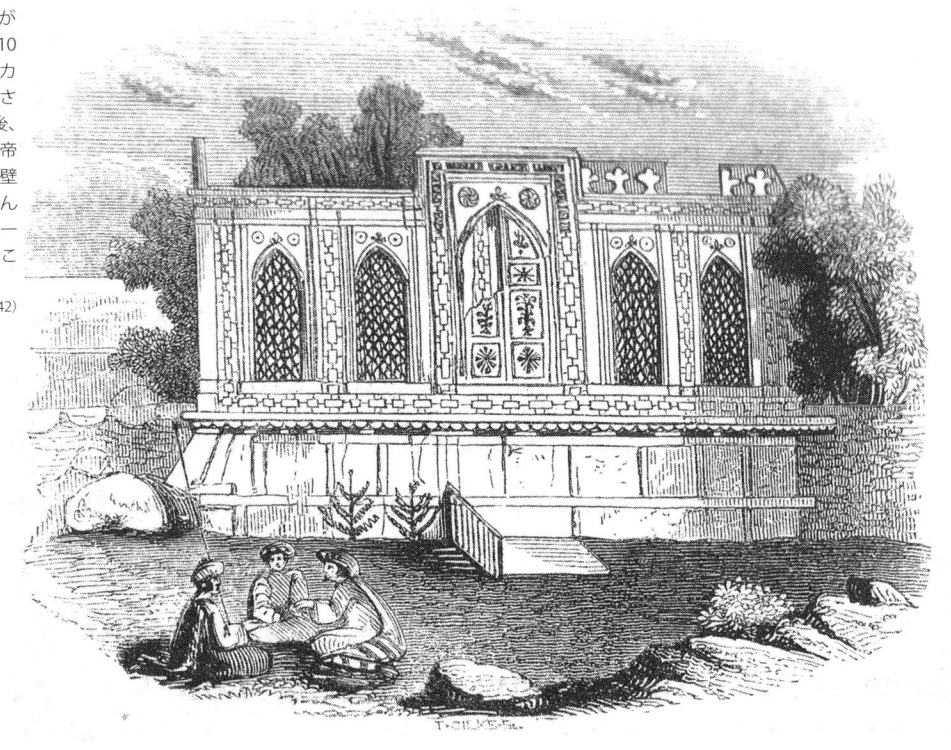

「我がしもべの中に入りなさい
　そして我が楽園に入りなさい」[31]

　詩であろうとコーランの章句であろうと、言葉による表現は庭園型式、特にチャハール・バーグの象徴的な意味をはっきり示していた。その結果、庭園と楽園の結びつきは広く共有されるようになり、やがてはたとえそうした語句がない場合でも、楽園の意味合いが庭園の定義に含まれるようになった。一度楽園としての庭園の意味合いが定着すると、それが広まり、最も世俗的な庭園でさえ楽園と主張されるようになった。ムガル帝国の人々が好んだ避暑地カシュミールのシャーリーマール庭園には、（ジャーミーによる）次のようなペルシア語の詩が見られた。「この地上に楽園が存在するなら、それはここにある、ここにある、ここにある」[32]。庭園の連想は、この場合、明らかに神学的というよりも文学的なものだった。なぜならそこには来世の連想を正当化するような礼拝室も墓もなかったからだ。庭園はあくまで遊びや憩いや官能の楽しみのための場であり、こういう場を楽園と比べるのは、その限りない美しさを讃えたいがための誇張に過ぎなかった。今日でも、世界中の人々は必ずしも宗教的な意味を込めることなく、しばしば「天国のような」という表現を使ってある場所や経験を説明する。

　整形式庭園内に建てられた大きな廟の他にも、庭園が実際にはないにもかかわら

ず、楽園を暗示する自然がそれとなく存在する墓の形態がある。これは屋外にも設けられた簡素な墓で、17世紀インドではより正統な埋葬習慣の復活と見なされ、人気があった。バーブル自身、当初はヤムナー川沿いの庭園のひとつに無造作に葬られている。このタイプの墓を表すのに同時代人が利用した言葉は「マザール」であった。それは「訪れる」を意味するアラビア語に由来し、人々が訪れる聖域や場所を指している(33)。墓所に立つ建造物についての説明はこの言葉には含まれていない。このように墓の場所を記す恒久的な構造物が存在した痕跡がないということこそ、バーブルの最初の埋葬について我々がもつ唯一の情報なのだ。どちらにしてもこれは仮埋葬に過ぎず、それから十数年後、彼の遺体はカーブルに移され、水が流れ落ちる15段の大きなテラス式庭園に埋葬された〈2部-47〉。後にバーブルの孫娘の墓も加えられ、1645年頃、シャー・ジャハーンはこのバーブル庭園(バーグ)の一部を建て直し、二つの墓の周囲に大理石の障壁を設けた(34)。19世紀に描かれた墓の絵にはハズィーラ形式の墓が示されている。それは少し高くなった壇上の簡素な墓で、周囲に障壁がめぐらされている(図74)。

　ハズィーラ形式はアウラングゼーブ帝(在位1658-1707)の長い治世に人気のあった墳墓型式だった。アウラングゼーブはイスラームの厳格な信者で、傾きかけた帝国を受け継いだ。彼は宮殿よりも宗教施設を数多く建設する一方、ムガル帝国の仰々しい装飾、とりわけ皇帝が毎日正式に臣下の前に現れるジャローカー窓(バルコニーのついた窓)をはじめ、ヒンドゥー起源の構造物を拒否した。そして神学を熱心に研究し、コーランの章句すべてを暗記していたといわれている。大規模な廟の建設については態度を決めかねていたようで、墓を訪問するのは正統なイスラームの教えに反すると述べる一方、王墓や聖者の墓の維持のために寄付を行い、デリーの13世紀の廟の保存に力を貸し、息子にはアウランガーバードに母親(アウラングゼーブの妻)の墓を建立するよう命じている(35)。ラビーア・ドゥッラーニー妃の廟(ビービー・カー・マクバラとしても知られる)は、1660/1661年つまり1657年に亡くなってから4年後に完成した。タージ・マハルをモデルとしているが、大理石の代わりに石灰岩を使うなど、

図75●デリーのジャハーンアーラーの墓(1681年を迎える直前に建てられた)は建物のひしめき合う聖者廟(ダルガー)に立っている。透かし彫りされた白大理石の障壁は簡素な墓石を備えた墓を守っており、墓の真ん中からは、まるで永遠の生を求めるかのようにつる草が伸びている

より安価な材料を使用している。

　しかしこの時期に建てられた他の墓は簡素なハズィーラ形式のもので、死者が聖人の祝福を受けられるようにと聖者廟(ダルガー)の周りに設けられた。ジャハーンアーラー皇女 (1681年没) の墓はその晩年に、デリーのニザーム・アッ゠ディーンの聖者廟につくられた。美しい透かし彫りの大理石でつくった障壁(ジャーリー) (4.8m×13.6m) が白大理石の墓石を囲むハズィーラ形式の墓で、入口と障壁ごしに中を見ることができる (図75)。障壁の高さは 2.5m 以上あり、もともとは四隅にほっそりしたミナレットが立っていた。障壁内の床には石が敷き詰められているが、墓石の上面には植物を植えるための深い穴が掘られていた。墓石の頭にあたる部分には、敬虔な言葉が刻まれた墓碑がまっすぐに立っていた。「我が墓を覆うものは緑 (の草) のみとすべし。心貧しき者の墓を覆うに、草に勝るものはなし。ひととき現世にありしジャハーンアーラー、チシュティー教団の聖者の弟子にして皇帝シャー・ジャハーン——神が陛下をお守りくださいますように——の娘。(ヒジュラ暦)1093年」[36]。近くにはムガル帝国の皇子ミールザー・ジャハーンギールと、だいぶ領土が縮小した頃のムガル帝国を統治したムハンマド・シャー帝 (在位 1719-1748) の、同じく障壁で囲まれた墓がある。これら三つの墓に生える硬いつる状の幹はくねくねと伸び、障壁の上端にからみついているため、外側からは壁に囲まれた庭園のような印象を与える[37]。実際に草やつる草がもともとこの墓に植えられていたかという疑問よりも重要なのは、ここに植物を植えることにより、正統な埋葬が意味する敬虔さや死者の目指す楽園を象徴しようとしたという事実だ。アウラングゼーブも 1707 年に死去する直前に、自身の墓をアウランガーバードに近いフルダーバードのシャイフ・ブルハーン・アッ゠ディーンの聖者廟の近くに建設するよう命じた。簡素な墓で、ジャハーンアーラーの墓と同じように平らに置かれた墓石の表面にはくぼみが設けられ、「中の土に香りよい草花が植えられた」[38]。

　庭園とコーランの楽園という概念は、墓が庭園内に置かれるようになるとすぐに結びついた。人々の信仰心やコーランとの結びつきではなく、墓廟こそが来世とのつながりを確立したのである。なぜなら先に見たように、当初はモスクに植えられた植物は決して楽園を想起させるものではなかったからだ。しかし、ひとたび地上の死者と楽園の魂の間につながりが確立され、また地上の庭園とコーランに描かれた楽園が結びつけられると、両者を分けることは不可能になった。楽園の連想は、ムガル帝国のチャハール・バーグ庭園の中に設けられた帝室廟において最も顕著だが、もっと簡素な墓でも、楽園を目指す魂の旅は、上に伸びるつる性植物の形で表されたのだ。

# *10* 景観としての庭園

タージ・マハルとその先駆者たち

これまでのイスラーム庭園史では、壁に囲まれて境界がはっきり定められた空間にある、建物と同様に厳密に定義された庭園を扱うことが多かった。その建設者や庭園形式などを考察するうえでこのアプローチは役に立ったが、造園に関わるその他の側面、たとえばそこからの眺め、水の管理や植生といった環境学的な問題、そして壁に囲まれた庭園がどのように周辺の地形に対応しているかといった疑問は解決されなかった。したがって本章では、珍しい植物の交換、あこがれ、記憶、そして庭園設計がイスラーム世界各地の庭園や遺跡にどのような影響を与えたかを比較するのではなく、ただひとつの庭園──タージ・マハルに焦点を当て、その景観を構成するひとつひとつの条件に庭園がどのように対応したか、そしてまったく異なる地理条件下にあった南アジア各地の先行する庭園の設計を、この庭園がどのように取り入れたかを分析したい。

タージ・マハル (図76) は庭園を備えた巨大な埋葬施設で、長方形の外壁内の空間は必要なものがすべて備わった施設として扱われることが多い。しかし川沿い

図76●アーグラーに立つタージ・マハルの壮麗なドームは、フマーユーン廟に見られたようなティムール帝国の建築様式に立ち返っている。しかし川沿いの高い壇上からチャハール・バーグ庭園に向き合うその立地は、先行する墓廟建築群ではなく、宮殿の園亭に由来している

という珍しい位置に立っているため、景観、水利、地形、眺めなどさまざまな問題を提起している。タージ・マハルこそ疑いなくムガル帝室を最も象徴する建物だが、皮肉なことにこれはもともと皇帝廟として建てられたわけではなかったようだ。シャー・ジャハーン帝の愛妃ムムターズ・マハルとして知られている、アルジュマンド・バーヌー・ベーグム（1590-1629）のために1632～1643年に建てられ、そこから「タージ・マハル」という俗称が生まれた。皇帝は他に自分のための廟を用意していなかったので、最終的には愛妃の廟に一緒に埋葬された。この事実と廟の外壁に見られるコーランの章句の厳しい内容、そして規模や建設にかかった巨額の費用などを理由に、これはもともとシャー・ジャハーン帝自身の廟として建設されたのだと唱える著名な研究者もいる[1]。シャー・ジャハーンのような大建設者が自らの墓廟の建設を忘れたとは考えられないというのだ。しかしムムターズ・マハルの棺を中央に据えたために、その後に葬られた皇帝の棺が、妃の棺の西側という中央から外れた位置に置かれた事実は、少なくとも妃の死亡時に、皇帝がやがて自分も同じ場所に、しかも妃よりも一段格下げされた位置に葬られるだろうとは予想していなかったことを示している。しかしタージ・マハルがもともとシャー・ジャハーン帝自身の墓所として建設されたのかどうかはともかく、結果的にこれは数あるムガル帝室廟の中でも特筆すべき記念建築物となった[2]。

　廟が建てられた土地はラージプート族の（アンベール王国の）ラージャ・マーン・シンとの交換によって獲得したもので、アーグラーのヤムナー川沿いにあった。すでにヤムナー川沿いには（現在ではラーム庭園として知られる）ヌール・アフサーン庭園、イイティマード・アッ＝ダウラ廟など数多くの遊楽の庭園や墓廟庭園（バーグ）が存在していた。記録によるとムムターズ・マハルを本当に愛していたシャー・ジャハーン帝は、即位してからわずか3年後の彼女の死を嘆き悲しみ、すぐに大きな廟を建てる土地の手配とその設計を始めたという[3]。長方形の外壁に囲まれた南北567m、東西305mの敷地で、廟は北端に設けられたテラスの中央にそびえ立っている[4]。巨大な白大理石製の廟は、九つの張り出しをもつハシュト・ビヒシュト形式で、棺が置かれた中央の大きな部屋の上に球根形の二重殻ドームが載っている（実際に遺体が納められた棺はその真下の地中に埋葬されている）。廟の四面には巨大なイーワーンと、その両脇に2段ずつ重ねられたより小さなイーワーンがあり、コーランの章句で縁どられている。ミナレットは廟本体から離れて基壇の四隅に建てられ、全体の静謐な壮麗さや視覚的な明快さを強調している。また、廟とミナレットが立つ基壇はそれ自体が別の壇上にあり、西側のモスクと東側の集会所にはさまれている。後者は建築上のバランスをとるためだけに建設されたもので、いかに左右対称性が重視されていたかを示している。二つの壇で隆起させた廟よりも7.5m低い位置には巨大なチャハール・バーグ形式の庭園が広がり、軸線に沿って園路が走り、交差部には高く隆起させた水槽がある。主軸は南の楼門に向かい、その先には大きな前庭（ジラウハーナ）があったが、

ここはさらに先の喧噪に満ちた住居・市場地区であるタージ・ガンジュとの間の緩衝地帯となっている。

ムガル帝室廟に白大理石を使用したことは、赤砂岩でつくられていたそれ以前の皇帝フマーユーン、アクバル、ジャハーンギールの各廟から大きく美意識が変化したことを意味していた。もともと白は聖者廟にだけ使用された色で、その例として、ファテープル・スィークリーの金曜モスクの中庭にあった白大理石製のサリーム・アッ゠ディーン・チシュティー廟(1580/1581年建設)が挙げられる。しかしその後、1622～1628年にかけて皇妃ヌール・ジャハーンが両親のために建設したイイティマード・アッ゠ダウラ廟は白い建築物だった（口絵21）。白大理石の利用だけでなく色石で象眼したピエトラデュラ装飾、墓を庭園内に置いたこと、遊楽のための園亭の建設、そして川沿いの立地など、イイティマード・アッ゠ダウラ廟はタージ・マハルでその後見られることになる革新的な要素の多くを先行して採用している。

この時期に、ムガル帝国の建築や景観整備に新たに登場した多くの要素は、ヌール・ジャハーン(1577-1645)に帰すことができる。彼女は1611年以降ジャハーンギール帝(在位1605-1627)の妃というだけでなく、文化や統治に関する皇帝の助言者として特権的な地位にあった。また、ヌール・ジャハーンは芸術や文化の強力な庇護者でもあった。教養高くペルシア語とアラビア語を自由に操った皇妃は、後援した宮廷の詩歌競技で自身も優秀な成績を収め、料理に鋭い感性をもち、軽いコットンや花柄のモスリン、銀糸を使った織物など、新しいタイプの布を宮廷に紹介した[5]。17世紀第2四半期のムガル美術や建築に自然界の図像表現への強い関心が認められるのは、ヌール・ジャハーンの趣味を反映している可能性が大きい。とはいえ、皇妃と夫である皇帝の趣味を分けるのは簡単ではない。皇妃が花を好んだのは、宮廷の女性としての自身の立場ゆえではないかとも考えられてきた[6]。アーグラー城の公謁殿(ディーワーネ・アーム)での祝宴や金曜モスクでの集団祈祷などに参加できない貴婦人の行動範囲は後宮(ザナーナ)やアーグラー城の内謁殿(ディーワーネ・ハース)、庭園などに限られていた。またヤムナー川沿いに並ぶ、多くの私有庭園を訪問することもあっただろう。実際17世紀にはヌール・ジャハーン、ムムターズ・マハル、ジャハーンアーラー皇女などもヤムナー川沿いに庭園を所有している。しかし庭園は決して女性のためだけの空間ではなかった。ムガル帝国の多くの写本挿絵には、庭園に敷き延べられた花柄の絨毯に座って食事を楽しむ皇子の姿が描かれ、自然や花や景観を好んだのは決して女性だけではなかったことを示しているからだ。刺繍や織物で人気のあった花柄は壁面のレリーフ（浮彫細工）や本の装飾にも登場した。自然表現は生活の私的な部分と公的な部分の両方に現れ、男女双方に好まれた。それでも特にヌール・ジャハーンの庇護下では、庭園やその表現に対する特に強い個人的な関心が感じられ、それはまず織物や写本挿絵などに登場し、その後皇妃自身が建設した建物に、そして最後には義理の息子が建設したタージ・マハルの帝室建築に見られるようになる。

図77●サファヴィー朝時代に築かれたイスファハーンのアーリー・カープー宮殿は、王の広場（メイダーネ・シャー）から宮殿地域へ向かう際の正門の役割を果たしていた。最上階の音楽の間では、壁や天井は壺や杯の形に掘りぬかれていた
（Abbas Aminmansour）

　イイティマード・アッ゠ダウラ廟の外壁と内部の両方に見られるピエトラデュラ技法は、南アジアとヨーロッパの双方にルーツがある(図50)[7]。フマーユーン廟やアーグラー城のいわゆるジャハーンギーリー宮殿(マハル)など、アクバル帝時代（1556-1605）の建物では、赤砂岩に白大理石の象眼が施されてくっきりしたコントラストが表現された。また南アジアにも木製品や家具に象牙や光沢のある貝で象眼を施す技法が存在した。しかし17世紀に登場した非常に色鮮やかなピエトラデュラは、16世紀フィレンツェのピエトラデュラ技法を想起させる[8]。丁寧につくられたこうした芸術品は、実際にイタリアからムガル宮廷に伝わったのかもしれない。皇妃ヌール・ジャハーンがヨーロッパ製品に強い関心をもっていたため、来訪した大使たちは歓心を得ようと美術品や本やその他の品々を贈ったからだ。さらに少なくとも1580年代には、イエズス会士たちが文物の伝播に重要な役割を果たすようになっており、彼らはアントワープで印刷された多言語対訳聖書をはじめとするフランドル地方の印刷物をムガル宮廷にもたらした[9]。

図78●タージ・マハルの外壁は、レリーフが施された大理石板で覆われている。自然な様子の草花が表現され、建物と庭園の間にはっきりした境界はないようである

第1部

イイティマード・アッ゠ダウラ廟の壁に表現された図像装飾のいくつかはペルシア建築に由来する。ペルシアでは水差し、杯、壺、花、糸杉などのある情景が、園亭の壁やたとえば17世紀初頭のイスファハーンのアーリー・カープー宮殿のように宮殿の広間をしばしば装飾していた（図77）[10]。ヌール・ジャハーンはペルシアの装飾モチーフをムガル宮廷に伝えるうえで重要な役割を果たした。なぜなら彼女はペルシア人の家庭に生まれ、父親や兄、そして宮廷の他の高官と同じく、家具や美術品の収集を通じてペルシア文化のアイデンティティを確立したに違いないからだ。イイティマード・アッ゠ダウラ廟の壁装飾は図案化され、平面的で完璧な対称性が追求されたが、水仙の葉が時たま折れているところがわずかに自然主義的だ。しかし10年ほど後のタージ・マハルでは、花の表現はずっと複雑になり、洗練され、本物らしく見える。白大理石の外壁のパネルにレリーフで表された花は生命力に満ち、花びらはたれ下がり、もはや対称性へのこだわりはあまり見られない（図78）。一方、薄暗い墓室内で棺を囲む障壁には、明らかに細かい観察の賜物であるさまざまな色相や細部の表現によって、花の一生が象眼で表されている。

　絵画の分野でも、17世紀初めのジャハーンギール帝時代に、個々の花を描いて枠で縁どった表現形態が登場した。その多くはつぼみから枯れるまでの花の一生を段階ごとに正確に模写していた。1610年以前にはこうした絵画は存在しなかったので、これがあるきっかけ——ヨーロッパの版画——に触発されたものだろうと想像させる[11]。インドへ派遣されたポルトガル人のイエズス会宣教師や東インド会社の社員は、宗教書だけでなく植物標本集や花集なども携えており、贈り物としてこれらを受け取ったムガル帝国の宮廷人たちは大いに関心をもって、しばしば、早々に複製をつくるようにムガルの職人に命じた[12]。ジャハーンギール帝は1620年の春にカシュミールを訪れ、多くの美しい花が咲いているのを見て以来、花を愛好するようになったが、彼のこの好みの変化もまた、花の姿や植物模様が装飾によく利用されるきっかけになったと考えられている（図79）。実際、皇帝は花とその図像表現についてこう述べている。「夏のカシュミールの野に咲く花々は数知れない。また画家のナーディルウル・アスル・マンスール師が描いた花も100以上ある」[13]。こうし

図79●ムガル帝国のシャー・ジャハーン帝時代、1650年代のこのエナメル加工が施された見事な容器には、ほっそりした緑の茎や葉、そしていくつもの赤い花が表現されている。これらの花は、4枚の幅広い葉の上に立体的に表現された中央のつぼみから巧みに伸びている（ワシントン、スミソニアン協会、フリーア美術館、購入、F1986.22ab）

景観としての庭園｜10

た花を表現した装飾が急に登場したのはヌール・ジャハーン自身が原因だったのかもしれない。彼女が皇妃になったのは、ムガル帝国で初めて植物の絵画が描かれたのと同じ年だったからだ。理由が何であろうと、17世紀初頭に新たに出現した絵画分野では、一生のさまざまな段階にあるひとつひとつの植物の姿が、おしべや苞葉まで備えた花や葉とともに正確に描かれていた。

絵画において突如出現した花への愛好心は、織物の分野では以前から存在しており、それは特に絹や綿の織物、また衣服などに刺繡で表現されていた（興味深いことにこの証拠となる布は写本挿絵に描かれている）[14]。表現されたのは個別の植物を写生したものではなく、決まったモチーフの繰り返しだが、それでも織物が果たした役割は特筆に値する。近代以前の社会では、織物は最もよく消費され、売買された商品のひとつで、イスラーム世界内部、またイスラーム世界とヨーロッパや東アジアの交易相手との間の装飾モチーフの伝播に重要な役割を果たした。絵画と同じく織物の分野でも、ムガル帝国には伝統的な技術が存在し、同時にヨーロッパ、特にイギリスの織物を真似しようという意欲と能力が存在した。それらの織物は、トーマス・ロー卿が東インド貿易会社のために注文した刺繡入り外套、手袋、スカーフ、壁掛けなどのように、外交上の贈り物としてムガル帝国側に渡ったものだ。1617年にローはインドの職人について、次のように記している。「我々が持参したものを彼らはたちまち真似してしまう。刺繡も今では我々と同じくらい上手だ」[15]。

ひとたび花のモチーフが織物や絵画などに導入されると、それは壁面などに幾何学文様と交互にあしらわれる従属的で様式化された図案ではなく、生き生きとした自然らしさを表現するようになった。このようにひとつの媒体から別の媒体にモチーフが写しとられることは、イスラーム世界では珍しくない。たとえばムカルナス装飾（鍾乳石状の天井装飾）はイスラーム世界の複雑な装飾だが、漆喰、石、木材、タイルなどさまざまな素材が利用され、また三次元で使用される場合と、ほとんど凹凸のない平面にあしらわれる場合とがあった。花モチーフについても、白っぽい布に白糸で刺繡を施す（おそらくペルシア起源の）チカンカリ刺繡と、タージ・マハル外壁の白大理石のレリーフには強い外見上の類似が認められる[16]。またタージ・マハルの壁に表現された花のモチーフによって建物と周囲の景観が結びつけられたが、それはムガル帝国（とサファヴィー朝）の遊楽用の園亭において、壁面装飾や絨毯や花柄のクッションなどを用いて庭園を建物内に引き入れたのと似ている。建物の中にいても外にいても、美しい花壇や水路、噴水に囲まれていることに変わりはなく、建物と自然の間の境界線は曖昧にぼかされていたのだ。したがってイイティマード・アッ゠ダウラ廟の建物、ヌール・ジャハーン皇妃や宮廷の他の人々が好んだ刺繡に加えて、ムガル帝国の遊楽用の園亭もまた、庭園内にあったタージ・マハルの配置へとつながっている。

それ以前のムガル帝廟と異なり、タージ・マハルはチャハール・バーグ庭園の主

軸が交差する中心地点には立っていない。敷地の端の壇上にそびえ立っているため、廟と楼門の間に平らに広がる庭園は二つの巨大建造物をつなぐ役割を果たしているだけで、典型的な墓廟庭園のように中央の墓を取り囲んで全体の形態を定義してはいない。廟の位置は庭園の軸線を長く見せ、四分割された庭園を、中心軸をはさんだ左右対称な構造へさりげなく移行させている。この主軸の強調は、帝国北部のカシュミール地方に多くの庭園を築いたムガルの伝統に沿ったものだ。ムガル帝国の人々は、暑く乾燥した夏の数ヵ月間をカシュミールで過ごすのが習慣だった。彼らはダル湖畔やその近くの谷間に数多くの庭園を築いているが、その最初の例がアクバル帝の建てたナシム庭園(バーグ)だ[17]。すばらしい立地を誇るこれらの庭園は、宮廷の人々がひとときを楽しむために建設されたもので、長く滞在するための施設ではなかった。宮廷はハリ・パルバ城塞に置かれ、人々は各地の庭園で一日を過ごすために船で出かけたり湖畔の道をたどったりしたのだ。デリーやアーグラーのある平原の圧倒的な暑さに比べて、カシュミールでは涼しく快適に過ごせたが、この地でも皇帝は公務から解放されたわけではない。したがって皇帝のためにつくられた庭園には、寝殿は設けられていなかったものの、執務を行う公謁殿(ディーワーネ・アーム)があった。それは例外なく傾斜面に張り出すテラス上に建てられ、雪解け水が斜面に切られた水路を湖まで流れ落ちていた。

　ジャハーンギール帝によって1619/1620年に建設され、1630年頃にシャー・ジャハーン帝によって拡張されたシャーリーマール庭園(バーグ)では、二つのチャハール・バーグ庭園とやや小さな前庭が階段状に並んでいる(図80、第2部-73)。真ん中を走る水路の両側にはポプラとプラタナスの木が植えられていた。一番下のテラスには水路をまたぐように公謁殿が建てられ、皇帝はそこで玉座について拝謁を受けた[18]。中段の庭園は半ば私的な性格をもち、上段は後宮の女性(ザナーナ)の区画だった。三段のテ

図80●カシュミールのスリーナガルの近くに皇帝によって築かれた遊楽用の庭園であるシャーリーマール庭園では、幅広い水路が中央を走っている。上のテラスから下のテラスへ、水は園亭を貫いて流れることもあれば、横一列に並んだチーニー・ハーナの上をほとばしり落ちることもあった。20世紀後半に芝生が植えられ、花の寄せ植えもされたが、別のカシュミールの庭園についての17世紀の記録には、一枚の花壇に100種類もの花が植えられていたとある

図81 ● 1625年に、カシュミールのスリーナガルの近くに建てられたニシャート庭園では、四分庭園の構造をはっきり見分けるのは難しい。複数のチャハール・バーグの代わりに、山裾からダル湖に向かっておりていく階段状のテラスが並んでいる

ラスすべてを貫く幅広い水路は、庭園をまとめる主軸というだけでなく、壮麗なヒマラヤ山脈とダル湖を結びつける役割を果たしていた。シャー・ジャハーン帝の伝記作者によると、湖からシャーリーマール庭園へ直接ボートで入ることができたという[19]。また石造水路を走る水ははるか高所から流れ落ちてくる雪解け水だった。しかしそれ以上に、勢いよくほとばしり落ちる水が劇的な効果を生み、庭園の主役は水と景観であることを示していた。チャハール・バーグはここでは中心に置かれた廟や園亭を強調する統合的なプランとしてではなく、軸線に沿って長方形をつくるために繰り返される構成単位として利用されている。求心的な四角形から軸線へと移り変わる庭園の構造上の変化によって、水の流れや庭園構成、そして特に眺望に変化をつけることができた。建築のもつ政治的な効果を深く理解していたムガル帝国の人々はこれを特に高く評価し、その後首都のラーホール、アーグラー、デリーなどでも繰り返し採用したのだ。

ヌール・ジャハーンの兄でもある権力者のアーサフ・ハーンが1625年に建設したニシャート庭園(バーグ)も、同じように山々と湖の間に位置しており、少しずつ低くなる庭園と水路は、自然界に存在する階段状の地形と山から流れ下る川のように見立てられている。庭園は12のテラスで構成され、全体を貫く水路は上下段の間では表面に凹凸が刻まれたチャーダルをほとばしり落ちている。これは山の急流が泡立ち流れるさまを真似ているのだろう(図81)〈2部-72〉。シャーリーマール庭園と同じく、ニシャート庭園でも最も重要な意味をもつのは景観だ。雪を頂いた目もくらむような高さのヒマラヤ山脈から銀色にきらめく湖面まで連なる何段ものテラスと水路、そしてチャーダルは、カシュミールの景観の最も劇的な要素を整然と秩序立てて表現している。

カシュミール地方のムガル庭園では、インド中・北部の平原では見られないような多様な地形条件や植生、そして美しい眺めを楽しむことができた。またヒマラヤ山脈からは常に水がたっぷり流れてきたので、噴水やチャーダル、大きな水槽や人工滝などの複雑な水力工学的システムをつくり上げることができた。カシュミールのアチャバル庭園(バーグ)(17世紀前半)は、1本だけでなく3本の水路を設けられるほどの

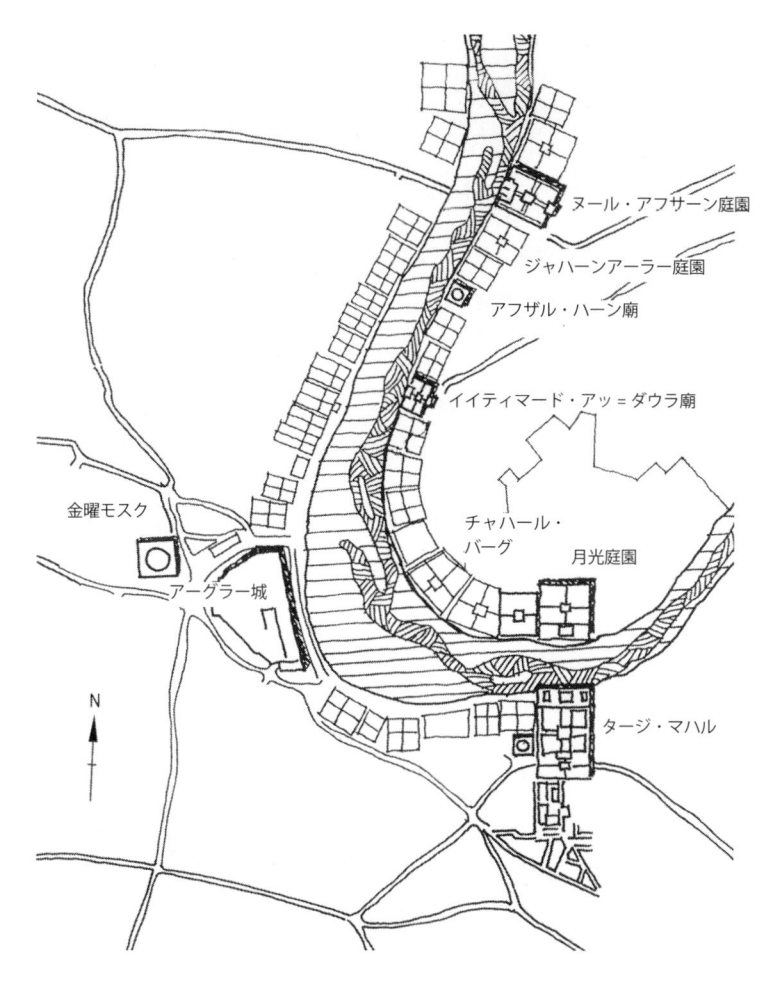

図82●ムガル帝国の人々はアーグラーのヤムナー川流域の土地を開発し、選び抜かれた場所に遊楽のための庭園を築いた
（Terry Harkness）

（地図内ラベル）
ヌール・アフサーン庭園
ジャハーンアーラー庭園
アフザル・ハーン廟
イイティマード・アッ＝ダウラ廟
チャハール・バーグ
月光庭園
金曜モスク
アーグラー城
タージ・マハル

水量に恵まれていた〈2部-71〉。こうしてカシュミールで発達した北インド風の庭園様式は、春に一斉に花々（秋にはサフラン）が咲くなど季節ごとに異なる表情、そして非常に変化に富んだ地理条件が可能にした複雑な水の芸術や目を奪うような景観の対比によって特徴付けられる。

　しかしシャー・ジャハーン帝はカシュミール風庭園を平原の宮殿にもつくろうとした時、華やかな水の仕掛けや見事な景観を実現する水車を自ら発明しなければならなかった。1641年に彼は、ラーホールにシャーリーマール庭園をつくり始めたが、これはカシュミールの同名の庭園と同じ階段式庭園で、全体がチャハール・バーグの連続になっている〈2部-53〉。三段のテラスは5mずつ高くなっており、水の存在が強く感じられる。中段テラスの幅広い水槽からは100以上の噴水が水を噴き上げ、他の二つのテラスに設けられた四分庭園の中央の水路では水が流れ下っていた（口絵22）。しかしカシュミールと違い、ラーホールに自然の水圧や急斜面はなかった。庭園を潤す水は、8年前の1633年に皇帝が建てた運河から引いてこられたのだ。この運河は初めラーホール市街とラーホール城を、その後シャーリーマール庭園を

図83●ラーム庭園としても知られるヌール・アフサーン庭園には、陸側の門からも川に面した船着き場からも入れる。ヤムナー川に臨む園亭やテラスから、川やアーグラー城をはじめとする他の主要な建築物を眺めることができる

図84●アーグラー城の川に面した赤砂岩製の厚い壁の上にはいくつもの白壁の園亭が立ち、皇帝一族はそこに設けられたバルコニーや塔から外の眺めを楽しむことができた

潤した[20]。山のない地方だったので、階段状テラスや水路の建設に必要な地面の高さは、川沿いのわずかに盛り上がった地形を活用し、埋め立てることで得られた。

　北部風の庭園様式を平地でも実現しようと試みた1633〜1641年というのはタージ・マハルの建設時期と重なっている。カシュミールの庭園のような劇的で躍動感あふれる庭園美を築こうという野心は、アーグラーでもラーホールと同じような地形上、水力工学上の制限に直面した。タージ・マハルには、鋭い山頂が連なる自然の景観もなければ、そのような高みからほとばしり落ちる流れも存在しない。したがって水槽や水路や噴水の水は、いくつもの容器を取り付けた水車を連ねて川から汲み上げるしかなかった。施設の西壁に沿って走る水道橋へ汲み上げられた水は貯水槽に貯められ、そこからさらに滑車で高い場所へと持ち上げて庭園へ流し込まれた[21]。シャーリーマール庭園、ニシャート庭園、アチャバル庭園と違ってタージ・マハルは階段式庭園ではなく単一の四分庭園だが、その一端には前庭が、反対側には廟の立つ壇があるため、カシュミールの庭園と同じようにタージ・マハルの庭園も陸と水——この場合は、湖ではなく川だが——を結びつける主軸に沿って長く伸びているのだ。

　廟は高い壇上に築かれているため、庭園からさらに離れている。この高い位置からは庭園を眺めることも、また廟の周りを回って反対側から川とその対岸を眺めることもできる。カシュミールの遊楽用にしつらえた庭

図85●タージ・マハルの主軸の園路沿いには、草が植えられた花壇を複雑に囲む石枠が地面に埋め込まれている。1828年にJ・A・ホッジソンが作成した図に記載されているので、この花壇は少なくとも19世紀初頭までさかのぼることは確かで、建設当初から存在したと思われる

園でも、緑あふれる景観や水の芸術を鑑賞する場所が小高い地点につくられた。しかし園亭を備えた川沿いの庭園の先行例は、それよりずっと近くにもある。17世紀のアーグラーのヤムナー川沿いには多くの庭園が並んでいたが、その多くは16世紀半ばにバーブルが築いた庭園を整備し直したものだった(図82)。ラーム庭園(ヌール・アフサーン庭園)はそのひとつで、これは1621年にヌール・ジャハーンが古い庭園を整備し直したものだ(図83)(22)。ムムターズ・マハルが建設して、1620年にジャハーンアーラー皇女が再整備したジャハーンアーラー庭園は別の例だ(23)。この二つをはじめとする各庭園へは船で、または陸路で到達することができた。庭園は川を見下ろす赤砂岩製の頑丈な支え壁の上に設けられ、角の小塔を備えた塔からは、外部からのぞかれる心配なく、川とそこを盛んに行き交う船の眺めを楽しむことができた。川沿いの高所に広がる石造テラスには主園亭が設けられていた。庭園自体はさらに川から離れたより低い位置にあったので、川から汲み上げられた水は石造テラ

図86●アーグラー城のアングーリー庭園にあるハース・マハルは、十字に走る園路に分割され、高く隆起させた交差部分に水槽が設けられた庭園に面している。四分割された部分は複雑な曲線模様を描く石枠によってさらに細かく分けられているが、これは庭園を規定するチャハール・バーグ形式の直線性と対照的だ

図87●アンベール城のマウンバリ庭園は、谷間を走る渓流をせき止めてできた湖に浮かんでいるように見える。庭園は複数のチャハール・バーグで構成され、そのそれぞれに花壇の石枠で細かい網のような模様が描かれている

スの水槽や水路を満たしてから装飾的なチャードルを流れ落ちて庭園へ向かった。

アーグラーとデリー（ある程度ラーホールでも）にあるムガル帝国時代の城塞に築かれた王宮設備にはすべて、障壁のついた窓、建物から張り出したバルコニー、そして屋上の小塔が備わっており、そこからすばらしい眺めを楽しむことができた（図84）。アーグラー城内のアングーリー庭園(バーグ)（1630年代初めから設計し直され、1637年1月に完成）は、ラーム庭園と立地がよく似ている。つまり三つの優美な園亭は東の城壁沿いの高いテラス上にあったのだ（図86、口絵23）。そのうち二つの小さな園亭は寝殿として私的に使われ、庭園から壁で隔てられていたが、中央の最も大きな園亭は城内の四分庭園にまっすぐ向き合い、また反対側の外壁沿いに設けられた、一部を障壁で隠された窓からは川を広く見渡すことができた[24]。エッバ・コッホによれば、こうした水際の庭園、つまり園亭がわざわざ施設の周壁沿いに設けられ、川の雄大な眺めと壁に囲まれた庭園のより抑制的な眺めの双方を楽しめたケースは、タージ・マハルとその庭園を設計するうえでの先行モデルとなったということだ[25]。

タージ・マハルの庭園の花壇に実際にどんな植物がどう植えられていたのか、いまだに考古学的に解明できていないが、今日見られるような花壇の石枠もまた、さらに時をさかのぼるアーグラーの庭園に先行例を見ることができる。タージ・マハルの花壇は赤砂岩の枠で縁どられ、広い緑の芝生の中に花の島を形づくっている（図85）。中央水路とそれに沿って走る幅広い園路の間に配された八芒星と細長い星の形の枠は、花壇の形をさらに強調している。その中は花で埋め尽くされていたのかもしれない。18世紀の訪問者によれば、糸杉とオレンジの木に加え、花壇にはカーネーション、赤いケシ、さまざまな種類の薔薇やその他の花が植えられていた。イギリス統治時代になると庭園についての記録は増えるが、同時に嗜好の変化も認められる[26]。ムガル庭園にも次第にイギリス統治政府の手が伸びるようになり、ター

ジ・マハルにはカーゾン卿（1899-1905までインド副王）自身が干渉したため、建設当初の庭園の様子を知るのは難しい。しかし、花壇の姿は19世紀にタージ・マハルを描いたヨーロッパ人の絵画や版画にも登場しており、アーグラーにある他のムガル庭園にも同じような花壇が存在していた。たとえばアングーリー庭園の四分割された部分は、装飾的な石枠組みによってさらに細分化されていたが、その枠組みは約2mもの深さがあった（図86）。単なる表面的な装飾にとどまらないこの深い石枠組みは、当時も人々の憩いの場として親しまれていた庭園をイギリス統治政府が大金をかけて改修した際に設置されたものではなく、もともとのムガル帝国時代のものである可能性の方が高い[27]。同じような花壇はアンベール城のふもとにある17世紀のマウンバリ庭園でも見ることができる（図87）。ラーホール城のジャハーンギールの庭園（クワドラングル）では石の枠組みが同心円状に配され、中央に噴水を備えた四角い水槽がある（口絵24）。珍しい石枠の配置は、庭園をきれいな花壇に分割するのではなく、大胆な幾何学文様で装飾しようという意図を感じさせる。どの庭園でも花壇の石枠は庭園の平面性を強調し、そこに植えられた花は緑の背景にくっきりと浮かび上がる色とりどりのマッスのように見えただろう。先に述べたシャー・ジャハーン帝がニシャート庭園（バーグ）にいる姿を描いた写本挿絵（口絵12）でもこのように植栽が分割されているが、花壇の形はここでは装飾的な曲線ではなく長方形だ。これは四分割された部分に花が一列に植えられたり、野原のようにあちこちに散らされたりした伝統的なチャハール・バーグ庭園とは異なっている。

　凝った枠組みをもつ花壇は17世紀の第2四半期インド・ムガル帝国では新しかった。これは皇妃ヌール・ジャハーンの奨励するヨーロッパとの交易や芸術様式のやりとりの中で登場した可能性もある。実際、それより早い時代のフランスの庭園——たとえばウール・エ・ロワール県のアネット城（1547年）やパリのリュクサンブール宮殿の庭園（1615年）——とこれらのムガル庭園の花壇はよく似ている[28]。見かけだけではない。というのは、どちらの社会も織物やいわゆる装飾美術、そして花モチーフに魅了され、まず衣服に登場した花モチーフがやがて庭園を含む他の分野にも取り入れられたからだ。ヴェルサイユ宮殿（1657年頃）では、毛氈花壇（パルテール・デ・ブロドリー）が編み物や布地のプリント柄に見られるようなレース風の装飾を再現した[29]。ムガル宮廷ではヌール・ジャハーンが、庭園、刺繍、プリント柄を熱心に庇護していたことは知られている。刺繍やプリント柄については、インドでつくられるものもあれば、ヨーロッパからもたらされたものもあった。実際にタージ・マハルの庭園が考古学的に調査され、曲線の枠組みをもつ現存する四分割部分の正確な年代が決定されるまでははっきりしたことは言えないが、たとえば装飾的な曲線を描く花壇などヨーロッパ庭園様式の新しい流行は、ピエトラデュラ技法、物語版画、植物論文など他の芸術技法やモチーフなどとともにムガル宮廷へもたらされたのかもしれない。または逆に、この装飾的な花壇はインドから西方へ、豪華な織物や絨毯などヨー

ロッパで非常に愛好された品々とともに伝えられた可能性もある[30]。装飾的な石枠やそれに着想を与えた刺繍布が南アジアとヨーロッパのどちらを起源とするのか断定するには、庭園の年代はあまりにも不確かすぎるのだ。

　タージ・マハルの設計には、アーグラーのヤムナー川沿いやカシュミールの高地に庭園を建設した経験が活かされている。ヨーロッパから伝わってきた新しいアイデアが反映されていることも考えられる。それだけではなく、周囲の地形も庭園の設計に反映されている。この点についてはこれまで歴史研究者に無視されてきたが、1990年代にインド考古局とエリザベス・モイニハン率いる考古学チームが対岸に残る荒れ果てた謎の庭園を精査してから状況は変わった[31]。これは月光庭園(マーターブ・バーグ)で、1632〜1643年つまりタージ・マハルと同時期に建設された〈2部-55〉。残念ながら、ヤムナー川の湾曲部の外側に位置するために毎年モンスーンで増水した川に浸食され、特に庭園が完成してから10年しか経っていない1652年秋には大きな被害を受けた[32]。17世紀のある時点で庭園は放棄された。洪水のたびに植物を植え直す作業が不毛だと考えられたからだろうが、やがて美しい泉水や水槽は厚い泥土の下に埋もれてしまった。

　わずかに見えるこの庭園の崩れた壁から伝説が生まれ、17世紀から現在にいたるヨーロッパの旅人によって記録に残された。それはムガル皇帝の深い愛、癒えることのない悲しみ、そして大建築への愛好心を強調し、極端な感情表現を東洋社会に期待する西洋の東洋趣味(オリエンタリズム)をたいそう満足させた。伝説によると廃墟があった場所には、タージ・マハルにそっくりな「黒いタージ」が建てられる予定になっており、このシャー・ジャハーン帝の廟はそこから川をはさんで愛妃ムムターズ・マハルの白く輝く廟を見つめるはずだったというのだ。このロマンティックなおとぎ話には何の根拠もなかったものの、17世紀中頃にこの地を訪れたジャン＝バティスト・タヴェルニエによって記録に残され、その後広まった[33]。黒いタージの物語が根強く語り続けられた理由のひとつは、月光庭園の鬼気迫る廃墟はタージ・マハルの北端のテラスから望むことができたものの、ほとんど誰も実際にそこに足を踏み入れなかったからかもしれない。船を使えば簡単だったが、徒歩の場合は大回りをして離れた橋を渡らなければたどり着けなかったということだ[34]。その結果、この地を訪ねた人々は息をのむほど美しいタージ・マハルを目にした自らの熱狂を、「手の届かない」月光庭園についてのロマンティックな物語に何百年にもわたって付託したのだ。

　真実は、月光庭園は墓廟庭園として建設されたのではないということだ。ムガル帝国時代にヤムナー川沿いにいくつも設けられた王侯貴族の庭園と同じように、ここは日帰りで訪ねて楽しむ遊楽のための庭園だった。しかしタージ・マハルとの視覚的なつながりは確かに存在する。なぜなら両者は同時期に建設されており、同じテーマに基づいて構想された気配があるからだ。月光庭園とタージ・マハルの庭園

の幅が同じだということは、後者の長方形プランが川を越えて対岸で完結していたことを示している。つまり、タージ・マハルの墓廟は庭園の端に位置しているのではなく、川で隔てられた二つの庭園の中心に立っているのだ。それはちょうどラーホールのシャーリーマール庭園で、二つの大きなチャハール・バーグ庭園が大水槽をもつ中央テラスで隔てられているのと似ている。真ん中の川、そしてそれぞれの庭園を囲む壁のせいで両者の間を自由に行き来することができなかったとはいえ、タージ・マハルと月光庭園は視覚的に深く結びついていた。どちらの庭園も、対岸の庭園の川沿いの高いテラスの上から最も美しく眺めることができたのだ。

月光庭園の川沿いの壁の両端にある小塔の下で、訪れた者は直射日光を避け、涼しい川風を楽しみながら景色を眺めることができた。アーグラー城のアングーリー庭園と同じように月光庭園でも、入念に手入れされ、宮廷の人々だけに開かれた庭園を眺め、そして頭を反対側に向ければ壮麗なタージ・マハルと水面に映るその姿を目にすることができたのだ。

間を流れる川は眺めを楽しむのに最適な距離を確保してくれただけではない。視野を広げ、アーグラーの多くの帝室記念物を視界に収めることを可能にしたのだ。たとえばアーグラー城からはアングーリー庭園のハース・マハルだけでなく、川に面したいくつもの建物のどこからでも、対岸やより遠くのタージ・マハルを眺めることができた（図88）。17世紀中頃にヤムナー川の両側に立ち並んでいた多くの宮殿や庭園や墓廟のどれからも、川上や川下に向かう遠くまでの眺めを楽しむことができた。それぞれの建物には、外を眺めるための奥まった場所が——窓や小塔（チャトリー）を通して——設けられており、同時にそこは他の場所から向けられる視線の焦点にもなっていて、視覚的なキャッチボールが行われていた。こうして川沿いの一等地に並ぶ庭園は人目をひき、その建設者の社会的に重要な地位が強調される場となったのだ(35)。

タージ・マハルは葬送のための記念碑だったが、その庭園では現世的な楽しみも見られた。たとえばムムターズ・マハルの一周忌には廟の周りの庭園で記念の儀式が行われた。このために華やかな園亭が建てられ、美しい絨毯にはおいしい食物や菓子などを盛りつけた皿がいくつも並べられた。宴にはシャー・ジャハーン帝をはじめとして貴族や高官、政府の顕官などが列席し、アーグラーの貧しい人々に多額

図88●アーグラー城にあるムサンマン・ブルジュは周りの園亭よりも高く城壁から張り出している。丸屋根のある塔からは、遠くのタージ・マハルを含む見事な眺めが見える

の金が配られた⁽³⁶⁾。この出来事やその後の年忌式典は本質的には厳粛なもので、コーランの読誦によって始まったが、ごちそうを眺め、それを食するのは楽しい出来事だったに違いない。もちろん葬送施設での宗教儀式は感覚の楽しみを除外しているわけではない。死者が楽園の木陰で汁気の多い果物を楽しみ、ゆっくりと休んでいる間、生者も同じように食事をして楽しむことが期待されたからだ。つまり、タージ・マハルの庭園は明らかに死者を偲ぶ場所であり、終末論的な含意があちこちに見られる——廟に刻まれたコーランの章句は、裁きの日、神の畏怖すべき偉大さ、そして楽園について述べている——にもかかわらず、一方ではアーグラーの他の非宗教的な遊楽の庭園と同じように、門のすぐ外に広がる市場の喧噪から離れた憩いの場としても親しまれたということだ。遊楽のための庭園と墓廟庭園は、公式にはっきり区別されていたわけでも、用途別に分けられていたわけでもなかった。

　簡単に言えば、四分割された庭園は水やりを容易にし、また世界の秩序や領土の所有権などの基本的な概念を表現するためにつくられた。つまり建設者は庭園を実体どおりに限定的に捉えることも、それを周囲のすべての景観の象徴とすることもできたのだ。しかし周囲の壁や人工的な給水システム、植生、そして人間による手入れにもかかわらず、自然の景観はそこに厳然として存在する。タージ・マハルのそれだけでも広大な庭園は、川と対岸の庭園を含むずっと大きな構造に組み込まれ、その結果、庭園を南北に貫く軸線に加えて、ヤムナー川が東西に走るより有機的な軸線となっている。川は障害となる代わりに、タージ・マハルと月光庭園の建物を越えて、遠く連なる建物や農地までの広い視界を提供している。天の楽園のシンボリズムに満ちた葬送のための庭園と遊楽のための庭園がここでひとつになっている事実は、この時代における庭園の意味のあいまいさを示している。

# *11* 宗教と文化

非イスラームによるイスラーム庭園文化の採用

**典**型的なイスラームの整形式庭園には、それをイスラームと判断するわかりやすい要素、たとえば主軸が十字に交差するチャハール・バーグ形式や、チャーダル（射水路）やチーニー・ハーナ（並列された小壁龕）のような装飾要素などが見られる。加えて地域ごとの特性も存在する。たとえば地中海地域の園亭の庭園に面した部分に設けられた馬蹄形アーチ（アルハンブラ宮殿の「マートルの中庭」──口絵9や、パルタール宮──図45など）、イランの多柱式のターラール（イスファハーンのチヒル・ストゥーンや「鏡の宮殿」──図52）、南アジアの障壁ジャーリー（デリーのジャハーンアーラーの墓──図75）である。こうした外観にはしばしば特別な意味が与えられている。たとえば、チャハール・バーグ形式は農地の姿を表しているという考えもあれば、天の楽園を流れる四つの川を地上に再現したのだとする考えもある。また、チャーダルは水しぶきを上げる滝の奔流を表している。こうした要素を取り入れムスリムによって建設された庭園はイスラーム庭園と呼ばれ、その意味についてはあらかじめ取り決められた象徴体系が使われている。もちろんそれらの意味は社会習慣や建設者の価値観の変化に伴って変わっていく。形と意味の関係はいつも難しい問題をはらんでいるものだが、両方とも同じ文化的、宗教的背景から発生しているのであれば比較的わかりやすい。しかし明らかに「イスラーム的な」形を利用して非ムスリムが庭園を建てた場合、その意味や社会的な位置付けをどのように判断すればよいのだろうか？

20世紀初頭にエドウィン・ラッチェンス卿によって設計されたニューデリーの副王宮殿〈2部-65〉、1937年から翌年にかけてドリス・デュークのためにハワイのホノルル近郊につくられたシャングリラ館の庭園（口絵25）、そして1987年にワシントンのスミソニアン博物館につくられた、イスラーム風パティオをもつエニド・A・ハウプト庭園〈2部-81〉などの近代の庭園は、近代的な感覚で処理されているとはいえ、明らかにイスラームを意識している。これらはイスラーム建築形式を解釈し直したもので、携わった西洋の建築主や建築家にとってイスラームとはあこがれであり、活用すべき相手であるが、その一方では押さえつけ、収奪する対象でもあった。しかしイスラームの芸術表現や技法を採用したとはいえ、同時にその政治的な支配やその他の習慣や宗教を受け入れたわけではない。結局のところ、ラッチェンス卿が副王宮殿を設計したのは、インドがイギリスの植民地支配を受けていた頃の

ことだった。入念な調査と研究を経て行われたイスラーム様式の借用は美観的に成功したといえるが、形式面に限定されている。そこでわき起こってくるのは、チャハール・バーグ形式のようなわかりやすい表象が本来の意味を知らない文化に取り入れられた場合、形式と意味の関係に何が起きたか、あるいは起きているのかという疑問だ。

　形式と意味が等価でなくなる現象は、20世紀に特有のことでもなければ、100年以上前に始まった帝国主義時代の特徴でもなかった。それは二つの文化の間で形式がやりとりされるたびに起きてきたことである。イスラーム形式は、ビザンツの王宮庭園、スペインのムデハル様式の修道院や宮殿、インドのラージプート族の建築、そして西洋における東洋趣味の建築、たとえばイギリス・ブライトンのロイヤル・パビリオン (1803-1832) や、ニューヨークのグリーンデイル・オン・ハドソンにあるフレデリック・エドウィン・チャーチによって建てられたオラナ (1870-1891) などに取り入れられた。逆にビザンツ、ラージプート、近代ヨーロッパの芸術表現もまた、イスラームの建築に取り入れられた。イスラーム世界に限ってみても、ラージプート族の藩王は南アジアに多くの建物を建てたが、そこにイスラーム形式を取り入れた例は少なくない。それは同盟関係にあるムガル帝国との文化的な均一性を顕示するためであったり、反対に覇者たるムガル帝国と競い、対抗しようとするためであったりした。いずれにせよ、これまでムスリムの権力者や庶民のために発達してきたイスラーム建築形式は、いまやまったく異なる相手と対峙することになり、ムスリムでない相手にとってこれらの形式が何を意味していたのかという問題が突きつけられる。

　前章では、ムガル帝国の人々が造園を優れた芸術の域まで高め、さまざまな媒体を使って草花を表現することによって自然の景観を室内に引き込んだことを説明した。同じように同時代のラージプート族も、建設した大宮殿の庭園に園亭、泉水、水槽、沈床花壇を設け、また美しい花や樹木を庭園だけでなく建物の壁にも表現した。こうした例は、ウダイプル、オルチャ、アンベール、ディーグや他の地域で見ることができる。アンベールとディーグの宮殿では四分割構造が採用され、主庭園は完全にムガル風である。庭園はイスラーム庭園に支配的な構造をもつだけでなく、その意味もすべて備えているように見える。しかしラージプート族の藩王はヒンドゥー教徒で、彼らがイスラームの形式を採用した場合、それがムスリムと同じ宗教的な意味——特に楽園をコーランで信者に約束された地とする——をもっていたとは考えられない[1]。それでは非ムスリムにとっての「イスラーム」庭園はどんな意味をもっていたのだろうか？　これは単なる単語の定義の問題にとどまらない。なぜなら「イスラーム風 islamicate」という、宗教と切り離してそれを指す便利な言葉がすでに存在するからだ[2]。むしろ問題は、形と意味の間にどの程度の結びつきがあるかということなのだ。両者が互いに密接に結びついているのでなければ、

図89●アンベール城の宮殿地区に通じる門には、ヒンドゥー教の神であり、新たなスタートや成功を司るガネーシャの姿が描かれている

　歴史研究者がすべきことは、歴史上の特定の時点と場所において、ある形式がもっていた意味を探り出すことだろう。
　アンベール城は17世紀前半に、ムガル宮廷で最も重要な高官でもあったラージプート族の藩王ラージャ・マーン・シング（在位1592-1615）によって（当時まだ存在しなかった）ジャイプルを見下ろす山中に築かれた。長方形の構造をもつこの城塞は数回にわたり増築が繰り返されている。まずはじめに、現在の建物群の南西端にある大きな中庭と高い防御壁が築かれた[3]。1623〜1628年にかけてミールザー・ラージャ・ジャイ・シン1世（在位1623-1667/1668）がこれを拡張し、私的な美しい中庭とその先の謁見用の広間をつくった〈第2部-59〉。両者の間には巨大な門が築かれ、そこには幸先のよい始まりを約束し、障害を取り除くといわれる象頭の神ガネーシャの画像が表された（図89）。四つ目の、最も外側の中庭であるジャレブ・チョーウクの西の角には、シーラ・デーヴィ女神に捧げられたヒンドゥー教寺院が立っていた。しかし君主の信仰を示すヒンドゥーのモチーフが公的な謁見の間に表現されている一方で、私的な中庭ではムガル建築様式が、政治的、文化的なつながりを示すために追求されている。中庭には、中央に泉水のある四分割された華麗な庭園が設けられていた（口絵26）。また宮殿全体が丘陵の、川をせき止めて人工湖とした上に立っていたが、これはアーグラー城やラーホール城の（デリー城はまだ建てられていなかった）典型的なムガル風の水際庭園によく似ている。庭園には水の動きを楽しむためのムガルの装置が使われていた。つまり、庭園の西側のスク・ニワースと鏡のモザイクがきらめく東側の二階建てのジャイ・マンディルの間から、水がチャーダルや横一列に並んだチーニー・ハーナの上を流れ落ち、白大理石製の水路を通って、八芒星の形の中央水槽に流れ込んでいた（図90）。

宗教と文化 | 11

図90●アンベール城のスク・ニワース園亭ではレリーフが施されたチャーダルの表面を水が流れる。水しぶきは辺りの空気を冷やし、涼やかな水音を響かせる。庭園内を流れる水は最も生命に満ちた姿である

宮殿内ではプライバシーを重んじるイスラームの傾向を尊重する一方で、外には遠くまで広がる美しい眺めが整えられた。中庭のジャイ・マンディル（一階がジェス・マンディルで二階がジャス・マハル）の窓からは、日光と暑さをさえぎりつつ風を通す障壁ごしに息をのむような景観が望めた。ジャイ・マンディルの屋上テラスの小塔からは谷の反対側に広がる雄大な山々を、目を下に向ければ人工湖に張り出すマウンバリ庭園の複雑な花壇を眺めることができた（図87）。この庭園は三段のテラス状になっているにもかかわらず、驚くほど平らで、花壇を縁どる背の低い石組みが複雑に入り組んでいる。明らかにこの庭園は、上のジャイ・マンディルの展望台から眺められることを前提にしている。言い換えれば、マウンバリ庭園はある決まった場所から眺めるためにつくられており、その結果、庭園と展望台は別個の建築物であるにもかかわらず同一の視野の中に統合されている。建物と景観をひとつにまとめる視野という概念は、建物が自らをはるかに超えたレベルまで到達する力があることを示しており、これはムガル建築の特徴でもあった。

　20世紀前半に歴史研究者のパーシー・ブラウンとヘルマン・ゲッツは、アンベール城やそれ以外の似たようなラージプートの宮殿でムガル様式が見られるのは、以前アクバル帝のもとで建築活動に従事した職人が、作業に加わったからではないかと考えた。ジャイルズ・ティロットソンはこれに反論し、そのような主張は「インド・イスラーム様式の方がヒンドゥー様式よりも優れている」という考えから生じており、むしろムガル様式と並行して半土着的なラージプート様式の芸術や建築が存在していたことを認めるべきだとした[4]。これらの考え方は表現こそ違っているものの、どちらも建築が時代精神を表し、建築主も建築家も様式の進歩に「貢献」しているという考えに立っている。建築について考察する場合、実際に煉瓦を並べ、砂岩を彫刻した個人は無視される場合が多いが、このような説明は次の事実を隠してしまう。つまり、重要な建物は伝統技術を身につけたさまざまな職人によってつくられており、これを注文し、使用する人間も建物に個人的な好みや複雑な政治状況を反映させ、同時にライバルの藩王や敵や家臣（一族、従属者、領民）に強い印象を与

えたいと願ったに違いないということが見えなくなってしまうのだ。建築を命じ、そこに住んだ人々の視点に立てば、石材や装飾要素に見られる様式の変化をとらえるにとどまらず、そうした要素が建築主にとってどういう意味をもっていたかということがわかるだろう。

　アンベール城の庭園にはアーグラー城やラーホール城と同じ建築要素が見られるが、所有者の宗教が異なることから、それぞれが異なる価値観に基づいて理解された。土葬ではなく火葬の習慣をもっていたヒンドゥー教徒は墓を築くことはなく、したがって楽園を再現するために四分庭園をつくることもなかった。ヒンドゥー教の世界観では生は継続し、あの世は存在しない。人は輪廻を繰り返し、いくつもの生を生き、最終的に魂は物質的な世界を超越して祝福された状態である涅槃に至るのだ。したがって、もしラージプートのチャハール・バーグ庭園に楽園の意味合いが込められているとしても、それはいかなる宗教的な意味合いももたない、文学上の約束事に過ぎない。

　宗教こそ違え、ヒンドゥー教徒とムスリムは文学、芸術、文化に影響を与えあい、また実際に融合していたので、16世紀末までにムガル宮廷文化には両方の要素が深く入り混ざっていた [5]。アンベールを治めていたラージプートのカチワーハ一族はムガル帝国の政治機構で高位を占め──ラージャ・マーン・シングはムガル宮廷で育ち、アクバル帝の最も信頼する行政官の一人だった [6]──、娘をムガル帝室に嫁がせたので、両者は政治方針を共有するだけでなく、姻戚にもなった。カチワーハ家は他のいかなるラージプート一族よりもはるかに深くムガル帝国と関わっており、おそらく目指すものが共通していたため、イスラーム庭園は彼らにとってとり

図91●オルチャのライ・プラヴィーン園亭の前に広がるアーナンド・マンダル庭園にはいくつかの装飾的な水盤（手前）、そして掘りくぼめられた穴がグリッド状に並ぶ部分があり、これらの穴には植物やおそらく小型の木が植えられていた。これらの木が提供する日陰がなければ、広範囲にわたって舗装された地面から放射する熱は不快なものだったに違いない

わけ重要な意味合いをもつことになったのだろう。したがってミールザー・ラージャ・ジャイ・シンがアンベール城にチャハール・バーグ庭園をつくったのは、イスラームの死後の世界における楽園を表現しようとしたのではなく、彼らがムガル帝室と共有している政治姿勢を顕示するためだった [7]。これは決して不平等な関係ではなかった。むしろ、ムガル皇帝がカチワーハ家の支持を強く求め、強力なラージプートの藩王と戦略的、また個人的な同盟関係を結ぶのに何の不都合も感じなかったように、ラージャ・ジャイ・シンもまたムガル芸術様式を高く評価し、躊躇なく自らの芸術的な嗜好として取り入れたのだ。

デリーの南には、1531年にブンデラ藩王国の首都として建設されたオルチャがあった。城塞はベトワー川の中州に建てられ、この自然の濠といくつもの防御壁、そしてムガル帝国との同盟関係によって守られていた。一族の中で最も多くの建設活動を行ったのはビル・シング・デオ（在位1605-1627）で、彼は城塞を構成する三つの主要宮殿のうち最後のひとつ──ジャハーンギーリー宮殿（マハル）も建てている。この宮殿の北側にあった園亭は、インドラマーニ（在位1672-1675）が寵愛する女詩人ライ・プラヴィーンのために建てられたのかもしれない（図91）[8]。しかしこの園亭でも、園亭に面した庭園でも考古学調査は行われておらず、実際にこの庭園がつくられたのはジャハーンギーリー宮殿と同じ1610年代の可能性が大きい。

ライ・プラヴィーン複合施設は壁に囲まれ、主園亭は地下室を備えた二階建てで屋上に小塔がついている。これに面しているアーナンド・マンダル庭園（バーグ）は、異なる大きさの二つの部分にわかれている。川は遠くないが、この園亭やジャハーンギーリー宮殿からは見えない。庭園を潤す水は、ひとつは敷地内の、残り二つは壁の外にある計三つの井戸から汲み上げられた。川が近いため水位は比較的高く、これらの井戸が供給する水は庭園の灌漑を行ってもまだ余るほどだったに違いない。また、実際に植物が植えられた部分以外の地面はモルタルで固められたため、水は蒸発せず地中に保存された。花壇は八角形で、花だけでなく灌木や小さな木まで植えられる深さがあった（しかし、その底部にもモルタルが敷かれていたのかどうかについては、筆者は確認できなかった）。花壇を潤す水は地下水路を流れ、高く隆起させた園路を人間は歩いた。園亭の前に設けられたわずかに高いテラスは、踊りのための舞台だった。

城塞から川を渡った西方に立つジュジャール・シング宮殿にも似たような庭園があった。この宮殿はジュジャール・シング（在位1627-1636）が建てたものだが、庭園はマドゥカル・シング（在位1554-1592）が計画し、ビル・シング・デオが17世紀初頭に完成または再整備した [9]。パルキ・マハルという二階建ての園亭に面したプール庭園（バーグ）でも、固い地面の間に設けられた八角形の花壇とそれより少し高い、縦横に園路が見られる。ビル・シング・デオがジャハーンギーリー宮殿とプール庭園の双方を計画したことを考えると、アーナンド・マンダル庭園とライ・プラヴィーン園亭も彼の治世のものである可能性が大きい。

オルチャの庭園も厳密に左右対称な四角い宮殿も、ムガル風ではない。ビル・シング・デオはジャハーンギール帝と友好関係を保ったが、そのことは彼のつくった最大の建築に名が残るだけで、その様式からうかがうことはできない。明らかにブンデラの藩王たちにとって、建物は彼らの独立したアイデンティティを示すものであり、ムガル帝国に対する彼らの政治姿勢を表すものではない。したがってアンベールのカチワーハ家とは違い、彼らの建築や庭園の様式はムガルの美的価値観を反映していなかった。このようにカチワーハとブンデラを比べると、ラージプートの建築様式は建設者の政治的な同盟関係や従属関係を単純かつ直接的に反映しているように感じられるかもしれないが、それは間違っている。強力なカチワーハ家はムガル帝国の行政官となったかもしれないが、彼らが自らの主宮殿にムガル風庭園をつくったからといって、支配的な文化への従属を意味していない。むしろ、チャハール・バーグ形式が少なくとも 17 世紀初頭（もしかしたらすでに 16 世紀）には、信仰する宗教に関係なく、一般に普及した庭園形式だったことを示している⁽¹⁰⁾。

　ラージプートのシソーディヤ家が支配するメーワール藩王国の政治姿勢はまったく異なり、彼らの建築および庭園にムガル帝国との共通点がみられたとしても、それは協調性よりもむしろ極端なまでの対抗心に基づいていた⁽¹¹⁾。ラージプート族の中でもシソーディヤ家は最後までムガル帝国の覇権に抵抗しており、1614 年にとうとう「ラーナ奴
め
」（メワール藩王ラーナ・アマール・シングはジャハーンギールの自伝にこう書かれている）が服従すると、ジャハーンギールは「すばらしい知らせだ！」と叫び、次のように記した。「余はメッカの方角を向き、ひざまずいて感謝の祈りを捧げた」⁽¹²⁾

　1567 年にアクバル帝によってシソーディヤ家がチットールガル城塞から追われると、彼らはウダイプルを新しい首都に選んだ。そのごつごつした地形は自然の防壁となり、川をせき止めてピチョーラ湖とすることによって水の確保にも成功した。そして、湖のほとりの岩山の上に大宮殿が築かれ、代々のシソーディヤ藩王によって拡張および改築が行われた。この市街宮殿の最上部にはアマール・ヴィラス（在位 1698-1710）によってつくられ、その名を冠した屋上庭園がある（口絵 17）。北側のバーディ・マハル園亭では、水浴び用の大きな水槽が床に沈められ、周りを尖頭アーチの柱廊が取り囲み、外壁に張り出したジャローカ窓からは周囲の景観や足元に広が

図 92 ● ウダイプルの市街宮殿にあるこの 18 世紀初頭につくられたアマール・ヴィラス庭園にはグリッド状に区画された花壇があり、多弁形の開口部が設けられている。前世紀のムガル庭園と比べると、植生はずっとコントロールされている

る湖や町並みなどの見事な眺めを楽しむことができた。アマール・ヴィラスの中庭の南側には、屋上に小塔を載せたいくつもの園亭に囲まれたバーディ・チャトゥル・チョウク、そして驚くべきクジャクの中庭（モール・チョウク）があった。後者では、壁の下段には大きく羽を広げたクジャクの姿が色とりどりのガラスのモザイクで高浮彫に表され、上段では中庭に向かってジャローカー・バルコニーが張り出し、その横に樹木や並んで立つ貴族の姿が表されている。

アマール・ヴィラスの中庭では、中央の四角い水槽を囲むように12の沈床花壇が左右対称に配されている（図92、93）[13]。水槽を囲む園路から尖頭アーチの柱廊が取り囲む少し高い地面に向かって伸びる通路により、これらの花壇は碁盤の目のようにわかれている。各沈床花壇はさらに九つのグリッドに分けられ、そのそれぞれに掘られた多弁形の穴に植物が植えられた。植樹穴が限られたサイズであるにもかかわらず高木も植えられており、その根は宮殿のこの部分を支える自然の岩盤にまで伸びていたに違いない。

ラーナ・サングラム・シング2世（在位1710-1734）が、アマール・ヴィラスに面したバーディ・マハルで謁見の儀式を行っている情景が布に描かれて残っている。そこには廷臣やヨーロッパからの訪問者、音楽家、そして大きな猫（おそらくチーター）がいる[14]。中庭の大きさは誇張されているが、長方形の沈床花壇に多弁形の植樹穴が配されている様子は正しく表現されている。中央の水槽を取り囲む花壇のほとんどに樹木が植えられていたようだ。中庭の南側には白い石造の仕切りがある。そして植樹穴より少し大きいが同じような多弁形が中庭を取り囲んでいるのが、おそらく水盤だろう。

これはムガル風の庭園ではない。オルチャやウダイプルで見られるような、地面の大半が固い素材（ハードスケープ）で覆われ、ほんのわずかな開口部につめられた土に植物が植えられているような庭園は、伝統的なムガル庭園、つまり舗装された園路は土が耕されて水の浸透する地面を単に区切っているだけの構造とはまったく異なっている。しかし長方形の花

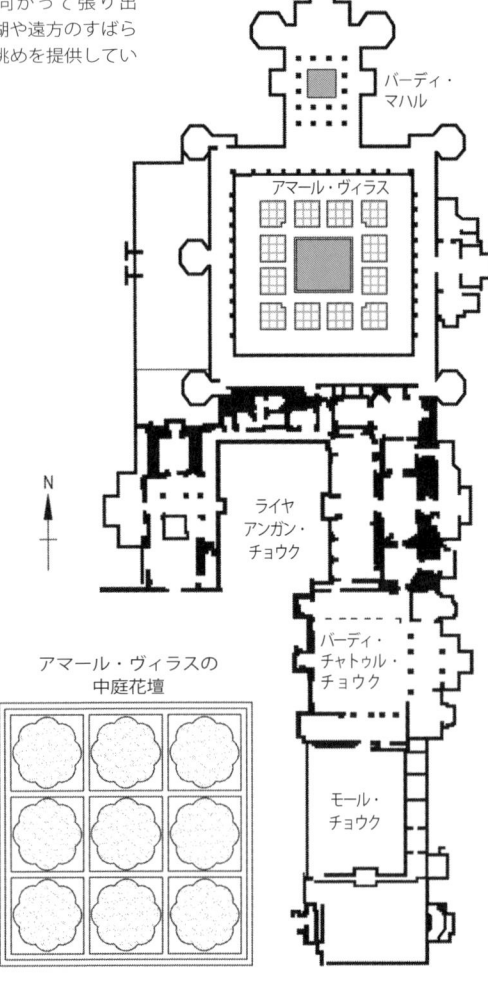

図93●ウダイプルの市街宮殿の最上部にあるアマール・ヴィラス庭園は、自然の岩場の上に直接築かれている。中央の四角い水盤を12の花壇が囲み、それぞれに九つの曲線を描いた穴が掘り込まれている。北側の壁からバーディ・マハルが外に向かって張り出し、湖や遠方のすばらしい眺めを提供している

壇の配置は四分割されたチャハール・バーグ形式を想起させる。幾何学的な左右対称性の重視や植物と水の絶妙なバランスは、イスラーム庭園に不可欠の要素だ。そして高所にあるこの中庭から眼下に広がる湖の眺めは、川沿いの高台に好んで設けられたムガル庭園に通じるものがある。ウダイプルのシソーディヤ家などラージプートの藩王たちは明らかに周囲のムスリムや他のラージプートの庭園を意識していたが、おそらくムガル帝国に対して敵対的だったからだろう、彼らは単なる模倣を潔しとせず、伝統的なイスラーム庭園に独自性を加えることによって、建築者たる自らのアイデンティティをそこにはっきりと示したのだ。

図94●アーグラー城にあるアングーリー庭園の四分割された花壇では、石枠が表面に置かれているだけではなく、この写真に見られるように実際は深い穴が掘られている

　オルチャとウダイプルというラージプート族の町では、主宮殿はまるで要塞のように自己完結的で、内側の空間のうちほんのわずかしか庭園に割かれていない（しかしウダイプルでは、防衛の備えをもたない、どちらかというと開放的な娯楽のための宮殿が湖上や湖畔にいくつも建てられた）。庭園が築かれた場合でも、それは十字に交差する園路で沈床花壇が分割されるチャハール・バーグ形式ではなく、オルチャの場合は窓枠ごしに遠くの川や湖を眺めるムガル帝国の好みからも逸脱していた。しかしラージプートだけが一方的にムガル帝国側から新しい様式を取り入れていたわけではない。活発な伝播が双方向で行われていたのであり、モルタルで内部を固めた穴に植物を植えるラージプートの習慣が、ムガル庭園に影響を与えた可能性もある。たとえばアーグラー城のアングーリー庭園では、チャハール・バーグ部分は曲線を描く優雅な石組みによって分割されている(図86)。これは一見表面だけの装飾に見えるが、2003年1月、筆者は幸運なことに、土を完全に取り除いた状態でいくつかの分割部分を見ることができた(図94)。装飾的な表面の石組みは花壇の深さ2m近くまで伸び、底部はモルタルで固められていた。水やりは花壇の表面のすぐ下、50cmよりも浅い位置を流れる水路によって行われていた[15]。庭園の外見は似ておらず、アーグラーでは広範囲のハードスケープが強調されているわけではなかったが、限定的なサイズの花壇に植物を植える技法はアングーリー庭園にもオルチャのライ・プラヴィーン庭園にも共通している。

　アングーリー庭園はシャー・ジャハーン帝によって1628〜1637年にかけてつくられた。オルチャの庭園の年代ははっきりしないが、ビル・シング・デオによって1605〜1627年につくられたと思われる。ウダイプルの庭園は17世紀末のものだ。これらの年代決定はきわめて不十分で、限られた空間に植物を植えるやり方

がラージプートとムガルのどちらで最初に行われたのか、はっきりしない。ムガル皇帝の建築活動に従事した労働者や建築技師にはムスリムもヒンドゥー教徒もおり、さまざまな建築プロジェクトを渡り歩いていたことを考えれば、こうした技法の伝播が絶えず行われていたことは明らかだ。少なくとも17世紀には、同じ職人がラージプートとムガルの建築活動に従事していた証拠がある。1637年に出た王の布告が、大理石職人は直ちにアンベールでの仕事をやめてアーグラーに移り、皇帝のために働くよう命じている[16]。実際、ムガル側がインド原産の赤砂岩を利用し、また曲線を描く持ち送り、壺とつる性植物のモチーフ、小塔、湾曲した屋根（バングラ）、そして水を集めたりくんだりするための階段井戸など、インド古来の建築様式を採用したことは数々の建築史論文で立証されている。そしてヒンドゥー側もチャハール・バーグ形式やチャーダルなど典型的なイスラームの建築要素を取り入れ、新たに小塔を葬送記念碑として用いるようになった。ここで強調すべきは、素材や形式のやりとりがこのように頻繁に行われると、ムスリムとヒンドゥーの建物は互いに似てくるので、多くの形式や習慣を共有する単一の南アジア文化としてくくることができるようになるという点だ。しかしその陰では、宗教間の差異がはっきり認められ、存在し続け、そして大抵の場合は容認された。

　植民地となって自治権を失ったため、南アジアの政治状況は18世紀から20世紀前半にかけて激変したが、そんな中でイスラームの形式は再び借用され、まったく異なる文化アイデンティティを表現するのに利用された。これまでムスリムやヒンドゥーの有力者がイスラーム風庭園をつくってきたのに、いまやイギリス人も登場してきた。彼らはイスラームの形式のあるものは受け入れ、あるものは排除し、独自の庭園を築き上げた。表情豊かな彼らの庭園は新しい観客のためにつくられただけではない。インドの歴史との関わり方によって、ヒンドゥーとムスリムの建設者は新たに登場したヨーロッパの建設者と区別されたのである。

　アーグラーの北西にあるディーグ宮殿は、1760年にジャート王国の新しい首都バラトプルに建てられた。バラトプルは18世紀の第2四半期という、ヒンドゥーとムスリムの藩王たちが比較的独立を謳歌し、多くの建築活動を行った時期に建設されている[17]。ジャート家はムガル帝国と長年敵対関係を続け、ある反乱ではスィカンドラにあるアクバル廟を略奪したとも伝えられている。これに対しムガル帝国側は、カチワーハ家と同盟を結んでジャート家を含む他の藩王に対抗した[18]。ディーグ宮殿では中央の庭園群が、東にある正方形のループ・サーガル（美しい海）と西にある長方形のゴーパール・サーガルという二つの人工湖にはさまれている。チャハール・バーグ形式の庭園は巨大な沈床花壇をもち、西側のテラスの上に堂々と立つ居住用のゴーパール・バワンと、東側のより装飾的なケサウ・バワンとの間に主軸の園路が走っている（口絵16）。これに交差する、同様に隆起させた園路は、北のナンド・バワンと南のキサーン・バワン（農民の館）をつないでいる。園路は噴水を

図 95 ● 1756 〜 1768 年に大半の建物が建てられたディーグ宮殿では、二つの人工湖の間を主軸が走り、それぞれの湖に向かって園亭が張り出している。写真の前方に見えるバードーン園亭とその対になる園亭は、宮殿全体を貫くテーマであるモンスーンの月名をとって名付けられている

備えた幅広い水路の両側を走っているが、かつてカシュミールのムガル庭園で発達した躍動感あふれる水の芸術がここでも見られる。水は庭園を潤しているだけではない。建物と一体化し、その間を流れたり、ケサウ・バワンの三方を囲んだりしているので、この園亭は大広間と巨大な噴水の両方の役割を果たしている。東西を湖に囲まれているだけでなく、庭園内や屋上にも設けられていた水槽からも水は豊富に供給されていた。この宮殿では水が中心的なテーマとなっている。バルコニーを備えた園亭は水際に立っているだけでなく水上にも張り出しているので、まるで船の舳先のように見える（図95）。ゴーパール・バワンに隣接するサーワーン（雨季の第1月）とバードーン（雨季の第2月）の両園亭はモンスーン月から名付けられており、こうした命名はムガル帝国のデリー城にも見られる（しかしインド古来の習慣から取り入れたものである）。屋根は、雨音を大きく反響するように設計されていた。

　ゴーパール・バワンは多くの建物の中で最も大きく、堂々としている。この建物が立つテラスの両側にもさらに別の四分庭園が設けられている。南側の庭園は優美なスーラジ・バワン（太陽の館）に面しており、この園亭の反対側にも同じく、しかしより奥まったチャハール・バーグ庭園がある。スーラジ・バワンとその付属庭園が比較的小ぢんまりしていて、外部の干渉から守られていたのは、これが女性用の区域だったからだ。園亭のテラスに刻まれたチーニー・ハーナは、大理石の水盤から上がる噴水の装飾的な背景となっている。園亭の装飾――白大理石に色石の象眼は庭園のテーマを視覚的に強調しており、花壇だけでなく壁までが、花などの自然のテーマで飾られている（図96）。園亭の床に花柄の絨毯が敷かれ、芸術と自然が、まるで両者の間には何の違いもないかのように調和している様子が想像できる。実

宗教と文化 | 11

図96●ディーグ宮殿のスーラジ・バワン（太陽の館）に見られる、色鮮やかに咲く花を表した繊細な大理石のはめ込み細工は、100年以上前にさかのぼるタージ・マハルの同じような石のピエトラデュラによく似ている

際、このように細部まで入念に設計された宮殿では、両者の区別はまったく意識されなかったに違いない。

　ジャート家が彼らの主宮殿にムガル風の庭園をつくったというのは皮肉なことだ。なぜなら彼らとムガル帝国は、17世紀末の反乱や、18世紀初めに彼らがアーグラーを占領してからというもの、終始敵対関係にあったからだ[19]。実際、ディーグに堅固な防御壁と幅広い濠が築かれたのは、ムガル帝国軍の猛攻を防ぐためであり、19世紀初頭にはイギリス軍の攻撃も跳ね返した。しかし18世紀後半にムガル庭園のさまざまな要素、たとえば複数のチャハール・バーグ庭園、チーニー・ハーナ、噴泉、周囲の景観や湖の眺めを楽しむ園亭などが採用されたのは、当時のジャート家の政治姿勢を示しているわけではなく、すでに流行遅れとなりつつある様式を取り入れただけだった。ムガル帝国は衰退し、それよりもさらに強力なイギリスによる政治的、経済的な締め付けにとって代わられていた。しかしムガル帝国の過去と結びつくことによって、現在の政治状況では得ることのできない、かつての権威や文化的な威信といったものを手に入れたのだ。アンベール城と同じように、ディーグ宮殿のヒンドゥー的な性格は決して隠されてはいない。逆に、巨大な水槽や庭園の主軸上にそびえ立つ大理石製のブランコによって顕示されている[20]。水槽はイスラーム庭園の中心的な要素だっただけでなく、インド建築でも重要な役割を果たした。なぜなら人造であるか、自然であるかを問わず、水場は神聖な場所と考えられ、創造、再生、清浄、そして神々の臨在と結びついていたからだ[21]。一方、ブランコは大衆的なテーズ祭りで使用され、偉大なサンスクリット語の叙事詩『ラーマーヤナ』に収められた恋愛物語のひとつでも、モンスーンを待つ気持ちや愛欲の隠喩となっている。チャハール・バーグ庭園がヒンドゥーの人気物語の舞台になったことは18世紀のインド文化を象徴しており、次のことを指している。つまりこの時点ではチャハール・バーグなどのイスラーム風の庭園形態はもはやイスラーム

図97●イギリスの建築家によって1878〜1890年にかけて建てられたバローダのラクシュミ・ヴィラス宮殿からはインドらしさが強くうかがえるが、芝生がしきつめられ、彫像が立つ周囲の景観にその要素を見てとるのは難しい

と直接的なつながりはなく、完全に南アジアの芸術様式として根を下ろしていたということだ。

　反対に後世、藩王の何人かはヨーロッパ風の建築を採用しているが、インド亜大陸の各地の外見的、植物学的な特性はそこに取り入れられることもあれば拒否されることもあった。そのひとつの例はバローダ（ヴァローダラー）にある、イギリスの建築家チャールズ・マントとロバート・チゾルムによって設計された巨大なラクシュミ・ヴィラス宮殿（1878-1890頃）だ。宮殿自体には公的空間、私的空間そして後宮（ザナーナ）という伝統的な区分けがされているが、その周りにはイギリスの公園のような広大な芝生がひろがっている（図97）。また中庭のひとつは古代ローマのアトリウム風で、楕円形の泉水は裸体や古典的な服装の大きな彫像に取り囲まれている(22)。カプールタラーのジャガットジート宮殿（パンジャーブ地方、1908年に完成）は古典様式（ボザール）の建築家M・マルセルによって設計された。宮殿にはマンサード屋根が設けられ、壺や彫刻などの古典的な装飾要素が見られる(23)。この宮殿を建設させたシーク教徒のジャガットジート・シング（在位1890-1947）は、19世紀中頃の反乱時に祖父がイギリス側についたというほどのヨーロッパびいきで、彼の「パンジャーブ平原に立つフランス風シャトー」は、当世のルイ14世になりたいという彼の夢想を満足させてくれた(24)。この宮殿はムガル風でもイギリス風でもなく、明らかなヨーロッパ大陸風で、模倣を通じてヨーロッパの列強と同等の地位を得たいという彼の願いが込められている。ディーグ宮殿のジャート家と異なり、彼らのような後世のインドの藩王たちは、もはやムガル帝国とのつながりを追求することはなかった。なぜならこの頃のムガル皇帝は、権力だけでなく、権威まで失ってしまっていたからだ。彼ら

宗教と文化 | 11　　165

の衰退は激しく、1803年にはイギリスの将軍ジェラルド・レイクが征服者としてデリーに入城し、年老いて失明した皇帝シャー・アーラムから城を引き継いだ。皇帝はわずかな年金を支給され、「デリー王」という地位に追いやられてしまった。若いムガル皇子たちによる1857年の血なまぐさい反乱は鎮圧され、1862年、最後のムガル皇帝が追放地で死亡した。1877年、イギリスのヴィクトリア女王がインド女帝である宣言がなされ、それ以降、多くのインドの藩王たちは、ヨーロッパ風の様式を取り入れることで文化的威信を示そうとした。

一般に、イギリス人自身はインド風よりもヨーロッパ風の建築や景観を好んだ。ニューデリーをカルカッタに代わる新しい首都にする決定は1911年に発表され、エドウィン・ラッチェンス卿とハーバート・ベイカー卿にはパリやワシントンの大都市計画に匹敵する設計を行うことが期待された。ちょうどシャンゼリゼ大通りがルーヴル宮殿、コンコルド広場、凱旋門というパリの三つの中心をつないでいるように、今日ではラージ・パットとして知られるデリーの大通りが、副王の宮殿（現在の大統領官邸ラーシュトラ・パティ・バワン）とジャイプルの塔を、戦没者慰霊碑であるインド門（1921年に着工）とつないでいる。副王の宮殿は大英帝国の威光を示すためにヨーロッパの古典的な建築様式で建設されたが、一方、首都がカルカッタからデリーに移されたのは1905年に前者が反乱したことに対する懲罰であり、幻滅したムスリムの心をつなぎとめるための戦略でもあった。したがって、宮殿と庭園にはわかりやすくインドに特徴的な建築要素を取り入れる必要があった[25]。しかしラッチェンスが目指したのは「まるで壁に絵を架けるようにインドの要素をとらえ、ところどころにそれを挿入する」ことではなかった[26]。彼は二つの建築様式を統合しようとしたのであり、その成果は1931年に「東洋と西洋の融合であり……『二重の壮麗さ』である」と賞賛された[27]。

副王の宮殿の周囲に広がる広大な敷地は整備され、その整形式庭園はイギリス風でもムガル風でもなく、両方の伝統を踏まえた近代的なものだった。エドウィン・ラッチェンス卿がその設計を担当し、W・R・マストーが園芸部門を統括した[28]。宮殿は新市街を貫いて走るラージ・パットが行き着く丘陵にそびえ立っていた。この軸線は宮殿の西側で再び現れ、ムガル風庭園、テニス・コート、そして中心にヨーロッパ風の池と植栽がある壁に囲まれた円形庭園の間を貫き、ひとつの構造体にまとめている〈2部-65〉。

ムガル風庭園は中央の大きな四角い芝生の周りに展開している。この芝生の上では外交団のレセプションやパーティが開かれ、ヨーロッパ人や選ばれたインドの有力者たちがお仕着せを着たインド人召使いからジントニックを受け取った。芝生の周囲には手入れされた花壇や幅広い水路などが幾何学的に配されており、明らかにチャハール・バーグ形式を意識している（図98）。ラッチェンスは副王の宮殿を設計する前にカシュミール、アーグラー城、デリー城などの庭園を細かく調査してお

り⁽²⁹⁾、副王宮殿の庭園にも、全体の構成だけでなく細部までムガル庭園の美意識を反映させている。カシュミールのシャーリーマール庭園のように、水路のところどころに平らな石の橋が架けられた。また凹凸のある石の上を水が流れる様子は、伝統的なチャーダルや、アーグラー城のアングーリー庭園(バーグ)のテラスから水が流れ落ちる水路に色とりどりの大理石がはめ込まれていたのを想起させる。水路の交差部分では大きな噴水が水しぶきを上げ、重なり合う18の砂岩製の円盤はインド的なモチーフである睡蓮を表している。庭園のあちこちで階段をおりて水際に近づくことができたが、これはワーラーナシー(ベナレス)のガンジス川沿いに設けられたガートや、インド各地の寺院や聖地にある聖なる池のガートを想起させる。庭園の全体的な印象は何よりも近代的で合理的だが——中央の芝生を取り囲む樹木でさえ、完全な球形に刈り込まれている——、しかしそれは宮殿とそれに付随する建物と同じように、イギリス人には不合理で古くさく見えるそれ以前のインド風建築様式を選択的に取り入れた結果だったのだ。

　副王宮殿で庭園のこの部分は明らかにムガル庭園を意識し、解釈し直したものだ。しかし、それに付属するテニスコートやカクテルパーティ用の芝生は、もともとこの庭園を楽しむ立場にあった、植民地支配層の好みにかなうものだった。チャハール・バーグの中心にある芝生の位置は本来、近くにあるフマーユーン廟のような墓廟庭園では、墓廟が占めていた。庭園の構造はよく似ているが、両者の機能や社会政治学的な意味はこの上なくかけ離れている。とはいえ、植民地の支配者であるイギリス人がニューデリーでインド古来の形態を我がものとしたのは、ディーグ宮殿でイスラーム風の建築様式が採用されたことと違いがあるのだろうか？　そして娯楽やカクテルパーティに使うために芝生が設けられたことは、カシュミールのシャーリーマール庭園(バーグ)で公開された楽しみや、プライベートな娯楽と何か異なるところがあるだろうか？

　この疑問は我々にやっかいな問題を突きつける。つまり芸術様式はどの程度伝播するのか、そしてその過程でどの程度、意味が変化したり失われたりするのかとい

図98●イギリスのインド植民地の首都ニューデリーに、エドウィン・ラッチェンス卿は副王の宮殿(現在のラーシュトラ・パティ・バワン)と広大な付属庭園を建設し、南アジアの建物や庭園様式を数多く取り入れた。抽象的な形態のチャーダルと蓮型の噴水が、左右対称性と軸性が支配する庭園内に配されている
(Amita Sinha)

宗教と文化｜11

う問題だ。庭園はそれがつくられた場所に固く結びついているので、たとえ当時植民地支配を受けていたという事実がその様式に反映されていたとしても、デリーに存在するという事実だけを理由にこれを南アジア文化に含めることができるのだろうか？　チャーダルや睡蓮のモチーフのような素材や形をまったく新しい環境で利用したとしても、もとの文化でそれがもっていた意味の一部、または全部を保ち続けることができるのだろうか？　人間が自らの基本的なアイデンティティを変えずに異国風の衣装をまとうことができるのなら——インドに住むイギリス人（そして中東全域に滞在するヨーロッパ人）は好んでそうした肖像画を描かせた——、庭園もまた異国風の姿をまといながら、建築主のアイデンティティを保持し続けることができるのだろうか？

　この問題は建築主、さらには場所に深く関わっている。庭園は決まった場所にあり、その性格は地元の植生、降雨量、気象条件によって決定される。地質学的な条件もまた、ある程度変えることはできても完全に覆い隠してしまうことはできない。こうしたさまざまな条件の結果として庭園がつくられるのであり、実際高名な研究者たちや大衆作家は長い間、イスラーム庭園とは砂漠の乾燥した気候に直面した人間が出した答えなのだと説明してきた[30]。もしそうだとすれば、ハワイにあるドリス・デュークのシャングリラ館や、ワシントンのスミソニアン博物館のサックラー・ギャラリーに付属するエニド・A・ハウプト庭園などは、イスラーム庭園と呼ぶことはできない。なぜならこれらの庭園はイスラーム庭園を定義づける、とらえどころないが本質的な要素をもたないからだ。他にも庭園の存在する場所ではなく建築主の意図に基づいてその意味を考える方法もある。この場合、副王の宮殿にあるムガル風庭園、そしてアンベール城とディーグ宮殿の庭園がイスラーム庭園たる資格を失うことになる。なぜならこれらの庭園はムスリムによって、あるいはムスリムの信仰を表現しようと願った建築主によってつくられたのではないからだ。もしかしたら庭園の意味を限定し、それに文化的な位置付けを与えることによって否応なしに「我ら」と「彼ら」を区別してしまうような本質論的な定義づけをやめ、代わりにイスラーム文化をほぼ全世界に広がる現象としてとらえ、必ずしもイスラーム圏に含まれない多くの都市や場所においても、熱心なムスリムから非ムスリムのパトロンや大衆までが好むような建築や景観として考えることもできるかもしれない。この視点に立った場合、問いかけるべき問題は「植民地時代のイギリス庭園や近代アメリカの庭園はイスラーム庭園に含められるか？」ということではなく、より重要な、そもそもなぜこうした問いかけがなされてきたのかということに移るだろう。

　西洋的な文化素養を身につけた人間にとっては、イスラーム庭園を特にイスラーム的な文化やムスリムのアイデンティティを固定化させたものとしてではなく、記

憶、場所の形成、世界における人間の位置、想像力、合理性、政治力、そして永遠の渇望を表現したものと見なすほうが都合がいいのかもしれない。この上なく美しく、高度に発達した概念をもつさまざまな庭園をただひとつの意味やアイデンティティに単純化してしまうのを拒否することによって初めて、これらの庭園のもつすべての意味が明らかになるのだ。

　本書でイスラーム文化を定義づける最大の役割を宗教に担わせていないのは、キリスト教、ユダヤ教、ヒンドゥー教そして仏教（などの各宗教）の少数派（そして時には多数派）が自由に暮らせる寛容な社会においては、その芸術的、知的な発展を宗教だけでは説明しきれないからだ。いくつかの美しいイスラーム庭園はムスリムによってつくられたのではないが、なぜこのようにさまざまな庭園がつくられ、多様な方法でそれが受容されたのかは解明する必要がある。ラージプートの藩王やイギリス人によってつくられた南アジアのイスラーム風庭園、スペインの宮殿や僧院に見られるムデハル様式の庭園、そしてオマーンやサウジアラビアのムスリムのパトロンのためにイギリス人、フランス人、アメリカ人の建築家が設計した現代の立派な景観などを見れば、アイデンティティをひとつの土地に「固定」するのは難しいということがわかる。だが、これらの場所や建築主までも考慮に入れるとすれば、「イスラーム庭園」についてはいったいどう論じればよいのだろうか？　この概念が体現する内容や展望を理解するうえで、名前を与えることによって得るものもあるだろうが、失うものも少なくない。もちろん、単純だがわかりやすいアイデンティティを提示する方がよい場合もある。たとえば教育カリキュラムの中にイスラーム学を加えるように要求したり、芸術史や景観史入門にその分野の芸術作品や建築を、残念ながら非常にわずかだとしても、含めるように求めたりする場合だ。しかしそうした結果、ほんのいくつかの建物や作品だけが幅広く複雑なイスラームの歴史と文明を代表するのだと、誤解される危険は避けられない。

　本書におけるイスラーム庭園と景観の紹介では、庭園がひとつの文化環境内に系統的かつ年代順に登場し、異民族の侵入、技術革新、王朝の交替など特殊な出来事によってだけ変化が引き起こされたかのような記述を意図的に排している。絡み合ったいくつもの出来事がイスラーム社会の歴史を形づくっており、それが集まってイスラーム世界を構成しているが、そのすべてを含めるひとつの体系的な説明など存在しないからだ。それでもこうした歴史叙述にこだわると、必ずイスラームの中での相反する立場に対処しなければならなくなる。たとえば、19世紀のチュニジア史はアラブの歴史なのか、それともトルコの歴史に含まれるのだろうか？　ムガル朝インドはティムール朝のイランとつながっているのだろうか？　それはすでにしっかりと確立されたデリーのスルターン朝の間から出現したのだろうか、それともヒンドゥー教徒のラージプート族と新旧のムスリムとの間の中間的な存在で、双方の文化を受容したのだろうか？　宮廷歴史家や伝記作者の主張する叙述とバラ

ンスをとる証拠をどうやって日常的な文化から見つければよいのだろうか？　これら宮廷歴史家や伝記作者は、正当化し、ほめ称えなければならないという政治的思惑にしたがって行動しているが、そうした思惑は近代の歴史研究者の偏見と同じくらい一筋縄ではいかない、都合の良いものなのだ。

　庭園と景観は、多くのありふれた比較的小さな事柄をひとつひとつ決定していった結果、形づくられていくものだ。本書で大きな建物を建てる富裕なパトロンの視点をしばしば取り上げた主な理由のひとつは、それらの庭園の方が現在まで残っていたり、あるいは少なくとも記録に残されたりしていることが多いからだ。ウマイヤ朝シリアの機能的な給水設備やフスタートのような庶民の庭園も、現在ほとんど遺構は残っていないものの、本書で取り上げた。なぜならこうした設備や庭園も、より保存状態がよく、複雑で美しいエリートの庭園と同じくらい庭園史にとって重要だからだ。ひとつの大庭園から次の大庭園へと順番に記述していく代わりに、本書では現実と空想上の両方の庭園を概念化し、また農業設備を利用していかに庭園が実際に機能していたかを説明した。現実と理想、精神世界と俗世界、日常と非日常の間のどこかに存在するのは「イスラーム庭園」ではなく、生命を維持し、精神を鼓舞し、個人と社会にとって大切な価値を提示し、アイデンティティを示すためにイスラーム社会でつくられた、無数の現実の（あるいは空想上の）庭園なのだ。庭園それ自体が、それをつくり、そこで楽しんだ人々の肉体、精神、価値観、アイデンティティと同じくらい多様なのである。

第2部

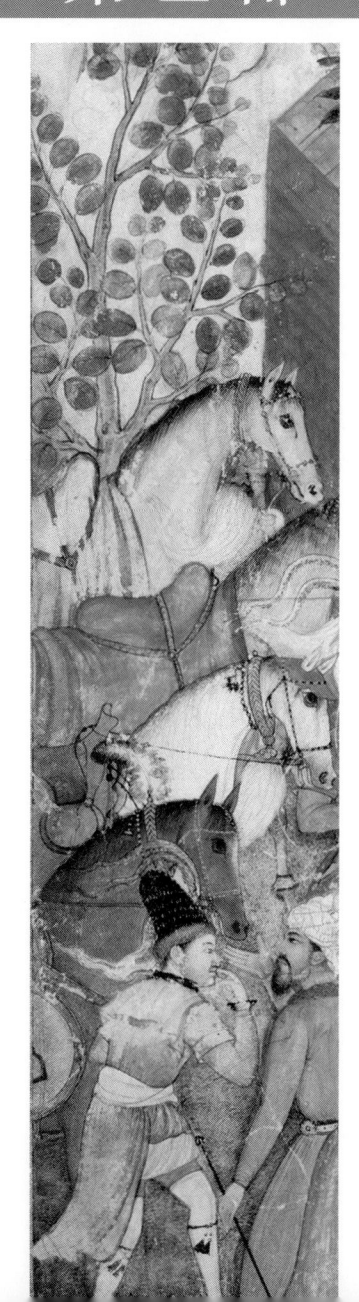

### スペイン
▶ コルドバ
1 大モスク〈メスキータ〉 176
2 マディーナ・アッ=ザフラー 176
▶ グラナダ
3 アルハンブラ宮殿 178
4 ヘネラリーフェ離宮 179
▶ モンテアグド
5 城 181
▶ セビーリャ
6 アルカサル 181

### イタリア シチリア
▶ パレルモ
7 ファヴァラ宮殿 183
8 ジーザ宮殿 184

### モロッコ
▶ フェズ
9 ダール・アル=バサ 185
10 アブド・アル=カリーム・パシャの宮殿 186
▶ マラケシュ
11 アグダール庭園 186
12 アル=バディーウ宮殿 188
13 クトゥビーヤ 189
▶ ラバト
14 シェーラ墓所 189

### アルジェリア
▶ バニー・ハンマードの要塞都市
15 ダール・アル=バフル 190

### チュニジア
▶ カイラワーン
16 アグラブ朝の貯水槽 191
▶ マヌーバ
17 ブルジュ・アル=カビール 192
18 ブルジュ・クッバト・アン=ナース 193

### エジプト
▶ カイロ
19 アズハル公園 194
20 アズバキーヤ庭園 195
21 フスタートの市街地 196

### トルコ
▶ アランヤ
22 ハスバフチェ 197
▶ イスタンブル
23 ボスフォラス海峡沿いのあずまや 198
24 フェネルバフチェ 199
25 カラバリ庭園 200
26 スレイマニイェ墓地 200
27 トプカプ宮殿 201
▶ マルマラ海
28 ウスキュダル宮殿 203
29 イュルドゥズ宮殿 203
▶ マニサ
30 マニサ宮殿 204

### 大シリア
▶ アッ=ルサーファ
31 宮苑 205
▶ ダマスクス
32 アル=アズム宮殿 205
33 18、19世紀の住宅群 206
▶ ウエストバンク
34 ヒルバト・アル=マフジャル 207
▶ パルミュラ
35 カスル・アル=ハイル・イースト 208

### オマーン
▶ マスカット
36 スルターン・カーブース大学 209

### イラク
▶ サーマッラー
37 バルクワーラー宮殿 210
38 ダール・アル=ヒラーファ宮殿 211

### イラン
▶ イスファハーン

39　ナイチンゲール庭園とハシュト・ビヒシュト
　　　〈八つの楽園〉　212
40　チャハール・バーグ大通り　214
41　チヒル・ストゥーン〈40柱殿〉　214
　▶ カーシャーン
42　フィーン庭園　216
　▶ シーラーズ
43　玉座の庭園　218
　▶ タブリーズ
44　王の池の庭園　219

## アフガニスタン
　▶ ヘラート
45　アブド・アッラー・アンサーリー廟　219
　▶ イスターリフ
46　キャラーン庭園　220
　▶ カーブル
47　バーブル庭園　221
　▶ ラシュカレ・バーザール
48　宮殿群　222

## トルクメニスタン
　▶ メルヴ
49　スルターン＝サンジャル廟　223

## パキスタン
　▶ ラーホール
50　ラーホール城　224
51　ヒラン・ミーナール　225
52　ジャハーンギール、アーサフ・ハーン、
　　　ヌール・ジャハーンの廟　226
53　シャーリーマール庭園　227

## インド
　▶ アーグラー
54　イイティマード・アッ＝ダウラ廟　228
55　月光庭園　229
56　ラーム庭園　230
57　アーグラー城〈レッド・フォート〉　231
58　タージ・マハル　232
　▶ アンベール
59　アンベール城　233

60　ジャイガル要塞　234
　▶ ビージャープル
61　イブラーヒーム・ラウザ複合施設　235
　▶ デリー
62　ジュード庭園　236
63　ハウズ・ハース　237
64　フマーユーン廟　238
65　ラーシュトラ・パティ・バワン〈副王宮〉の
　　　ムガル風庭園　239
66　デリー城〈レッド・フォート〉　240
67　サフダール・ジャング廟　241
　▶ ドールプル
68　睡蓮の庭園〈ニールーファル庭園〉　242
　▶ ディーグ
69　ディーグ宮殿　243
　▶ ファテープル・スィークリー
70　後宮庭園　244
　▶ カシュミール
71　アチャバル庭園　245
72　ニシャート庭園　246
73　シャーリーマール庭園　247
74　ヴェールナーグ　248
　▶ マーンドゥー
75　宮殿群　248
　▶ ナーガウル
76　アッヒチャトラガルブ城塞　250
　▶ オルチャ
77　アーナンド・マンダル庭園　251
　▶ スィカンドラ
78　アクバル廟　252
　▶ ウダイプル
79　市街宮殿　253

## アメリカ合衆国
　▶ ハワイ州、ホノルル
80　シャングリラ館　253
　▶ ワシントン
81　エニド・A・ハウプト庭園　255

81の庭園と遺跡　　173

こでは、特に歴史的に重要な庭園、類例がない庭園、また多くの実例が存在する代表的な景観建築（例：オスマン朝の墓地、カシュミールのムガル庭園、19世紀チュニジアの都市近郊にあった邸宅など）を解説していく。

　本書に登場する順番は、西方から地域ごとに東方へと進み、各地域での都市（または地域）と遺跡名はアルファベット順になっている。ここでは存在するすべての庭園を網羅することはできないが、主な遺跡や建築様式を概説する。

　各項の末尾に掲載した短い参考文献は、存在する英語の文献および他の言語で書かれた重要な文献である。年代記、回想記、旅行記などの一次資料は、それが唯一の記録である場合を除き、ここには含まれていない。読者は各項目に挙げられた二次資料を参照して、それ以前の記録や発掘報告、一次資料などを見つけていただきたい。最新の出版物については、『Index Islamicus』の活字版または電子版に網羅されている。またここに挙げられたイスラーム建築と景観設計に関する論文の多くは、「www.archnet.org」で閲覧可能である。

## 主要な文献

Atasoy, Nurhan. *A Garden for the Sultan: Gardens and Flowers in the Ottoman Culture.* Istanbul: Aygaz, 2003. 入手困難な古写本とトルコの二次資料に基づいた、オスマントルコの庭園のユニークな調査。場所と技法を、美しい図解で広範に紹介。

Brookes, John. *Gardens of Paradise: The History and Design of the Great Islamic Gardens.* New York: New Amsterdam Books, 1987. デザイナーの視点に基づく庭園の優れた調査。引用の文献に言及していないものの、歴史はほぼ正確である。この本には、他の調査から省かれがちなオスマン帝国、シチリア、エジプトの庭園についても簡潔な記述がある。

Conan, Michel, ed. *The Middle East Garden Traditions, Unity and Diversity: Questions, Methods, and Resources in a Multicultural Perspective.* Washingron, D.C.: Dumbarton Oaks, 2007. さまざまな地域を扱った論文集で、イスラームおよびそれ以前の中東の庭園に関する研究の現状を把握するのに最適。

Crowe, Sylvia, Sheila Haywood, Susan Jellicoe, and Gordon Patterson. *The Gardens of Mughal India.* London: Thames and Hudson, 1972. カシュミール地方についての初期調査としては特に有用であるが、いささか時代遅れ。

Hussain, Mahmood, Abdul Rehman, and James L. Wescoat, Jr., eds. *The Mughal Garden.* Lahore: Ferozsons,1996. ムガール庭園（姉妹編は Wescoat と Wolschke-Bulmahn 編で下記参照）の最近の研究を集めて編集した

論集。

Khansari, Mehdi, M. Reza Moghtader, and Minouch Yavari. *The Persian Garden: Echoes of Paradise.* Washington, D.C.: Mage, 1998. 多色刷りの図面と豊富な写真は貴重。他の歴史家らがあまり議論しない18〜19世紀ペルシア庭園の研究が役立つ。

Lehrman, Jonas. *Earthly Paradise: Garden and Courtyard in Islam.* Berkeley: University of California Press, 1980. デザイナーの視点から書かれた本。記述と構想は好ましいが、庭園がつくられた当時の姿を確かめるよりも、現在の様子を重視する傾向にある。

MacDougall, Elisabeth, and Richard Ettinghausen, eds. *The Islamic Garden.* Washington, D.C.: Dumbarton Oaks, 1976. いささか時代遅れだが、庭園史、庭をテーマとする詩についての重要な初期分析集。

Menjili-De Corny, Irène. *Jardins du Maroc.* Paris: Le Temps Apprivoise, 1991. 他では論じられていないモロッコの多数の場所を図解した手引書。

Moynihan, Elizabeth. *Paradise as a Garden in Persia and Mughal India.* New York: George Braziller, 1979. 他の庭園史研究者に無視されてきた庭園について視察した記述として非常に価値がある。しかし、時代遅れであり、考古学的な詳細さに欠けている。

Petruccioli, Attilio, ed. *Gardens in the Time of the Great Muslim Empires.* Leiden: E. J. Brill, 1997. 数名の著者による分析論集。学術的な深さはあるが、範囲は広くない。

Ruggles, D. Fairchild. *Gardens, Landscape, and Vision in the Palaces of Islamic Spain.* University Park: Pennsylvania State University Press, 2000. 農業、政治、経済活動という広範なコンテクストから、スペイン系のイスラーム庭園に焦点を当てている。中世アラビアの資料と入手困難な考古学調査報告書という、手堅い根拠をもとに記述。

Tabbaa, Yasser. "The Medieval Islamic Garden: Typology and Hydraulics." In *Garden History: Issues, Approaches, Methods*, ed. John Dixon Hunt, 303-30. Washington, D.C.: Dumbarton Oaks, 1989. イスラム庭園のシンボリズムを比較検証。

Titley, Norah, and Frances Wood. *Oriental Gardens.* San Francisco: Chronicle Books, 1991. この研究は、実際の庭園に関する記述は簡単に済ませているものの、庭園、造園術、植物を取り上げた写本および図像表現の宝庫。

Von Hantelmann, Christa, and Dieter Zoern. *Gardens of Delight: The Great Islamic Gardens.* Cologne: DuMont Buchverlag, 2001. 写真とともに構想、庭園の現状を簡潔に記述しているものの、歴史的な分析が不足気味。

Wescoat, James L., Jr., and Joachim Wolschke-Bulmahn, eds. *Mughal Gardens: Sources, Places, Representations, and Prospects.* Washington, D.C.: Dumbarton Oaks, 1996. ムガル庭園最新研究を発表するダンバートン・オークス・シンポジウムからの論文集（Hussain, Rehman, Wescoat によって編集されたものの姉妹編。上記参照）

Wilber, Donald. *Persian Gardens and Garden Pavilions.* 1962; reprint, Washington, D.C.: Dumbarton Oaks, 1979. 時代遅れとはいえ、初期の研究として重要。

# スペイン

## コルドバ

### 1 | 大モスク〈メスキータ〉 Great Mosque

　コルドバにある大モスクの建設は、後ウマイヤ朝の総督(アミール)やカリフたちによって、かつてキリスト教の教会があった場所で、786年に着工された。9～10世紀になってムスリムの人口が増えると、礼拝室と中庭の両方が拡張された。1236年にコルドバがカスティーリャに征服されると、モスクはキリスト教の聖堂に転用され、1523年には神聖ローマ帝国皇帝カール5世(スペイン王としてのカルロス1世)の下で建築家たちが建物の中心を突きぬいて大聖堂を建てた。8～11世紀まで、中庭は舗装されておらず、果樹、おそらく柑橘樹と椰子の木が植えられていた。水やりには礼拝室の屋上に並ぶ切妻の間を流れる雨水、その後は水路を流れる水を水槽にためて利用した。今のところ中庭のほんの一部だけが発掘され、モスクが建てられる前にあった、西ゴート族の教会の基部が発見されているが、モスクのもともとの植栽は、グリッド状に植えられた木々が地面に掘り込まれた小水路で結ばれていた可能性が高い。石で縁どられた現在の小水路はモスク建立当時のものではない。

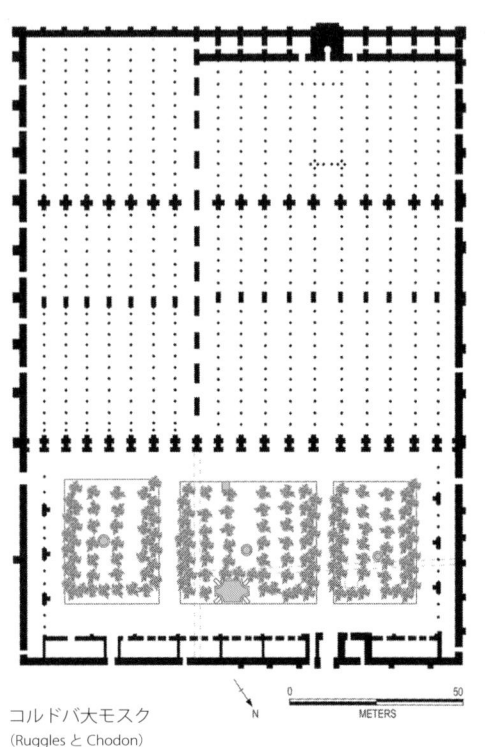

コルドバ大モスク
(Ruggles と Chodon)

Castejón, Rafael. "El pavimento de la Mezquita de Córdoba." *Boletín de la Real Academia de Córdoba, de Ciencias, Bellas Letras y Nobles Artes*, 54 (1945): 327-30.
———. "Más sobre el pavimento de la Mezquita." *Boletín de la Real Academia de Córdoba, de Ciencias, Bellas Letras y Nobles Artes* 55 (1946): 233-34.
Creswell, K. A. C. *Short Account of Early Muslim Architecture*, rev. by James Allan. Aldershot: Scolar Press, 1989.

### 2 | マディーナ・アッ=ザフラー　Madīnat al-Zahrā'

　儀式用の大広間、庭園、モスク、住居、浴場、造幣所、作業場、兵舎などを備えた巨大な宮殿都市(東西1,506m)で、三段のテラス状の構成で山麓に建設されていた。この山から水道橋を通じてもたらされた水は、マディーナ・アッ=ザフラーと、近郊にあるコルドバ双方の町を潤していた。936年に後ウマイヤ朝のカリフ、アブド・アッ=ラフマーン3世によって建設が始まり、10年後には宮殿および政庁として完全に機能していた。カリフ位をめぐる内乱が起きると、コルドバ周辺の多く

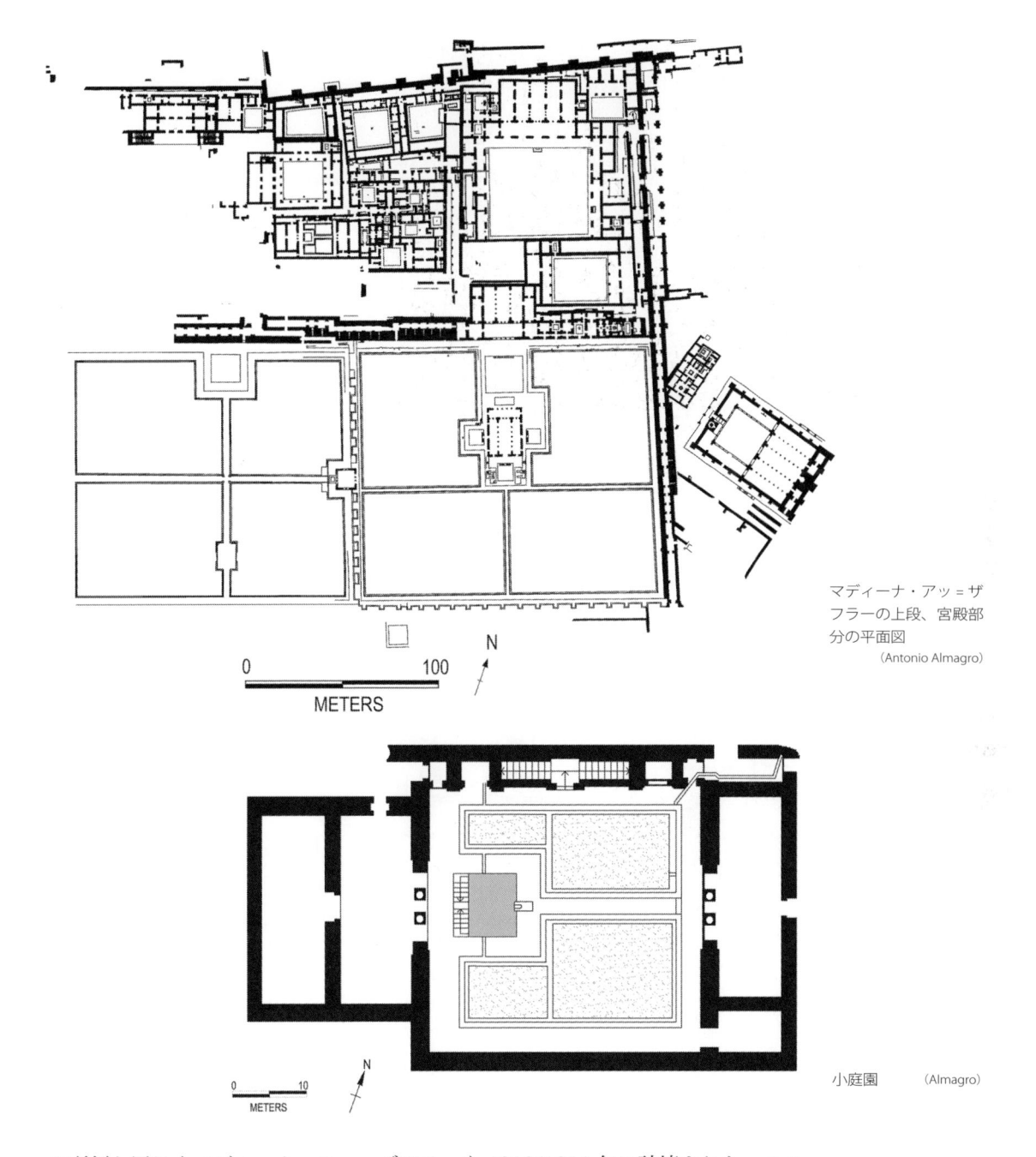

マディーナ・アッ゠ザフラーの上段、宮殿部分の平面図
(Antonio Almagro)

小庭園　　(Almagro)

の所領と同じくマディーナ・アッ゠ザフラーも 1010/1011 年に破壊された。ここには少なくとも三つの庭園があったことが知られている。ひとつは君主一家や宮廷の重臣の住居となっていた上段テラスにあった小庭園（または「君主の庭園」）である。下段テラスにあった四分割された大きな庭園は、発掘調査でも一部しか明らかになっていない。そしてその東側には、下段テラスの庭園と同じ大きさとレイアウトの「サロン・リコ」として知られる謁見用大広間に面した中段テラスの庭園があった。こ

81 の庭園と遺跡　　177

の庭園の中央には小さな四角い水槽に囲まれた園亭が設けられていた。庭園の中央を縦横に走り、園路の脇に設けられた水路が、園路よりも低い四分割部分を潤していた。

*Cuadernos de Madinat al-Zahra'* (Cordoba), various articles.
Hernández Giménez, Félix. *Madinat al-Zahra' : Arquitectura y decoración.* Granada: Patronato de la Alhambra, 1985.
Ruggles, D. Fairchild. *Gardens, Landscape, and Vision in the Palaces of Islamic Spain.* University Park: Pennsylvania State University Press, 2000.
Vallejo Triano, Antonio. "Madinat al-Zahra': The Triumph of the Islamic State." In Jerrilynn D. Dodds, ed., *Al-Andalus: The Art of Islamic Spain,* 27-39. New York: Metropolitan Museum of Art, 1992.

**グラナダ**

## 3 | アルハンブラ宮殿  *Alhambra*

かつてズィーリー朝（1013-1090）時代に、グラナダのサビカの丘頂上にあった宮殿の跡地に建てられた。今日見られるいくつもの庭園つき宮殿はナスル朝（1232-1492）のもので、そのうち三つがほぼ完全な形で残っている。1370年に完成した「マートルの中庭」は、王宮の公式行事が行われたコマーレス宮に付属する長方形の中庭

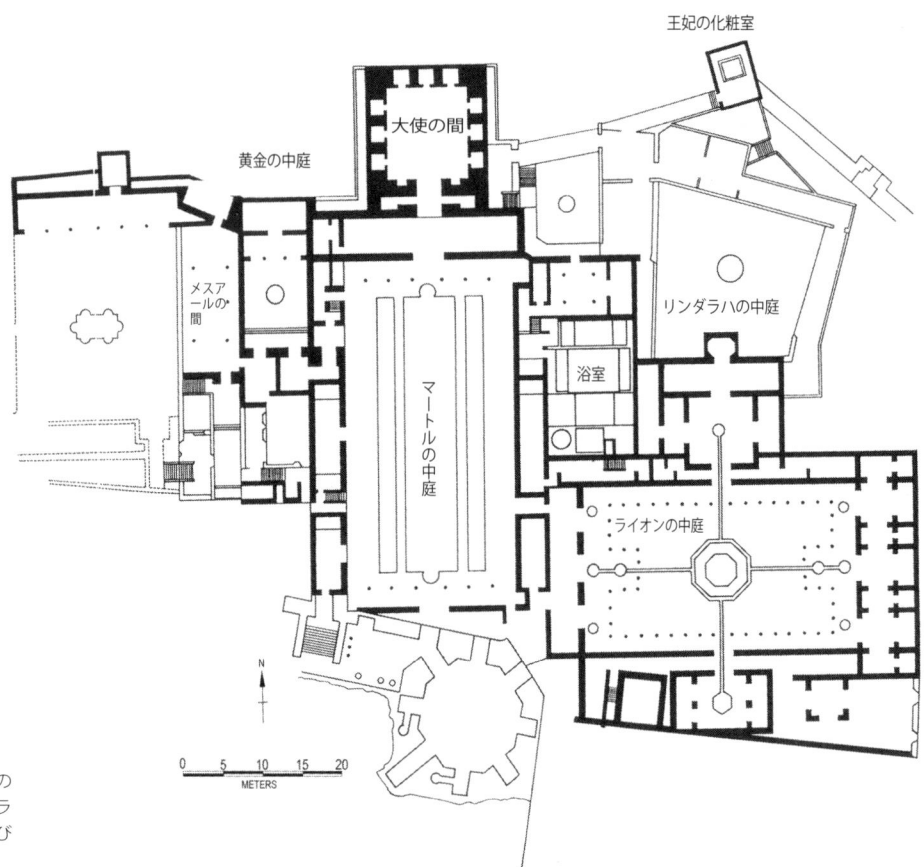

アルハンブラ宮殿の「コマーレス塔」と「ライオンの中庭」および周辺部

で、より古い庭園の上に同じ設計で建てられた (口絵9)。中庭の両端は柱廊で区切られ、中庭の側面の二階建ての建物にはスルターンの後宮があったと思われる。中央に巨大な矩形の水槽 (36.6m×23.5m) があり、その両脇を走る水路が、外側の花壇に水を供給していた。16世紀の観察者によると、当時はオレンジの木とマートルが植えられていた。鏡のような水面は堂々とした「コマーレス塔」(内部には「大使の間」がある) の姿を映し出し、水槽の両端にあった二つの丸い水盤からほとばしる噴水が、この静謐な眺めに躍動感を与えていた。

1302〜1308年に建てられたパルタール宮と庭園は、「マートルの中庭」を手本としていたのかもしれない。ここにも長方形の中庭と大きな水槽があり、高い壁で囲まれていた。北側には、「王女の塔」(トーレ・デ・ラス・ダマス) を含む建物だけが現存している。

1370〜1390年にかけてムハンマド5世によって建てられた「ライオンの中庭」は、より古い庭園の上につくられた。十字の水路を除く部分が低く沈められたチャハール・バーグ形式で、縦15.7m×横28.5mの大きさだ (口絵8)。今日では四分割部分は浅く、植栽はあまりないものの、かつては園路より80cmも沈められ、もともとオレンジの木が植えられていた。中庭を向いて座れば視界を遮るものがないので、植えられた植物はまるで絨毯のように見えたに違いない。中庭の中心に配置された12頭のライオン像の背に乗る泉水盤からは水が噴き出し、同様にライオンの口からも、周囲の水路へ水がほとばしり出ていた。両端の建物から中庭に向かって突き出たあずまやや、中庭の側面の広間に設けられた低い水盤から、4本の水路が園路に沿ってこの中心の水盤まで伸びている。

Consejería de obras públicas y transportes de la Junta de Andalucía, Consejería de Cultura de la Junta de Andalucía, et al. *Plan especial de protección y reforma interior de la Alhambra y Alijares.* Granada: Patronato de la Alhambra, 1986.

Dickie, James. "Palaces of the Alhambra." In Jerrilynn D. Dodds, ed., *Al-Andalus: The Art of Islamic Spain,* 135-51. New York: Metropolitan Museum of Art, 1992.

Fernández Puertas, Antonio. *The Alhambra* I, *From the Ninth Century to Yusuf I* (1354). London: Saqi Books, 1997.

Grabar, Oleg. *The Alhambra*. 1978; reprint, Sebastapol, Calif.: Solipsist Press, 1992.

Jacobs, Michael. *The Alhambra*. New York: Rizzoli, 2000.

Orihuela Uzal, Antonio. *Casas y palacios nazaríes. Siglos XIII-XV.* Barcelona: El Legado Andalusí, 1996.

Pavón Maldonado, Basilio. *Estudios sobre la Alhambra. I: La Alcazaba, el Palacio de los Abencerrajes, Los accessos a la Casa Real Vieja, el Palacio de Comares, el Partal* (supplement to *Cuadernos de la Alhambra*). Granada: Patronato de la Alhambra y Generalife, 1975.

Ruggles, D. Fairchild. *Gardens, Landscape, and Vision in the Palaces of Islamic Spain.* University Park: Pennsylvania State University Press, 2000.

## 4 | ヘネラリーフェ離宮　*Generalife*

この離宮はアルハンブラ宮殿から谷をはさんだ丘陵に、ナスル朝ムハンマド3世 (在位1302-1308) によって建てられ、その後1319年にイスマーイールによって改築された。安全な通路でアルハンブラ宮殿とつながるヘネラリーフェ宮殿は、水を吹き上げる泉水と緑豊かな庭園が特徴的な、ナスル朝の王たちにとってつかの間の憩いの場所だった。数ある庭園の中でも、建設当初のままのものは二つしかない。「ア

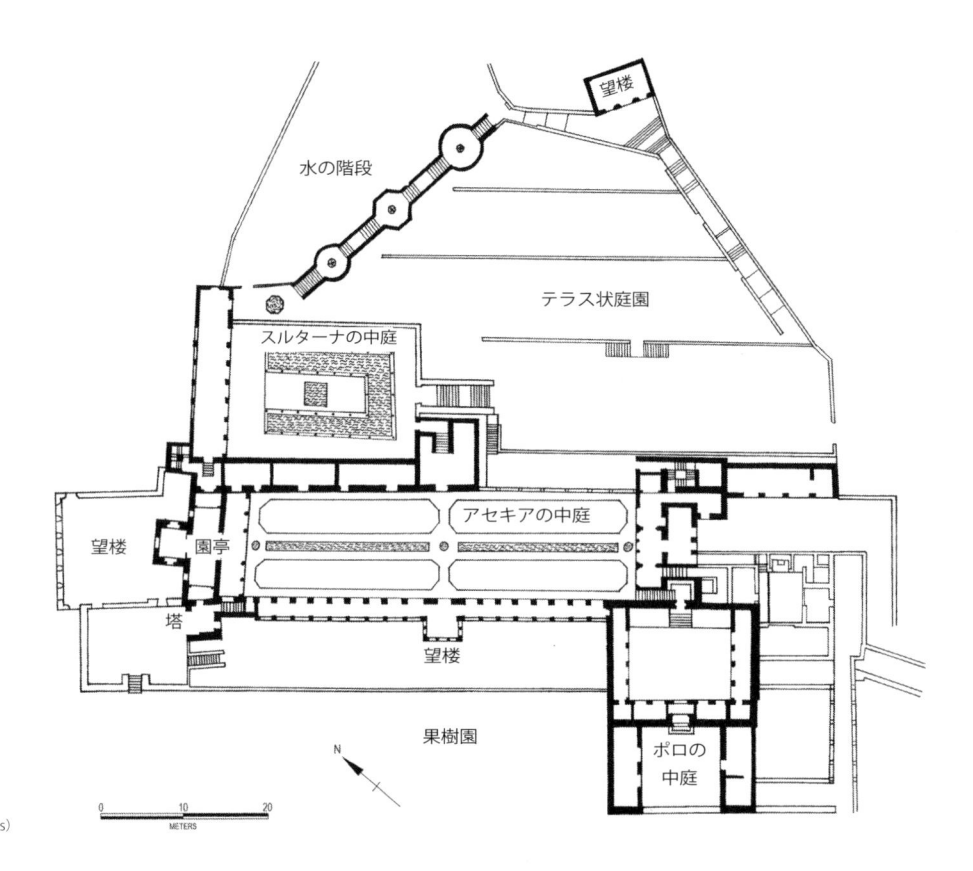

ヘネラリーフェ離宮
(Ruggles)

セキア（水路）の中庭」と、木立の間を敷地の高台に向かう階段だ (U字型の「スルターナの中庭」は16世紀につくられた)。「アセキアの中庭」(48.7m×12.8m) は丘の斜面につくられた細長い庭園で、長辺に沿って走る1本の水路の真ん中と両端で、園路に埋め込まれた大理石の水盤が水を噴き上げている (口絵2)。両端に設けられた園亭のうち北側の建物では、庭に向かって五つのアーチが開き、反対側に突き出た望楼(ミラドール)からは雪を頂いたシエラ・ネバダ山脈の見事な眺めがはるかに望める。

「アセキアの中庭」には近代の趣味が反映され、今では明るい色の花々が植えられているものの、1959年の発掘調査では造園当初の姿が明らかになった。庭園は四つに分割され、花壇はイスラーム時代の園路より70cm低かったのだ。そこに根の浅い植物が植えられていたので、植物の先端がちょうど園路と同じ高さになったに違いない。より背の高い灌木は隅に植えられていたようだ。西の壁には17のブラインド・アーチと中心に突き出た望楼(ミラドール)がある。かつてアーチの間は開いていて、ヘネラリーフェ離宮とアルハンブラ宮殿の間の谷間にあったテラス状の果樹園とブドウ畑を望むことができた。

Bermúdez Pareja, Jesús. "El Generalife después del incendio de 1958." *Cuadernos de la Alhambra* 1(1965): 9-39.
Consejería de obras públicas y transportes de la Junta de Andalucía, Consejería de cultura de la Junta de Andalucía, et al. *Plan especial de protección y reforma interior de la Alhambra y Alijares.* Granada: Patronato de la Alhambra, 1986.

Orihuela Uzal, Antonio. *Casas y palacios nazaríes. Siglos XIII-XV*. Barcelona: El Legado Andalusí, 1996.
Pavón Maldonado, Basilio. *Estudios sobre la Alhambra*. II (supplement to *Cuadernos de la Alhambra*). Granada: Patronato de la Alhambra y Generalife, 1977.
Ruggles, D. Fairchild. *Gardens, Landscape, and Vision in the Palaces of Islamic Spain*. University Park: Pennsylvania State University Press, 2000.
Tito Rojo, José. "Permanencia y cambio en los jardines de la Granada morisca (1492-1571). Los jardines de los palacios nazaríes: La Alhambra y el Generalife." In Carmen Añón and José Luis Sancho, eds., *Jardín y Naturaleza en el reinado de Felipe II*. 363-79. Madrid: Sociedad Estatal para la Conmemoración de los Centenarios de Felipe II y Carlos V, 1998.
Vilchez Vílchez, Carlos. *El Generalife*. Granada: Proyecto Sur de Ediciones, 1991.

モンテアグド

## 5 │ 城  *Castillejo*

ムルシア近郊の丘の頂上にある二つの城砦のうち、小さい方のこの城は1147～1172年、つまりムハンマド・イブン・マルダニーシュの支配下でムルシアが繁栄していた頃に築かれた。居住部分（61m×38m）の真ん中にはチャハール・バーグ形式の中庭（33m×18m）があり、灌漑されていた四分割した花壇部分は園路よりも1.4m低かった。園路の交差部分と中庭の両端に水槽があり、後者は（アルハンブラ宮殿「ライオンの中庭」のように）突き出たあずまやに覆われていたかもしれない。周囲を睥睨する高所に築かれた城の突出部からは、遠方の眺めが楽しめたことだろう。庭園の14m西、4～5m下方には堅固な壁を支える擁壁がもうひとつあり、これは城砦の土台を補強し、その上にもうひとつテラスがあったのかもしれない。水は水車であるノーリアを使って中庭まで引き上げられた。建設当初の建物は、1924年から翌年にかけて発掘された土台部分以外は何も残っていない。

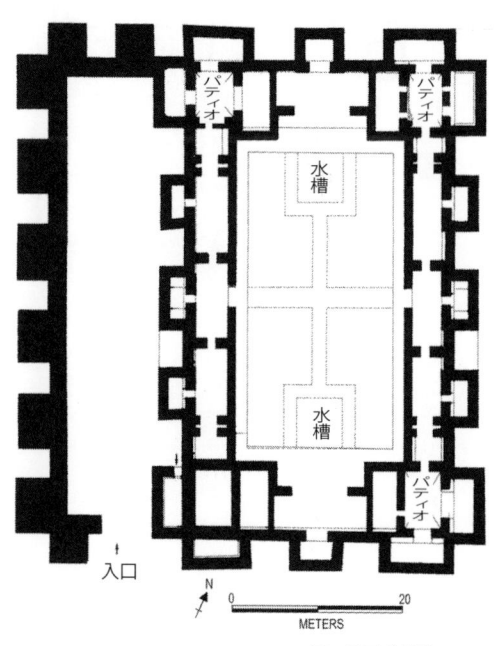

モンテアグド城
（Julio Navarro）

Navarro Palazón, Julio, and P. Jiménez Castillo. "El Castillejo de Monteagudo: Qasr Ibn Sa'd." In J. Navarro Palazón, ed., *Casas y palacios de al-Andalus*, 63-103. Granada: El Legado Andalusí, 1995.
Ruggles, D. Fairchild. *Gardens, Landscape, and Vision in the Palaces of Islamic Spain*. University Park: Pennsylvania State University Press, 2000.
Torres Balbás, L. "Monteagudo y 'El Castillo,' en la vega de Murcia." *Al-Andalus* 2 (1934): 366-72.

セビーリャ

## 6 │ アルカサル  *Alcazar*

セビーリャにあるイスラーム時代の宮殿は10世紀に建てられたが、現存する最古の庭園は11～14世紀にかけてつくられたものである。長い水路をもつ四分割された「十字庭園」(パティオ・デル・クルセーロ)は、その後ゴシック建築のヴォールト天井に覆われ、後世の庭園によって隠されてしまった。今でも当初の水路だけは地下に見ることができ

81の庭園と遺跡　　181

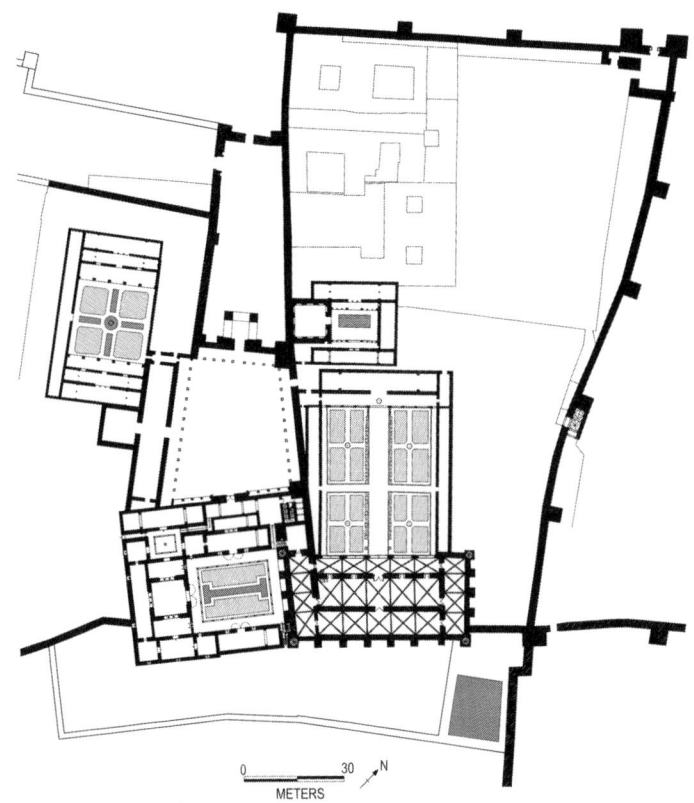

セビーリャのアルカサル
(Antonio Almagro)

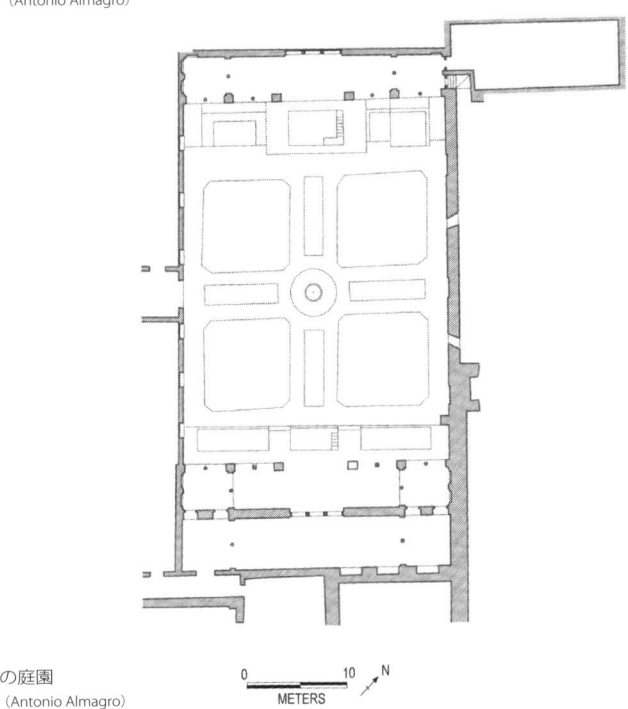

通商院の庭園
(Antonio Almagro)

る。次に「漆喰の中庭(パティオ・デル・イエソ)」では、小さな庭園の中央に長方形の水槽が設けられ、周りの壁のうちの二辺には建設当初のスタッコの透かし模様パネルが残っている。そして現在では官公庁(通商院)に隣接する、四分割された庭園(12.5m×11m)では、十字に交差する園路に比べて、残りの区画は2m近く沈められていた(口絵4)。園路の装飾煉瓦はおそらく14世紀のもので、その上部に水路が走り、庭園の中心の水槽で交差していた。片側には11世紀の沈床花壇が三つ残っている。中庭の両端に設けられた柱廊のうち、片方にはスタッコの透かし模様パネルが残っていた。今日では両方ともパネルが復元されている。現在ある庭園の姿は、14世紀にはこうであっただろうと想定して復元したものだ。

14世紀、アルカサルはまずカスティーリャ・レオン国王アルフォンソ11世、次いで息子のペドロ1世の手によって、ムデハル様式で改築された。ムデハル様式とは、イスラーム様式や技術の模倣というよりは、継承という方がふさわしい。建築主がキリスト教徒だったとはいえ、実際の作業を行ったのはスタッコや施釉タイルや木工細工の技術に秀でていたムスリムの職人だったからだ。1340年代前半に、アルフォンソは「漆喰の中庭(パティオ・デル・イエソ)」の横に「裁きの間」を建設(または再建)した。ペドロ(在位 1350-1369)は現

在のアルカサル一階の大部分を建設している。つまり正面中庭のファサード(1364)、「乙女の中庭」「大使の間」「ライオンの中庭」「人形の中庭」など。その周囲の庭園もおそらく彼によってつくられたのだろうが、その後、他の王たちによって整備し直された。最近、「乙女の中庭」を発掘した結果、深く沈められた二つの花壇と、長い矩形の水槽をもつ、軸線で分割された庭園が発見されたが、これはペドロの時代のものと見なされる。

Almagro, antonio. "El Patio del Crucero de los Reales Alcázares de Sevilla." *Al-Qantara* 20 (1999): 331-76.
——. "La recuperación del jardín medieval del Patio de las Doncellas." *Apuntes del Alcázar de Sevilla* 6 (May 2005): 44-67.
Dickie, James. "The Islamic Garden in Spain" eds. Elisabeth B. MacDougall and Richard Ettinghausen, In *The Islamic Garden*, 89-105. Washington, D.C.: Dumbarton Oaks, 1976.
Hernández Núñez, Juan Carlos, and Alfredo J. Morales. *The Royal Palace of Seville*. London: Scala, 1999.
Manzano Martos, Rafael. "*Casas y palacios en la Sevilla Almohade*. Sus antecedentes hispánicos." In Julio Navarro Palazón, ed., Casas y Palacios de al-Andalus, 315-52. Granada: El Legado Andalusí, 1995.
Marín Fidalgo, Ana. *El Alcázar de Sevilla. Seville*: Ediciones Guadalquivir, 1990.
Ruggles, D. Fairchild. "The Alcazar of Pedro I in Seville." *Gesta* 43, no. 2 (2004): 87-98.
Tabales Rodríguez, Miguel Ángel. "El Patio de las Doncellas del Palacio de Pedro I de Castilla: Génesis y transformación." *Apuntes del Alcázar de Sevilla* 6 (May 2005): 6-43.

## イタリア　シチリア

**パレルモ**

### 7 | ファヴァラ宮殿　Favara Palace

　パレルモのファヴァラ宮殿が建てられた地域は、ほどなく、庭園を備えた宮殿や邸宅が軒を連ねるグリーン・ベルトとなった。11世紀初めにまずアラブ総督のために建てられた建物は、その後ノルマン王朝ルッジェーロ2世(在位1130-1154)の郊外の離宮として完全に建て直された。アラビア語で泉を意味する「ファウワーラ」

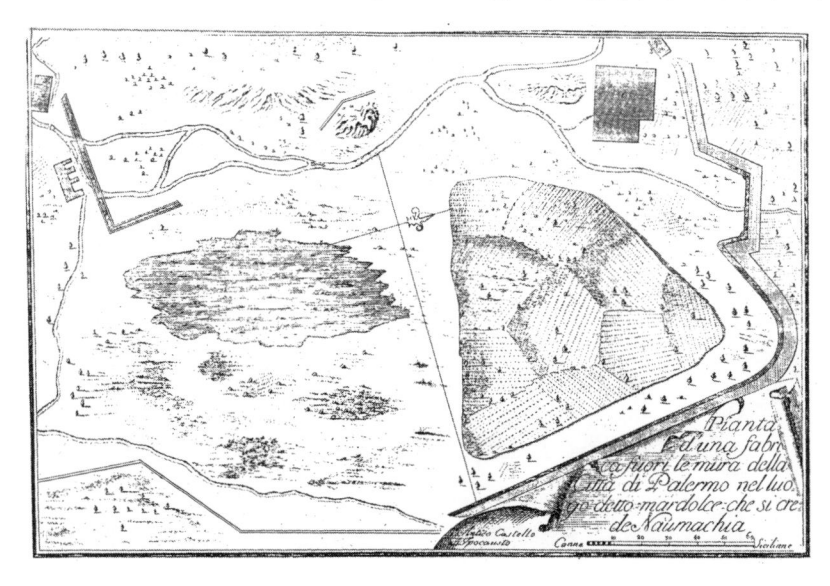

ファヴァラ宮殿
(Andrea Pigonati, 1767)

からとられた宮殿の名は、ビザンツの行政、儀式、芸術をイスラームの法制、税制、名称、芸術、科学とあわせて採用した、ノルマン王朝の折衷主義のひとつの現れである。したがってこの宮殿もキリスト教徒である君主の住居だったとはいえ、建物と庭園というその周りの環境が親密な関係をもつ地中海的、イスラーム的な嗜好を反映している。現在では一枚の壁しか残っていないが、かつては複数の建物が人工湖に囲まれて立ち、人工湖の真ん中には不規則な形の島があった。この湖は、アルジェリアのバニー・ハンマードの要塞都市と同じように、釣りや船遊びに利用されたのかもしれない。かつては係留用の鉄環が見られたからだ。シチリアには水が豊富にあり、西部の山岳地方から運河を通って宮殿にもたらされた。

Bellafiore, Giuseppe. *Architettura in Sicilia nelle età islamica e normana (827-1194)*. Palermo: Arnoldo Lombardi Editore, 1990.
Braida, S. "Il castello di Favara." *Architetti di Sicilia* 5-6 (1965): 27-34.
Goldschmidt, A. "Die Favarades Königs Roger von Sizilien." *Jahrbuch der Kgl. Preuszischen Kunstsammlungen* 16, no. 3 (1895): 199-215.
Marçais, Georges. *L'Architecture musulmane d'occident*. Paris: Arts et Métiers Graphiques, 1954.

## 8 │ ジーザ宮殿　*Ziza Palace*

この宮殿の名は「輝かしきもの」を意味するアラビア語「アル＝アジーザ」に由来する。1166年にノルマン朝の王グリエルモ1世 (在位 1151-1166) によって建設が始められ、1636年に大幅に改築された。三階建ての長方形 (32m×23m) の建物で、巨大な庭園の大きな泉水に面して建てられた。一階の壮麗な広間の真ん中では、入口の反対側の壁に設けられた壁龕から水が流れ出し、その水は大理石の凹凸面 (サルサビール) を流れ落ちて、床を横切る水路に流れ込んでいた。部屋の両側に設けられた階段は、天井がムカルナス装飾で覆われた二階の大広間につながっていた。また一階の階段横の部屋は広大な庭園に直接面していた。宮殿の入口上部に刻まれたアラビア語の銘文が、この場所と住人について記している。「この地において汝は望むままに、王国の最も美しい場所、最も輝かしい大地と海を目にすることができるだろう。山々の頂は水仙の色に染められている。……当代の偉大なる王がその美

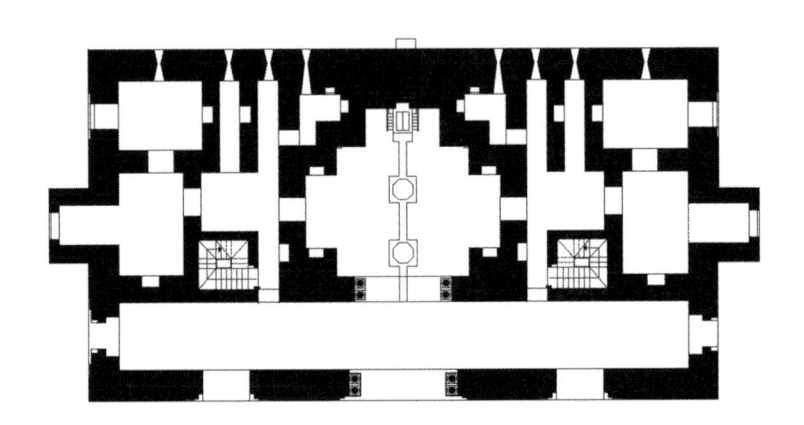

ジーザ宮殿
(Giuseppe Caronia に基づき Variava 作図)

しい住居、王にふさわしい喜びと光輝に満ちた家にあるのを見るだろう。これは人々が見ることのできる、地上の楽園である。この王の名はムスタイッズ（グリエルモ２世のアラビア語の称号）、宮殿はアジーザ（輝かしきもの）である」(Norwich, 601)。

Bellafiore, Giuseppe. *La Ziza di Palermo*. Palermo: S. F. Flaccovio,1978.
Caronia, Giuseppe. *La Ziza di Palermo: Storia e restauto*. Palermo: Editori Laterza, c.1982.
Marçais, Georges. *L'Architecture musulmane d'occident*. Paris: Arts et Médtiers Graphiques, 1954.
Meier, Hans-Rudolf. "... 'das ird 'sche Paradies, das sich den Blicken öffnet': Die Gartenpaläste der Normannenkönige in Palermo." *Die Gartenkunst* 5, no. I (1994): 1-18.
Norwich, John Julius. *The Normans in Sicily*. 1970; London: Penguin, 1992.
Staacke, Ursula. *Un palazzo normano a Palermo. La Zisa*. Palermo: Ricerche et documenti, 1991.
Tabbaa, Yasser. "The 'Salsabil' and 'Shadirvan' in Medieval Islamic Courtyards." *Environmental Design: Journal of the Islamic Environmental Design Research Centre* 1 (1986): 34-37.

# モロッコ

## フェズ

### 9 ｜ダール・アル＝バサ　*Dār al-Batha*

　邸宅はスルターン・ムーレイ・ハサンによって建設が始まり、後継者アブド・アル＝アジーズによってフェズのブー・ジュルード地区に完成した。この地区には何世紀にもわたり多くの庭園がつくられてきた。謁見の間の入口上部に刻まれた銘文によれば、邸宅が完成したのは1897年。その不規則な形は町のレイアウトに従った結果だったが、内部には大きな長方形の庭園があり、シンメトリーが強調されている。主庭は、ところどころ馬蹄形アーチが設けられた白い壁に囲まれている。チャハール・バーグ形式のこの庭園は、大きな沈床花壇に瑞々しい植物がたくさん植えられ、木陰を生み出すマグリブの伝統的なリヤードという形式だ。花壇は交差する煉瓦づくりの園路より78cm低くなっているが、園路自体も、中庭の両端に設けられた舗装テラスより34cm低い。各テラスの中心には長方形の泉水があり、

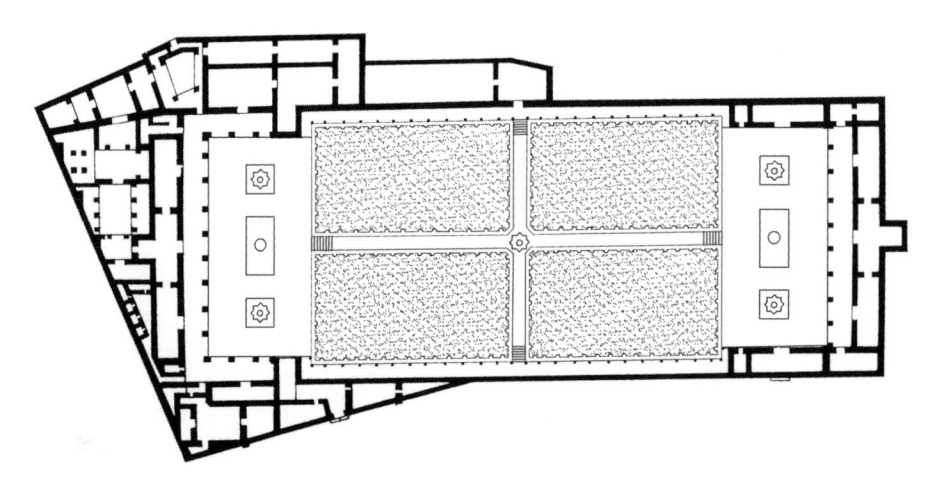

ダール・アル＝バサ
宮殿　　　　（Variava）

81の庭園と遺跡　　185

その両側の、水がまっすぐに噴き上がる噴泉は、こぼれ落ちた水を受けるタイル張りの星形のくぼみの真ん中に位置している。園路には、テラコッタや色鮮やかなタイル細工が複雑な幾何学模様を描くように張られている。いまでは邸宅は美術史博物館となっており、庭園も丁寧な手入れがなされている。一方、1917年、1918年そして1932年の庭園を撮影した写真やスケッチによると、かつては椰子などの木がチャハール・バーグの長辺に沿って2列に植えられていた。4本の糸杉が中央の泉水を取り囲むように植えられていたが、今日でも変わらない。

  Cambazard-Amahan, Catherine. "Dar al-Batha." In Jacques Revault et al., eds., *Palais et demeures de Fès, III-Époque Alawite (XIXème-XXème siècles)*. Paris: CNRS, 1992.
  El Faïz, Mohammed, Manuel Gómez Anuarbe, and Teresa Portela Marques. *Jardins de Maroc, d'Espagne et du Portugal*. Madrid: Actes Sud and Fondation Telefónica Maroc, 2003.
  Menjili-De Corny, Irène. *Jardins du Maroc*. Paris: Le Temps Apprivoisé, 1991.

## 10 ｜ アブド・アル゠カリーム・パシャの宮殿 Palace of Pasha 'Abd al-Karīm

フェズ、マラケシュ、ラバト、タンジールの富裕な一族は、20世紀になると中世の市壁の外に家を建てるようになったが、それ以前には彼らの邸宅はメディナの中にあった。ダール・アル゠アマーンとしても知られるアブド・アル゠カリーム・パシャの宮殿もそのひとつで、1860年にフェズのメディナに建てられた。現在は個人宅になっているこの宮殿には大きな中庭があり、高く隆起した星型や十字型の花壇枠、水槽には色鮮やかなタイル細工が張られている（口絵10）。灌漑用の水路が浅い花壇を囲み、また中庭全体の地下を水道管が走っている。庭園のレイアウトは幾何学性と規則性を好む中世の嗜好を反映しているが、文様が密集しているところや、植物が光沢鮮やかなタイルに対して従属的であるところなどは、より近代的である。

フェズにあるアブド・アル゠カリ・パシャの宮殿の中庭
（RugglesとVariava）

  Von Hantelmann, Christa, and Dieter Zoern. *Gardens of Delight: The Great Islamic Gardens*. Cologne: DuMont Buchverlag, 2001.

### マラケシュ

## 11 ｜ アグダール庭園 Agdāl Basin and Gardens

マラケシュの郊外、王宮とアル゠バディーウ宮殿の南に広がるアグダール庭園はムワッヒド朝時代（1130-1269）につくられ、現存するが、造園当時とはだいぶ様子が変わっている。アグダールとは、市街地の宮殿や都市の外に設けられた、時に壁で

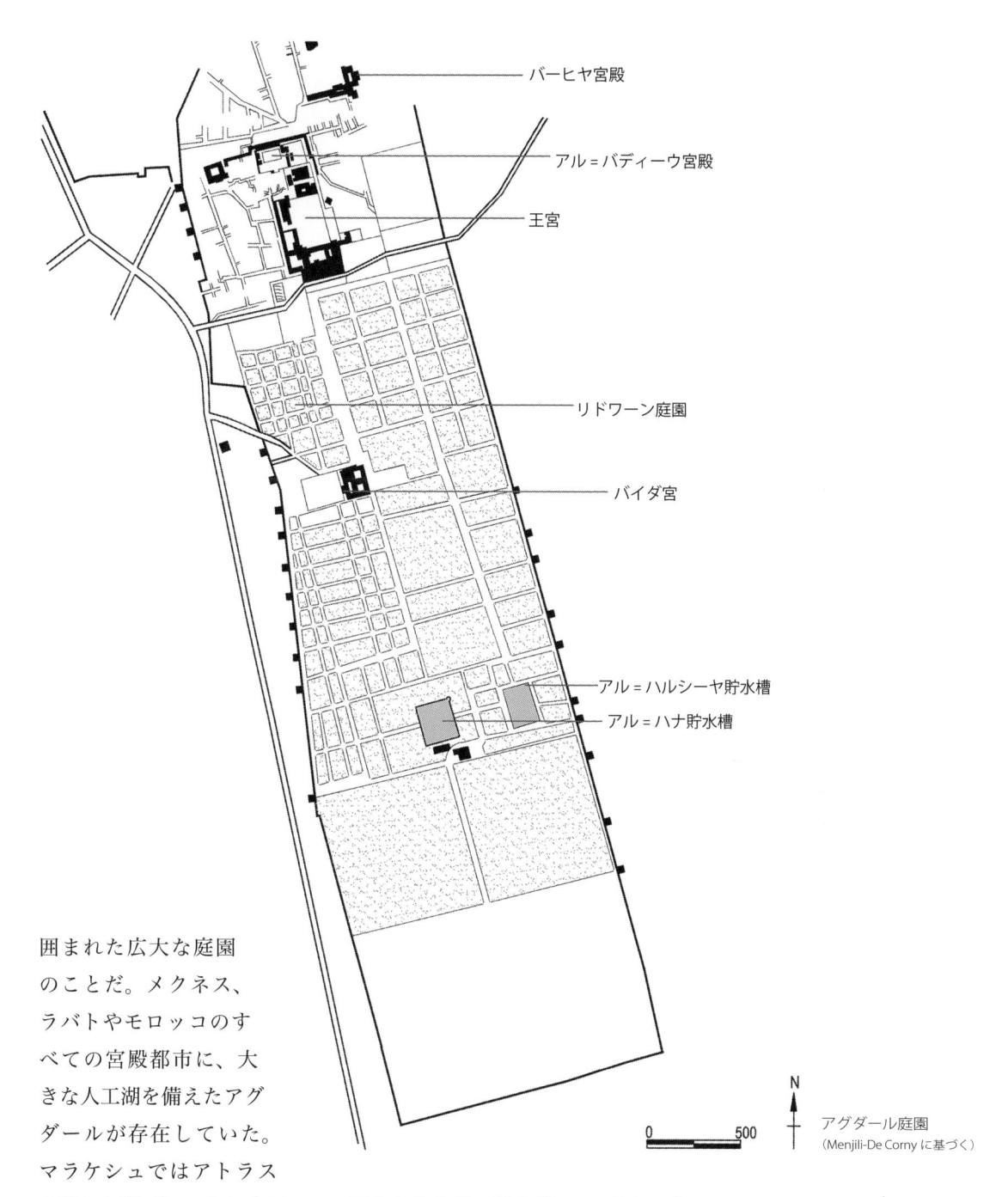

図中ラベル:
- バーヒヤ宮殿
- アル＝バディーウ宮殿
- 王宮
- リドワーン庭園
- バイダ宮
- アル＝ハルシーヤ貯水槽
- アル＝ハナ貯水槽

アグダール庭園
（Menjili-De Corny に基づく）

囲まれた広大な庭園のことだ。メクネス、ラバトやモロッコのすべての宮殿都市に、大きな人工湖を備えたアグダールが存在していた。マラケシュではアトラス山脈から運ばれてきた水が二つの巨大な長方形の貯水槽——西側のダール・アル＝ハナと東側のアル＝ハルスィーヤ——を満たし、500ヘクタール以上の広さがあるこの農地の、庭園や果樹園を安定的に潤していた。アグダール庭園は全長9kmの壁に取り囲まれ、マラケシュの市街地に接していた。数ある庭園のそれぞれで植物が一種類ずつ栽培され、オレンジ園は大貯水槽に最も近接していた。砂漠の気候で

は育たないオレンジの木は、多量の水を必要としたからだ。実用性と美観、農業生産と娯楽が共存していたことは、アル゠ハルスィーヤ貯水槽の真ん中にまるで島のように浮かぶ台からも明らかだ。19世紀にムーレイ・アブド・アッ゠ラフマーン（在位1822-1859）がアグダールを整備し直し、香り高い柑橘類やオリーブなどを植えた。これはモロッコの君主たちによる大修復計画のひとつであり、計画の中にはメナーラ庭園（1830年に植え替え）も含まれ、その結果、マラケシュは、庭園をもつ数々の大邸宅で美しく飾られることになった。

El Faïz, Mohammed. *Jardins de Marrakech*. Paris: Actes Sud, 2000.
——. *Les jardins historiques de Marrakech: Mémoire écologique d'une ville impériale*. Florence: EDIFIR, 1996.
Gallotti, Jean. *Moorish Houses and Gardens of Morocco*, 2 vols. New York: William Helburn, 1926, esp. vol. 2.
Menjili-De Corny, Irène. *Jardins du Maroc*. Paris: Le Temps Apprivoisé, 1991.

## 12 ｜アル゠バディーウ宮殿　Al-Badīʿ Palace

　サアド朝の君主アフマド・アル゠マンスールによって1578年からマラケシュに建てられ、1710年に破壊されたアル゠バディーウ殿（すばらしいの意）宮は、沈床庭園といくつもの長方形の水槽のある中庭をもつ巨大な宮殿複合体だった。主庭は縦135m、横110mの大きさで、主軸に沿って大きな泉水があった。その真ん中に設けられた台は、細い通路で両側の園路とつながり、まるで水面に浮いているように見えた。泉水の両端に立つ丸天井のあずまやの中には水槽があり、アルハンブラ宮殿の「ライオンの中庭」を想起させる（1492年にモロッコに逃げてきたアンダルスのムスリムによってつくられたのかもしれない）。あずまやの両側にも、高く隆起した小さな水槽が設けられていた。あずまやのひとつは現在も立っている。庭園側のすべての壁に出入口が

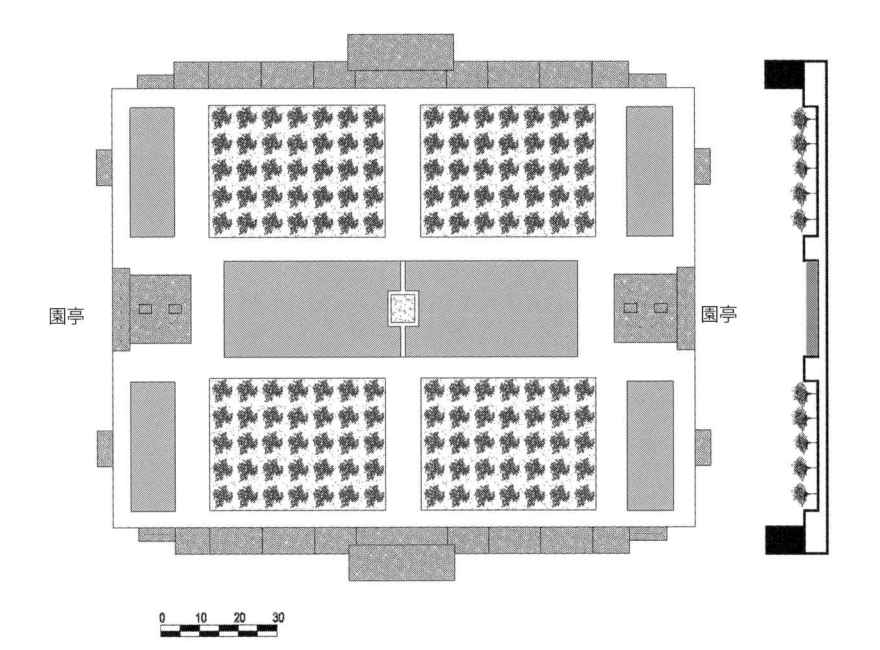

アル゠バディーウ宮殿
（von Hantelmannに基づくVarianaの作図）

設けられていたので、そこから三方向に輝く水面を眺めることができた。泉水は約1mの深さで、一方、花壇は約2.5mの深さだった。かつて花壇に植えられていた植物は、かろうじて先端部が舗装された園路に届く程度だったに違いない。

El Faïz, Mohammed. *Jardins de Marrakech*. Paris: Actes Sud, 2000.
El Faïz, Mohammed, Manuel Gómez Anuarbe, and Teresa Portela Marques. *Jardins de Maroc, d'Espagne et du Portugal*. Madrid: Actes Sud and Fondation Telefónica Maroc, 2003.
Marçais, Georges. "Les jardins de l'Islam." In Marçais, *Mélanges d'histoire et d'archéologie de l'Occident musulman*, 2 vols. Algiers: Imprimerie officielle du Gouvernement général de l'Algérie, 1957. 1: 233-44.
Menjili-De Corny, Irène. *Jardins du Maroc*. Paris: Le Temps Apprivoisé, 1991.
Meunié, Jean. "Le grand Riad et les bâtiments saâdiens du Badi' à Marrakech." *Hespéris* 44 (1957): 129-34.
Torres Balbás, Leopoldo. *Artes almorávide y almohade*. Madrid: Consejo Superior de Investigaciones Cientificas, 1955.
Von Hantelmann, Christa, and Dieter Zoern. *Gardens of Delight: The Great Islamic Gardens*. Cologne: DuMont Buchverlag, 2001.

## 13 | クトゥビーヤ  *The Kutubiya*

マラケシュにあるクトゥビーヤ・モスク（1147-1162年にムワッヒド朝の君主によって建てられた）の敷地と一部重なるようにして、1952年に、12世紀初頭の庭園が発見された。これはムラービト朝のアリー・イブン・ユースフ（在位1106-1142）の宮殿に付属し、交差する水路によって花壇が形成された長方形の中庭だった。宮殿と庭園は、現在のモスク中庭に置かれた二つの貯水槽から給水されていたようである。発見された遺構は少なく、現在目にすることはできないものの、これはモロッコで発掘された最古の四分庭園で、イスラーム世界でも最古の例として貴重である。

Meunié, Jacques, Henri Terrasse, and Gaston Deverdun. *Recherches archéologiques à Marrakech*. Paris: Institut des hautes études marocaines, 1952.

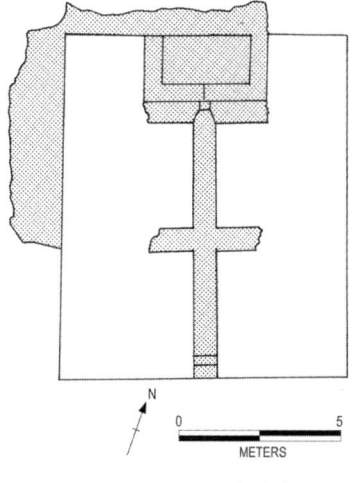

クトゥビーヤ庭園
(Ruggles)

**ラバト**

## 14 | シェーラ墓所  *Chēlla Necropolis*

1310〜1334年に、当時モロッコを支配していたマリーン朝の君主の墓所として多くの建築物がつくられたシェーラ墓所は、ラバト郊外にあるローマ時代の町サラ・コローニアの上に位置している。不規則な五角形の壁に囲まれたこの大きな敷地（最も長い辺の長さは300m）には、西の角にある門から入っていく。ここから坂道を下って古代の遺跡やマリーン朝墓地を過ぎると、壁で囲まれた長方形の敷地（44m×25m）に達する。ここには王墓や二基のモスク、修道場（ザーウィヤ）があり、アブー・ユースフ・ヤアクーブ（在位1258-1286）のモスクがいわば玄関口である。南西側は廃墟になっており、ミナレットの基部が残っている。入口から北東に向かうとアブル・ハサンが建てた修道場（ザーウィヤ）、タイル張りされた高さ14.1mのミナレット、複数の便所、そしてかつて大理石の柱廊に取り囲まれていた中庭へ出る（口絵20）。その後ろの壁沿いには居住用の小部屋が二層に重なっていた。中庭の中央には曲線状の大理石の水盤を

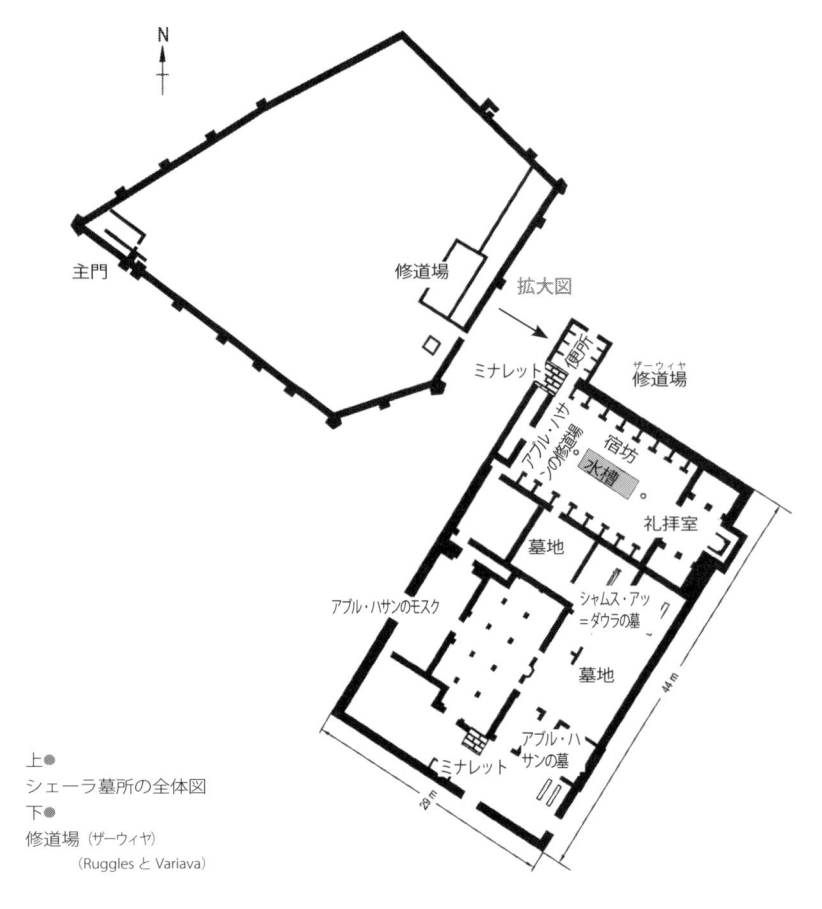

両端に配した、タイル張りの長方形の水槽があり、東端には礼拝室があった。南には壁で囲まれた区画があり、いくつもの墓がある。そのうち王妃シャムス・アッ゠ダウラの墓だけが確認されている。夫のアブル・ハサンはこの複合施設の南角の華麗に装飾された墓に葬られている。バッセとレヴィ゠プロヴァンサルは舗装された園路の遺構を調べた結果、この辺りは庭園として整備されていたと推測している。

Basset, Henri, and E. Lévi-Provençal. "Chella: Une nécropole mérinid." *Hespéris* 2 (1922): 1-92, 255-316, 385-425.
Menjili-De Corny, Irène. *Jardins du Maroc*. Paris: Le Temps Apprivoisé, 1991.
Parker, Richard. *A Practical Guide to Islamic Monuments in Morocco*. Charlottesville, Va.: Baraka Press, 1981.

上●
シェーラ墓所の全体図
下●
修道場（ザーウィヤ）
（RugglesとVariava）

## アルジェリア

### バニー・ハンマードの要塞都市

## 15 ｜ ダール・アル゠バフル　*Dār al-Baḥr*

　バニー・ハンマードの要塞都市は、1007〜1105年、代々のハンマード朝君主によって、現在のアルジェリアに建てられた要塞都市である。マグリブ地方中央部、標高1418mの高地に建てられた都市と、麓の平原の農地は、山から豊かに流れる水で潤っていた。要塞都市には一基のモスクと四つの宮殿複合体があり、最大のものが、長方形の池 (67m×47m) を備えたダール・アル゠バフル（湖の宮殿）と呼ばれる宮殿だった。中庭の東側にある堂々とした入口、そして池を取り囲む柱廊を見れば、壮麗な建物群だった様子がうかがえる。池は船遊びができるほど大きく、東側のス

バニー・ハンマードの要塞都市、ダール・アル=バフル
(L. de Beylié に基づき作図, 1909)

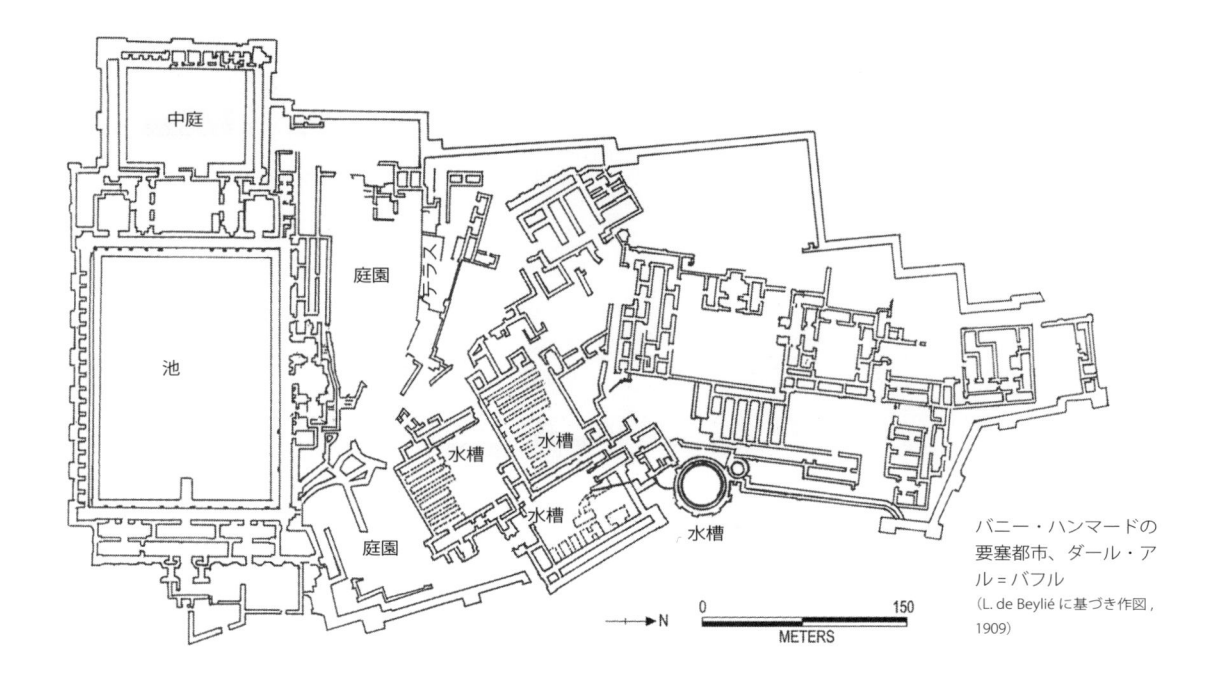

ロープから船を浮かべることができただろう。実際、中世にはここで船遊びが行われたという記録が残されている。宮殿の高い位置には数々の庭園が設けられ、さらに上に設けられたテラスからはおそらく庭園群と人工湖の眺めが楽しめたことだろう。一連の庭園が遊楽や鑑賞のための場所だったことは明らかだ。庭園の発掘調査は行われていないものの、ライオンの飾りをもつ装飾用噴水がいくつか発見されている。

Beylié, L. de. *La Kalaa des Beni-Hammad: Une capitale berbère de l'Afrique du Nord au XI$^e$*. Paris: E. Leroux, 1909.
Blanchet, Paul. "Description des monuments de la Kalaa des Bani Hammad." *Nouvelles archives des missions scientifiques* 17 (ca. 1887): 1-21.
Golvin, Lucien. *Recherches archéologiques à la Qal'a des Banu Hammad*. Paris: Maisonneuve et Larose, 1953.
Ruggles, D. Fairchild. "Vision and Power at the Qala Bani Hammad in Islamic North Africa." *Journal of Garden History* 14 (1994): 28-41.

# チュニジア

## カイラワーン

### 16 ｜アグラブ朝の貯水槽　*Aghlabid Basins*

　一連の貯水槽は、カイラワーンの市壁のすぐ外に建てられた大規模な貯水システムの一部だった。さまざまな大きさの円形や多角形の貯水槽のうち、いくつかが現存している。最大のものはアグラブ朝の君主アフマド・イブン・ムハンマド (在位856-863) によって建てられた。これは 48 面 (直径128m) の巨大な設備で、11 世紀に

目撃したアル＝バクリーによると、八角形の塔が備えられ、その上部には壁のないドーム屋根をもつあずまやがあったという。その基部の一部が残存しているが、一辺がわずか2.85mなので、もしそうした建物が存在したとしたら、床は水面上に張り出していたに違いないとマルセは述べている。この大貯水槽の横にはやや小さな17面の貯水槽(直径37.4m)があり、両水槽から地下の丸天井の貯水槽に、不純物を漉した水が流れ込んだ。この水は西に36km離れた山地から流れてきている。

アグラブ朝の貯水槽
(Ruggles)

カイラワーンはアグラブ朝(800-909)時代の重要な大都市で、ファーティマ朝の最初の首都だった(909-921)。住民だけでなくこの地で発達した農地や庭園を潤すには、こうした大規模な貯水設備が必要だったのである。

Marçais, Georges. *L'Architecture musulmane d'occident*. Paris: Arts et Métiers Graphiques, 1954.
Solignac, Marcel. "Recherches sur les installations hydrauliques de Kairouan et des steppes tunisiennes du VII$^e$ au XI$^e$ siècle." *Annales de l'Institut des Études Orientales de l'Université d'Alger* (1953): 60-170.

マヌーバのブルジュ・
アル＝カビール
(Ruggles と Variava)

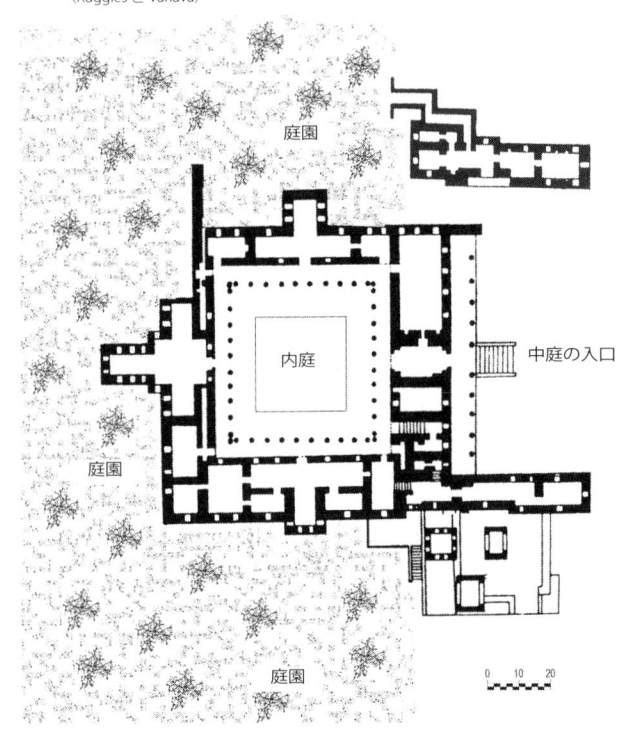

## マヌーバ

### 17 ｜ ブルジュ・アル＝カビール
*Burj al-Kabīr*

チュニスの西約10kmに位置するマヌーバは、17世紀頃オスマン朝の名のもとにチュニジアを支配していた地方長官(ベイ)たちによって遊楽の地として開発された。しかし現存するのは19世紀以降に建設された建物だけ。そのうちのひとつがブルジュ・アル＝カビール(カスル・アル＝ワルドとしても知られる)であり、ハムーダ・パシャ・ベイ(在位1782-1814)によって、おそらく堅苦しいバルド宮からの息抜きのために、ヨーロッパ風とマグリブ風の折衷様式でつくられた。この建物には四つの中庭があった。まず糸杉の並木のある前庭、それから主要な広間に通じる壮麗な階段を備えた中庭、脇の中庭、そ

して柱廊に囲まれた大きな内庭だ。当初はこの最後の中庭中央に水槽があったが、後に埋め立てられて小さな花壇になった。二階の部屋からは、この中庭を見下ろせると同時に、外側の庭園も眺め楽しむことができた。建物の三方に設けられた窓付きの突き出し部分からも景色が楽しめただろう。周囲の庭園に植えられていた植物は知られていないが、もとはここに優雅な園亭があった。この園亭はその後チュニスのベルヴェデーレ公園に移設され、現在ではベルヴェデーレ・クッバとして知られている。

　　Revault, Jacques. *Palais, demeures et maisons de plaisance à Tunis et ses environs: Du XVIe au XIXe siècle*. Aix-en-Provence: Édisud, 1984.
　　―――. *Palais et résidences d'été de la région de Tunis (XVIe-XIXe siècles)*. Paris: Éditions du Centre National de la Recherche Scientifique, 1974.
　　Saladin, Henri. *Tunis et Kairouan*. Paris: H. Laurens, 1908.

## 18 ｜ブルジュ・クッバト・アン゠ナース　*Burj Qubbat al-Nās*

　マヌーバのブルジュ・アル゠カビールの近くには、1782〜1814年に建てられ、似たような構造をもつ別の大きな邸宅がある。ブルジュ・クッバト・アン゠ナースにはいくつもの中庭が連なっているが、まず木々が植えられた前庭から大きな石の階段を通って建物内へ入る。建物は二つの部分に分かれている。入ってすぐの北側部分には十字丸天井の広間がいくつもあり、上階には小さな中庭がある。窓が設けられた、突出部分のある広間からは、周囲の果樹園が眺められる。その先には大きな中庭が続き、長方形の水槽（約25m×20m）がある。中庭南側の付属部分には水を汲む井戸とノーリアがあり、水槽から水を供給したのだろう。

　この中庭は完全に壁で囲まれており、女たちのための私的な空間だったと思われる。東西の壁の真ん中に突き出た出入口から塀に囲まれた果樹園に出られ、そこには香り高い柑橘類、ザクロ、イチジクなどの木が植えられていた。果樹園は東側と南側に設置された井戸からノーリアでくみ上げた水で潤されていたのだろう。周囲の土地にはオリーブやその他の有用な作物が植えられていたと思われる。

　　Revault, Jacques. *Palais, demeures et maisons de plaisance à Tunis et ses environs: Du XVIe au XIXe siècle*. Aix-en-Provence: Édisud, 1984.
　　―――. *Palais et résidences d'été de la région de Tunis (XVIe-XIXe siècles)*. Paris: Éditions du Centre National de la Recherche Scientifique, 1974.

マヌーバのブルジュ・クッバト・アン゠ナース
(J. Revault に基づき Ruggles と Variava 作図)

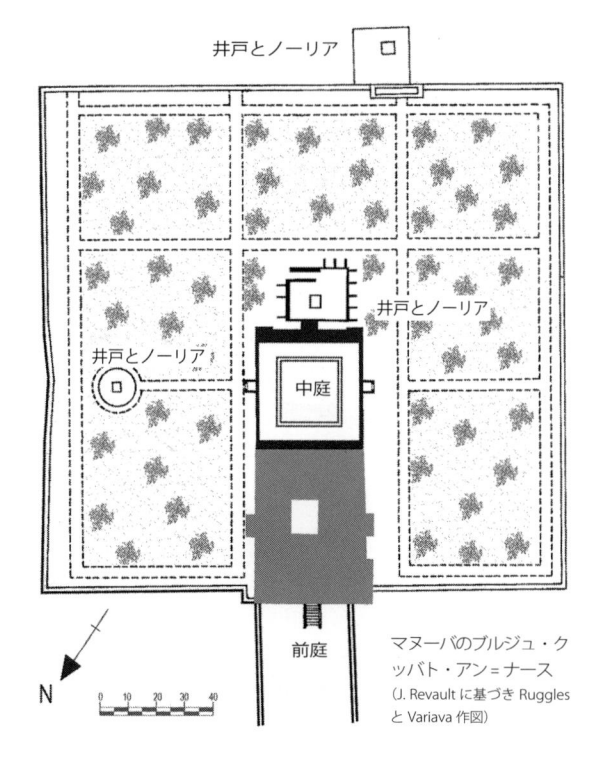

# エジプト

*カイロ*

## 19 | アズハル公園　*Azhar Park*

　15年間の構想を経て2005年に開園したアズハル公園は、カイロ城塞に近いダッラーサの丘陵にある31ヘクタールの公園である。この見事な公園は、整然とした幾何学的配置、沈床花壇、マムルーク朝風の多彩な石組み、交差する水路、さまざまな水を用いた芸術などが歴史的なイスラーム庭園を想起させつつ、すべて抑制のきいた近代的デザインで表現されている（口絵27）。公園の北東端にある丘陵の眺めのよいレストランからまっすぐ伸びる園路が、公園の主軸となっている。この軸線は六つのチャハール・バーグ形式の庭園を通って中央の交差部に達するが、ここで噴水は地面の敷石から直接、水を噴き上げている。さらに長い散歩道を下っていくと、軸線が少し方向を変え、整形式庭園を貫く道は少しずつ上り坂になっていく（これに直交する道をたどっていくと、高い噴水のある沈床庭園に着く）。道の終わりには、人工湖に突き出るように喫茶店が設けられている。直線が支配する中心軸の周囲には、対照的にゆるくうねった道が配され、子供たちの遊び場、あずまや、また周囲の町を見渡せる展望台につながっている。

　公園は大規模な再開発プロジェクトの一環として、低所得者層の住む周辺コミュニティの必要性に応えるためにつくられた。考古学調査も行われ、1km以上にわたるアイユーブ朝時代の壁が発見されたが、場所によって45mものがれきの下に埋もれていた。公園の設計と実際の工事の過程で地面の勾配は大きく変えられ、また貯水施設や苗床が建設された。この建設事業はカイロ行政府の協力を得て、アー

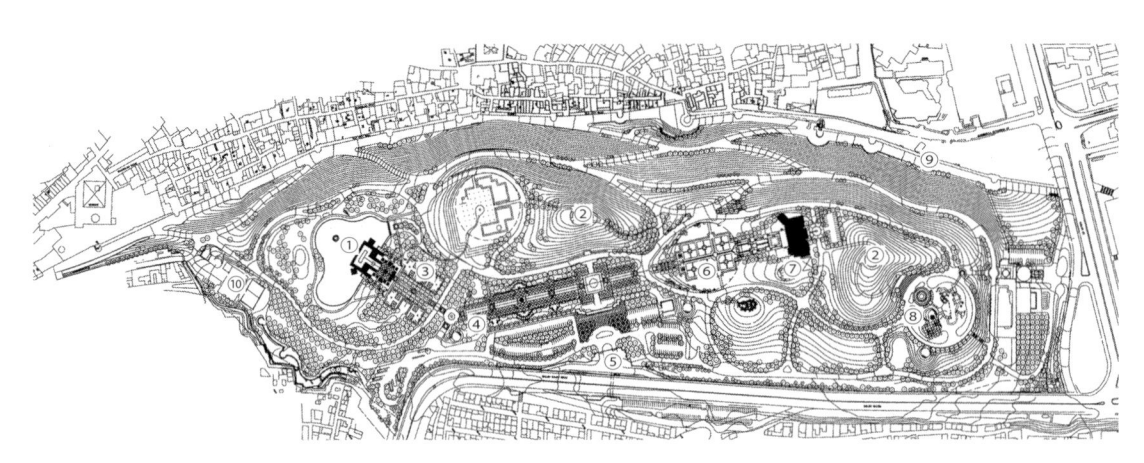

アズハル公園（アーガー・ハーン文化財団）
① 湖畔の喫茶店　② 展望台　③ 沈床庭園　④ 椰子の並木道　⑤ 正門　⑥ 整形式庭園　⑦ レストラン
⑧ 遊び場　⑨ アイユーブ朝時代の城壁に沿った遊歩道　⑩ 近隣の憩いの場

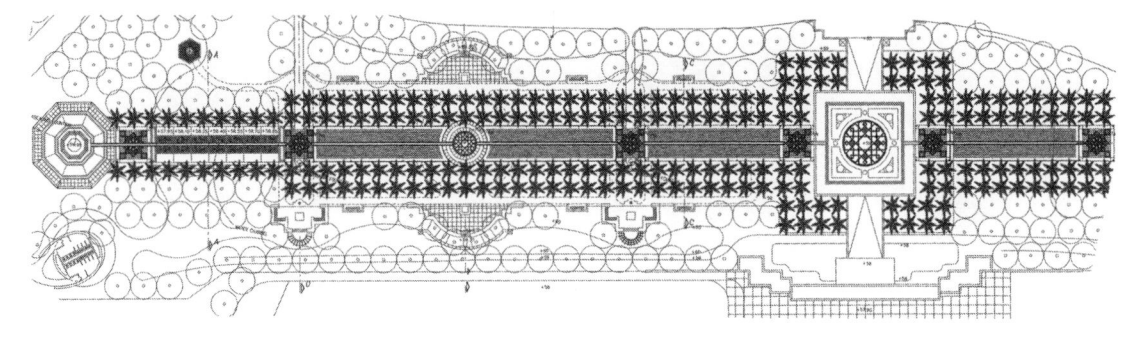

アズハル公園、椰子の並木道（アーガー・ハーン文化財団）

ガー・ハーン文化財団の出資により実現した。全体の設計はササキ・アソシエイツが、景観設計はサイツ・インターナショナルのマヘル・スティノとライラ・エルマスリ・スティノが行った。また丘陵のレストランと正門の建物はラミー・エル＝ダハーンとソヘイル・ファリードが、湖畔の喫茶店は、セルジュ・サンテリとカリーン・マーティンが設計を行った。

Bianca, Stefano, and Philip Jodidio, eds. *Cairo: Revitalising a Historic Metropolis.* Turin: Aga Khan Trust for Culture and Umberto Allemandi, 2004; see especially Cameron Rashti, "The Development of Azhar Park," 149-63.

## 20 ｜アズバキーヤ庭園　*Azbakiyya Gardens*

　カイロのアズバキーヤの名で知られる地区には長い歴史がある。マムルーク朝時代に発展したこの地区は、毎年繰り返されるナイル川の洪水時に、ナースィリー運河の水で満たされる湖に近接している。ナイル川の氾濫は毎年音楽とともに祝われ、華やかに飾られた船が湖に浮かべられた。この地域の発展と衰退は、カイロの経済状況と強く連動している。1485年にはアミール・アズバク・ミン・トゥトゥフが、放置された湿地帯を新たに掘削し直して湖とし、周囲に遊歩道を整備し、南東岸には美しい宮殿を建て、湖の一帯をワクフとして寄進した。その後カイロを占領したフランス軍は（1798-1801）、1776年の火事の後で再建されたばかりのアズバキーヤ地区に駐屯した。そして幅広い直線道路を通し、ナースィリー運河を渡る橋を架け直し、通りや湖に沿って植樹した。フランス軍の退去後、オスマン朝の総督ムハンマド・アリー（在位1805-1845）はカイロの近代化を図り、減水期に悪臭を放つ運河や不衛生な池を埋め立てたが、アズバキーヤもその中に含まれていた。アズバキーヤは公園となり、交差する3本の並木道、洪水の時期に排水に利用される環状水路、そしてさまざまな熱帯地方の品種を含む樹木帯が設けられた。レストランや喫茶店、オテル・ドリアンやシェファーズのようなヨーロッパ風ホテル、劇場やトーマス・クック社のような文化施設のある同地域はヨーロッパの雰囲気を濃厚にたたえた娯楽地域だった。

81の庭園と遺跡

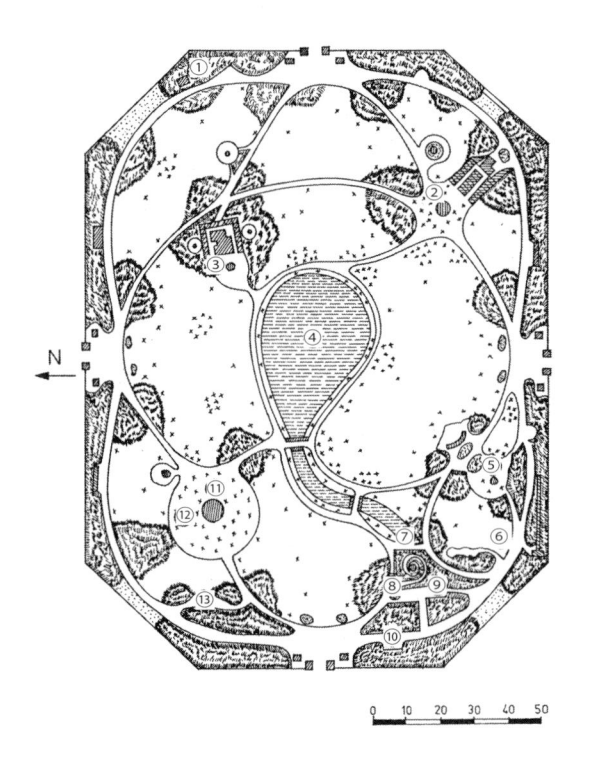

19世紀の第3四半期のアズバキーヤ公園 (G. Delchevalerie, 1872)
① 写真屋　② ヨーロッパ風カフェ　③ レストラン　④ 池
⑤ オリエンタルカフェ　⑥ 射撃場
⑦ アイスクリームカフェと洞窟　⑧ 見晴らし台
⑨ ギリシア風カフェ　⑩ タバコ屋　⑪ 音楽堂
⑫ バー　⑬ レモネード売り場

　1867年のパリ万国博覧会を訪れたエジプト副王イスマーイール（ヘディーヴ）は、カイロとアズバキーヤについての新しい計画を胸に帰国した。公共工事の長官であったアリー・ムバーラクが監督し、アズバキーヤは以前よりも小さな八角形の公園に変わり、曲がりくねった道や小さな池のあるパリのモンソー公園によく似たフランス風庭園となった。フランス人のバリエ・デシャンが景観設計を、ドイツの園芸家シュヴァインフルトが樹木や草花を国外から調達した。庭園の周囲は壁で囲まれ、さまざまな色ガラスを使ったガス灯で照らされ、庭園を訪れることができるのは入園料が払える人だけだった。

Abu-Lughod, Janet. *Cairo: 1001 Years of the City Victorious*. Princeton: Princeton University Press, 1971.
Behrens-Abouseif, Doris. *Azbakkiyya and Its Environs from Azbak to Isma'il 1476-1879* (Supplément aux *Annales islamologiques*, Cahiers no. 6). Cairo: Institut Français d'Archéologie Orientale, 1985.
Clerget, Marcel. *Le Caire: Étude de géographie urbaine et d'histoire économique*, 2 vols. Cairo: Imprimerie E. & R. Schindler, 1934.
Mostyn, Trevor. *Cairo, La Belle Epoque 1869-1952*. London: Quartet Books, 1989.
Tagher, Jeanette. "Le jardin de l'Ezbékieh." *Cahiers d'histoire égyptienne* 5-6 (1951): 413-21.

## 21 ｜ フスタートの市街地　*Fustāt Houses*

　現在ではカイロ市内にあるフスタートの街は、9世紀半ばから12世紀後半までは家々のひしめき合う重要な市街地だった。これまでに39の小さな住宅が発掘調査され、平均的な一般庶民の住居が明らかになりつつある。迷路のように入り組んだ道路にはさまれていたため、典型的なフスタートの家は不規則な外形をもっていたが、家の中心である中庭はきちんとした対称形で、柱廊を備えたひとつあるいはそれ以上のイーワーンといくつもの側面の部屋がこれに面していた。複数の中庭をもつ家もあった。家の外壁の内側に設けられた私的な貯水槽から、水は中庭や水槽を通って運ばれ、また室内の便所の排水は下水管へつながっていた。大きな中庭には単純な長方形の水槽やより装飾的な水盤、そして花壇があった。考古学者はそこでいくつもの穴を発見し、灌木や背の低い木が植えられていたことを確認した。実際、図面で見る限り、少量の植物で美しく飾られた中庭の様子は、18世紀や19世紀の市街地の家を彷彿とさせる。

考古学者が階段、そして壁の中に排水管を発見し、それによって、上階または屋上テラスがあったと判明した。1046年にナースィレ・フスラウがフスタートを訪れた時、彼が目にしたのは多層の家が立ち並ぶ繁栄した町だった。そのうちの1軒の屋上庭園には花々やオレンジとバナナの木が植えられ、役畜が回す水車で給水されていた。

Bahgat, Aly, and Albert Gabriel. *Fouilles d'al-Foustat*. Paris: E. de Boccard, 1921.

Ostrasz, Antoni A. "The Archaeological Material for the Study of the Domestic Architecture at Fustat." *Africana Bulletin* 26 (1977): 57-87.

Scanlon, George. "Housing and Sanitation: Some Aspects of Medieval Egyptian Life." In A. H. Houraniand S. M. Stern, eds., *The Islamic City*, 185-94. Philadelphia: University of Pennsylvania Press, 1970.

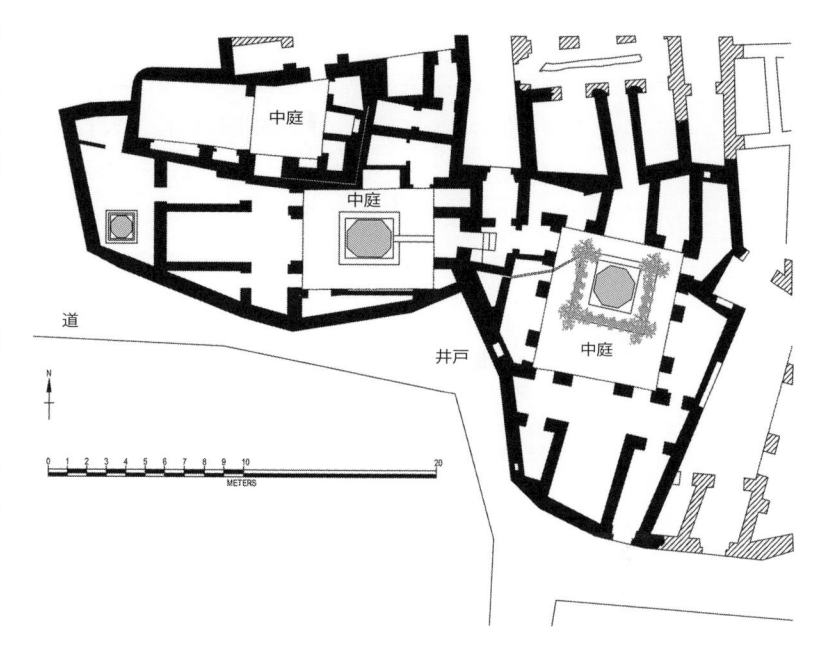

———. Multiple articles in the *Journal of the American Research Center in Egypt*, 1966-84.

フスタートの家
（Bahgat and Gabriel の作図に基づく）

# トルコ

## アランヤ

### 22 | ハスバフチェ　*Hasbahçe*

トルコ南岸のアランヤに建てられたいくつかの遊楽のための施設の中で最も大きい離宮である。セルジューク朝の君主は1221年にこの地方を征服し、冬を過ごす地とした。彼らが建てた数々の離宮では庭園と農業が重要な位置を占め、訪れた人は森に覆われた丘で狩猟を楽しむことができた。ハスバフチェ（王宮庭園）はこうした壁に囲まれた庭園の中でも最も大きいものである（5.1ヘクタール）。そこにあるセルジューク朝時代の園亭と、少なくとも五つの他の建築物はすべて高台に立っている。そのうちのいくつかは窓を

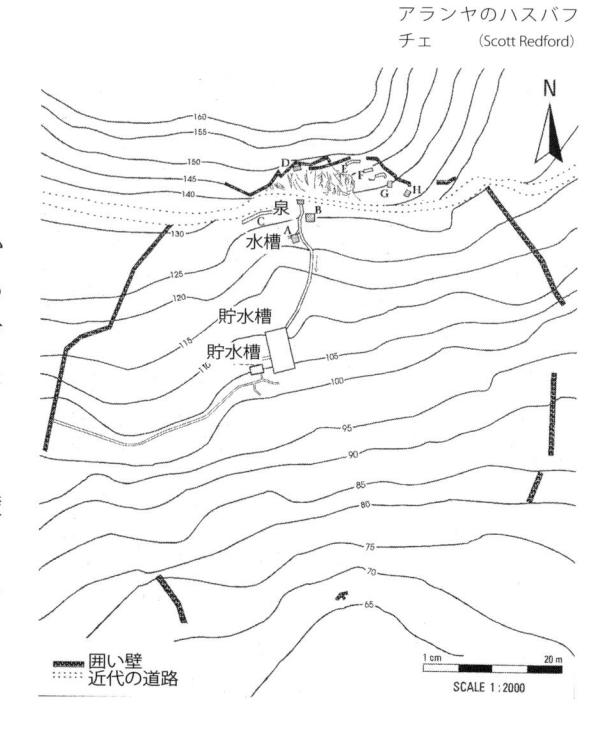

アランヤのハスバフチェ　(Scott Redford)

備えた二階建てで、こうした風通しの良い部屋からの丘陵の眺めは見事なものだったに違いない。庭園を潤す水は天然の泉から引かれ、低い位置に設けられた地下貯水槽に集められていた。また露出した大きな貯水槽もあり、そこから多くの灌漑用水路が通っていた。近くで発見されたローマ時代後期の水道橋と水道管は、この時代にすでに農業が行われていたことを示している。

Redford, Scott. *Landscape and the State in Medieval Anatolia: Seljuk Gardens and Pavilions of Alanya*. Oxford: Archaeopress, 2000.
——. "Seljuk Pavilions and Enclosures in and Around Alanya." *Arastirma Sonuçlari Toplantisi* 14 (Ankara, 1997): 453-67.

### イスタンブル

## 23 | ボスフォラス海峡沿いのあずまや　*Bosphorus Kiosks*

イスタンブル近くのボスフォラス海峡沿いには、オスマン朝の皇帝一家だけでなくエリート階級も邸宅を構えていた。建物の片側からは水際の眺めが楽しめ、反対側には、半島の地形に沿って少しずつ標高を増す庭園(バフチェ)が設けられていた。1738年頃の写本挿絵には、壁で囲まれた庭園がボスフォラス海峡の両岸に並んでいる様子が描かれている。ところどころに塔が立ち、各邸宅には陸側の入口と、船着き場に面する入口が双方に備えられている。庭園には青々とした葉を茂らせる背の高い木や、やや低い柑橘樹、西洋ツゲ、花壇があり、特に1703～1730年までのチューリップ時代(ラーレ・デヴリ)には、珍種の高価なチューリップがたくさん植えられた。大きな邸宅はトプカプ宮殿を真似ていくつもの中庭をもち、少し小さな家屋にも少なくとも一棟の園亭があった。園亭は屋根だけの簡単な構造か、または外側に幅広いベランダをめぐらせたタイル張りの部屋で、ベランダにはジャスミンやスイカズラが茂っていることもあった。16世紀には多くがドーム付きの石造建築だったが、17世紀には木製のあずまや(ヤル)が好まれるようになった。現存する最古のあずまやは

ボスフォラス海峡のあずまや　　(Deniz Calis)

1699年に、アムジャザーデ家の旧所有地で、ボスフォラス海峡のアジア側アナドル・ヒサルに建てられた（後宮、台所、浴室その他の建物は残っていない）。

Artan, Tulay. "Architecture as a Theater of Life: Profile of the Eighteenth-Century Bosphorus." Ph.D. diss. MIT, 1989.
Atasoy, Nurhan. *A Garden for the Sultan: Gardens and Flowers in the Ottoman Culture.* Istanbul: Aygaz, 2002.
Esin, Emil. "An Eighteenth-Century 'Yali' Viewed in the Line of Development of Related Forms in Turkic Architecture." In *Atti del Secondo Congresso Internationale di Arte Turca.* Naples, 1965.
Evliya Çelebi. *Narrative of Travels,* trans. J. von Hammer. London, 1834.
Necipoğlu, Gülru. "The Suburban Landscape of Sixteenth-Century Istanbul." In Attilio Petruccioli, ed., *Gardens in the Time of the Great Muslim Empires,* 32-71. Leiden: Brill, 1997.
Titley, Norah and Frances Wood. *Oriental Gardens.* San Francisco: Chronicle Books, 1991.

## 24 ｜ フェネルバフチェ　*Fenerbahçe*

　もともとビザンツ時代の邸宅があったこの場所は、1453年にコンスタンティノープルがオスマン朝に征服されると（町はイスタンブルと改名）、スルターンのものとなった。「灯台のあずまや」を意味するフェネルバフチェはスレイマン大帝と妻のヒュッレム・スルターン（ロクセラーナ）のお気に入りの場所で、1562年にスルターンはビザンツ時代の灯台を改築して宮殿を建てるよう、建築家であるミマール・スィナンに命じた。完成した宮殿には、スルターンの居住部分に加えて複数の浴場、庭師の宿舎、モスク、一軒の小さな園亭、そして望楼が設けられていた。1680年にこの地を訪れたフランスのG・J・グレロは、次のようにこの宮殿を描写している。「カドゥキョイから海に伸びる幅10マイルの細長い土地の終わりに、大きな灯台がある。……そこにフェネル・キョシュクとして知られている美しいスルターンの邸宅がある。多くの邸宅と同じように、これも屋根付きの柱廊で囲まれた四角い建物である。建物は美しく秩序だった庭園の真ん中に立ち、庭園にはきちんとした歩道と、よく手入れされた花壇がある。しかし他の帝室庭園はすべて、木がでたらめに生えているだけである」。1711年に描かれた絵では、糸杉の木に囲まれてあずまやが立

フェネルバフチェ
(Cornelius Loos, スウェーデン国立美術館)

ち、その柱廊の真ん中に床に沈められた水槽がある。

Aktepe, Münir. "Istanbul Fenerbahçesi Hakkında Bazı Bilgiler." *Edebiyat Fakültesi Tarih Dergisi* 32 (1979):349-72.
Atasoy, Nurhan. *A Garden for the Sultan: Gardens and Flowers in the Ottoman Culture*. Istanbul: Aygaz, 2002.
Necipoğlu, Gülru. "The Suburban Landscape of Sixteenth-Century Istanbul." In Attilio Petruccioli, ed., *Gardens in the Time of the Great Muslim Empires*, 32-71. Leiden: Brill, 1997.

## 25 │ カラバリ庭園　*Karabali Garden*

もはや存在しないこの庭園は、16世紀初め（1514年以前）にオスマン朝の高官によって、ボスフォラス海峡のヨーロッパ側、トプカプ宮殿近くのカバタシュにつくられた。オスマン朝下でチャハール・バーグ形式が採用されたきわめて珍しい例で、長円形の庭園で交差する十字の園路は、1581年の記録によると、3頭の馬が並んで進めるほど幅広かった。庭園の周囲には糸杉の木が2列に植えられ、十字に交差する園路沿いには糸杉とローズマリーの灌木が交互に植えられていた。四分されたうちの一区画はさらに小さな花壇に分けられ、別の区画には複数の園亭と大理石の水槽ひとつと噴水が、三番目の区画には庭園の手入れをする庭師の宿舎があった。

あるオーストリアの外交官が1578～1581年に作成した見取り図と説明が残されており、それによってこの庭園の構成がわかる。庭園に入るために、外交官は庭師を買収しなければならなかったという。

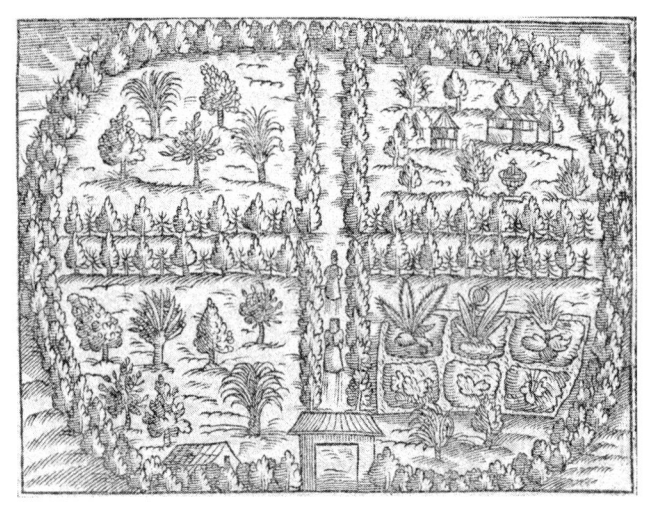

イスタンブルのカバタシュのカラバリ庭園
(Salomon Schwei-gger, 1608)

Atasoy, Nurhan. *A Garden for the Sultan: Gardens and Flowers in the Ottoman Culture*. Istanbul: Aygaz, 2002.
Necipoğlu, Gülru. "The Suburban Landscape of Sixteenth-Century Istanbul." In Attilio Petruccioli, ed., *Gardens in the Time of the Great Muslim Empires*, 32-71. Leiden: Brill, 1997.

## 26 │ スレイマニイェ墓地　*Süleymaniye Cemetery*

オスマン朝時代のキュッリイェ（宗教・慈善複合施設）には、通常、大きなモスクに隣接して、寄進者の墓がある墓地が設けられた。イスタンブルのスレイマニイェ・モスクで、キブラが設けられた壁の先にあるスレイマン大帝（1566年没）の墓は、二重殻ドーム構造の八角形の建物で、入口が東側にある。一部の家族は棺に納められて同じ廟内で眠っており、後に亡くなった者はモスク横の同じ墓域でより簡素な墓に

葬られた。スレイマンの妻のヒュッレム（1558年没）だけが、大帝の廟よりは小さいものの独立した廟に葬られている。二つの廟の周囲には、その後徐々に墓が増えていった。これらの墓は水平な大理石板でできており、墓石には死者の名、死亡日、コーランの一節、そしてしばしば曲線状の植物文様の浮き彫りが施されていた。いくつかの石には花を挿すための多弁形の開口部があり、四角い箱の形に彫られている場合もあった。その中には花が植えられていたようだ。スレイマニイェ墓地の墓はほとんどが19世紀後半から20世紀のもので、色鮮やかな香り高い薔薇も、最近植えられたのだろう。しかし多くの墓石につる性植物のための穴があり、また植物を植える空間が確保されているので、もともと植栽することが想定され、墓がミニチュアの庭園と考えられていたことは確かだ。花は死者を弔い、偲ぶしるしというだけではなかった。毎年開花することから、永遠の生命を象徴していたのだ。

　スレイマニイェ墓地は特によく手入れされているとはいえ、これが唯一の例ではない。市街地のはずれの大墓地や、モスクに付属する墓地庭園は、イスタンブルや他のオスマン帝国の都市の各地に存在した。

スレイマニイェ墓地
(Ruggles)

Dickie, James. "Garden and Cemetery in Sinan's Istanbul." *Environmental Design: Journal of the Islamic Environmental Design Research Centre (Sinan and the Urban Vision)*, nos. 1-2 (1987): 70-85.
Goodwin, Godfrey. "Gardens of the Dead in Ottoman Times." *Muqarnas* 5 (1988): 61-69.
———. *A History of Ottoman Architecture*. London: Thames and Hudson, 1971.

## 27 ｜ トプカプ宮殿　*Topkapı Sarayı*

　トプカプ宮殿はオスマン朝時代の王宮兼政庁で、イスタンブルの金角湾、マルマラ海、ボスフォラス海峡にはさまれた半島の先端部で1455年に建設が始まった。すでに15世紀には、宮殿を囲む美しい大庭園のことが書き残されている。その果樹園や芝生にはさまざまな種類の果樹や草花が植えられ、水やりには冷たい新鮮な水がたっぷり使われていた。トプカプ宮殿の庭園は、代々の君主によって400年以上かけて整備された。奥御殿の三つの中庭を取り巻く外苑は半ば自然のままに残し、また、整形された庭園は舗装テラスや長方形の水槽をもつ園亭に隣接してつくられた。サファヴィー朝やムガル朝では灌漑の必要にせまられ、厳密に幾何学的で左右対称な配置が好まれたのに対して、オスマン朝では自然の地形に応じて、庭園の構造が決められたようだ。それぞれの庭園には装飾的な花壇もあったが、自然の起伏を考慮に入れ、地形の多様性を生かしたより自然なレイアウトの中に置かれた。

81の庭園と遺跡

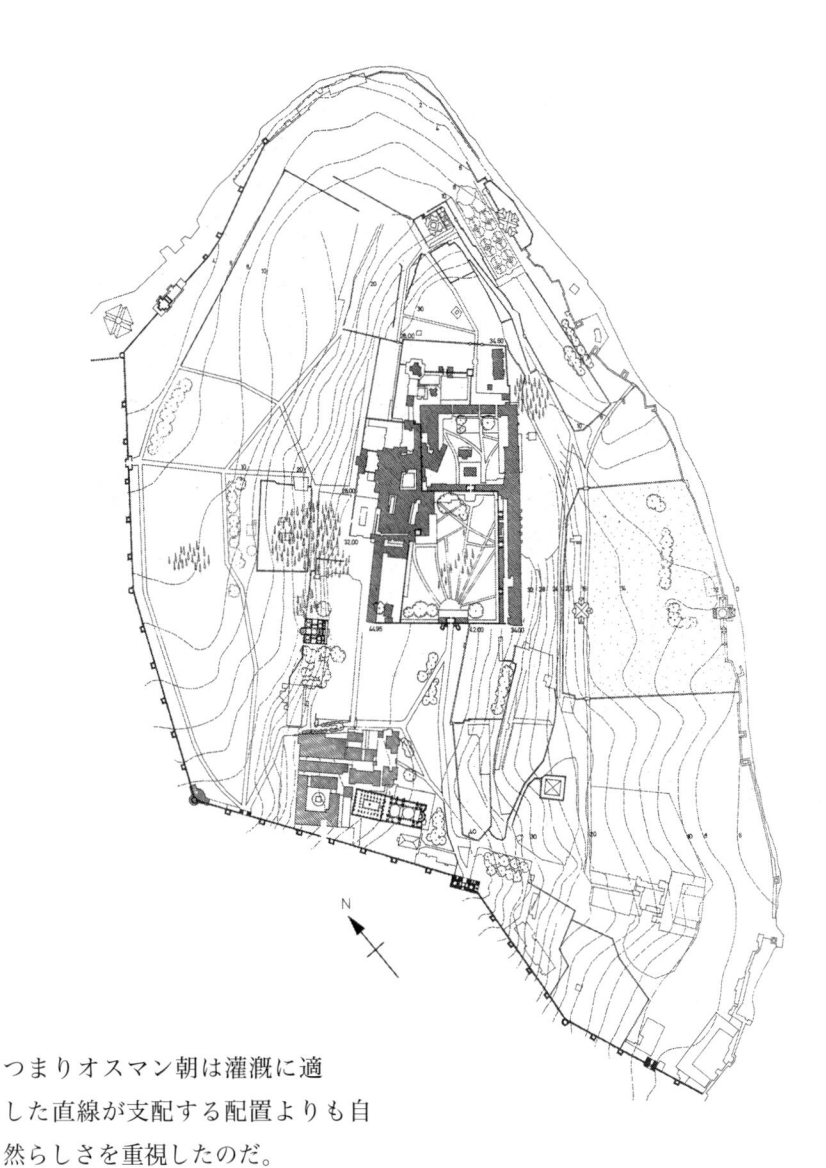

トプカプ宮殿
(Eldem と Akozan の作図に
基づく)

　つまりオスマン朝は灌漑に適した直線が支配する配置よりも自然らしさを重視したのだ。

　スレイマン大帝（在位 1520-1566）は球根の花や薔薇や糸杉が植えられた自分の庭を愛し、2500人の庭師に世話をさせた。もう一人、トプカプ宮殿の庭園を非常に愛したのはアフメト3世だった。彼は第四庭園の割礼の間のすぐ外に、自身と親しい人々のためにチューリップを植えさせた。本物の植物が植わるこうした庭園の他に、トプカプ宮殿の装飾にも多くの自然モチーフが認められる。タイル、壁画、布などにはチューリップ、カーネーション、花が満開の果樹、鳥などが見られる。

Atasoy, Nurhan. *A Garden for the Sultan: Gardens and Flowers in the Ottoman Culture*. Istanbul: Aygaz, 2002.
Eldem, Sedad H., and Feridun Akozan. *Topkapı Sarayı bir mimari araştırma*. Istanbul: Millî Eğitim Baslmevi, 1982.
Goodwin, Geoffrey. *A History of Ottoman Architecture*. London: Thames and Hudson, 1971.
Necipoğlu, Gülru. *Architecture, Ceremonial, and Power: The Topkapı Palace in the Fifteenth and Sixteenth Centuries*. Cambridge, Mass.: MIT Press, 1991.
Titley, Norah, and Frances Wood. *Oriental Gardens*. San Francisco: Chronicle Books, 1991.

## 28 ｜ウスキュダル宮殿　*Üsküdar Sarayı*

　別名カヴァク宮殿の名でも知られる、まとまりのないこの宮殿は、ボスフォラス海峡に面し、トプカプ宮殿の対岸に立っていたので、簡単に船で行き来することができた。1550年代に、スレイマン大帝によって三つの中庭をもつ宮殿として建てられ、次の世紀にセリム2世、ムラト3世、アフメト1世、ムラト4世のもとで拡張され、新しい建物が付け加えられた。スルターンとその家族は、トプカプ宮殿の堅苦しさと狭苦しい空間から逃れるためにこの地を利用し、広い庭で乗馬や狩猟、また大きな池で船遊びなどを楽しんだ。18世紀後半にこの宮殿は破却されたが、当時の記録には主宮殿といくつもの園亭が立ち、格子状の通路、泉水、噴水、テラス、金箔張りのドームをもつ望楼、ジャスミンで覆われた欄干などがあったと記されている。糸杉、松、スズカケ、桜などさまざまな木が植えられていたと古文書にはあるが、17世紀の記録によれば、花壇に植えられていたのは主に野菜で、整形式庭園などはなかったという。

ウスキュダル宮殿
(Choiseul-Gouffier, 1892)

　　Atasoy, Nurhan. *A Garden for the Sultan: Gardens and Flowers in the Ottoman Culture.* Istanbul: Aygaz, 2002.
　　Necipoğlu, Gülru. "The Suburban Landscape of Sixteenth-Century Istanbul." In Attilio Petruccioli, ed., *Gardens in the Time of the Great Muslim Empires,* 32-71. Leiden: Brill, 1997.

マルマラ海

## 29 ｜イュルドゥズ宮殿　*Yıldız Sarayı*

　16世紀初めから、オスマン朝のスルターンが狩猟を楽しんでいたボスフォラス海峡を見下ろす高台の地に、セリム3世(在位1789-1807)は母親のミフリシャーのためにロココ風噴水を備えた夏の宮殿を建てた。19世紀半ばに建物は取り壊され、当時の母后ベズミアレムのために新しい宮殿が建て直された。アブデュルハミト2世(在位1876-1909)の即位に伴い、宮廷はドルマバフチェ宮殿からイュルドゥズ宮殿に移され、彼の在位中はそれ以上移動することはなかった。いくつもの園亭と政務用の広間が続き、その間にいくつもの中庭と大きな門が配された構造は、トプカプ宮殿に似ている。庭園は約4ヘクタールの広さだった。中には壁に囲まれた整形式庭園と草地、大きな泉水と小さな人工運河、庭園内や水際に配された噴水、園

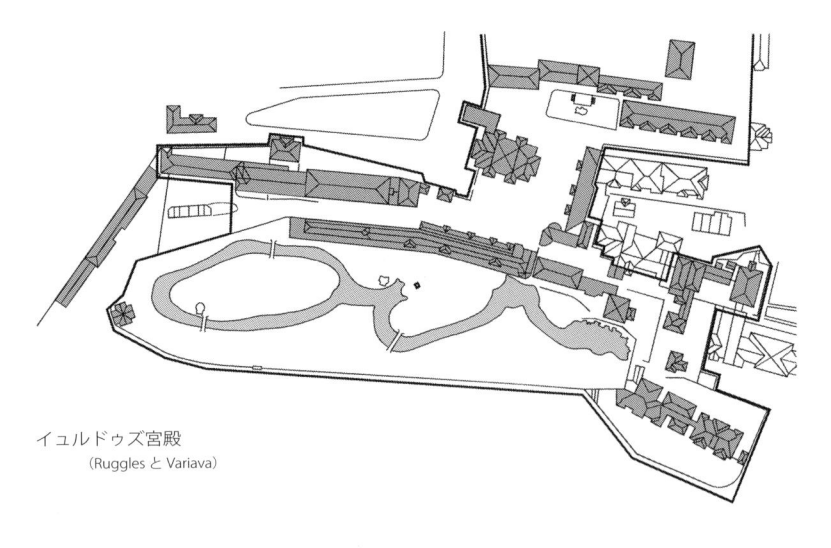

亭などがあった。後宮に並ぶ専用庭園には細長い人工湖があり、中央の小島には小さなあずまやが立っていた。庭園の南端には三階建ての望楼（ジハンニュマ・キョシュク）が立ち、そこからは庭園内だけでなく、借景としてマルマラ海やボスフォラス海峡まで見渡せた。

Bilgin, Bülent. *Geçmişte Yıldız Sarayı/Only Yesterday at Yıldız Sarayı.* Istanbul: Yıldız Sarayı Vakfı, 1988.

イュルドゥズ宮殿
(Ruggles と Variava)

マニサ

## 30 ｜マニサ宮殿　*Manisa Sarayı*

　約3ヘクタールのこの宮殿は、もはや建設当初の姿を留めてはいない。代々のオスマン朝皇子たちは、17世紀までマニサや他の都市に知事として派遣され、帝王学を学ぶ習わしになっていた。ここもそうした皇子の宮殿であり、華麗で帝室の特権を反映する堂々としたつくりになっている。1595年に描かれたこの見開きの写本挿絵には、宮殿と周囲の建物が描かれている。右下方に見える墓地にはさまざまな種類の樹木や橋のかかった小川がある。宮殿内にはいくつかの中庭が見える。左側には長方形をした後宮の中庭があり、柱廊に囲まれた真ん中に大きな噴水が見える。挿絵職人が後宮への出入りを許されたはずはないので、この部分は類型的に描かれており、おそらく実際の姿を反映したものではない。前景の大きな中庭には、壁で区切られた小さな区画があり、2本の糸杉と花壇が見える。背後の中庭にはいくつかの建物、ピンク色の花が咲き誇る大きな木、2本の落葉樹、そして何本もの糸杉が見える。植物の無造作な配置は、オスマン朝によく見られる景観設計だった。

マニサ宮殿
(トプカプ宮殿博物館)

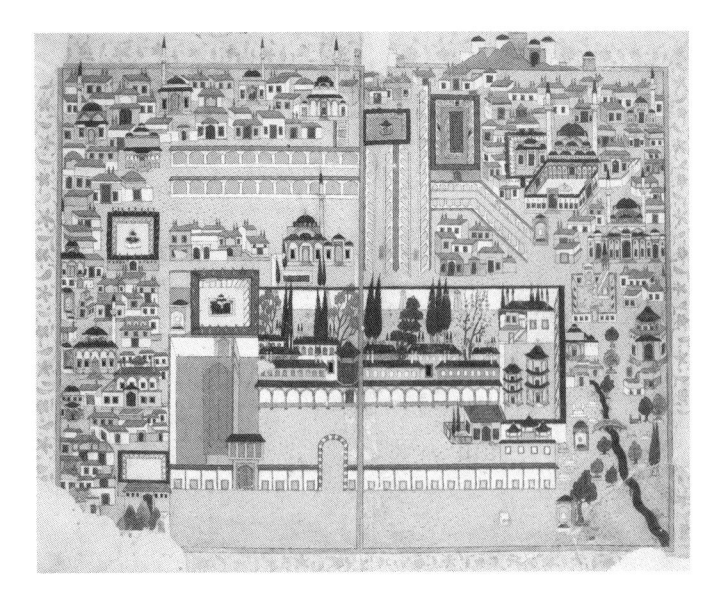

Atasoy, Nurhan. *A Garden for the Sultan: Gardens and Flowers in Culture*. Istanbul: Aygaz, 2002.

# 大シリア

アッ＝ルサーファ

## 31 ｜ 宮苑　*Palace garden*

　東ローマ帝国の支配下にあった北シリアのルサーファの町をウマイヤ朝 (661-750) が征服した後、カリフのヒシャーム (在位 724-743) は市壁の外に宮殿を建てた。宮殿には日干し煉瓦でできた壁に囲まれた付属庭園や果樹園があった (しかしこの壁が庭園と同時期のものかどうかについて、考古学者の間でも結論は出ていない)。1980年代後半に庭園を発掘した考古学者たちは、中央に四角い石造の園亭を発見した。園亭は柱廊に取り囲まれ、四方の開口部から階段が三段ずつ、庭園まで下りていた。西側の階段の先には周囲より少し高く、野石と石灰岩でつくられた歩道があり、かつて他の三方にも似たような歩道が存在していた可能性がある。そうだとすれば、これは発見された最古のチャハール・バーグ庭園だろう。

　シリアにあるこのルサーファ宮殿は、その後ヒシャームの孫アブド・アッ＝ラフマーン１世によって、8世紀後半にコルドバ近郊に建てられた同名の宮殿のモデルとなったのかもしれない。その場合、四分割された十字型庭園がどのように東地中海地方からイベリア半島に伝わったのか、説明がつくだろう。

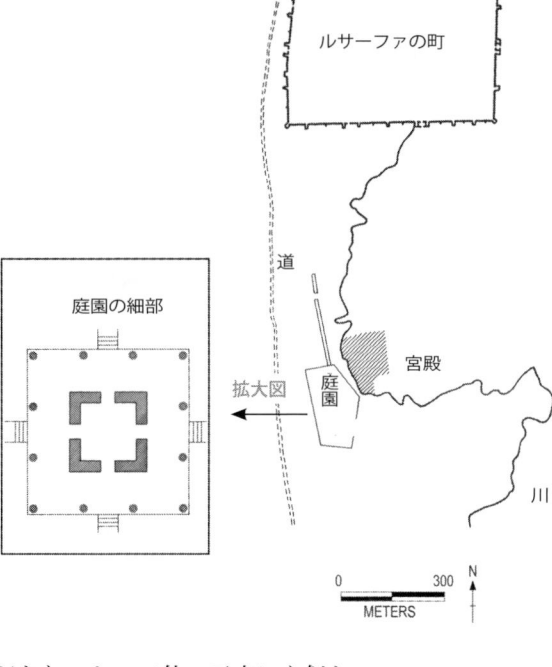

アッ＝ルサーファ
(Thilo Ulbert の作図に基づく)

Otto-Dorn, Katharina. "Grabung im ummayadischen Rusafah." *Ars Orientalis* 2 (1957): II9-33. (注：これはUlbert によってウマイヤ朝のルサーファと同定された場所ではない．下記参照)
Ruggles, D. Fairchild. "Il giardini con pianta a croce nel Mediterraneo Islamico." In Attilio Petruccioli, ed., *Il giardino islamico: Architettura, natura, paesaggio*, 143-54. Milan: Electa, 1993. German edition: "Der als Achsenkreuz angelegte islamische Garten des Mittelmeerraums und seine Bedeutung." In *Der islamische Garten: Architektur. Natur. Landschaft*. Stuttgart: Deutsche Verlag-Anstalt, 1994.
Ulbert, Thilo. "Ein umaiyadischer Pavillion in Resafa-Rusafat Hisam." *Damaszener Mitteilungen* 7 (1993): 213-31.

ダマスクス

## 32 ｜ アル＝アズム宮殿　*Palace al-'Aẓem*

　オスマン朝の総督アスアド・パシャ・アル＝アズムによって、1749年からダマスクスの大モスクの近くに建てられた (5500m²)。建築にあたってはダマスクスの古い家から接収した資材が利用されたので、この建物は、この町の最盛期の建築の外

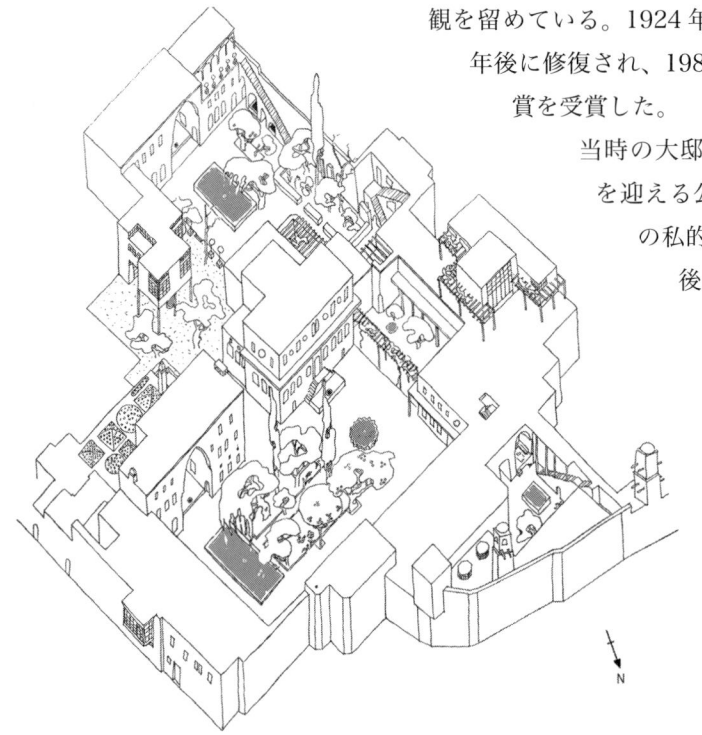

観を留めている。1924年に激しく破壊されたものの、数十年後に修復され、1981〜83年のアーガー・ハーン建築賞を受賞した。

当時の大邸宅と同じように、この宮殿でも客を迎える公的な部分(セラムルク)と家族のための私的な部分(ハレムルク)が分かれており、後者の中心は舗装された大きな中庭で、北東角に浴室がある。家族のための中庭(25m×25m)の北端には大きな長方形の池があり、そこから伸びる水路が、中庭の反対側にある床から高く隆起させた噴水へとつながっている。大理石板で美しく舗装された中庭に設けられた花壇には、花や木——現在ではオレンジの木——が植えられていた。中庭の周囲にはクッションの置かれた日陰を提供するイーワーンや奥まった部屋が並び、直射日光や熱にさらされることなく美しい色や気持ちのよい音、そして庭園のよい香りを楽しむことができた。

アル=アズム宮殿
(Michel Écochard の作図に基づく, 1935)

Cantacuzino, Sherban. "Azem Palace." In S. Cantacuzino, ed., *Architecture in Continuity*, 164-69. New York: Aperture, 1985.
Écochard, Michel. "Le Palais Azem de Damas." *Gazette des Beaux-Arts*, 6th ser., 13 (1935): 231-41.
Maury, Bernard. "La maison damascène au XVIII$^e$ siècle et au debut du XIX$^e$ siècle." In *Habitat traditionnel dans les pays musulmans autour de la Méditerranée* (Aix-en-Provence, 6-8 juin 1984), 3 vols. 1:1-42.Cairo: Institut français d'archéologie orientale, ca. 1988-91.

## 33 | 18、19世紀の住宅群

*Houses of the Eighteenth-Nineteenth Centuries*

アメリカの作家ジョージ・ウィリアム・カーティスが、1852年にダマスクスのあるユダヤ人商人の家を訪ねた時、家の中央に位置する大理石製の大きな貯水槽、壁と貯水槽に沿って並べられた巨大な植木鉢の植物、また薔薇やレモンやオレンジの木について書き残した。そして「ダマスクスの家はどこもかしこも、楽園のようだ」と感嘆して叫んだという(Keenan)。シリアのオスマン朝(1517-1920)時代のこうした家には、何代にもわたって同じ一族が住み続けた。ひとつもしくは複数の中庭の周囲にいくつもの部屋が設けられ、幾階もの高さがあった。住人が増えれば中庭をさらに増やした。しかし19世紀には旧市街の人口が過密になり、家の増築が難しくなったので、人々は市壁外側のサールージャ地区などに新しい家を建てるよう

になった。

　通常、こうしたオスマン朝時代の家は外側の公的な中庭（セラムルク）と内側の私的な中庭（ハレムルク）に分かれている。ここに示されているのは 18 世紀に建てられたバイト・シバーイーで、二つの中庭の周囲に部屋が配置された構造になっている（現在ではシリア政府が所有し、博物館として公開されている）。

> Keenan, Brigid. *Damascus: Hidden Treasures of the Old City.* New York: Thames and Hudson, 2000.
> Moaz, Abd al-Razzaq. "Domestic Architecture, Notables and Power: A Neighborhood in Late Ottoman Damascus: An Introduction." In *Art turc/ Turkish Art* (Tenth International Congress of Turkish Art, Geneva, 17-23 September 1995), 489-95. Geneva: Fondation Max van Berchem, 1999.
> Sack, Dorothée. *Damaskus: Entwicklung und Struktur einer orientalisch-islamischen Stadt.* Mainz: P. von Zabern, 1989.

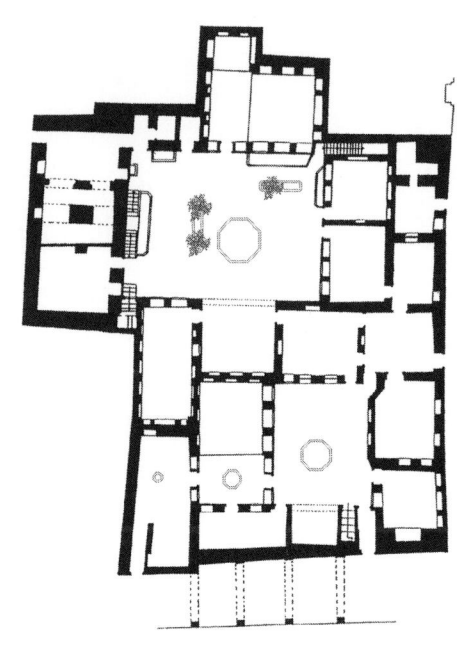

ダマスクスのバイト・シバーイー
（Brigid Keenan の作図に基づく）

ウエストバンク

## 34 | ヒルバト・アル＝マフジャル
### *Khirbat al-Mafjar*

　ヒルバト・アル＝マフジャルは 739 〜 743 年に、ウマイヤ朝の次期カリフによって、イェリコの北 2km の場所に建てられた。ここにはモスクのある美しく装飾された宮殿と、謁見の間としても使用された巨大で壮麗な浴場があった。宮殿と浴場の手前にある中庭には、大きな屋根付きの四角い泉水（一辺約 16m）があり、壁の外側にある貯水槽から水を引いていた。この水は、2km 南西のアイン・アッ＝スルターンの泉と、4km 北西のより小さな二つの泉から引かれていた。水道橋の一部が 2 ヵ所に残されており、そのうちひとつでは三連アーチが涸れ川（ワディ）を横切っているのが現在でも見られる。宮殿東側のさらに壁で囲まれた土地は、おそらく農業か放牧に利用されたのだろう。ヒルバト・アル＝マフジャルでは自然の湧き水を利用し、限定的だが効果的に、灌漑用水として活用していた。これまでのところ整形式庭園の存在は確認されていないが、これは景観を劇的に変貌させた一例であり、砂漠の中に出現した緑のオアシスだった。

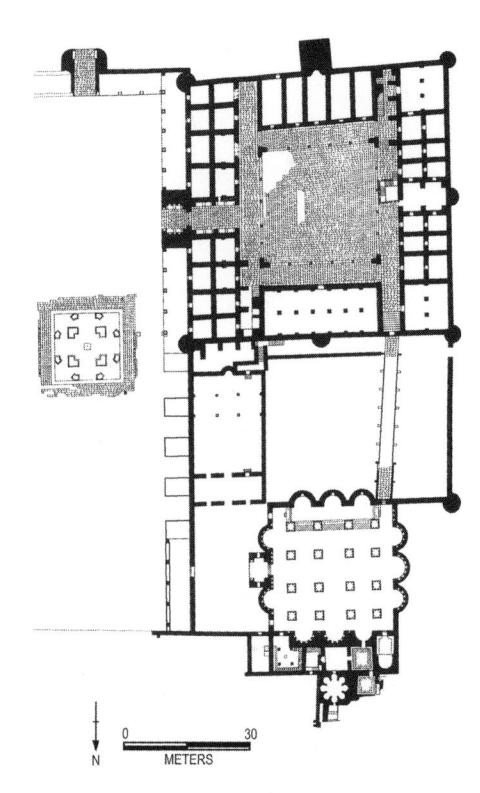

> Baer, Eva. "Khirbat al-Mafjar." In *Encyclopaedia of Islam*, 2nd ed., 5: 10-

ヒルバト・アル＝マフジャル
（R. W. Hamilton の作図に基づく）

81 の庭園と遺跡　　207

17. Leiden: E.J. Brill, 1986.
Creswell, K. A. C. *A Short Account of Early Muslim Architecture*, rev. James Allan. Aldershot: Scolar Press, 1989.
Hamilton, R. W. *Khirbat al Mafjar: An Arabian Mansion in the Jordan Valley*. Oxford: Clarendon Press, 1959.

パルミュラ

## 35 │ カスル・アル゠ハイル・イースト　　Qaṣr al-Ḥayr East

　カスル・アル゠ハイル・イースト（シャルキー）は700〜730年にウマイヤ朝の有力者によって、パルミュラの北東100kmほどの砂漠につくられた集落だ。外壁に囲まれた部分の北端には、隊商宿、中庭のある大きな邸宅、浴場などが集中していた。壁で囲まれた部分は長さ6.6km、幅2.2kmの不規則な形で、全体の面積は7km²以上あった。下段は石、上段は日干し煉瓦製の壁は高さが3.5mしかなく、容易によじのぼれたことだろう。したがってこの壁は明らかに、侵入者を撃退するためのものではなく、雨季に雨水を貯めるためのものだった。雨水は北のジャバル・ビシュリーの丘陵の尾根から広い河床をほとばしる鉄砲水となった。しかし周壁の南北に設けられた大きな水門によって流れ込む水量は調節され、水が地面に染み込むまで雨水を貯めておくことができた。考古学者はここでオリーブ圧搾器、大樽、おびただしい数のオリーブの種を発見している。おそらくオリーブや他の果樹がここで栽培され、壁の外での牧畜が農業生産を補完したのではないかと考えられている。

Creswell, K. A. C. *A Short Account of Early Muslim Architecture*, rev. James Allan. Aldershot: Scolar Press, 1989.
Gabriel, Albert. "Kasr el-Heir." *Syria* 8 (1927): 302-29.
Grabar, Oleg. "Qasr al-Hayr Ash-Sharqi." In *The Oxford Encyclopedia of Archaeology in the Near East*, 5 vols. 4: 379-80. New York: Oxford University Press, 1997.
Grabar, Oleg, R. Holod, J. Knustad, and W. Trousdale. *City in the Desert: Qasr al-Hayr East*. Cambridge, Mass.: Harvard University Press, 1978.
Seyrig, Henri. "Antiquités syriennes: Les jardins de Kasr el-Heir." *Syria* 12 (1931): 316-18.

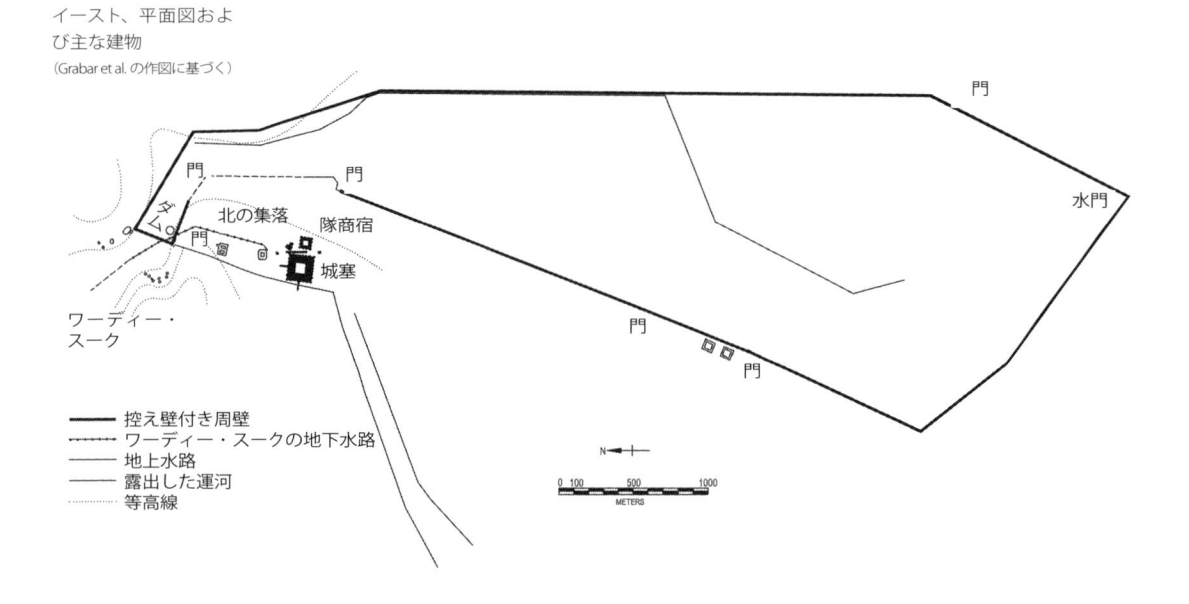

カスル・アル゠ハイル・イースト、平面図および主な建物
（Grabar et al. の作図に基づく）

# オマーン

## マスカット

### 36 | スルターン・カーブース大学　Sultan Qaboos University

　オマーンの首都マスカットからほど近いアル＝ホウドに1981年から5年かけて、5000人の学生のための近代的な大学キャンパスが建設された。イギリスの建築会社YRMインターナショナルによって設計されたスルターン・カーブース大学では、ヨーロッパ古典美術様式（ボザール）の明快さ、開放性、そして後陣空間を、イスファハーンのチャハール・バーグ大通りにある直線的な庭園と組み合わせている。ここに示したモデルがつくられてから、木々は成長し、新しい建物が付け加えられた。荒涼とした砂漠を背景に、大学の門で始まる幅広い中心軸に沿って長い並木道──今は果樹が植えられている──が走り、時計台の横を通って事務局と文化センターに達する。そこから道は二股に分かれて中央のキャンパスを取り囲む。このキャンパスには大学の最も重要な学術施設がブロックごとに並び、間には木陰が多くすっきり

スルターン・カーブース大学の建築模型

して親しみやすい中庭がある。軸線から外れたところには、大学教員、職員、学生、個別またはグループ用の宿泊棟（別々の廊下によって男女棟が分けられている）が用意されている。各々に泉水や庭園があり、砂漠の乾燥した気候でも快適に過ごせるように設計されている。軸線の終わりには大きなモスクが立ち、ドーム天井の横にミナレットがそびえ立つ。

キャンパス内の建物は幾何学的かつ簡潔で、白く近代的だ。しかし庭園に力点が置かれていること、装飾壁、列柱、泉水などの存在は、イスラームの伝統的な建設原理や景観設計を反映している。

Damluji, Salma Samar. *The Architecture of Oman*. Reading, U.K.: Garnet Publishing, 1998.
"Sultan Qaboos University." *Mimar* (Architecture in Development) 37 (1990): 46-49.

# イラク

## サーマッラー

### 37｜バルクワーラー宮殿　*Balkuwārā Palace*

アッバース朝のカリフであるアル゠ムタワッキルは、自身のダール・アル゠ヒラーファ宮殿に加えて息子たちのためにも壮麗な宮殿を建設した。そのひとつがアル゠ムウタッズ（在位866-869）のためにサーマッラーの南端に建てられたバルクワーラー宮殿だ。ダール・アル゠ヒラーファ宮殿と同じように自然の地形を利用しているため、最も標高の高い玉座の間からは、視線を遮られることなく周囲の平原を一望できた。巨大な外壁（一辺1171m）に囲まれた宮殿部分には大小の広間や中庭があり、そのうちのいくつかは庭園として整備されていたのかもしれない。南西側では、ティグリス川に面して15mの高さにそびえ立つ絶壁の上に、三方を壁に囲まれた前庭があった。この前庭は宮殿の主軸に沿って玉座の間につながっており、間にある三つのイーワーンを備えた広間は、モザイク、真珠貝、彩色や金箔を施された木、彩色ガラス窓などによって華麗に装飾されていた。真

サーマッラーのバルクワーラー宮殿
（Alastair Northedge）

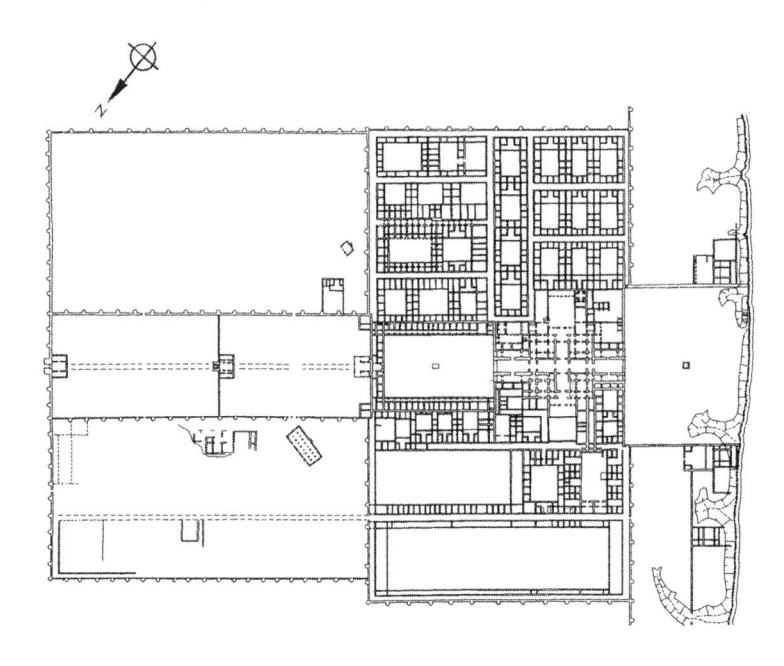

ん中に水盤のあるこの中庭は、おそらく庭園として整備されていたのだろう。ティグリス川を行き交う船のため船着き場も宮殿のこちら側に設けられていた。前庭の北東側には堂々とした入口があり、そこから三つの中庭のひとつへとつながっていた。考古学者エルンスト・ヘルツフェルトはこれらの中庭で水が利用されていた痕跡を発見し、そのうちの二つの大きな中庭は、両側面の中央に設けられた入口によって、視覚的に十字に分割されていたと考えられていた。中庭は四分割され、軸線の交差部分には噴水があったと考えたのだ。しかし彼のフィールドノートを分析した後世の考古学者らからは、そのような痕跡はなかったとの異論が出ており、ここに示したアラステア・ノースエッジの図面では、中庭は１本の軸線によって左右に分割されているだけだ。ヘルツフェルトは、チャハール・バーグ形式が標準となっていなかった時代の建物に、彼が宮殿の中庭のあるべき姿と考えたものを当てはめようとしてしまったかもしれない。

Creswell, K. A. C. *A Short Account of Early Muslim Architecture*, rev. by James Allan. Aldershot: Scolar Press, 1989. 下記 Ernst Herzfeld による予備報告の要約を含む .
Herzfeld, Ernst. *Erster vorläufiger Bericht über die Ausgrabungen von Samarra*. Berlin, 1912.
Northedge, Alastair. "The Palaces of the Abbasids at Samarra." In Chase Robinson, ed., *A Medieval Islamic City Reconsidered: An Interdisciplinary Approach to Samarra*, 2.9-67. Oxford: Oxford University Press, 2001.

## 38 ｜ダール・アル＝ヒラーファ宮殿　*Dār al-Khilāfa*

　別名ジャウサク・アル＝ハーカーニー宮殿の名でも知られるこの宮殿は、836年にサーマッラー北端に建設された。アッバース朝カリフ、ムウタスィム（在位833-842）はバグダードの厳密な円形構造に狭苦しさを覚え、ティグリス河畔のこの地に新たな首都を築くことを決意した。小高い崖の上に立つ宮殿からは、西に川を見下ろすことができた。イーワーンが三つ連なる高さ12mの堂々とした正門（いわゆるバーブ・アル＝アーンマ）は、幅60m、高さ17mの大階段を上がった広いテラスに立っていた。門の二階からは護衛兵や宮殿の主人が周囲を見渡すことができた。実際にテラスの高みからの見晴らしはきわめて良く、複数の庭園、園亭のある四角い大水槽、そしてこの水槽から300m先の川沿いに立つ高台の園亭まで、水路が走る様子を見渡すことができた。宮殿は周壁内だけでなく、周辺や対岸のどの建物よりも高くそびえていたのだ。

　巨大な正門を通って宮殿に入ると、いくつもの広間を通り抜け、中心に噴水のある四角い中庭へ、そしてさらに先の玉座の間へ出る。これらの建物は一度に建設されたのではなく、50年以上かけて徐々に増築された。大きな遊歩道（350m×180m）には水路と二つの噴水があったので、庭園として整備されていたのかもしれない。東側にも広々とした眺めが開けていた。宮殿にほぼ向かい合って競技用の細長いグラウンドがある。二階建ての園亭から観客は競技の様子を見下ろし、またその向こう側に見える長さ５kmの、おそらく競馬場または狩り場であった大きな楕円形の競

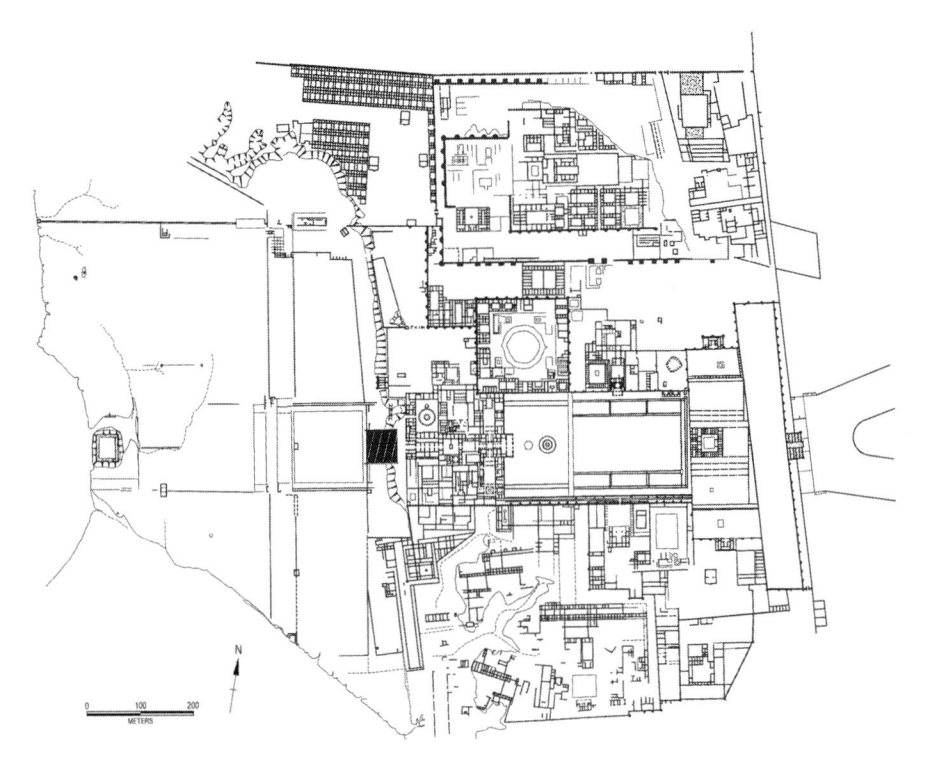

ダール・アル゠ヒラー
ファ宮殿
（Alastair Northedge）

走用トラックを眺めることができた。

Creswell, K. A. C. *A Short Account of Early Muslim Architecture*, rev. by James Allan. Aldershot: Scolar Press, 1989. 下記 Ernst Herzfeld による調査の要約を含む.
Hammudi, Khalid Khalil. "Qasr al-khalifa al-Mu'tasim fi Samarra." *Sumer* 38 (1982): 168-2.05.
Herzfeld, Ernst. "Mitteilungen über die Arbeiten der zweiten Kampagne von Samarra." *Der Islam* 5 (1915): 196-204.
Northedge, Alastair. "Creswell, Herzfeld, and Samarra." *Muqarnas* 8 (1991): 74-93.
———. "An Interpretation of the Palace of the Caliph at Samarra." *Ars Orientalis* 23 (1993): 143-70.
———. "The Palaces of the Abbasids at Samarra." In Chase Robinson, ed., *A Medieval Islamic City Reconsidered: An Interdisciplinary Approach to Samarra*, 29-67. Oxford: Oxford University Press, 2001.
Viollet, Henri. "Description du palais de al-Moutasim à Samara;" and "Fouilles à Samara." *Mémoires de l'Académie des Inscriptions et Belles-lettres*, ser. 1, vol. 12, pt. 2. (1909, 1911): 567-94, 685-717.

## イラン

### イスファハーン

### 39｜ナイチンゲール庭園とハシュト・ビヒシュト〈八つの楽園〉
*Bāgh-i Bulbul & the Hasht Bihisht*

ナイチンゲール庭園（バーゲ・ブルブル）は、チャハール・バーグ大通りに並ぶサファヴィー朝庭園の中で最大の大きさを誇り、現存する唯一の庭園でもある。1670年にシャー・スライマーン1世によって建てられ、カージャール朝時代（1796-1924）に大幅に手が加えられた後、1970年代に修復が施された。当時の植生はまったく残っていないが、幅広い水路（幅7.6m）は今でもハシュト・ビヒシュト（八つの楽園）に集中している。こ

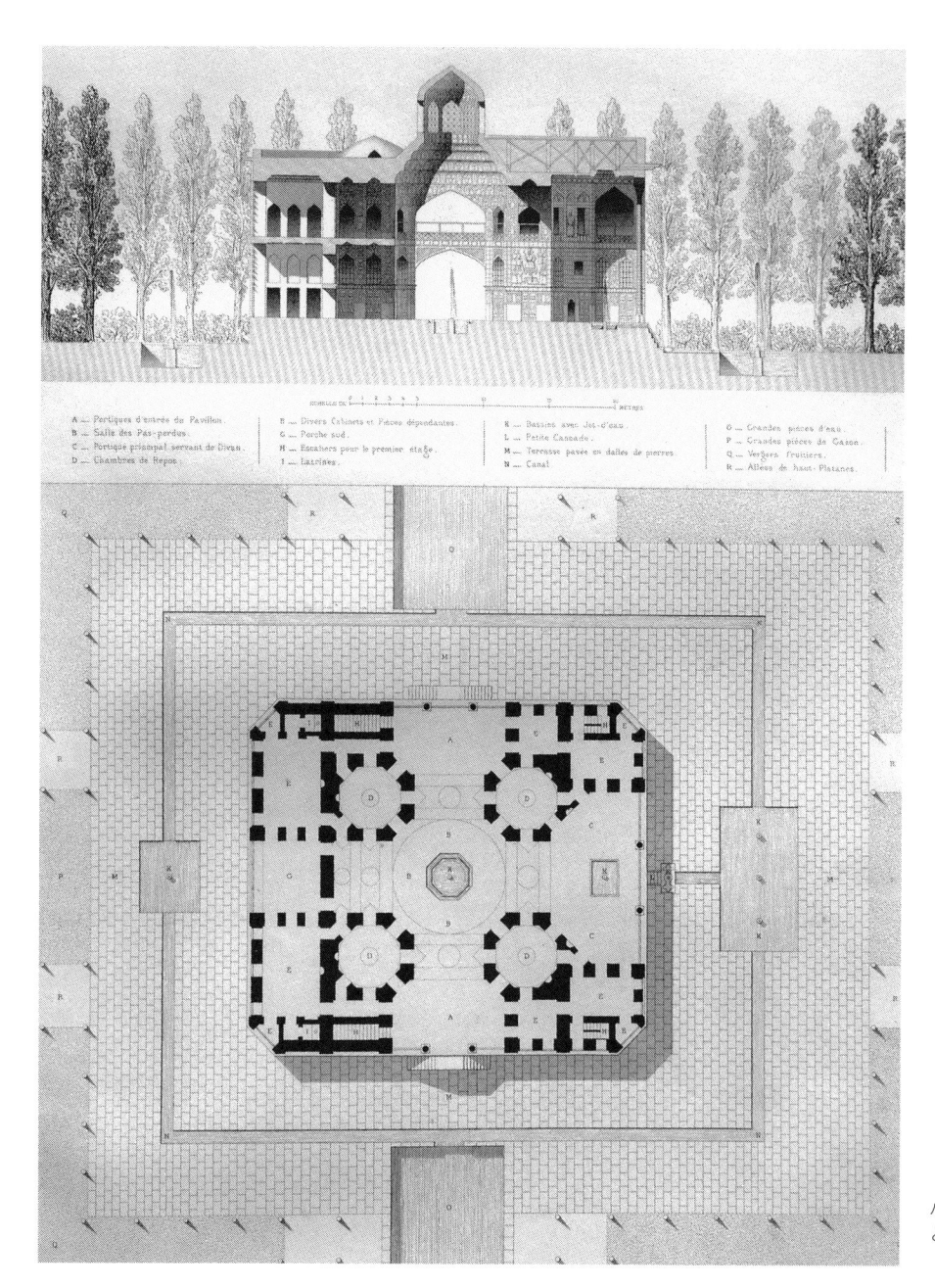

ハシュト・ビヒシュト
とナイチンゲール庭園
(Pascal Coste, 1867)

の八角形の園亭は、庭園の中心軸の長さの3分の2ほどを占め、高く隆起させた土台の上に立っている（口絵18）。1867年の版画には、丸天井にムカルナス装飾が施された見事な亭内が表現され、天井の明かり窓が床の噴泉の真上に位置している。この部屋や広い柱廊からは庭園の眺めを楽しむことができたに違いない。実際、自然や庭園というテーマは亭内のタイルや絵画装飾に繰り返され、中心で噴き出し、チャードルを流れ落ちる水は、園亭の内部と外部をひと続きの景観として結びつけ

る役割を果たした。

Blake, Stephen. *Half the World: The Social Architecture of Safavid Isfahan, 1590-1722*. Costa Mesa, Calif.: Mazda, 1999.
Brookes, John. *Gardens of Paradise: History and Design of the Great Islamic Gardens*. London: Weidenfeld and Nicolson, 1987.
Golombek, Lisa. "From Tamerlane to the Taj Mahal." In A. Daneshvari, ed., *Essays in Islamic Art and Architecture in Honor of Katharina Otto-Dorn,* 43-50. Malibu, Calif.: Undena, 1981.
Golombek, Lisa, and Renata Holod. "Preliminary Report on the Isfahan City Project." In *Akten VII. internationalen Kongresses für iranische Kunst und Archäologie (Munich, 1976)*, 578-90. Berlin: D. Reimer, 1979.
Holod, Renata, ed. *Iranian Studies* (special issue: Proceedings of The Isfahan Colloquium) 7 (1974).
Honarfar, L. *Historical Monuments of Isfahan*, 3rd ed. Isfahan: Emami Press, 1964.

## 40 ｜チャハール・バーグ大通り　*Chahār Bāgh Avenue*

　1598年にサファヴィー朝の首都をイスファハーンに移したシャー・アッバース1世（在位1587-1629）は、新しい都市計画に基づいてこの都市を美しく整えた。新しい広場、そしてその西に王宮を建てた王は、さらに先にチャハール・バーグという名の長い道を建設した。このスズカケの並木道に沿って、花の庭園、ナイチンゲール庭園などのロマンティックな名称の庭園が連なり、門や楼閣の立ち並ぶ調和のとれた外見からは、壁の中の個性的な空間をうかがうことはできない。幅50mのこの道の中央を貫く主水路、そしてそれに沿う副水路が北端のジャハーン・ナーマ園亭から南のザーヤンデ川、そしてアッラー・ヴェルディー・ハーン橋まで緩やかな勾配を描きながらチャーダルを流れ下っていた。川の対岸では、通りは広大なハザール・ジャリーブ王室庭園（1596年に建設され、1722年に破壊された）に向かって上り坂になっている。この王室庭園には、約2mずつ高くなる12のテラスが設けられていた。そこからさらに並木道を通って、西の大きなファラーハーバード庭園につながっていた。

Alemi, Mahvash. "The Royal Gardens of the Safavid Period: Types and Models." In Attilio Petruccioli, ed., *Gardens in the Time of the Great Muslim Empires*, 72-96. Leiden: E. J. Brill, 1997.
Ameli, Abdulah J., A. Montazer, and S. Ayvazian. "Repères sur l'évolution urbaine d'Ispahan." In Darab Diba, P. Revault, and S. Santelli, eds., *Maisons d'Ispahan*, 23-43. Paris: Maisonneuve & Larose, 2001.
Blake, Stephen. *Half the World: The Social Architecture of Safavid Isfahan, 1590-1722*. Costa Mesa, Calif: Mazda, 1999.
Pinder-Wilson, Ralph. "The Persian Garden: Bagh and Chahar Bagh." In Elisabeth MacDougall and Richard Ettinghausen, eds., *The Islamic Garden*, 71-85. Washington, D.C.: Dumbarton Oaks, 1976.
Wilber, Donald. *Persian Gardens and Garden Pavilions*. 1962; reprint, Washington, D.C.: Dumbarton Oaks, 1979.

## 41 ｜チヒル・ストゥーン〈40柱殿〉　*Chihil Sutun*

　王宮地区とチャハール・バーグ大通りの間に並ぶ数々の庭園のうちのひとつ、6ヘクタールの庭園の中に建設されたのが、チヒル・ストゥーンだ。1647年にサファヴィー朝のシャー・アッバース2世によって完成されたこの建物は、謁見用の広間（約90×60m）として利用された。1706年に火災に遭い、1年以内にシャー・スルターン=フサインによって再建されている。庭園内には園亭につながる三つの並

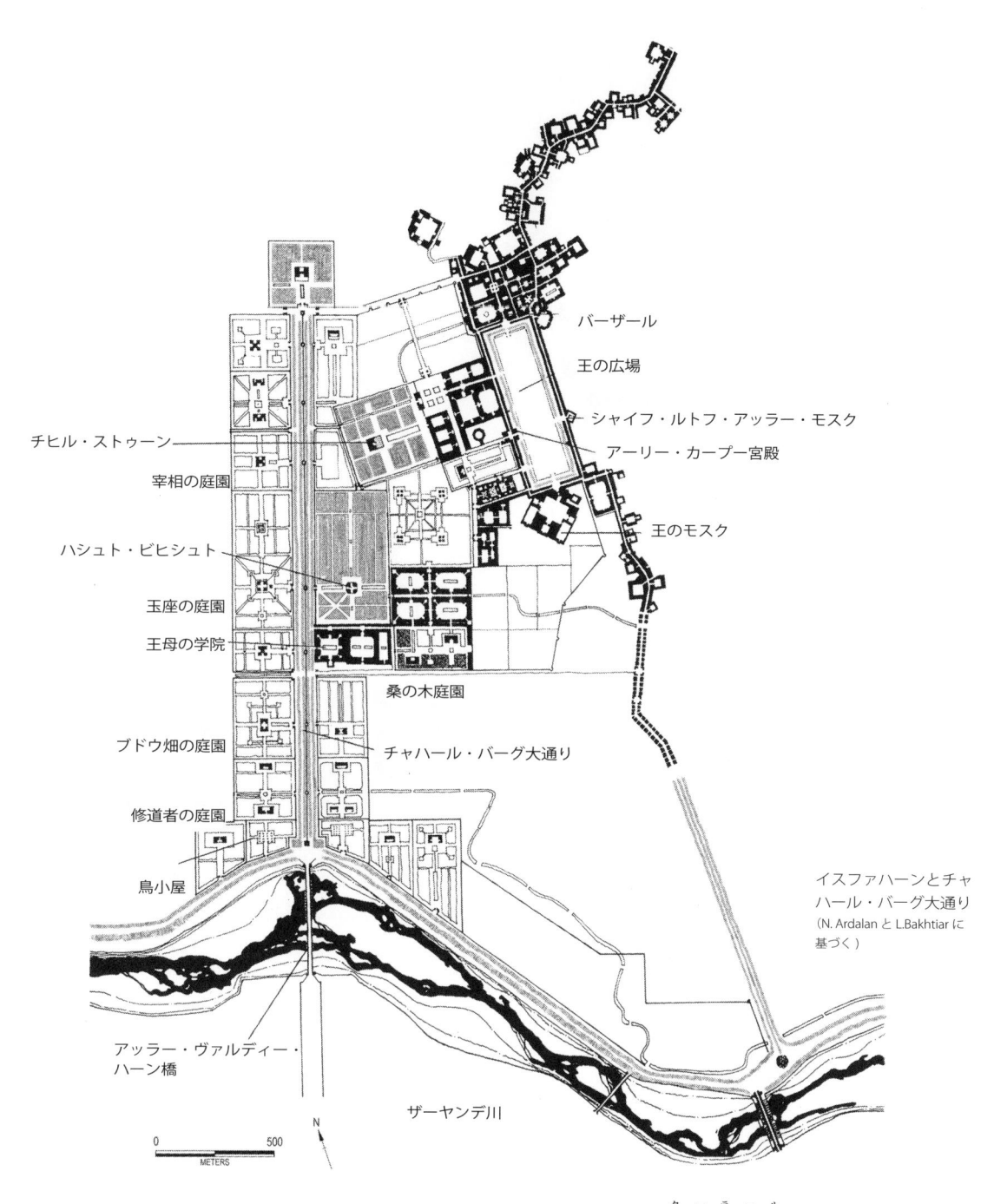

地図ラベル:
- バーザール
- 王の広場
- シャイフ・ルトフ・アッラー・モスク
- アーリー・カープー宮殿
- チヒル・ストゥーン
- 宰相の庭園
- ハシュト・ビヒシュト
- 玉座の庭園
- 王母の学院
- 王のモスク
- 桑の木庭園
- ブドウ畑の庭園
- チャハール・バーグ大通り
- 修道者の庭園
- 鳥小屋
- アッラー・ヴァルディー・ハーン橋
- ザーヤンデ川

イスファハーンとチャハール・バーグ大通り
(N. Ardalan と L.Bakhtiar に基づく)

木道があった。チヒル・ストゥーンという名は「40柱」を意味し、多柱式ポーチ(ターラール)を構成する20本の木柱と、それが園亭の東側の細長い泉水の水面に映った姿に由来している。多柱式ポーチの空間は園亭の奥行きをほぼ倍増している。1840年に制作された版画では、園亭の開かれた室内とゆったりした列柱が景観の一体感を強調していることがわかる。ほっそりした杉の木柱は庭園の木々や遠くに見えるミナ

81 の庭園と遺跡　　215

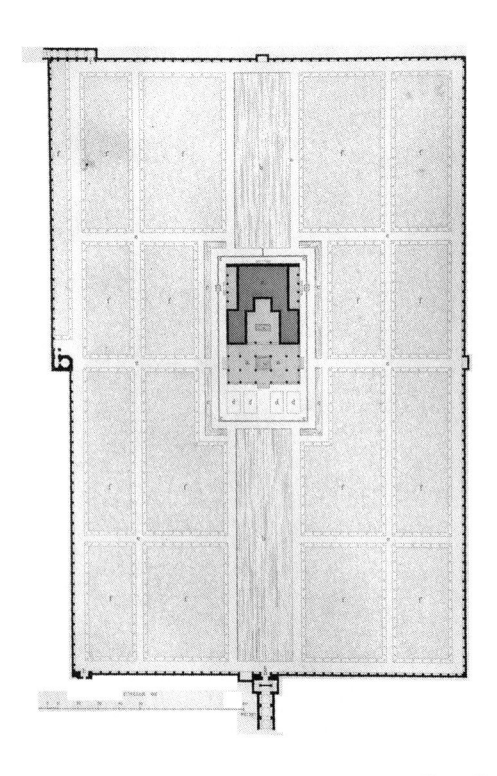

チヒル・ストゥーン
(Pascal Coste, 1867)

レットに通じ、園亭の中央部に設けられた長方形の水槽を満たす水は、多柱式ポーチの噴水や、庭園の水路や長方形の泉水に繰り返されていた。そしてチャハール・バーグ庭園に咲く花もまた、華麗な絨毯のかたちで室内に取り込まれ、色とりどりの花で覆われた花壇を室内に表現していたに違いない。庭園内には、他にも四つのより小さな園亭が立っていた。

Blake, Stephen. *Half the World: The Social Architecture of Safavid Isfahan, 1590-1722*. Costa Mesa. Calif.: Mazda. 1999.
Brookes, John. *Gardens of Paradise: History and Design of the Great Islamic Gardens.* London: Weidenfeld and Nicolson. 1987.
Holod. Renata. ed. *Iranian Studies* (special issue: Proceedings of The Isfahan Colloquium) 7 (1974).
Wilber, Donald. *Persian Gardens and Garden Pavilions*. 1962; reprint. Washington. D.C.: Dumbarton Oaks. 1979.

**カーシャーン**

## 42 │ フィーン庭園　*Bāgh-i Fīn*

　フィーン庭園は、1587年頃にサファヴィー朝シャー・アッバース１世によってカーシャーン近郊に建てられた、広さ約2.4ヘクタールの庭園である。カージャール朝のファトフ・アリー・シャー (在位1797-1834) によって修復され、1935年に国の文化財に指定された。この庭園は、サファヴィー朝とカージャール朝両方の特徴を備えている。チャハール・バーグ形式のこの庭園は、主軸の交差部に園亭が設けられている。園亭は母屋に向き合い、別の方角では多柱式ポーチを備えたより小さな

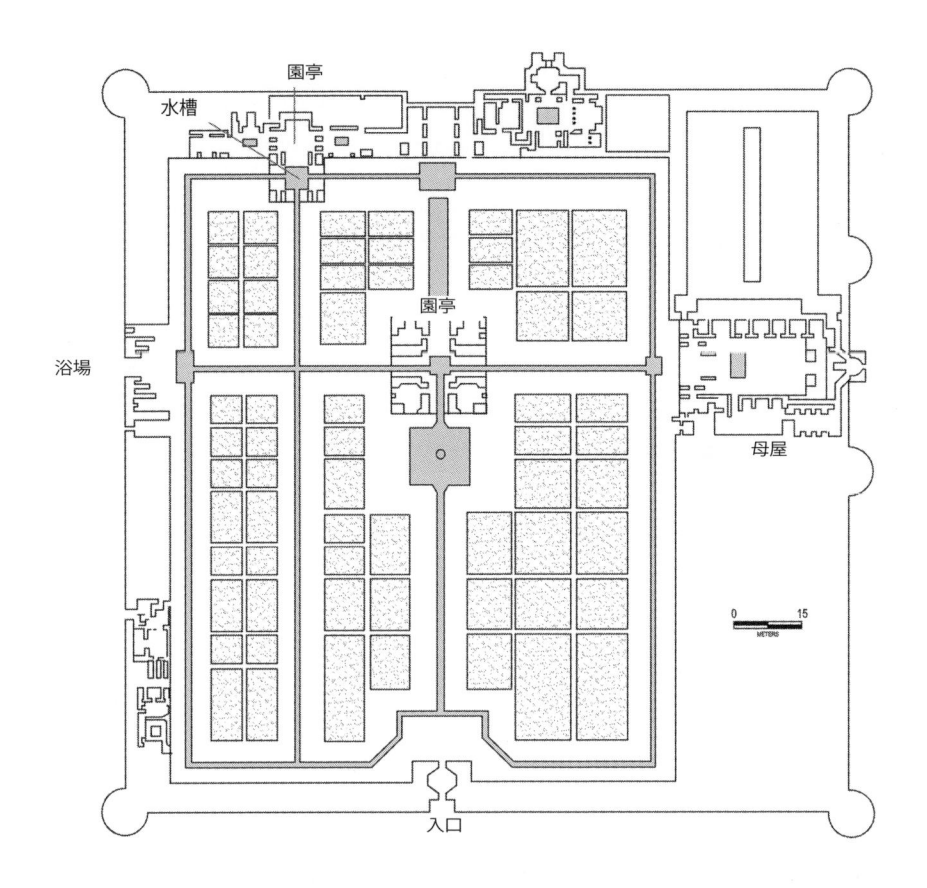

フィーン庭園
(Variava)

園亭に面している。南側では大きな水槽に面し、北側では、他の区画よりも少し高い位置にある北の壁沿いの付属建物へ水を運ぶ、幅の広い水路を見下ろしている。水路を縁どる鮮やかな青い施釉タイルによって印象が強められた水は、庭園のあちこちで存在感を誇っている。つまり庭園の主軸を決定し、全体を囲み、中央の園亭を貫通し流れているのだ（口絵1）。そして小さなチャーダルを流れ落ち、噴水で高く噴き上がっている。主軸に平行に、もう1本の水路が北東〜南西方向に走り、ホウズ・ジューシャーンという19世紀に築かれた別の園亭と水槽につながっている。外部から運ばれてくる水は、この水槽を経て庭園内の各部分へ流れている。

庭園を縦横に走る水路や緑陰豊かな果樹、柳、杉の古木は、フィーン庭園周囲の砂漠の景観と劇的なコントラストを見せている。南のキャルキャス山脈からカナートで引いてこられた水は、庭園から約1.5kmほど離れた場所にある貯水槽にたくわえられた。その水は庭園だけでなく、周辺の果樹園も潤している。

Brookes, John. *Gardens of Paradise: History and Design of the Great Islamic Gardens*. London: Weidenfeld and Nicolson, 1987.
Khansari, Mehdi, M. Reza Moghtader, and Minouch Yavari. *The Persian Garden: Echoes of Paradise*. Washington, D.C.: Mage, 1998.
Moynihan, Elizabeth. *Paradise as a Garden in Persia and Mughal India*. New York: George Braziller, 1979.
Wilber, Donald. *Persian Gardens and Garden Pavilions*. 1962; reprint, Washington, D.C.: Dumbarton Oaks, 1979.

シーラーズ

## 43 ｜ 玉座の庭園　*Bagh-i Takht*

　山あいの町シーラーズは、ティムール朝や以降の魅力的な庭園によって知られており、18世紀につくられた多数の庭園の一部が現在でも残っている。中にはジャハーン・ヌマー庭園（建設年代はかなりさかのぼる）、要塞の庭園〔アルグ〕、カナートで水が引かれた、シーラーズに首都を構えていたザンド朝によって建てられたデルゴシャー庭園（1750-1779）、ナザル庭園、七人の庭園〔ハフト・タナーン〕（18世紀の第3四半期）、カヴァーム家によって1870年代に建てられたオレンジの庭園〔ナーランジェスターン〕、イラム庭園（1824年）、そして玉座の庭園〔バーゲ・タフト〕がある。17世紀中頃に建てられ、もともとパラダイスの庭園〔バーゲ・フィルダウス〕と名づけられた玉座の庭園は、おそらく1789年にムハンマド・シャーによって再建され、現在の名称に変えられた。高い丘から七つのテラスが鋭角に下る構造で、伝統的なチャハール・バーグの幾何学性は起伏に富んだ自然の景観に見事に適応している。最高部では、ハルヴァト庭園という名の庭園の端に邸宅（イマーラト）が立ち、そこから多柱式ポーチ〔ターラール〕ごしに下側のテラスを見下ろすことができた。川から引いてきた水は

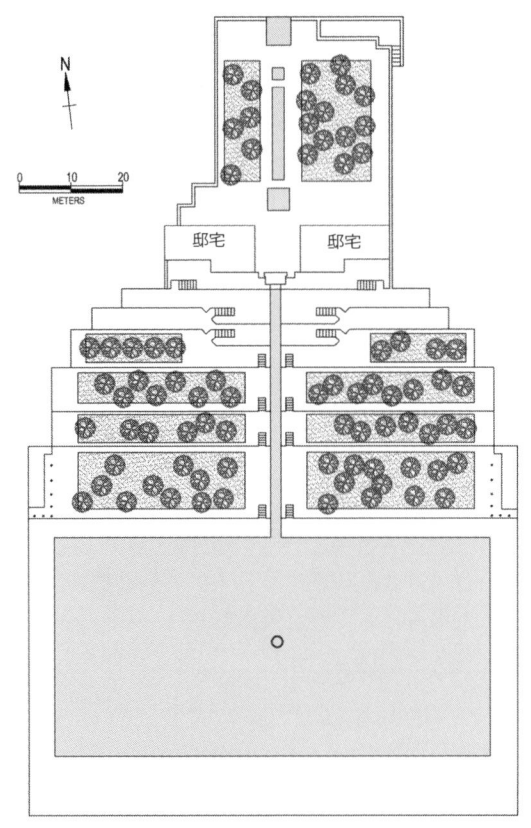

シーラーズの玉座の庭園　(Variava) 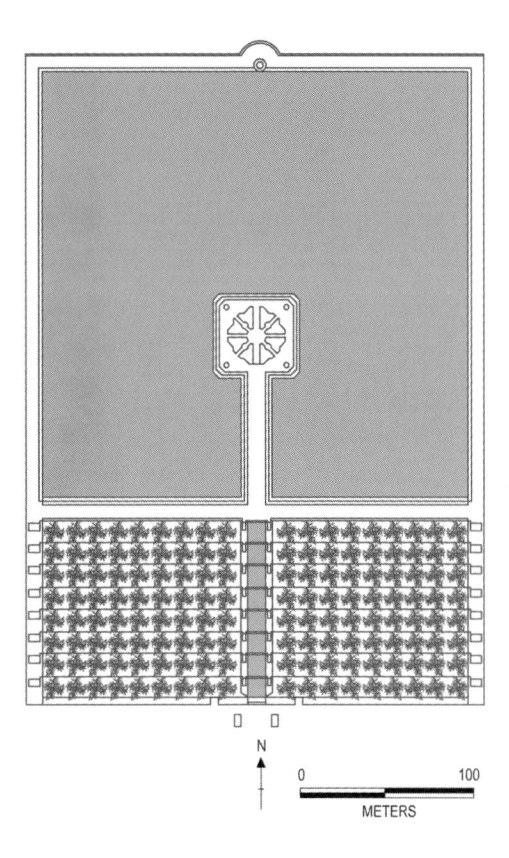　　　　タブリーズのシャー・グールー庭園　(Chodon)

テラスを二分しながらここから中央水路をまっすぐに流れ落ち、最下段のテラスの巨大な水槽に流れ込んだ。当時の記録によると、このような池では小型ボートを使ってしばしばボートレースが行われたようだ。玉座の庭園という名称は実は普通名詞であり、したがって各地に存在した。サファヴィー朝とカージャール朝の君主は、彼らの庭園にティムールの起源を思い起こさせる名をつけたり、ティムール朝時代の庭園に外観を近づけたりするのを好んだようだ。

Arianpour, Ali-Reza. *Bāgh-hā-ye tārīkhī-ye Shīrāz* (in Persian). Tehran: Farhang-Sarā, 1986 (1365 H.).
Brookes, John. *Gardens of Paradise: History and Design of the Great Islamic Gardens*. London: Weidenfeld and Nicolson, 1987.
Khansari, Mehdi, M. Reza Moghtader, and Minouch Yavari. *The Persian Garden: Echoes of Paradise*. Washington, D.C.: Mage, 1998.
Moynihan, Elizabeth. *Paradise as a Garden in Persia and Mughal India*. New York: George Braziller, 1979.
Wilber, Donald. *Persian Gardens and Garden Pavilions*. 1962; reprint, Washington, D.C.: Dumbarton Oaks, 1979.

## タブリーズ

### 44 ｜ 王の池の庭園　*Shāh-Gūlū Garden*

カージャール朝時代（1796-1924）には王族やイランの富裕層によって多くの別荘が田舎に建てられ、タブリーズも離宮や別荘の所在地として人気があった。現存する数少ない例のひとつである王の池（シャー・グールー）は、1785年あるいはもっと早い時期に建てられたものである。庭園で最も特徴的なのは正方形の人工湖（約44000m²）で、斜面の北端に盛り土をして築かれた。幾列も列をなす果樹に囲まれ、南側には7段のテラスが湖面から階段状に上がっている。湖の真ん中の18世紀の台座の上には近代の園亭が立ち、南側に伸びる通路で陸地とつながっている。自然の湧き水が五つの水路をほとばしり落ちている。

Brookes, John. *Gardens of Paradise: History and Design of the Great Islamic Gardens*. London: Weidenfel dand Ni colson, 1987.
Khansari, Mehdi, M. Reza Moghtader, and Minouch Yavari. *The Persian Garden: Echoes of Paradise*. Washingt on, D.C.: Mage, 1998.
Wilber, Donald. *Persian Gardens and Garden Pavilions*. 1962; reprint, Washington, D.C.: Dumbarton Oaks, 1979.

# アフガニスタン

## ヘラート

### 45 ｜ アブド・アッラー・アンサーリー廟　*Shrine of ʿAbdallāh Anṣārī*

聖者ハージャ・アブド・アッラー・アンサーリー（1089年没）のこの廟は、ティムール朝君主の命によって、1425年にヘラートから5km離れたガズール・ガー村に建設された。重要な巡礼地として、その後何度も拡張され、また改修されている。聖人の墓は障壁に囲まれた露天の台座（ハジーラ）の上に設けられ、片側はイーワー

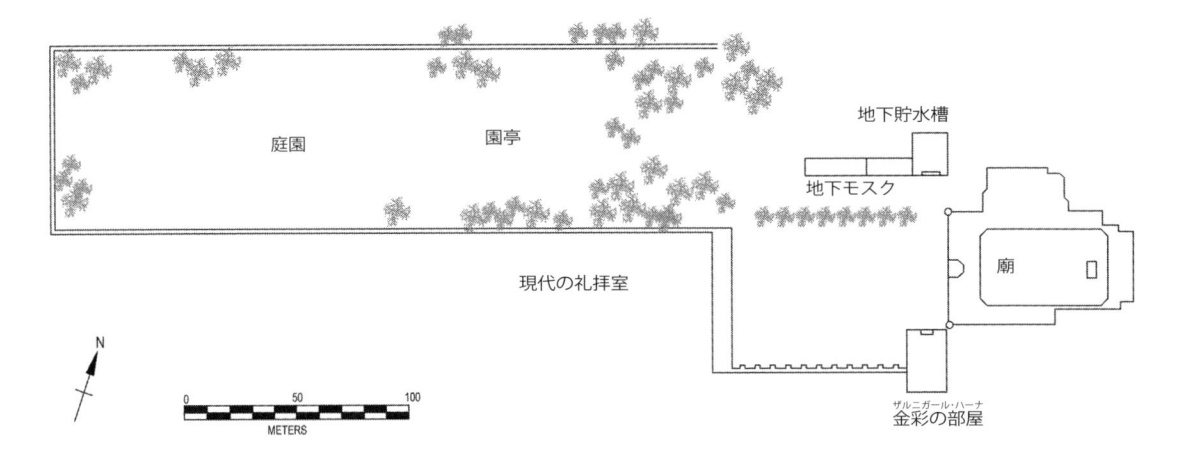

アブド・アッラー・アンサーリー廟（Lisa Golombek の作図に基づく）

ンになっていた。その西側の壁に囲まれた庭園は通称ナマクダンと呼ばれる建物が立っていたが、これはおそらく 17 世紀のサファヴィー朝時代のものである。廟は山麓の、川から 2km ほど離れた場所にあり、庭園はティムール朝のアブー・サイードの時代（在位1451-1469）につくられた運河によって潤されていた。アンサーリー廟の中で特に興味深いのは、17 世紀に描かれた二つの絵画である。ひとつには樹木や葉飾り、園亭、宮殿が描かれ、もうひとつには集落が散在する丘陵が描かれている。

Golombek, Lisa. *The Timurid Shrine of Gazur Gah*. Toronto: Royal Ontario Museum, 1969.

イスターリフのキャラーン庭園
(Ratish Nanda)

## イスターリフ

### 46｜キャラーン庭園 Bāgh-i Kalān

　カーブルから北北西に約 30km の距離にある小村イスターリフの近くで、1504/1505 年に、バーブルはキャラーン庭園（大庭園の意）という場所を購入した。そしてそこにブドウ畑をつくり、テラス状の庭園を築き、自然の川筋を変えて直線に流れるようにした。1970 年代にこの地を訪れたエリザベス・モイニハンはこのテラスと水の流れを見ている。それは昔と変わらないスズカケの古木に囲まれ、さらに周囲は盛り土されて草で覆われていた。

イスターリフから数キロメートル下った場所にある、スズカケ、オーク、西洋ハナズオウが周囲に生える魅力的な泉はバーブルのお気に入りの場所だった。彼は回想録で、石と漆喰を使って泉の枠組みをつくらせたと述べている。「こうして泉の四辺がまっすぐで均整のとれたベンチとなり、そこから西洋ハナズオウの木立全体を見下ろせるようになった。木の開花時には、ここは世界に二つとないすばらしい場所になる」(『バーブルナーマ』137)

Babur, Zahir al-Din. *The Baburnama: Memoirs of Babur, Prince and Emperor*, ed. and trans. Wheeler Thackston. Washington, D.C.: Freer Gallery of Art and Arthur M. Sackler Gallery of Art; New York: Oxford University Press, 1996.
Moynihan, Elizabeth. *Paradise as a Garden in Persia and Mughal India*. New York: George Braziller, 1979.

## カーブル

### 47 | バーブル庭園　*Bāgh-i Bābur*

1530年に死去したバーブルは、一時的にアーグラーに葬られた。1539〜1544年に遺体はカーブルに移され、ある庭園に葬られた。カーブルにあった露天の廟は現存しないが、1842年にチャールズ・マッソンは「風変わりだが優雅に掘り込まれた白大理石の障壁に囲まれている」と記録し、カメラルシダ(鏡などで投影した像を、画家が対象と見比べながら写し取る装置)を使って絵を描いた(図74)。シャー・ジャハーンの治世(1628-1657)には、庭園には15の階段状テラスが設けられ、バーブルの廟は14番目のテラスにあったという。12番目のテラスから水路が現れ、水が流れ落ちていた。シャー・ジャハーンはこの水路を修復して、三つの大きな水槽を付け加え、その後バーブルの廟の墓石、小さなモスク(1645/1646年に完成)、隊商宿を建設した。また、バーブルの孫娘ルカイヤ・スルターン・ベーグム(1626年没)を公園の15番目のテラスに葬った。彼女の墓は高さ2.5mの大理石製のジャーリー障壁に囲まれていたが、同じような墓は今日、デリーのニザーム・アッ=ディーン・ダルガー(スーフィー聖者廟)にあるムガル時代

バーブル庭園
(アーガー・ハーン文化財団、1842)

の墓に見ることができる。

　2002〜2006年にかけて、アーガー・ハーン文化財団が発掘調査と建物や庭園や水路の修復を行った。現在、記念碑としての役割に加えて、ここはカーブル市民に人気の憩いの場となっている。

Franke-Vogt, Ute, K. Bartle, and Th. Urban. "Bagh-e Babur, Kabul: Excavating a Mughal Garden." In Ute Franke-Vogt and Hans-Joachim Weisshaar, eds., *South Asian Archaeology. Proceedings of the Seventeenth International Conference of the European Association of Sourh Asian Archaeologists*, 7-11 July 2003, Bonn. 541-57. Aachen: Linden Soft, 2005.

Masson, Charles. *Narrative of Various Journeys in Balochistan, Afghanistan, and the Panjab*, 3 vols. London, 1842. See volume 2 on Kabul.

Moynihan, Elizabeth. *Paradise as a Garden in Persia and Mughal India*. New York: George Braziller, 1979.

——. "'But What a Happiness to Have Known Babur!'" In James L. Wescoat, Jr., and Joachim Wolschke-Bulmahn, eds., *Mughal Gardens: Sources, Places, Representations, and Prospects*, 95-126. Washington, D.C.: Dumbarton Oaks, 1996.

Nanda, Ratish, and Jolyon Leslie. "Rehabilitating the Garden of Babur and Its Surroundings in Kabul" In Aga Khan Historic Cities Programme, *Urban Conservation and Area Development in Afghanistan*, 21-41. Geneva: Aga Khan Trust for Culture, 2007. www.akdn.org/hcsp/afghanistan/Afghanistan%20Brochure.pdf.

Parpagliolo, M. T. S. *Kabul: The Bagh-i Babur*. Rome: Instituto Italiano per il Medio e l'Estremo Oriente, 1972.

Zajadacz-Hastenrath, Salome. "A Note on Babur's Lost Funerary Enclosure at Kabul." *Muqarnas* 14 (1997): 135-42.

### ラシュカレ・バーザール

## 48 ｜宮殿群　*Palaces*

　11〜12世紀、ガズナ朝の君主によって、アフガニスタンのバストの近くにこの広大で堅固な宮殿複合体が建設された。ゴール朝の襲撃を受けて一部焼失したが、ゴール朝、またはガズナ朝によって1150年頃に再建された。1221年にモンゴル軍によって再び焼かれてから、この地は放棄された。1949〜1951年には、庭園よりもむしろ建物の配置や壁画に関心をもつ考古学者たちによって発掘が行われ

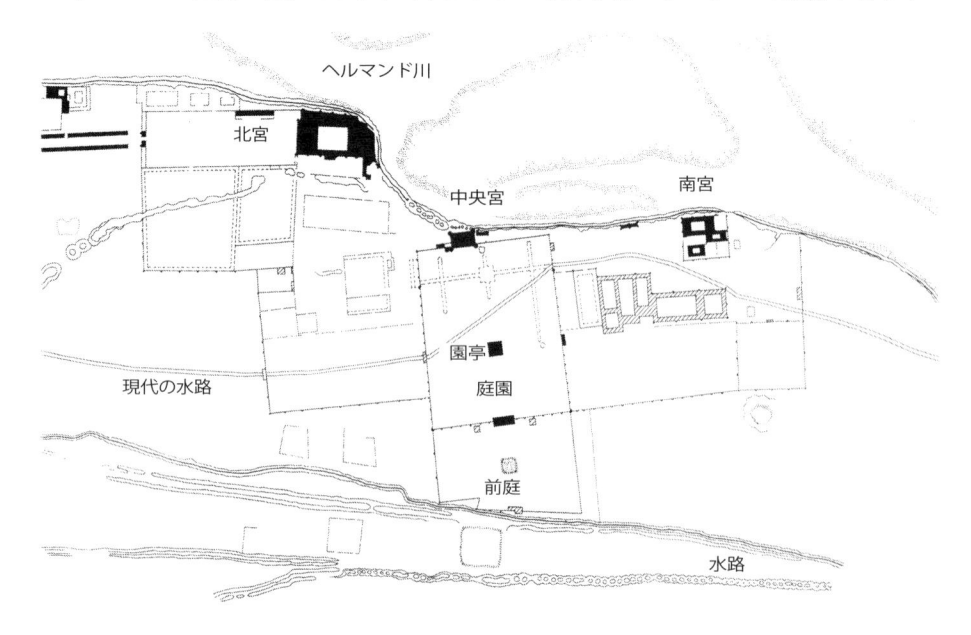

ラシュカレ・バーザール
（Schlumbergerの作図に基づく）

た。この場所に立つ三つの主要な宮殿のうち、少なくともひとつの中庭は庭園として整備されていたようだ。それは中央宮殿に面しており、壁に囲まれ、舗装されていない大きな四角い庭園はその後西に向かって拡大した。中央の壇上に園亭が設けられ、外側に面したイーワーンからは周囲の庭園の眺めが楽しめたことだろう。ラシュカレ・バーザールは、ガズナ朝の君主がバストの商業的な喧噪から逃れるために築いた郊外の離宮で、美しい自然の眺めもこの地の魅力のひとつだった。北宮殿はヘルマンド川に面した絶壁の上にそびえ立ち、豪華に装飾された玉座の間から遠くまで見渡すことができたに違いない。宮殿より南の川沿いにもいくつかの小さな邸宅が立ち、高台からの景色が楽しめたと思われる。

Bosworth, C. E. "Lashkar-i Bāzār." In *Encyclopaedia of Islam*, 2nd ed. 5: 690-92. Leiden: E.J. Brill, 1986.
Schlumberger, Daniel. *Lashkari Bazar: Une résidence royale ghaznevide et ghoride*. Ia *L'architecture*, 2 vols. in 3. Paris: Diffusion de Boccard, 1978.

## トルクメニスタン

### メルヴ

### 49 | スルターン＝サンジャル廟　*Tomb of Sultan Sanjar*

1157年にメルヴに建てられたセルジューク朝のスルターン・サンジャルのドーム型墓廟は、荒野に孤立する廃墟となっているが、かつてはチャハール・バーグ庭園の中央に立っていたのかもしれない。1879〜1881年頃にこの地を訪れたイギリス人の記録によると、廟は「それぞれ東西と南北に走る、土を盛り上げてつくった2本の道」の交差部分に立ち、いくつもの小さな墓に囲まれていた。このイギリス人が描いた図面では、廟は明らかに壁に囲まれ四分割された庭園の中央にある。そこに植物が植えられていたかどうかはまったくわかっていないものの、四分割庭園の中央にドーム型墓廟が置かれる形式が後に非常によく見られるようになることを考えると、これはその初期の実験的な例だった可能性もある。

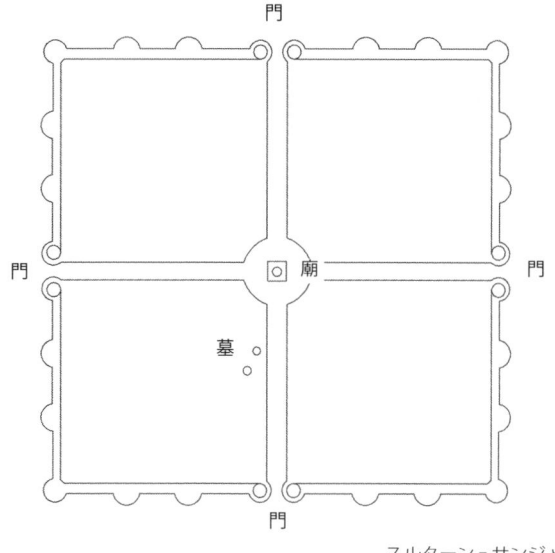

スルターン＝サンジャル廟

(O'Donovan)

Bulatov, M. S. "The Tomb of Sultan Sanjar." *Architectural Heritage* 17 (in Russian). Moscow, 1964.
O'Donovan, Edmond. *The Merv Oasis*, 2 vols. London, 1882.
Ruggles, D. Fairchild. "Humayun's Tomb and Garden: Typologies and Visual Order." In Attilio Petruccioli, ed., *Gardens in the Time of the Great Muslim Empires*, 173-86. Leiden: E. J. Brill, 1997.

# パキスタン

ラーホール

## 50 | ラーホール城　*Lahore Fort*

　1566年にムガル皇帝アクバルによって既存の建物の上につくられたが、続くジャハーンギールとシャー・ジャハーン両皇帝によって17世紀にほぼ完全に再建された。城は壁に囲まれたラーホールの旧市街の北西角、ラーヴィー川左岸に位置している。アーグラー城、デリー城と同じく城の北壁に沿って、中庭とこれに面したいくつもの美しい園亭が建設された。見事に掘り込まれた水盤が沈められたシャー・ブルジュ、カルア・ブルジュとラール・ブルジュという張り出した二つの塔、シャー・ジャハーンの四角い庭園（クワドラングル）、そして今日ジャハーンギールの四角い庭園として知られる、壁に囲まれた見事な庭園などだ（口絵24）。ジャハーンギールの庭園（112.5m×73.8m）は同皇帝によって1620年に完成された。北側には庭園に面した広間があり、その奥に王の寝室（フワーブガー）が設けられていた。ジャハーンギールの四角い庭園は非常に変わった構造をしている。シャー・ジャハーンの庭園や、シャー・ブルジュ庭園の四分割構造と違い、噴水を中心に砂岩の園路で区切られた四角が同心円状に配されているのだ。それによってまるで平らな迷路のような効果を生み出している。植物が植えられた状態でどのように見えたか、また園路に区切られた花壇がその構造を視覚的に強調していたかどうかはわからない。

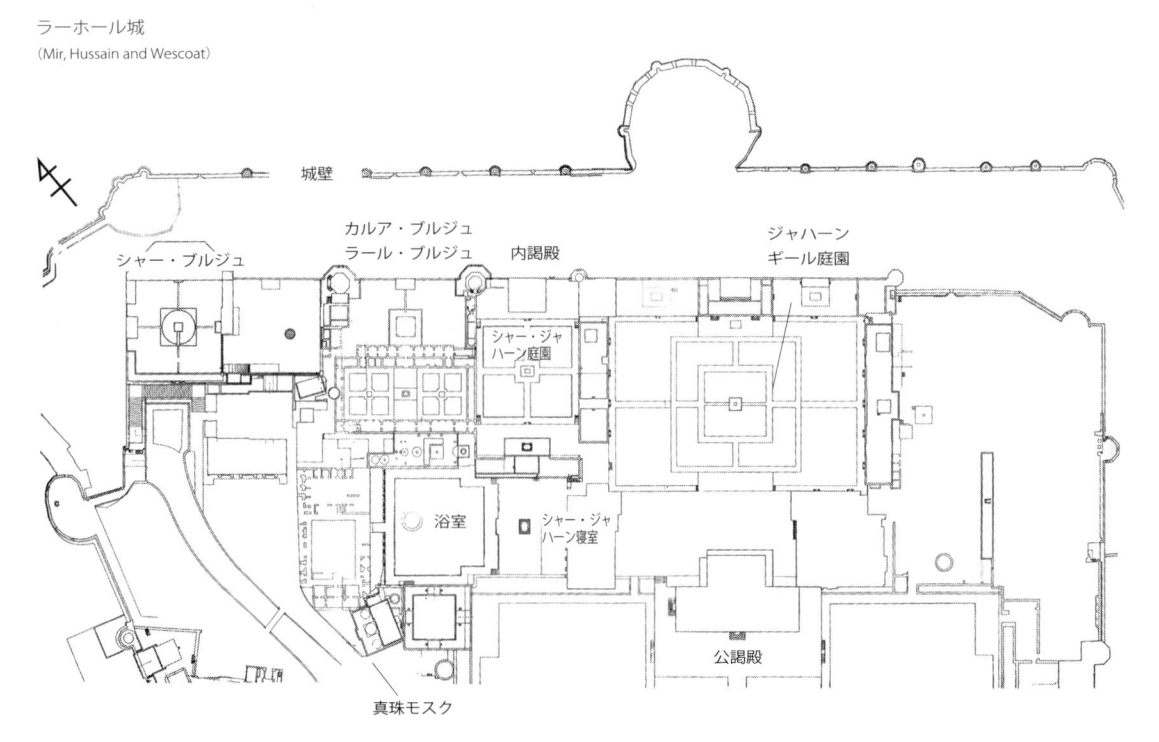

ラーホール城
(Mir, Hussain and Wescoat)

ラーホール城はユネスコの世界遺産に指定されており、それ以前の 1927 年以来、歴史的文化財保護法によって守られてきた。しかし、19 世紀の英国支配やそれ以降何十年にもわたって放置された結果、建設当初の建物と景観の関係はわからなくなってしまった。

Baksh, Nur. "Historical Notes on the Lahore Fort and Its Buildings." *Annual Report of the Archaeological Survey of India*, 1902-03. Calcutta, 1904.
Crowe, Sylvia, S. Haywood, S. Jellicoe, and G. Patterson. *The Gardens of Mughal India*. London: Thames and Hudson, 1972.
Dar, Saifur Rehman. *Historical Gardens of Lahore*. Lahore: Aziz Publishers, 1982.
Khokhar, Masood-ul-Hassan. "Conservation of Lahore Fort Gardens." In Mahmood Hussain, Abdul Rehman, and James L. Wescoat, Jr., eds., *The Mughal Garden*, 129-32. Lahore: Ferozsons, 1996.
Latif, Syed Muhammad. *Lahore: Its History, Architectural Remains, and Antiquities*. Lahore, 1892.
Mir, Muhammad Naeem, Mahmood Hussain, and James L. Wescoat, Jr. *Mughal Gardens in Lahore: History and Documentation*. Lahore: Department of Architecture, University of Engineering and Technology, 1996.

## 51 │ ヒラン・ミーナール *Hiran Mīnār*

ラーホール近郊のシェイクプラーにあるヒラン・ミーナールは、ムガル帝国の狩猟園で、雑木林の中に位置している。ここに整形式庭園はなく、長期滞在はできなかったが、皇帝一行が自然に近い環境を楽しみ、彼らの好んだ狩猟を行うのに最適な場所だった。真ん中には巨大な四角い貯水池 (229m×273m) があり、その中心に、シャー・ジャハーン帝の時代につくられた八角形の園亭が立っている。門を備えた長い通路がこの園亭から貯水池の端に伸び、そこに 1606 年、ジャハーンギール帝によって、高さ 30m のミナレット (この写真はそこから撮影) が、ペットの羚羊(レイヨウ)の墓として建てられた。ミナレットにはレイヨウに捧げられた賛辞が刻まれている。貯水池の側面には動物の水飲み場として煉瓦でできたスロープが水面に向かって伸びてお

ヒラン・ミーナール
(James L. Wescoat, Jr.)

り、近づいてくる動物を狩人たちが狙ったのだろう。貯水池は非常に巧みな方法で水を供給されていた。地下から水を汲み上げるために、四角い設備が角に設置されていたのだ。

"Gardens of the Mughal Empire." www.mughalgardens.org. Smithsonian Productions.
Khan, Ahmad Nabi. "Conservation of the Hiran Minar and Baradari at Sheikhpura," *Pakistan Archaeology* 6 (1969).
Rabbani, Ahmad. "Hiran Munara at Shekhupura." In S. M. Abdullah, ed., *Armughan-e 'Ilmi, Professor Muhammad Shafi' Presentation Volume*. Lahore, 1955.
Wescoat, James L., Jr., Michael Brand, and Muhammad Naeem Mir. "The Shahdara Gardens of Lahore: Site Documentation and Spatial Analysis." *Pakistan Archaeology* 25 (1993): 333-66.

## 52 │ ジャハーンギール、アーサフ・ハーン、ヌール・ジャハーンの廟
*Tombs of Jahāngīr, Āsaf Khān, and Nūr Jahān*

ラーホール郊外のシャーダラ庭園に眠るジャハーンギール帝の廟は、おそらく息子シャー・ジャハーン帝によって築かれたと思われるが、皇妃ヌール・ジャハーンが関与した形跡もある。簡素な廟（1627-1637年にかけて建設）は、巨大なドームを載せた皇帝廟の伝統から外れている。ここに見られるのは四隅にミナレットが立つ、広い壇（チャブートラ）の上に築かれた墓碑にすぎない。もともと墓碑を囲んでいた大理石製の障壁は、現在では失われている。84m²の面積の壇は、16区画に分けられた22ヘクタールの広さをもつチャハール・バーグ庭園の中心にあり、モスクを備えた前庭（チョウケ・ジラウハーナ）に隣接している。かつて参拝者はこの前庭で乗り物をおり、武器を外してから墓域に入った。多くのムガル朝の墓廟庭園と同じように、ここの植生も建設当初のものではない。18世紀の布に描かれた絵（ロンドンの王立アジア協会所蔵）からは、植物が豊かに育つ区画の間を主要な園路が走り、それに沿って木が植えられていたことがわかる。水は庭園のすぐ外にある八つの井戸から、周壁の上を走る水路へと汲み上げられ、そこから庭園の各区画の接点に位置する八つの泉水

ジャハーンギール、アーサフ・ハーン、ヌール・ジャハーンの廟
（Mir, Hussain と Wescoat の作図に基づく）

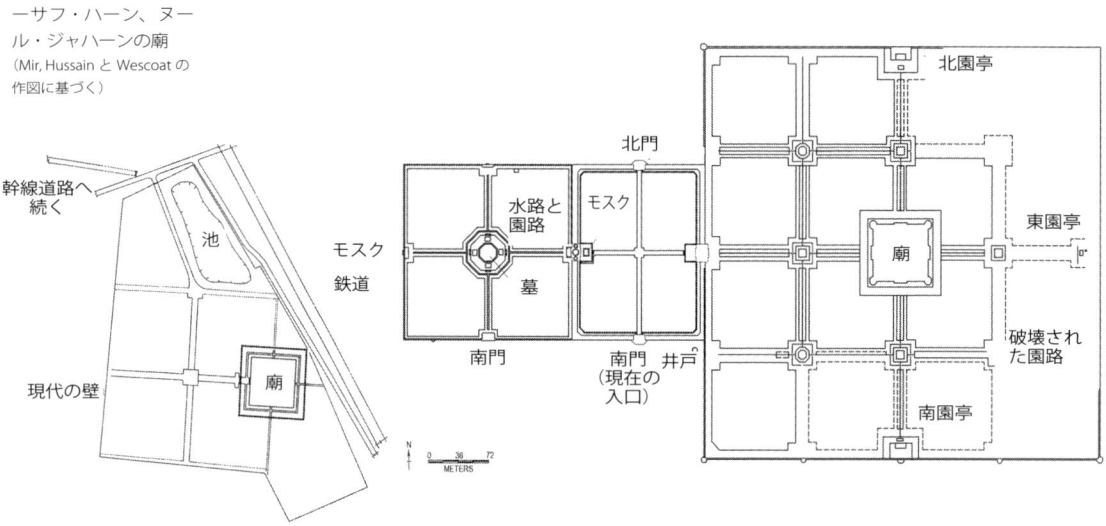

や、園路に沿って走る水路へと流れ込んだ。

　皇帝の墓廟庭園の西側にアーサフ・ハーンの廟がある。彼はジャハーンギールの大宰相（ワキール）で皇妃ヌール・ジャハーンの兄だった。1641年頃にドームを備えた廟に葬られたが、それはジャハーンギール庭園の約四分の一大のチャハール・バーグ庭園の中心に立っていた。

　皇妃ヌール・ジャハーン（1645年没）の廟はアーサフ・ハーンの廟に隣接し、大きさも等しい。大理石製の障壁（現存せず）に取り囲まれ、壇上に墓碑が設けられていた。かつてはチャハール・バーグ庭園に立っていたが、19世紀後半に英国がここに鉄道を敷設すると、もとの庭園は破壊された。現在の庭園は1911年にインド考古局によって造園されたものだ。

　　Asher, Catherine. *Architecture of Mughal India*. New Cambridge History of India, 1: 4. Cambridge: Cambridge University Press, 1995.
　　Brand, Michael. "The Shahdara Gardens of Lahore." In James L. Wescoat, Jr., and Joachim Wolschke-Bulmahn, eds., *Mughal Gardens: Sources, Places, Representations, and Prospects*, 188-211. Washington, D.C.: Dumbarton Oaks, 1996.
　　Hussain, Mahmood, Abdul Rehman, and James L. Wescoat, Jr., eds. *The Mughal Garden*. Lahore: Ferozsons, 1996.
　　Koch, Ebba. *Mughal Architecture*. Munich: Prestel-Verlag, 1991.
　　Mashmud, Muhammad Khalid. "The Mausoleum of the Emperor Jahangir." *Arts of Asia* 13 (1983): 57-66.
　　Thompson, J. P. "The Tomb of Jahangir." *Journal of the Punjab Historical Society* 1 (1911): 31-46.

## 53 ｜ シャーリーマール庭園　*Shālīmār Bāgh*

　ラーホール近郊にある川沿いのこの土地は、1641年にムガル帝国シャー・ジャ

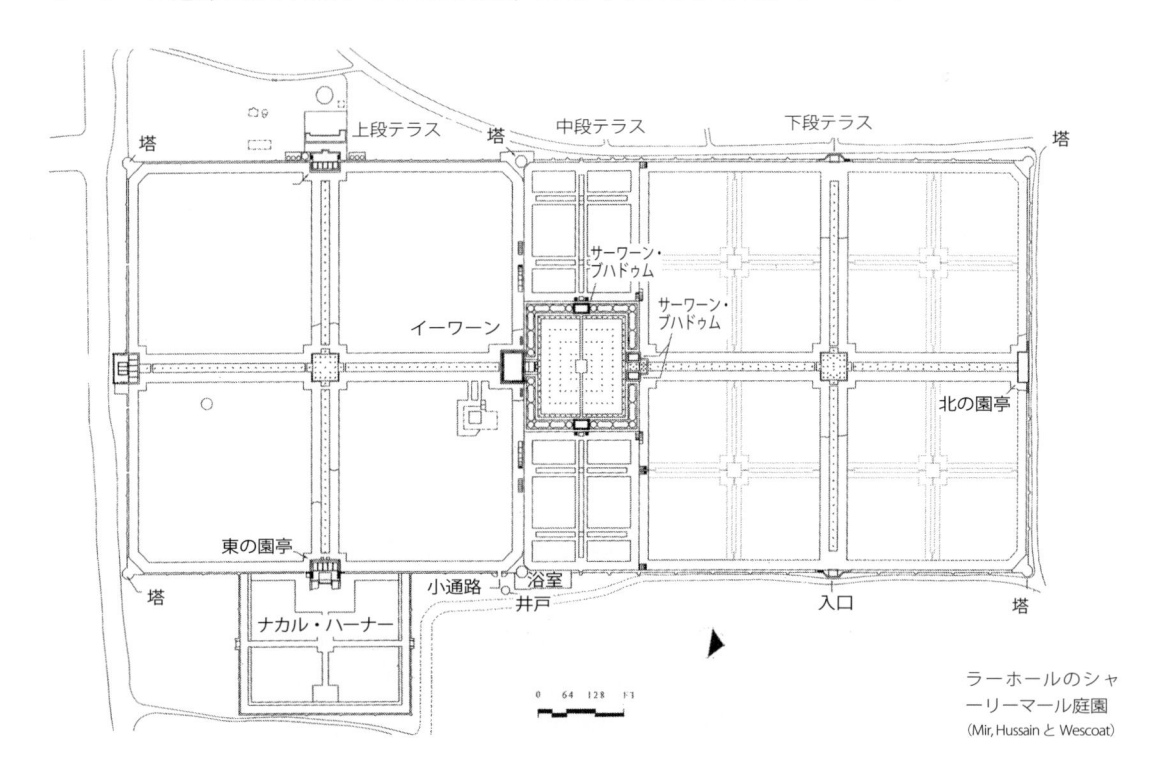

ラーホールのシャーリーマール庭園
（Mir, Hussain と Wescoat）

ハーン帝のために選ばれ、やがて庭園の建設が始まった。カシュミール地方にある同名の庭園がモデルとなっている。しかし起伏に富んだカシュミールとは異なり、平地のラーホールでは庭園を活気づけるように、自然のままほとばしる水流などは望むべくもなかった。そこで水は庭園の南端まで運河で運ばれ、そこから庭園よりも高い位置にある貯水槽に水車で汲み上げられた。ラーホールの町の北東部、ラーヴィー川を見下ろす絶壁の上という立地を生かして、造園家たちは水が自然に中央の水路を流れるように三段のテラスをつくった。後宮である女性専用の上段テラス南端には四分庭園があり、その十字に伸びる主軸の端にはそれぞれ安息室 (Āramgāh)、皇妃居室 (Bēgum Ki Khwābgāh)、謁見用バルコニー (Jharōka-yi Dawlatkhānā-yi khāṣṣ-o-'āmm)、そして中段テラスとの間には「アイヴァーン」として知られる園亭があった (口絵22)。アイヴァーンからは中段の巨大な四角い貯水槽 (一辺61m) をはさんで、チーニー・ハーナのパネルに囲まれた白大理石の美しいサワン・バードーンの園亭が望めた。下段テラスは、上段と同じ構造で、どちらのチャハール・バーグも16の区画に分けられていた。厳しい自然条件にもかかわらず、庭園内は豊かな水に恵まれ、水は (大理石の玉座のある) 台座の下、園亭内、チャーダルやチーニー・ハーナの上を流れていき、水路や優雅な形にくりぬかれた水盤から噴き上がっていた。またオレンジ、ライム、ザクロ、ヒマラヤ杉や、さまざまな植物を潤していた。

　シャーリーマール庭園は皇帝のお気に入りの居城としてラーホール城にとって代わった。そしてこの地域の発展を促し、その居住傾向が変化するきっかけともなったのだ。

Crowe, Sylvia, S. Haywood, S. Jellicoe, and G. Patterson. *The Gardens of Mughal India*. London: Thames and Hudson, 1972.
Kausar, Sajjad, M. Brand, and James L. Wescoat, Jr. *Shalamar Garden Lahore: Landscape, Form and Meaning*. Islamabad: Department of Archaeology and Museums, Ministry of Culture, Pakistan, 1990.
Wescoat, James L., Jr. "Lahore." In *The Grove Dictionary of Art Online*. Oxford University Press. www.groveart.com (accessed 19 July 2007).

# インド

### アーグラー

## 54. イイティマード・アッ＝ダウラ廟　*Tomb of I'timād al-Dawla*

　皇妃ヌール・ジャハーンは1622〜1628年にかけて、両親のためにアーグラーにこの廟を建設した。父親はイイティマード・アッ＝ダウラ (帝国の柱) と呼ばれた宰相ミールザー・ギヤース・ベグ (1622年没) で、母親は数ヵ月前に死去したアスマート・ベーグムだった。廟は典型的なハシュト・ビヒシュト形式だが、上階にはムガル皇帝廟のような巨大な二重殻ドームではなく、天蓋の付いた小さな四角い建物が建てられた (口絵21)。この建物がチャハール・バーグ庭園 (165m²) の真ん中に位置し、庭園へは陸側にあたる東側の大きな門か、赤砂岩の園亭のある西側の船着き場

から入ることができた。たくさんの窓があるこの園亭や庭園の四隅に立つ小塔をのせた塔（チャトリー）からは、蛇行して流れるヤムナー川と川沿いに並ぶ30以上の庭園を眺めることができた。遊楽の園や自然といったテーマが庭園内のあちこちに再現され、園亭や廟の白大理石の床や壁には、つる草模様や果樹や糸杉、壺に生けられた花、杯などが描かれ、あるいは半貴石の象眼で表現されていた。ヌール・ジャハーンや取り巻きがこの庭園でピクニックを楽しんだ様子が伝わってこよう。石で表現された図像は図案的で厳密な左右対称性にしたがっているが、廟内部に描かれた壁画はより自然主義的で、当時ムガル宮廷で流行していた同時代のヨーロッパの植物学論文や版画などの人気を反映しているのかもしれない。特に赤いケシや赤百合など、死と苦しみの象徴である花が多く表現されている（Koch, *Complete Taj*, 51）。

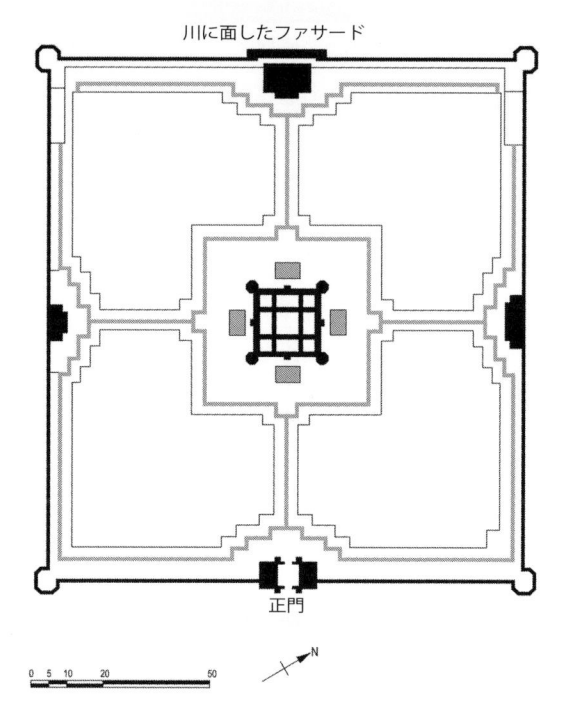

川に面したファサード
正門

イイティマード・アッ＝ダウラ廟
(Ruggles と Variava)

Asher, Catherine. *Architecture of Mughal India*. New Cambridge History of India, 1:4. Cambridge: Cambridge University Press, 1995.
Brown, Percy. *Indian Architecture (Islamic Period)*. Rev. ed. 1944, reprint, Bombay: D. B. Taraporevala, 1981.
Crowe, Sylvia, S. Haywood, S. Jellicoe, and G. Patterson. *The Gardens of Mughal India*. London: Thames and Hudson, 1972.
Koch, Ebba. *The Complete Taj Mahal and Riverfront Gardens of Agra*. London: Thames and Hudson, 2006.
―――. *Shah Jahan and Orpheus*. Graz: Akademische Druck- und Verlagsanstalt, 1988.
Okada, Amina, and Jean-Louis Nou. *Un joyau de l'Inde moghole: Le mausolée d'I'timâd ud-Daulah*. Milan: 5 Continents Éditions, 2003. 写真はよいが図面は不正確．

## 55 ｜月光庭園　*Māhtāb Bāgh*

　最近発掘された9.7ヘクタールの面積をもつ月光庭園（マーターブ・バーグ）は、ヤムナー川をはさんでタージ・マハルの対岸にあった帝室の遊楽の庭園である。その規模と配置を見れば、タージ・マハルの対として計画されたことは明らかであり、同時期、つまり1632〜1643年にかけて建てられたようである。その由来が忘れ去られてしまった17世紀後半には、かすかに残る痕跡から、シャー・ジャハーン帝自身のために用意された「黒いタージ・マハル」ではないかと誤って考えられた。

　月光庭園では、川沿いに設けられ、蓮の形にくりぬかれた八角形の砂岩製水槽

81の庭園と遺跡

が、対岸のタージ・マハルの廟の位置に対応している。また川に面して建てられた赤い砂岩製の壁の両端には優美な小塔(チャトリー)が立ち、対岸の同じような壁や小塔と対応していた。両岸の壁の下には船着き場が設けられていた。タージ・マハルの庭園を流れる中央水路はそのまま川向こうの月光庭園につながっているような視覚的効果を与え、そこでは水は大きな八角形の水槽(長さ17.3m)から蓮型の水盤に流れ込み、さらにチャハール・バーグ庭園の中央の四角い水槽(一辺6.9m)に、そしてそこから発する十字軸につながっている。水は庭園の南西角に設けられた地下貯水槽および川につながる井戸から汲み上げられた。1652年またはその少し前に起きた大洪水で、庭園の表面の大部分は流されてしまったため、建設当初の植生や形態は推測の域を出ない。

Moynihan, Elizabeth, ed. *The Moonlight Garden: New Discoveries at the Taj Mahal*. Washington, D.C.: Arthur M. Sackler Gallery; Seattle: University of Washington Press, 2000.

## 56 ｜ ラーム庭園　*Rām Bāgh*

ラーム庭園とは、「光満ちた庭園(バーグ)」を意味するヌール・アフサーン庭園の近代における名で、1621年3月以前に、ムガル帝国の皇妃ヌール・ジャハーンのために、アーグラーのヤムナー川の東岸に完成された。おそらくバーブル時代の庭園に手を加えたものと思われる。水路と園路によって分割されたチャハール・バーグ形式の庭園(340m×227m)だが、これ以前の庭園と違って交差部分に園亭はない。その代わりに川沿いに、対置された2棟の園亭の立つ幅広いテラス(136m×96m)があった。細長い園亭はそれぞれ三つのベランダと二つの部屋が交互に並ぶつくりで、長方形の水槽をはさんで向かい合っていた。テラスは高い位置にあったので、川からそこまで汲み上げられた水は、より低い花壇に向かって流れていった。エッバ・コッホによれば、庭園端のテラスが高くなっていたのは、庭園

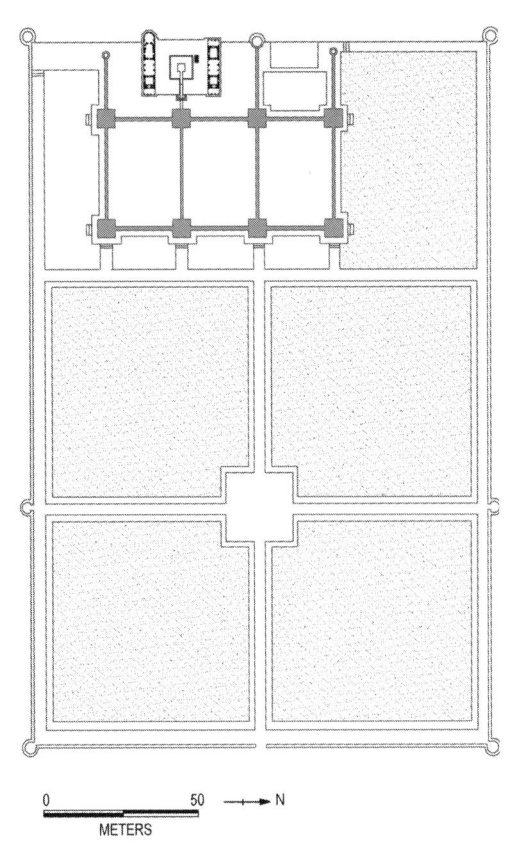

ラーム庭園　(Chodon)

にいる人々が端に寄って川の眺めを楽しむためだけでなく、外部からのぞきこまれないようにするためだった。アーグラーの川沿いを描いた 18 世紀の地図を見ると、この視線を妨ぐ効果と、庭園にさまざまな大木が生えていた様子が確認できる。

　川を見渡す高台のテラスに園亭を設ける構造は、『農業便覧　*Irshād al-zirā'a*』にも説明されており、ペルシア起源だったのかもしれない。ペルシア人の皇妃ヌール・ジャハーンは、これを取り入れる絶好の立場にいたといえるだろう。この形式はムガル帝国に伝わると、遊楽の庭園だけでなく、宮殿や、やがて墓廟建築でも標準的に採用されるようになった。

<small>Koch, Ebba. *The Complete Taj Mahal and Riverfront Gardens of Agra*. London: Thames and Hudson, 2006.
―. "The Mughal Waterfront Garden." In Attilio Petruccioli, ed., *Gardens in the Time of the Great Muslim Empires*, 140-60. Leiden: E. J. Brill, 1997.
―. "Notes on the Painted and Sculptured Decoration of Nur Jahan's Pavilions in the Ram Bagh (Bagh-i Nur Afshan) at Agra." In Robert Skelton et al., eds., *Facets of Indian Art*, 51-65. London: Victoria and Albert Museum, 1986.</small>

## 57 ｜アーグラー城〈レッド・フォート〉　Red Fort

　アーグラー城はムガル皇帝によって、1564 〜 1570 年代にかけて、ローディー

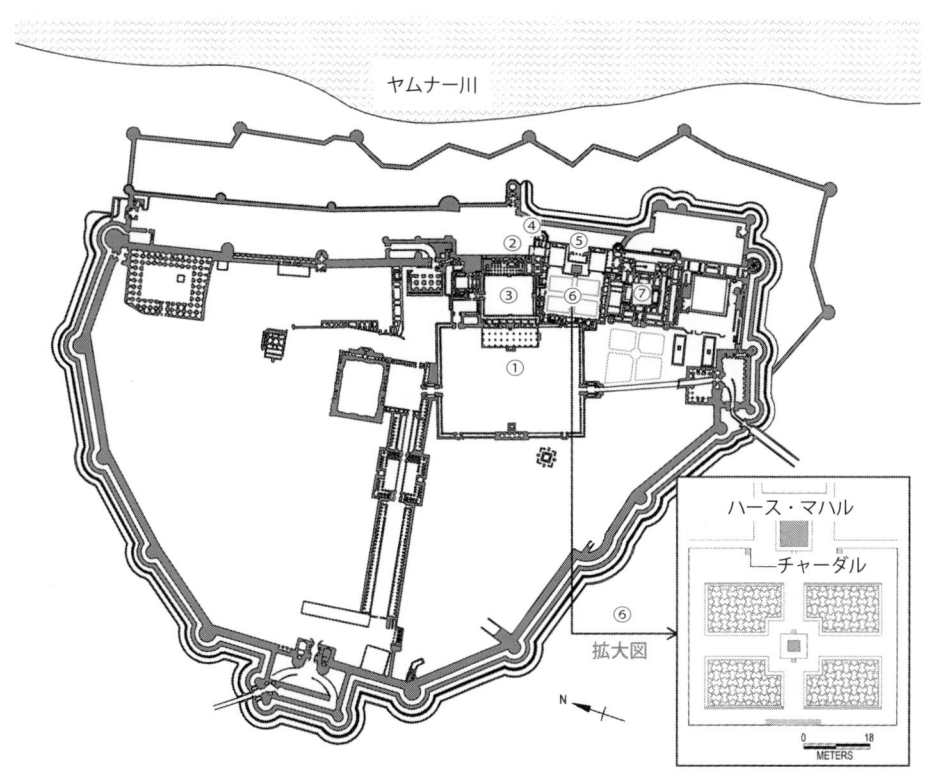

① 公謁殿（ディーワーネ・アーム）
② 内謁殿（ディーワーネ・ハース）
③ マッチ・バワン
④ ムサンマン・ブルジュ
⑤ ハース・マハル（アーラムガーとベンガル風園亭）
⑥ アングーリー庭園
⑦ ジャハーンギーリー・マハル

アーグラー城とアングーリー庭園（拡大図）
(Ruggles and Variava)

81 の庭園と遺跡　231

朝時代の城塞を取り壊してつくられた。堅固な壁や堂々とした門、そしていわゆるジャハーンギール宮殿（後宮地区）はこの時代に建てられている。しかし川沿いの他のほとんどすべての広間は1628〜1637年にかけて、シャー・ジャハーン帝によって築かれた。その付属庭園のうち、アングーリー庭園（ブドウ庭園）が現存している。マッチ・バワン（魚の館）は、近代の歴史研究者によってしばしば庭園と考えられていたが、実際には柱廊に囲まれた中庭で、皇帝は内謁殿（ダウラトハーナイェ・ハース、現在ではディーワーネ・ハース）のテラスから馬や狩猟に使う動物を眺めることができた。

　アングーリー庭園（バーグ）には、ハース・マハルと呼ばれる三つの建物が向かい合っていた。正面に安息室（アーラムーガー）が、北側にはベンガル風の屋根をもつ皇帝の寝室、そしてそれに相対する南側には娘のジャハーンアーラーの館があった。庭園は典型的なチャハール・バーグ形式で、白大理石が敷かれた主軸の園路が交差する部分には高く隆起させた水槽があった。安息室のテラスにある優雅な蓮型の泉水から、水はチーニー・ハーナの上を水槽へ流れ落ち、そこから庭園の他の部分へと流れていく（口絵23）。庭園の四分割された部分は、赤砂岩で間仕切られてさらに複雑な花壇に細分されていたが、発掘調査によって、この壁は180センチという信じられない深さまで伸びていたことがわかった。

Ashraf Husain, Muhammad. *A Historical Guide to the Agra Fort*. Delhi: Manager of Publications, 1937.
Baksh, Nur. "The Agra Fort and Its Buildings." *Annual Report of the Archaeological Survey of India, 1903-04*. Calcutta, 1906.
Crowe, Sylvia, S. Haywood, S. Jellicoe, and G. Patterson. *The Gardens of Mughal India*. London: Thames and Hudson, 1972.
Koch, Ebba. *The Complete Taj Mahal and the Riverfront Gardens of Agra*. London: Thames and Hudson, 2006.
——. *Mughal Architecture*. Munich: Prestel-Verlag, 1991.
——. "Mughal Palace Gardens from Babur to Shah Jahan (1526-1648)." *Muqarnas* 14 (1997): 143-65.
——. "The Mughal Waterfront Garden." In Attilio Petruccioli, ed., *Gardens in the Time of the Great Muslim Empires: Theory and Design*, 140-60. Leiden: E. J. Brill, 1997.

# 58 ｜ タージ・マハル　Tāj Maḥal

　アーグラーを流れるヤムナー川のほとりに立つタージ・マハルは、ムガル皇帝シャー・ジャハーンによって、皇妃ムムターズ・マハルの廟として1632年から11年をかけて建設された。基壇上に立つ巨大な白大理石製の廟は庭園の北端に印象的な姿を見せている。廟を中心にして西側にはモスクが、そして東側には集会所が左右対称に位置している。庭園は典型的なチャハール・バーグ形式で、東西と南北に直交する園路の交差部分には壇上に高く水槽が設けられている。これ以前の帝室や貴族の墓廟と異なり、タージ・マハルでは廟は庭園の中央部ではなく、一方の端の高いテラスの上に立っている。これはアーグラー城の川に面した数々の園亭に似た配置だ。南北の園路の南側に立つ巨大な門の向こうには広大な前庭が広がり、さらにその先にタージ・ガンジュがある。タージ・ガンジュには17世紀、廟の管理や手入れを行う人々や参拝者を対象に商いを行った商人たちの住居や市場があった。

　雄牛を動力源として水車を回すシステムを何層も繰り返して川から汲み上げられ

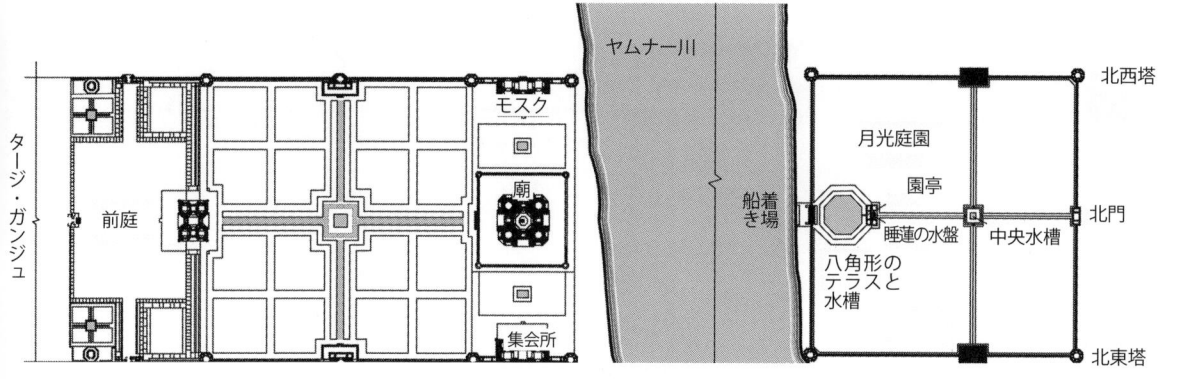

[図: タージ・マハル平面図]
- タージ・ガンジュ
- 前庭
- モスク
- 廟
- 集会所
- ヤムナー川
- 船着き場
- 月光庭園
- 園亭
- 睡蓮の水盤
- 八角形のテラスと水槽
- 中央水槽
- 北西塔
- 北門
- 北東塔

タージ・マハルと月光庭園
(Elizabeth Moynihan に基づき Chodon 作図)

た水は、施設の西壁の外側に設けられた貯水槽に蓄えられ、そこから必要に応じて庭園に流された。またテラスの南西角の塔にも深い井戸が掘られていた。しかし川の水はあちこちで利用されているため、近年タージ・マハルで利用可能な水量はかなり減ってしまった。今日見られる植生はこの水不足を反映しており、また1903年には新たに植栽が行われた結果、庭園にはイギリス・コロニアル様式の影響が見られる。しかし1663年にこの地を訪れたベルニエは、園路が花や樹木が植えられた花壇よりも「8フレンチフィート」高かったと述べている。

Begley, Wayne E. "The Garden of the Taj Mahal: A Case Study of Mughal Architectural Planning and Symbolism." In James L. Wescoat, Jr., and Joachim Wolschke-Bulmahn, eds., *Mughal Gardens: Sources, Places, Representations, and Prospects*. 213-31. Washington, D.C.: Dumbarton Oaks, 1996.
Begley, Wayne E. and Z. A. Desai. *Taj Mahal: The Illumined Tomb: An Anthology of Seventeenth-Century Mughal and European Documentary Sources*. Seattle: University of Washington Press, 1990.
Koch, Ebba. *The Complete Taj Mahal and the Riverfront Gardens of Agra*. London: Thames and Hudson, 2006.
Moynihan, Elizabeth. *Paradise as a Garden in Persia and Mughal India*. New York: George Braziller, 1979.
Moynihan, Elizabeth, ed. *The Moonlight Garden: New Discoveries at the Taj Mahal*. Washington, D.C.: Arthur M. Sakler Gallery; Seattle: University of Washington Press, 2000.
Nath, Ram. *The Immortal Taj Mahal, The Evolution of the Tomb in Mughal Architecture*. Bombay: D. B. Taraporevala, 1972.
Pal, Pratapaditya, and Janice Leoshko, eds. *Romance of the Taj Mahal*. Los Angeles: Los Angeles County Museum of Art; London: Thames and Hudson, 1989.

## アンベール

### 59 | アンベール城　*Ambēr Fort*

　アンベールの城塞とそこにある宮殿は、17世紀初めに勢力のあったラージプート一族であったカチワーハ家によって建設された。ジャイプルの郊外約14kmの距離にあるが、ジャイプル自体は1727年まで建設されていない。ミールザー・ラージャ＝ジャイ・シン1世（在位1623-1668）が宮殿に二つの中庭を付け加え、そのうちのひとつはチャハール・バーグ形式を応用した魅力的な庭園だった。幾何学的に配置された六角形の花壇は白大理石製の細い水路で分けられ、この水路は庭園の中央に設けられた星形の水槽に集中していた（口絵26）。庭園の東西にはそれぞれジャイ・マンディル（勝利の間）とスク・ニワース（歓喜の間）という華麗に装飾された広間

81の庭園と遺跡

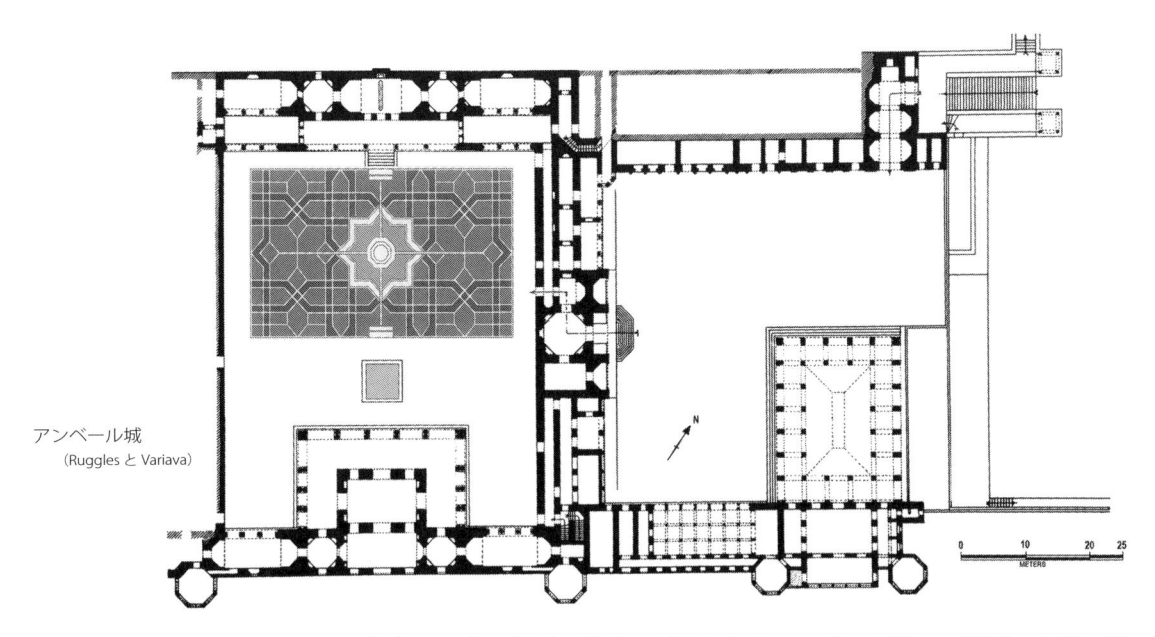

アンベール城
（RugglesとVariava）

があった。後者から水は表面に凹凸が刻まれたチャーダルを通って庭園の水路に流れ、またジャイ・マンディルに設けられたテラスからは水がチーニー・ハーナの上をほとばしり落ちていた。ジャイ・マンディル上階の、屋上テラスとあずまやはジャス・マンディルと呼ばれ、そこから遠くの山々や谷の眺めを楽しむことができた。眼下に見える湖は川の流れをせき止めた人工湖で、典型的なムガル帝国の水際庭園の様相を見せていた。この湖の端にあったマウンバリ庭園は人工的な壇上に設けられた三段テラスの庭園で、複雑な構造のいくつもの花壇に分かれていた。最上段の最も小さなテラスはチャハール・バーグ形式で、中心には彫刻された水盤が設けられていた。タージ・マハルと同様、水は互い違いに配置された雄牛と水車によって湖から汲み上げられていた。木などは植えられていなかったので、上部の宮殿から庭園を眺める時、視界を遮るものはなかった。

Michell, George, and Antonio Martinelli. *The Royal Palaces of India*. New York: Thames and Hudson, 1994.
Moynihan, Elizabeth. *Paradise as a Garden in Persia and Mughal India*. New York: George Braziller, 1979.
Reuther, Oskar. *Indische Paläste und Wohnhäuser*. Berlin: L. Preiss, 1925.
Ruggles, D. Fairchild. "The Framed Landscape in Islamic Spain and Mughal India." In Brian Day, ed., The Garden: *Myth, Meaning, and Metaphor*, 21-50. Working Papers in the Humanities 12. Windsor: University of Windsor, 2003.
———. "Gardens." In Frederick Asher, ed., *Art of India: Prehistory to the Present*. 258-70. S.1.: Encyclopaedia Britannica, 2003.
Tillotson, G. H. R. *The Rajput Palaces: The Development of an Architectural Style, 1450-1750*. New Haven: Yale University Press, 1987.

## 60 ｜ジャイガル要塞　*Jaigarh Fort*

　アンベール城を見下ろすアラーワリー山脈の、ごつごつした岩上に建てられたジャイガル城は、堅固な壁に守られている。アンベール城が築かれた半世紀後にその守りを強化するため、同じラージプート一族の居城として、いくつかの段階

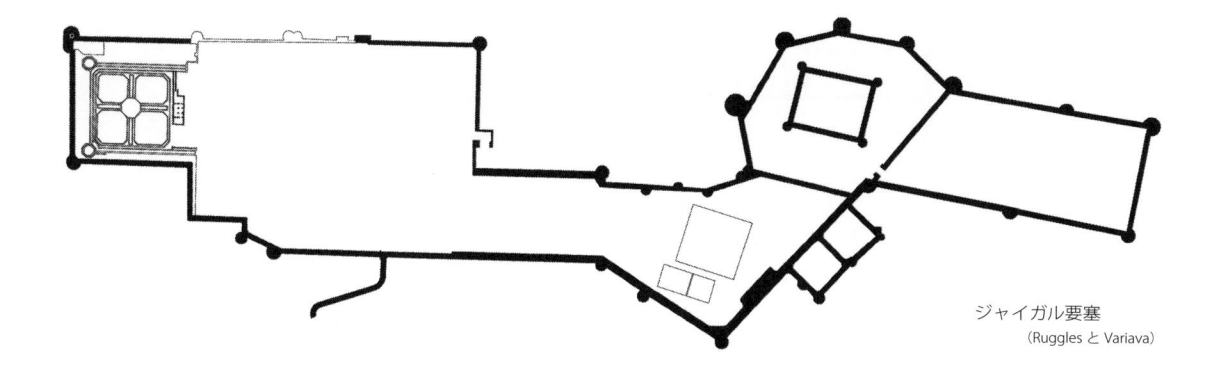

ジャイガル要塞
(Ruggles と Variava)

に分かれて建設された。この城は南北 3km で、幅 1km ほどの大きさだ。宮殿部分は北端に位置し、大きなラクシュミー・ヴィラス、隣接するそれより小さなラリト・マンディル、後宮(ザナーナ)のあるヴィラス・マンディル、そして大きな庭園を見渡せるアラム・マンディルなどがある。この四角い庭園（一辺約 51m）は単純な四分庭園構造で周りを赤砂岩の高い防御壁に囲まれ、壁の四隅には上部に達する傾斜路が設けられている。多くの中庭や大広間からは、障壁や背の高い欄干ごしに遠くの山々や深い谷、そしてアンベール城などの息をのむ眺めを楽しむことができる。アラム・マンディルの庭園の北側に設けられた三連アーチの開口部は 20 世紀に大きく広げられた。おそらく城の住人が眼下のフセイン・サガール湖の眺めをより楽しめるようにしたのだろう。この人工湖に貯められた水の一部は、宮殿で使用するためにゾウが城の西側の貯水槽に運んだり、人間がバケツリレー方式で運んだりした。また北に 4km 離れた貯水池からも運河を利用して水が引かれた。

Khangarot, R. S., and P. S. Nathawat. *Jaigarh: The Invincible Fort of Amber*. Jaipur: RBSA Publishers, 1990.
Ruggles, D. Fairchild. "The Framed Landscape in Islamic Spain and Mughal India." In Brian Day, ed., *The Garden: Myth, Meaning, and Metaphor*, 21-50. Working Papers in the Humanities 12. Windsor: University of Windsor, 2003.
———. "Gardens." In Frederick Asher, ed., *Art of India: Prehistory to the Present*. 258-70. S.l., Encyclopaedia Britannica, 2003.

## ビージャープル

### 61 ｜ イブラーヒーム・ラウザ複合施設　*Ibrāhīm Rawża*

アーディル・シャー朝のイブラーヒーム 2 世は、ビージャープルの市街の西に複合施設を建設した。自身と妃、そして一族のための墓を含む施設が完成したのは 1626 年のことだった。水槽を真ん中にはさんで、それぞれドーム天井をもつ墓廟とモスクが壇上で向かい合っている。この壇（120m×50m）は壁に囲まれた正方形の庭園（一辺 137.2m）内にあり（今日では芝生が植えられている）、モスクと墓廟の双方のもつシンボリズムを強調している。特に廟との関連で言えば、庭園は来世に約束された楽園を視覚的に表現したものであり、実際入口の上に掲げられた銘文には次のように書かれている。「この建物が地の表に出現した時、天は別の楽園が出現したので

イブラーヒーム・
ラウザ複合施設
(Christopher Tadgell に
基づき Chodon 作図)

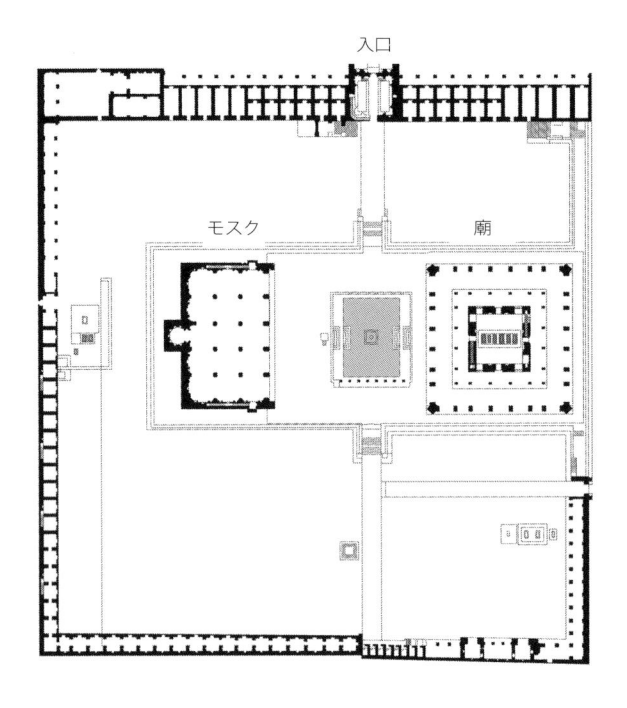

入口
モスク　　廟

はないかと驚いた。楽園の庭さえ、この庭園から美を借用している」。モスクから庭園をとらえる視点はそれとはまた異なっており、その側壁の突き出したバルコニーからは、緑あふれる景観を楽しむことができた。

Alfieri, Bianca Maria. *Islamic Architecture of the Indian Subcontinent*. London: Laurence King, 2000.
Brown, Percy. *Indian Architecture (Islamic Period)*. Rev. ed. 1944; reprint, Bombay: D. B. Taraporevala, 1981.
Cousens, Henry. *Bijapur and Its Architectural Remains*. Bombay: Archaeological Survey of India (vol. 37), 1916; reprint, New Delhi, 1976.

デリー

## 62 ｜ ジュード庭園　*Bāgh-i Jūd*〈Lōdī Gardens〉

ジュード庭園
（ローディー庭園）

　20世紀初めにニューデリーがイギリス領インドの新しい首都になると、統治政府は古い市街の再整備を行った。15世紀のローディー朝の墳墓数基やモスクが集中していた地域は、40ヘクタールの広さのイギリス風庭園となり、今日ではジョール庭園または単にローディー庭園として知られている。ローディー朝（1450-1526）の君主が葬られた、八角形のドーム天井を頂いた4基の廟は庭園の主要な建築物であり、比較的よい保存状態を保っているが、もとは墓苑だったこの地が人々の集いの場所となったことによってその意味は激変した。独立して立つ廟はこうして庭園の壮大な装飾物となり、なだらかに起伏する芝生、木立や竹林、そして花に縁どられて緩やかなカーブ

を描く園路のある美しい景観にアクセントを与えた。1970年代、ニューデリー市行政委員会はギャレット・エクボとJ・A・シュタインの設計に基づいて庭園を整備し直した。彼らが設置した金属とコンクリートの現代風の照明や植木鉢は、重要な歴史的意義をもつ埋葬施設には似つかわしくないという鋭い批判を受けた。しかし、この庭園が実際には歴史上のどの時代に属しているのかは明らかでない。

INTACH. "Lodi Gardens" (map). New Delhi: Indian National Trust for Art and Cultural Heritage (INTACH), Heritage Education and Communication Service, n.d.
Lang, Jon, Madhavi Desai, and Miki Desai. *Architecture and Independence: The Search for Identity —— India, 1880-1980*. Delhi: Oxford University Press, 1997.
Singh, Patwant. "The Tragedy of the Lodi Tombs." *Design* 15 (April 1971): 15-26.
Spear, T. G. P. *Delhi, Its Monuments and History*, 2nd rev. ed., updated by Narayani Gupta and Laura Sykes. Delhi: Oxford University Press, 1994.

## 63 | ハウズ・ハース  *Ḥawż Khāṣṣ*

デリーにあるこの神学校(マドラサ)と廟の複合施設は、ハルジー朝のアラー・アッ゠ディーン・ハルジー (1296-1316) が築いた時代の巨大な貯水槽に近接している。1352年にトゥグルク朝のフィーローズ・シャーが施設の拡張を始め、南東角に立派な二階建ての神学校(マドラサ)を建設した。そこから巨大な階段が壁の内側に沿って螺旋状に貯水槽までおりていた。モンスーン期には水槽は一杯になり、残りの季節にもなかなか干上がることはなかった。こうした大規模な建物や灌漑施設の建設はフィーローズ・シャー (在位 1351-1388) が好んだもので、彼は自分の建築趣味は神から与えられたものであり、モスクや神学校(マドラサ)や神学生のための宿泊施設を建設しただけでなく、運河を掘り、樹木も植えたと述べている。

神学校の周囲には壁がめぐらされ、ヒヤシンス、薔薇、チューリップ、そしてさまざまな種類の果樹が植えられた庭園となっていた。いくつかの園亭が設けられ、やがてフィーローズ・シャー自身の廟もそこに仲間入りした。当時も現在も、高台にあるこの土地からは眺めを楽しむことができ、デリーの夏の暑さを逃れる、落ち着いた公園になっている。複合施設の北端には五つのミフラー

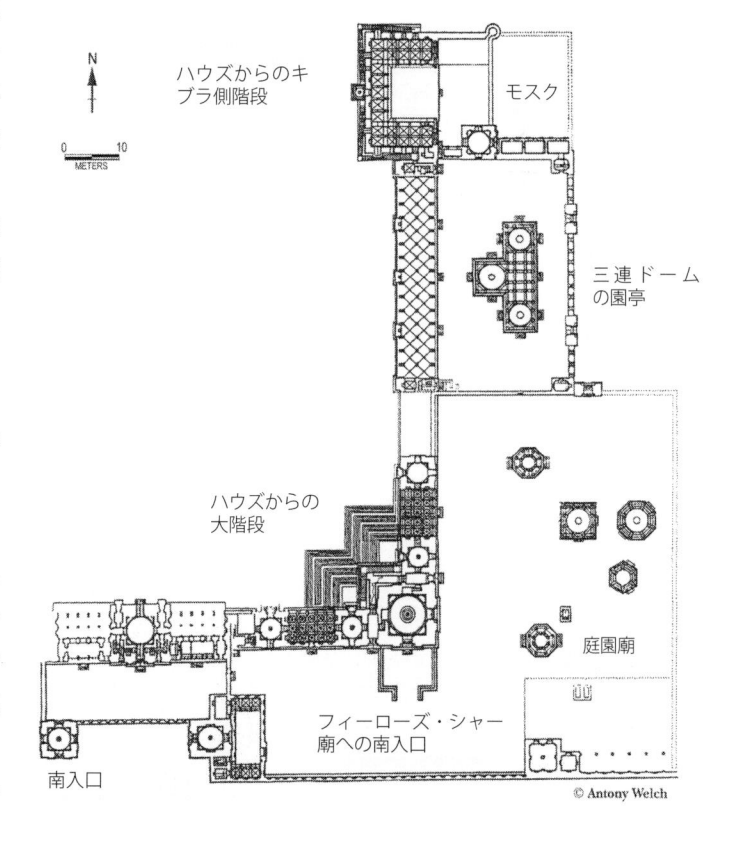

ハウズ・ハース
(Anthony Welch)

© Antony Welch

81の庭園と遺跡　　237

ブをもつモスクが立っている。三つのミフラーブに格子がはめられているのは非常に珍しい。なぜならそこから礼拝室へ明るさと涼風が入ってくるだけでなく、反対にキブラ壁ごしに貯水槽と周辺の緑の一部を眺めることができたからだ。さらに中央のミフラーブは外壁から張り出し、その両側から水槽に向かって階段がおりている。ミフラーブが扉と窓の役割まで果たしているという柔軟性は特筆に値する。

Rani, Abha. *Tughluq Architecture of Delhi*. Varanasi: Bharati Prakashan, 1991.
Welch, Anthony. "Gardens That Babur Did Not Like: Landscape, Water, and Architecture for the Sultans of Delhi." In James L. Wescoat, Jr., and Joachim Wolschke-Bulmahn, eds., *Mughal Gardens: Sources, Places, Representations, and Prospects*, 59-93. Washington, D.C.: Dumbarton Oaks, 1996 .
——. "Hydraulic Architecture in Medieval India: The Tughluqs." *Environmental Design* 2 (1985): 74-81.
——. "A Medieval Center of Learning in India: The Hauz Khas Madrasa in Delhi." *Muqarnas* 13 (1996): 165-90.

## 64 | フマーユーン廟　*Tomb of Humāyūn*

デリーにあるフマーユーン帝（在位 1530-1539、1555/1556）の廟は、おそらく皇妃ハージ・ベーグムによって 1565 年か 1569 年に建てられた。最初のムガル皇帝廟であるこの建物は、ティムール様式を踏襲して、高い二重殻構造のドームが（地面より 6.5m 高い）壇上のハシュト・ビヒシュト様式の建物の上に載っている。そして全体は周囲の園路よりさらに 1m 高い壇上に築かれた（口絵3）。廟は高さ 6m の壁に囲まれた、12 ヘクタールの巨大なチャハール・バーグ庭園の中心に立っている。四分割された各部分は、水路を備えた幅広い園路によってそれぞれさらに九つのグリッドに分けられ、交差地点には四角い水槽が設けられていた。西壁と南壁の中央には巨大な門が設けられ、左右対称性を守るために北壁と東壁の中央にも園亭が立っていた。壁のすぐ外にもイーサー・ハーンの墓廟とモスク（1547/1548 年）など、多くの墓や邸宅が築かれていた。皇帝の理髪師の墓は明らかに 1590 年頃、チャハール・バーグ庭園の南東に付け加えられたようである。

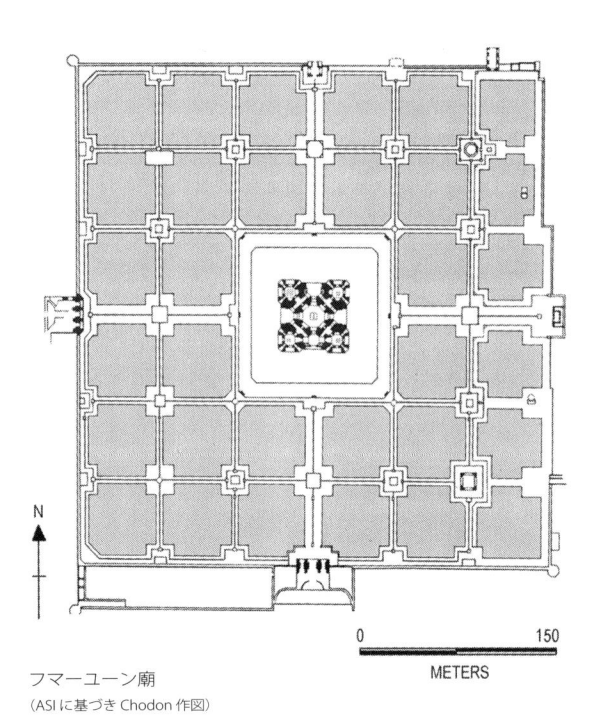

庭園と水回りの修復は、インド考古局とアーガー・ハーン文化財団が協力して、国家文化基金後援のもとに 2003 年に完成した。

フマーユーン廟
（ASI に基づき Chodon 作図）

Aga Khan Trust for Culture Web site: www.akdn.org/agency/aktc_humayun.html1#objectives.
Archaeological Survey of India. *Humayun's Tomb and Adjacent Monuments*. New Delhi: ASI, 2002. (revised from the original 1946 ASI publication by S. A. A. Naqvi).
Lowry, Glenn. "Humayun's Tomb: Form, Function, and Meaning in Early Mughal Architecture." *Muqarnas* 4 (1987): 133-48.
Ruggles, D. Fairchild. "Humayun's Tomb and Garden: Typologies and Visual Order." In Attilio Petruccioli, ed., *Gardens in the Time of the Great Muslim Empires*, 173-86. Leiden: Brill, 1997.

## 65 | ラーシュトラ・パティ・バワン〈副王宮殿〉のムガル風庭園
*Rāshtrapati Bhawān*

　イギリス統治政府の決定によって、1931年にニューデリーはイギリス領インドの首都となった。新首都の外観を決定するために1912年に設置されていた三者計画委員会は、エドウィン・ラッチェンス卿とハーバート・ベイカー卿を都市計画策定の責任者に任命した。中心のラーイシーナーの丘にラッチェンスは副王の宮殿（現在ではラーシュトラ・パティ・バワンまたは大統領宮殿と呼ばれる）を建設し、その西側に広大な庭園を設けた。また、W・R・マストーが園芸部門の責任者となり、418名のスタッフを管理した。

　100ヘクタール余りある敷地の中で6ヘクタールを占めるに過ぎない庭園は、三つの部分に分かれており、それらは宮殿の主軸でニューデリーのメインストリートでもある王の道(ラージ・パット)の延長線上に並んでいる。最初の部分はチャハール・バーグ庭園に似た幾何学構造だが、伝統的なムガル庭園であるなら廟が立つ場所には、芝生が植えられ、屋外のレセプションに利用された。ラッチェンスはカシュミール、アーグラー、デリーなどのムガル帝国時代の庭園を研究し、ムガルやインドの要素を植民地支配の象徴であるこの場所に取り入れたのだ。一例としては平らな石の橋で結ばれた直交する水路、チャーダルの近代版ともいえるレリーフが施された石、そして睡蓮の浮葉になぞらえた18の重なり合

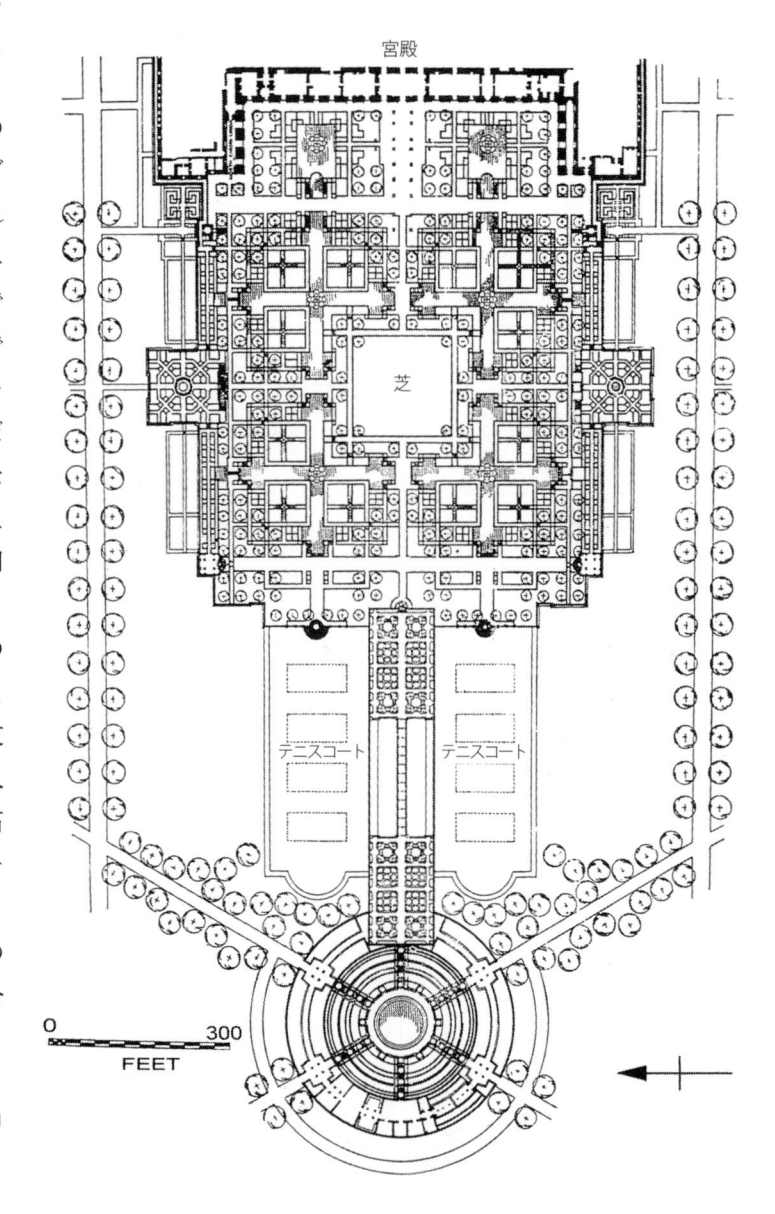

ラーシュトラ・パティ・バワンの「ムガル風」庭園
（Robert Irvingの作図に基づく）

81の庭園と遺跡

239

う砂岩製の円盤でできた噴水などが挙げられる。水際におりていくための水路沿いの階段は、聖なる池や川に設けられたガートに似せてある。植物も同様に庭園の幾何学構造にしたがっている。樹木でさえ入念に剪定され、平らな地面と好対照をなす量感を出している。

　庭園の中央部分には、砂岩製のあずまやが建てられた主軸に沿っていくつものテニスコートが並んでいる。主軸をさらに進むと壁に囲まれ、多年草の植えられた円形庭園で終わっている。これは階段を上って庭園の入口に向かい、そこから同心円状に並んだ三つのテラスへおりていく構造になっている。宮殿の第一庭園とは反対に、ここは英国風につくられており、時折、郷愁にかられるイギリス人を慰めたことだろう。

Irving, R. G. *Indian Summer: Lutyens, Baker and Imperial Delhi*. New Haven: Yale University Press, 1981.
Metcalf, Thomas. *An Imperial Vision: Indian Architecture and Britain's Raj*. Berkeley: University of California Press, 1989.
Prasad, H. Y. Sharada. *Rashtrapati Bhavan: The Story of the President's House*. New Delhi: Publication Division, Ministry of Information and Broadcasting in association with National Institute of Design for Rashtrapati Bhavan, 1992.
Volwahsen, Andreas. *Imperial Delhi: The British Capital of the Indian Empire*. Munich: Prestel, 2002.

## 66 ｜デリー城〈レッド・フォート〉 *Red Fort*

　シャー・ジャハーン帝によって1639年からシャージャハーナーバードに建てられたこの城には、それより古いアーグラー城の構造と華麗さをさらに推し進め、秩

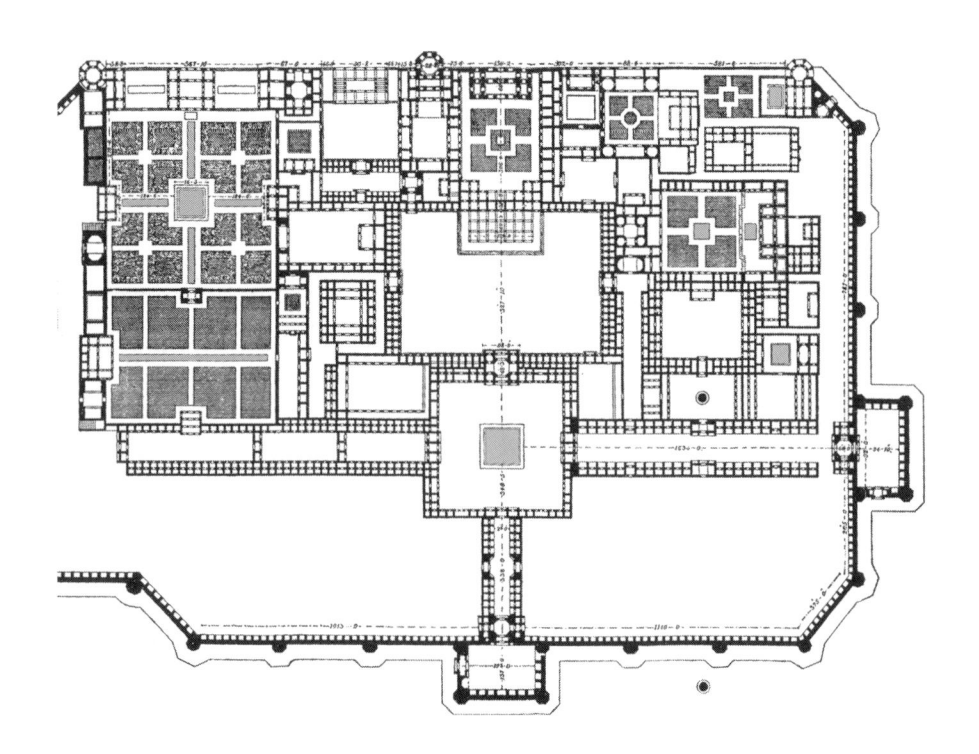

デリー城
(Gordon Sanderson 1936)

序だてる意図があった。全長 2.4km の周壁は、やや不規則な八角形をしている。この壁は川沿いでは 18m の高さで、陸側でも幅 22.5m の濠の上にそびえ立っている。この濠は現在では干上がってしまったが、かつては水をたたえ、多くの魚が泳いでいた。1719 年の地震、1759 年の数々の戦い、そして 1857 年の大反乱後のイギリス側による放置の結果、城の建物と全体の構成は大きな被害を受けた。現在でも建設当初の面影をしのばせるのは、川沿いにあるプライベート空間、つまりムムターズ・マハル、ラング・マハル、ハンマーム、モティー・マハルだけだ。これらの建物の中を、ナフレ・ビヒシュト（天国の川）という装飾的な水路が走り、ヤムナー川を 10km ほどさかのぼった高所から運河で引いてこられた水が流れている。水はシャー・ブルジュで彫刻を施された大理石製のチャーダルを通って城内に引き込まれている。

　かつてこれらの建物に付属していた多くの庭園のうち、ハヤート・バフシュの東半分が残っている。ハヤート・バフシュは川に面したモティー・マハルと、南北に立つサーワーン（雨季の第1月）とバードーン（雨季の第2月）という名の対称的な園亭、そして西側に立ち、残念ながら近世に兵舎にとって代わられてしまった月光庭園の間まで広がっていた。かつては大きなチャハール・バーグ庭園にオレンジをはじめさまざまな果樹が植えられ、芝生のあちこちに黄水仙や薔薇が咲いていたという。中央の巨大な四角い水槽からは 161 の噴水が水を噴き上げていた。水槽の真ん中に現在立つザファール・マハルは 19 世紀にバハードゥル・シャー 2 世がつけ足したものだ。現在見られる庭園は、1904 年から翌年にかけて行われた発掘調査に基づいて新たにつくられた。

Andrews, Peter A. "Mahall. Vi." In *Encyclopaedia of Islam*, 2nd ed. 5: 1214-20. Leiden: E. J. Brill, 1986.
Crowe, Sylvia, S. Haywood, S. Jellicoe, and G. Patterson. *The Gardens of Mughal India*. London: Thames and Hudson, 1972.
Mukherji, Anisha S. *The Red Fort of Shahjahanabad*. Delhi: Oxford University Press, 2003.
Sanderson, Gordon, with Maulvi Shuaib. *A Guide to the Buildings and Gardens: Delhi Fort*. 4th ed. 1936; reprint, Delhi: Asian Educational Services, 2000.

## 67 ｜ サフダール・ジャング廟　*Tomb of Safdār Jang*

　サフダール・ジャング（在位 1739-1754）はアワドの藩王(ナワーブ)だった。当時のムガル帝国はナースィル・アッ゠ディーン・ムハンマド・シャーの治めるデリーと、アワドなどのように、そこから独立しようとしなかったいくつかの州だけになっていた。シーア派のアワド藩王(ナワーブ)（1722-1856）は 600 以上の大建築物を建てている。サフダール・ジャングの息子は 1754 年に父が死亡するとデリーに墓廟を建てた。いくつものイーワーン風の開口部が設けられた薔薇色と白い石でつくられた基壇、そして簡素なチャハール・バーグ形式の庭園は、最初のムガル皇帝廟であるフマーユーン廟を想起させる。庭園は 300m$^2$ 以上の面積をもち、四分割された各部分はさらに四つに分けられている。庭園の東側には大きな門が設けられている。

サフダール・ジャング廟　　(Ruggles)

　この廟に見られる明らかなムガル帝国最盛期への郷愁は、他のアワド藩王にも共有されたようだ。たとえばグラーバリとして知られているシュジャーア・アッ゠ダウラの墓（1775年）とその妻の墓（1816年の直後）は、どちらもファイザバードにあるが、この当時では古めかしい、四分庭園に置かれた高いドームをもつ廟の伝統を受け継いでいる。

　　Asher, Catherine. *Architecture of Mughal India*. New Cambridge History of India, I: 4. Cambridge: Cambridge University Press, 1995.
　　Sharma, Y. D. *Delhi and Its Neighbourhood*. New Delhi: Archaeological Survey of India, 1990.
　　Tandon, B. "The Architecture of the Nawabs of Avadh, 1722-1856." In Robert Skelton et al., eds., *Facets of Indian Art*. 66-75. London: Victoria and Albert Museum, 1986.

**ドールプル**

## 68 ｜ 睡蓮の庭園〈ニールーファル庭園〉 *Bāgh-i Nīlūfar*

　これまでに発掘された非常に数少ないイスラーム庭園のひとつ、ニールーファル庭園は、ムガル帝国の建国者バーブルによって、1527～1530年にドールプルにつくられた。地表に露出した粒の細かい砂岩で築かれた幅広い基壇から、階段状のテラスが下の庭園まで続いていた。階段井戸から高架水道橋（長さ約83m）を経て庭園に水が供給され、配水層、浴場、ティムール朝風の園亭、そして大小の水槽をもつ、壁に囲まれたいくつもの庭園などはすべて、岩の表面に掘り込まれた水路（幅18cm、深さ5～8cm）で結ばれていた。テラス同士の間では、水は小さなチャーダルの上を流れ落ちていた。水路で結ばれた一連の水盤は、それぞれ蓮の固くしまったつぼみ、満開の花、そして最終的にはしおれた花びらを表現しており、庭園の名の由来となっている。満開の花をかたどった水盤が最も大きく、最下段の石造テラスの交差する水路の中央にあった。ここから水はさらに下の、チャハール・バーグ風に整備された庭園に流れていった。深い井戸から汲み上げられたため水圧は低く、水

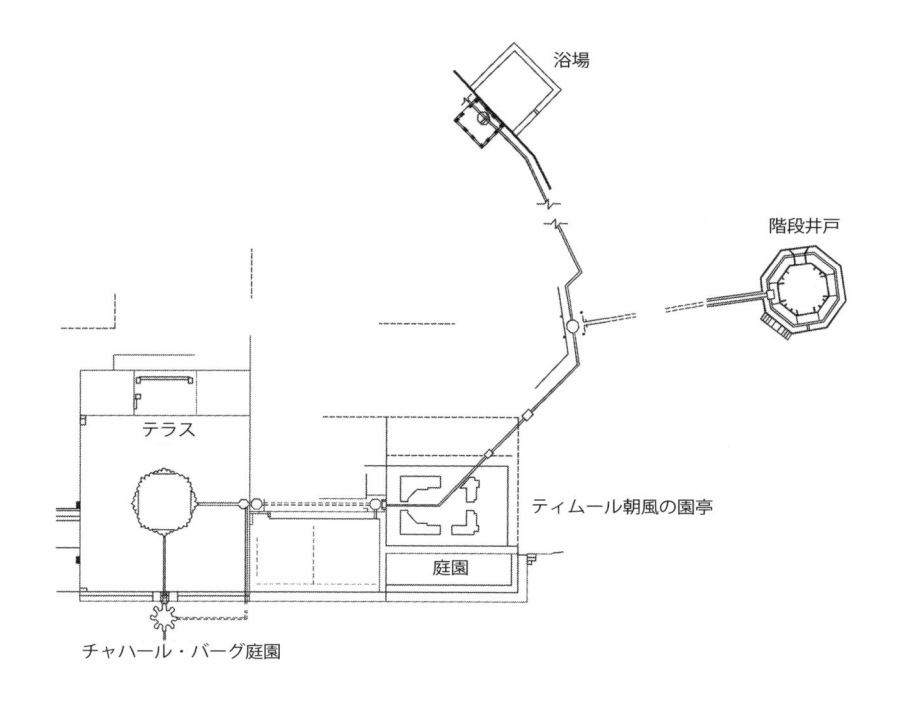

図中ラベル:
- 浴場
- 階段井戸
- テラス
- ティムール朝風の園亭
- 庭園
- チャハール・バーグ庭園

睡蓮の庭園（ニールーファル庭園）
（Elizabeth Moynihan の作図に基づく）

は後のムガル庭園のような噴水ではなく、小さな滝や水盤としてだけ表されている。

Moynihan, Elizabeth. "The Lotus Garden Palace of Zahir al-Din Muhammad Babur." *Muqarnas* 5 (1988): 135-52.
――. "But What a Happiness to Have Known Babur!" In James L. Wescoat, Jr., and Joachim Wolschke-Bulmahn, eds., *Mughal Gardens: Sources, Places, Representations, and Prospects*. 95-126. Washington, D.C.: Dumbarton Oaks, 1996.

## ディーグ

## 69 ｜ディーグ宮殿　*Dīg Palace*

　18世紀にジャート藩王家がバラトプル近郊に建てたこの宮殿の、最も古い部分は、プラナ・マハルと呼ばれる。現在の敷地の南端に立つこの宮殿は1722～1730年に建設された。しかしほとんどの建物は藩王スラジ・マル（在位1756-1763）とジャワヒール・シング（在位1764-1768）の建設によるものだ。伝統的なムガル庭園形式はここでは水の宮殿（ジャル・マハル）と組み合わされている。中心には沈床花壇をもつ左右対称のチャハール・バーグ庭園が、ループ・サーガルとゴーパール・サーガルという二つの人工湖にはさまれて広がっている（口絵16）。庭園の南北軸の端にはそれぞれ北にナンド・バワン、南にケサウ・バワンという園亭が立っている。また東西の軸線の端にあるゴーパール・バワン（90m×18m）とケーサブ・バワンはそれぞれ湖に向かって大きく張り出し、水と建物が調和した気持ちのよい景観をつくりあげている。ゴーパール・バワンの前に広がるテラスには噴水を備えたいくつもの浅い水槽がある。ゴーパール・バワンの両端にはより小さなチャハール・バーグ庭園があり、そ

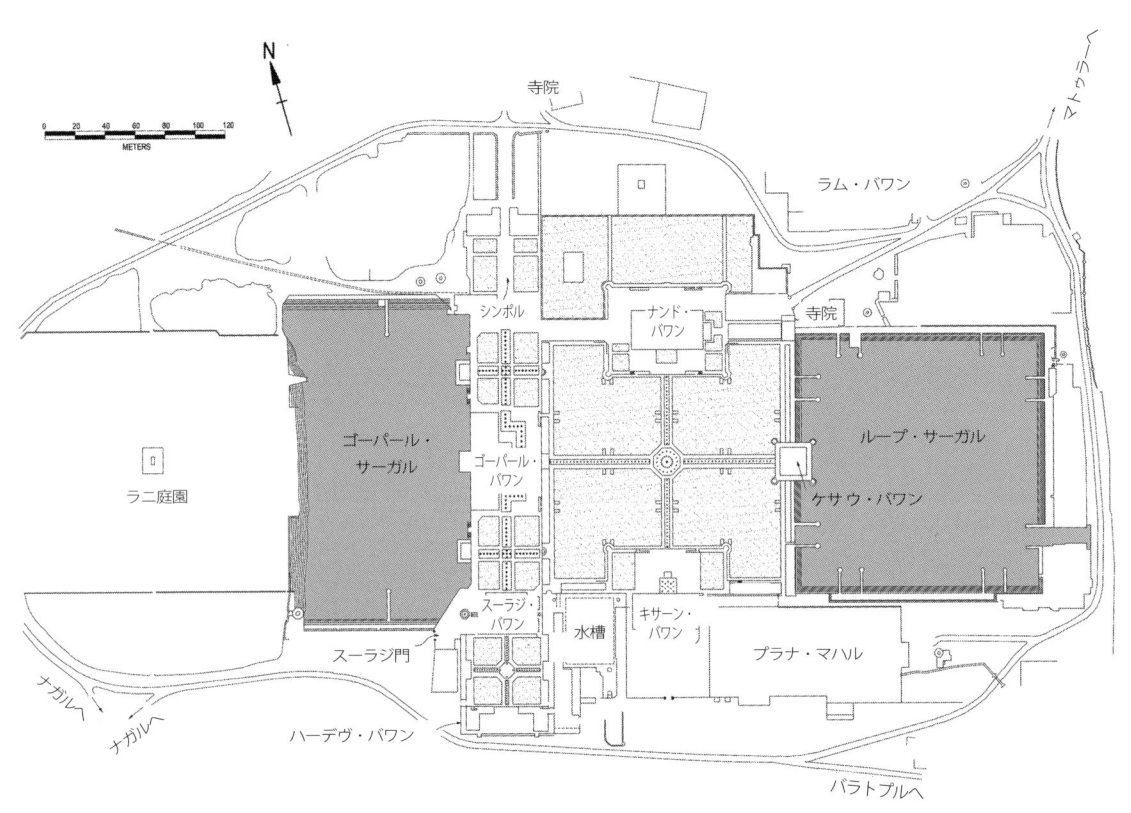

ディーグ宮殿
(M.C. Joshi, ASI の作図に
基づく)

のうち南側のものは後宮（ザナーナ）用の庭園だった。また敷地の南西角にもいくつか荒れ果てた庭園が残されている。テラスの中心には主庭園に面して1630/1631年に建てられた大理石アーチ（ヒンドラー）があり、さらに古い宮殿にあったブランコが取り付けられている。このブランコは叙事詩『ラーマーヤナ』の主題である欲望と期待を示唆してうる。その感情は愛する人に対するものだけでなく、モンスーンの雨を待ちこがれる気持ちも含んでいるからだ。実際、モンスーン月にちなんで名づけられたいくつかの園亭の屋根は雨音によく反響する。

Begde, Prabhakar. *Forts and Palaces of India*. New Delhi: Sagar Publications, 1982.
Joshi, M. C. *Dig*. 3rd ed. New Delhi: Archaeological Survey of India, 1982.
Michell, George, and Antonio Martinelli. *The Royal Palaces of India*. New York: Thames and Hudson, 1994.
Tillotson, G. H. R. *The Rajput Palaces: The Development of an Architectural Style, 1450-1750*. New Haven: Yale University Press, 1987.

### ファテープル・スィークリー

## 70 ｜ 後宮庭園　*Zanāna Garden*

　この宮殿都市と聖域の複合体は、1571年にムガル皇帝アクバルによって、彼の精神的な指導者であるサリーム・アッ＝ディーン・チシュティーの故郷に建設された。この地は首都アーグラーから東に38km離れている。都市は遠くからも見え

る砂岩の隆起の上に築かれ、長さ11kmの堅固な城壁に囲まれている。北西側には人工湖が設けられ、いくつかの井戸から汲み上げられた水がたくわえられていた。そのうちひとつの井戸では、水は人力の踏み車でいくつもの貯水槽に順次汲み上げられ、そこから1本の水路が宮殿の建物の壁や庭園を横切って走っていた。後宮(ザナーナ)の屋根付きの貯水槽を満たした水は、必要に応じて近くの浴場や、ジョズ・バーイ宮殿の北にある小さな階段状庭園に放出される。この庭園は二段(ひとつは27m×28.4m、もうひとつは37m×19m)に分かれ、中央の水路が小さな小塔の下を走っている。他に創設時の庭園は残っていないが、石の基壇のあちこちに水路が刻み込まれていることから、大きな労力をかけて水が宮殿内にもたらされ、アーヌープ・タラオーの四角い貯水槽などの水槽を満たし、パチシ・コートのすぐ東側にあった庭園や公謁殿(ディーワーニ・アーム)の中庭を潤していたことがわかる。

Archaeological Survey of India. *Fatehpur Sikri*. New Delhi: ASI, 2002.
Brand, Michael and Glenn Lowry, eds. *Fatehpur-Sikri: A Sourcebook*. Cambridge, Mass.: Aga Khan Program for Islamic Architecture at Harvard and the Massachusetts Institute of Technology, 1985.
Koch, Ebba. "Mughal Palace Gardens from Babur to Shah Jahan (1526-1648)." *Muqarnas* 14 (1997): 143-65. *Marg*. Special issue on Fatehpur-Sikri, 38, no. 2. (1986).
Rizvi, S. A. A., and Vincent Flynn. *Fatehpur-Sikri*. Bombay: D. B. Taraporevala Sons, 1975.
Smith, Edmund W. *The Moghul Architecture of Fatehpur-Sikri*, 4 vols. 1894-98; reprint, Delhi: Caxton Publications, 1985.

## カシュミール

### 71 | アチャバル庭園　*Achabal Bāgh*

スリーナガルと同じ渓谷にあり、南に50km下った場所にあるアチャバル庭園(バーグ)は、ムガル皇帝ジャハーンギールの妻ヌール・ジャハーンによって1620年から間もなくつくられ、1634～1640年にシャー・ジャハーン帝の娘のジャハーンアーラーによって再整備された。庭園の幅広い主水路は、水源である山麓の聖なる泉から引かれている。庭園の北端の高い位置にあるその泉からは水が滝の

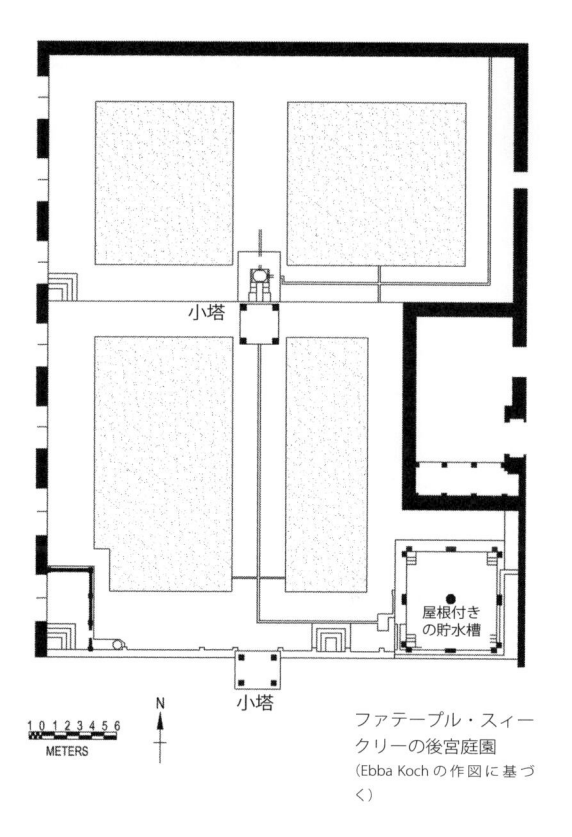

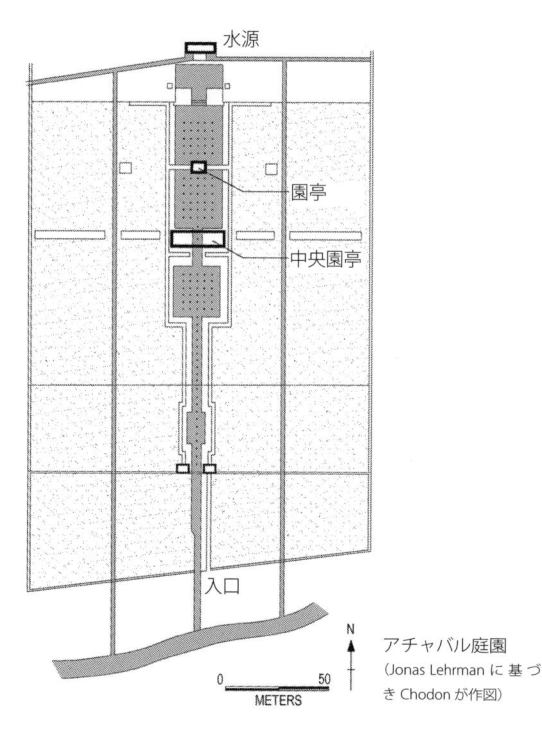

ファテープル・スィークリーの後宮庭園
(Ebba Kochの作図に基づく)

アチャバル庭園
(Jonas Lehrmanに基づきChodonが作図)

81の庭園と遺跡

ようにほとばしり落ち、その下に縦に並ぶ長方形の水槽には水しぶきをあげる噴水が格子状に配されている。両側には平行してより幅の狭い副水路が配されている。ムガル帝国時代には水の勢いが非常に激しかったため、余った水は地下水路に流し込まれていた。庭園を構成する四段のテラスは、山麓の自然の傾斜を利用したものだ。アッティリオ・ペトルッチオリは、「偉大なる建築物はその大きさではなく、いかに自然界の諸要素を完璧に制御しているかによって決定される」と述べている。

Brookes, John. *Gardens of Paradise: History and Design of the Great Islamic Gardens*. London: Weidenfeld and Nicolson, 1987.
Crowe, Sylvia, S. Haywood, S. Jellicoe, and G. Patterson. *The Gardens of Mughal India*. London: Thames and Hudson, 1972.
Petruccioli, Attilio. "Gardens and Religious Topography in Kashmir." In *Environmental Design* 1-2. (1991): 64-73.

## 72｜ニシャート庭園　*Nishāt Bāgh*

「愉楽の園」を意味するニシャート庭園(バーグ)は、ムガル帝国皇妃ヌール・ジャハーンの兄アーサフ・ハーンによって1625年にスリーナガルにつくられ、カシュミールの数ある庭園の中でも最も美しいと考えられている。シャーリーマール庭園と同じく、雪を戴いて高くそびえる山々と静謐なダル湖の間という絶好の立地にあるが、その構造はより洗練されている。もともと黄道十二宮にちなんで12段のテラスが設けられていたが、最下段は近代の道路によって削られてしまった。最上段にある後宮(ザナーナ)のテラスは、ブラインドアーチのついた高さ6mの壁で、下層部分と隔てられている。この壁の両端には八角形の園亭が設けられ、そこからは下段のテラスや湖や、そして遠く対岸まで見渡すことができた。庭園の中央を幅広い水路が走り、テラスとテラスの間ではさまざまに凹凸が刻まれたチャーダルを水が流れ落ちた。噴水や滝の水音が響く活気にあふれた水流は、静かに広がる湖と好ましいコントラストを見せている。

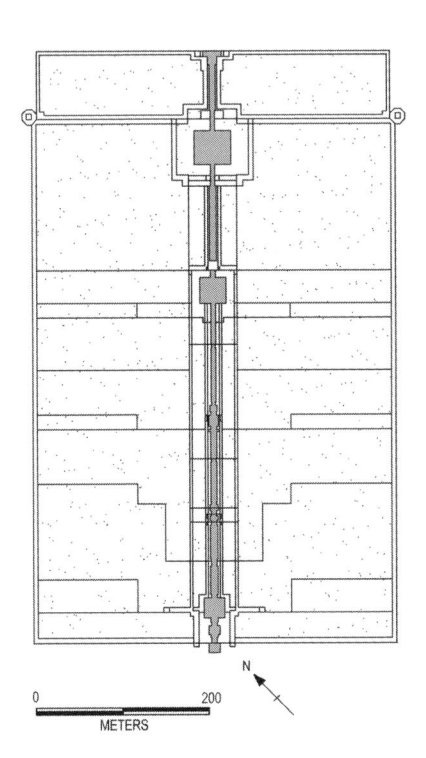

Brookes, John. *Gardens of Paradise: History and Design of the Great Islamic Gardens*. London: Weidenfeld and Nicolson, 1987.
Crowe, Sylvia, S. Haywood, S. Jellicoe, and G. Patterson. *The Gardens of Mughal India*. London: Thames and Hudson, 1972.
Lehrman, Jonas. *Earthly Paradise: Garden and Courtyard in Islam*. Berkeley: University of California Press, 1980.
Villiers-Stuart, Constance Mary. *Gardens of the Great Mughals*. London: A&C Black, 1913.

カシュミールのニシャート庭園
（Jonas Lehrmanに基づきChodonが作図）

## 73 │ シャーリーマール庭園　*Shālimār Bāgh*

　カシュミール（海抜1500m）の劇的な地形を愛したムガル皇帝ジャハーンギールによってつくられた数々の庭園のひとつである、（スリーナガル近郊の）シャーリーマール庭園は、二つの大きな四分庭園と、湖のほとりのより小さな前庭で構成されている。上段の古い庭園はファーイズ・バフシュ（後宮）庭園と呼ばれ、1619年から翌年にかけてジャハーンギール帝によってつくられた。皇帝の庭は皇太后ヌール・ジャハーンの助言に従い1630年頃、シャー・ジャハーン帝によって中段に築かれた。上段の庭園は女性のための庭で、黒大理石の園亭が四角い泉水の真ん中に立っていた。より公的な性格をもつ中段テラスには内謁殿が立ち、最も公的である下段テラスには公謁殿（ディーワーニ・アーム）が設けられていた。

　目のくらむような背後の山々から途切れることなく流れてくる水は、テラスの各段を勢いよくほとばしり落ちるだけでなく、噴水を上げ、かつては中段テラスの水槽を満たしていた。幅6mの水路が庭園を貫き、上段テラスにはこれに直交する水路が設けられていた。水は二つのチャハール・バーグ庭園の中央で泉水を満たし、それから前庭の入口でいったん地下に潜ると、反対側で再びダル湖に流れ込む水路として姿を現す。各テラスでは泉水の中央または水路をまたぐように園亭が設けられ、また水路のあちこちには幅広い飛び石、橋、水流に架け渡されたチャブートラ（壇）があり、人を水際へ誘っている。当初の植生については、1665年にフランソワ・ベルニエが、芝生が広がり、ポプラの木が植えられていたと書き残している。一方、カシュミールにある他のムガル帝室の庭園を描いた写本挿絵には、色とりどりの花々が花壇に植えられた様子が見える。

Brookes, John. *Gardens of Paradise: History and Design of the Great Islamic Gardens*. London: Weidenfeld and Nicolson, 1987.
Crowe, Sylvia, S. Haywood, S. Jellicoe, and G. Patterson. *The Gardens of Mughal India*. London: Thames and Hudson, 1972.
Moynihan, Elizabeth. *Paradise as a Garden in Persia and Mughal India*. New York: George Braziller, 1979.

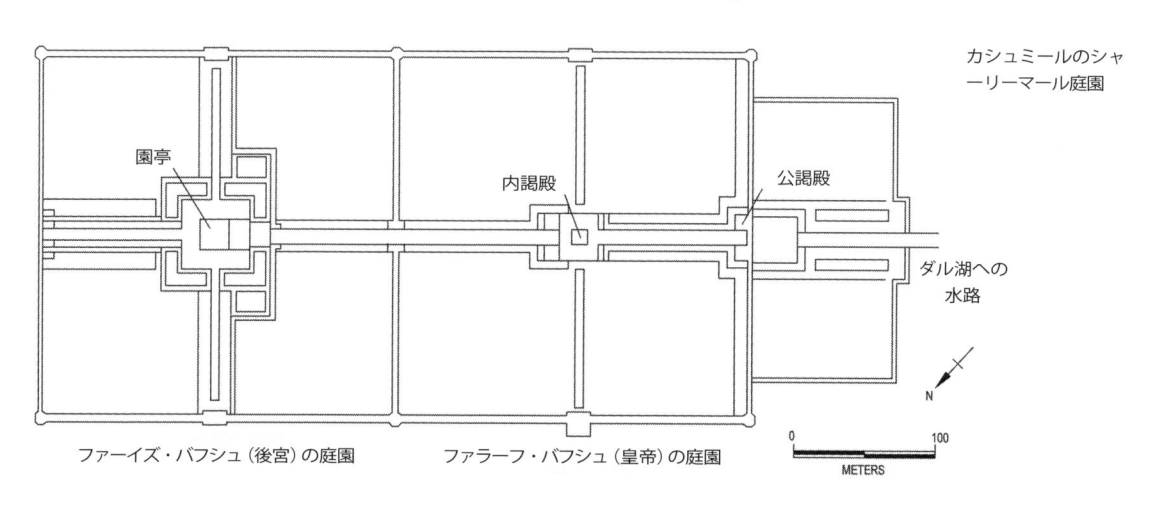

カシュミールのシャーリーマール庭園

園亭　　　内謁殿　　　公謁殿
　　　　　　　　　　　　ダル湖への水路

ファーイズ・バフシュ（後宮）の庭園　　ファラーフ・バフシュ（皇帝）の庭園

81の庭園と遺跡

Petruccioli, Attilio. "Gardens and Religious Topography in Kashmir." *Environmental Design* 1-2 (1991): 64-73.
Villiers-Stuart, Constance Mary. *Gardens of the Great Mughals*. London: A&C Black, 1913.

## 74 ｜ヴェールナーグ　*Vērnāg*

ヴェールナーグは、カシュミールに向かうバーニハール峠付近の、松林に囲まれ泉が湧き出る聖地に位置している。周囲を柱廊に囲まれた深い八角形の泉に面して、ドーム天井をもつ園亭がそれを見下ろすように立っている。泉から流れ出た水は、壁に囲まれた庭園を縦に二分する長さ330mの石造の水路をまっすぐ下っていく。カシュミール地方にある他のムガル庭園よりずっと単純な構造だが、ヴェールナーグ庭園も山脈と水塊、この場合は小川にはさまれた劇的な景観の中に置かれている。ある記録によるとこの庭園は1609年につくられ、その記録には次のような賛辞が残されている。「この水路は楽園の水路に等しく、この滝はカシュミールの誉れである」。八角形の泉水は、ジャハーンギールが帝位につく直前の1605年につくられたと、シャー・ジャハーン帝の伝記作者は記している。シャー・ジャハーンもこの庭園を愛し、シャーハーバードと呼んで園亭、水槽、チャーダル、噴水などをさらにつけ加えた。

八角形の泉水
入口
小川

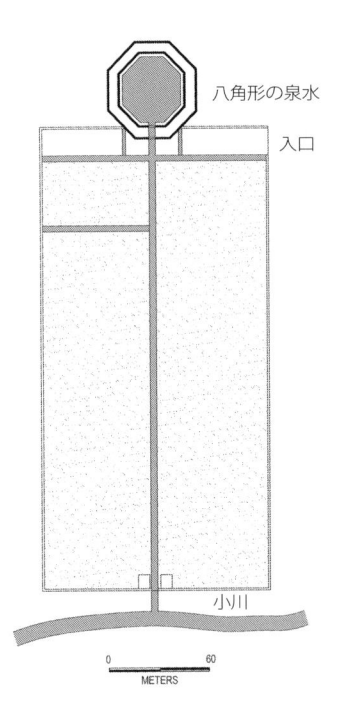

カシュミールのヴェールナーグ
（Jonas Lehrman に基づき Chodon 作図）

Alfieri, Bianca Maria. *Islamic Architecture of the Indian Subcontinent*. London: Laurence King, 2000.
Brookes, John. *Gardens of Paradise: History and Design of the Great Islamic Gardens*. London: Weidenfeld and Nicolson, 1987.
Crowe, Sylvia, S. Haywood, S. Jellicoe, and G. Patterson. *The Gardens of Mughal India*. London: Thames and Hudson, 1972.
'Inayat Khan, *The Shah Jahan Nama of 'Inayat Khan*, ed. and trans. W. E. Begley and Z. A. Desai. Oxford: Oxford University Press, 1990.
Petruccioli, Attilio. "Gardens and Religious Topography in Kashmir." *Environmental Design* 1-2 (1991): 64-73.

## マーンドゥー

## 75 ｜宮殿群　*Palaces*

1405〜1436年までマールワー王国の堅固な首都として機能したマーンドゥーは、インド中部の孤立した台地の上に位置している。台地の北西角にある宮殿施設には広場(メイダーン)、モスク、そしてムンジャ・タラオーとカプール・タラオーという二つの人工湖があった。その間に位置するジャハーズ・マハル（長さ121.9m、幅15.2m、高さ9.7mという細長い形状から、「船の宮殿」と名づけられた）は、ハルジー朝のギヤース・アッ=ディーン（在位1469-1500）によって建てられた美しい広間だ。この広間内や南端には、浴場に水を供給する地下貯水槽があった。また滑車を使っていくつもある屋上テラスのうちの、低いテラスに汲み上げられた水は、そこから曲がりくねった水路を通って深い水槽に流れ込んだ。水槽には凹んだ部分があり、段も設けられていたことか

マーンドゥーの宮殿施設
(George Michell に基づく)

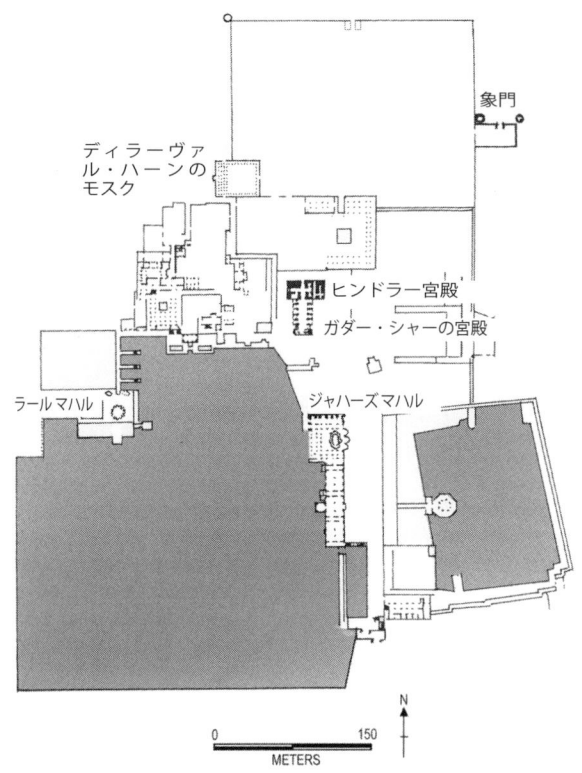

バーズ・バハードゥル宮殿（Ruggles）

ら、水浴する人は半分水に浸かって座っていたことがわかる。美しく彫り込まれたこうした浴槽は14、15世紀のエジプトのマムルーク朝時代の家にあった装飾的な水槽を思い出させるが、スリランカのポロンナルワにはそれよりずっと古い、蓮型の装飾的な水槽が存在した。建物の南側の外壁に設けられた幅広い階段を上って屋上に出ると、優雅な園亭からは周囲の魅力的な景観や、井戸や浴場や（ムンジャ・タラオーの北西角にある）ジャル・マハルなどの立派な園亭に囲まれた二つの人工湖、そしてカプール・タラオーの真ん中に「浮いている」台座を眺めることができた。

　町の南端にあり、同じように人工湖の横に位置するバーズ・バハードゥル宮殿は1509年から翌年にかけてスルターン、ナースィル・シャーによって建てられ、1534〜1561年にシェール・シャーの総督によって拡張された。リーワー・クンドというこの湖の北端からバーズ・バハードゥル宮殿に汲み上げられた水は中庭の装飾的な水槽を満たし、その北側にある庭園を潤した。宮殿の屋上テラスには園亭が設けられ、そこからはマーンドゥーを取り囲むニマル平野を遠くまで見渡せる、すばらしい眺めが広がっていた。宮殿南側の高台に建てられたルプマティの園亭として知られるいくつかの建物からも、見事な景観を楽しむことができた。

　宮殿から内側の庭園を眺める場合でも、逆に城壁の外側に視線を向ける場合でも、マーンドゥーでは自然の景観と宮中庭園の眺めを最大限に楽しめるように建築が工夫されていることがわかる。この町の政治的な重要性が失われたずっと後も、ここはムガル皇帝お気に入りの土地であり続け、歴代の皇帝たちによってニール・カン

81 の庭園と遺跡

ト宮殿や他の建物が築かれた。

Alfieri, Bianca M. *Islamic Architecture of the Indian Subcontinent*. London: Laurence King, 2000.
Brand, Michael. "Mughal Ritual in Pre-Mughal Cities: The Case of Jahangir in Mandu." *Environmental Design* 1-2 (1991): 8-17.
Goetz, H. "An Irruption of Gothic Style Forms into Indo-Islamic Architecture." *Artibus Asiae* 22 (1959): 53-58.
Patil, D. R. *Mandu*. New Delhi: Archaeological Survey of India, 1992.
Yazdani, Ghulam. *Mandu: The City of Joy*. Oxford, 1929.

### ナーガウル

## 76 ｜アッヒチャトラガルブ城塞　*Ahhichatragarh Fort*

ラージャスターン地方中部のジョードプルの北東にあるナーガウルは12世紀におこり、13〜16世紀まではスルターン朝の拠点だった。デリーの強力なハルジー朝とトゥグルク朝に支配され、その後ラージプート族が強大化すると独立した。1556/1557年にムガル帝国に併合され、まずムスリムの、やがてラージプート族の総督に統治されるようになった。

丘陵にそびえるアッヒチャトラガルブ城塞は不規則な形をしている。旧市街の南西部にあり、野石積みに化粧張りが施された堅固な防御壁に囲まれている。その真ん中にある壁をめぐらし

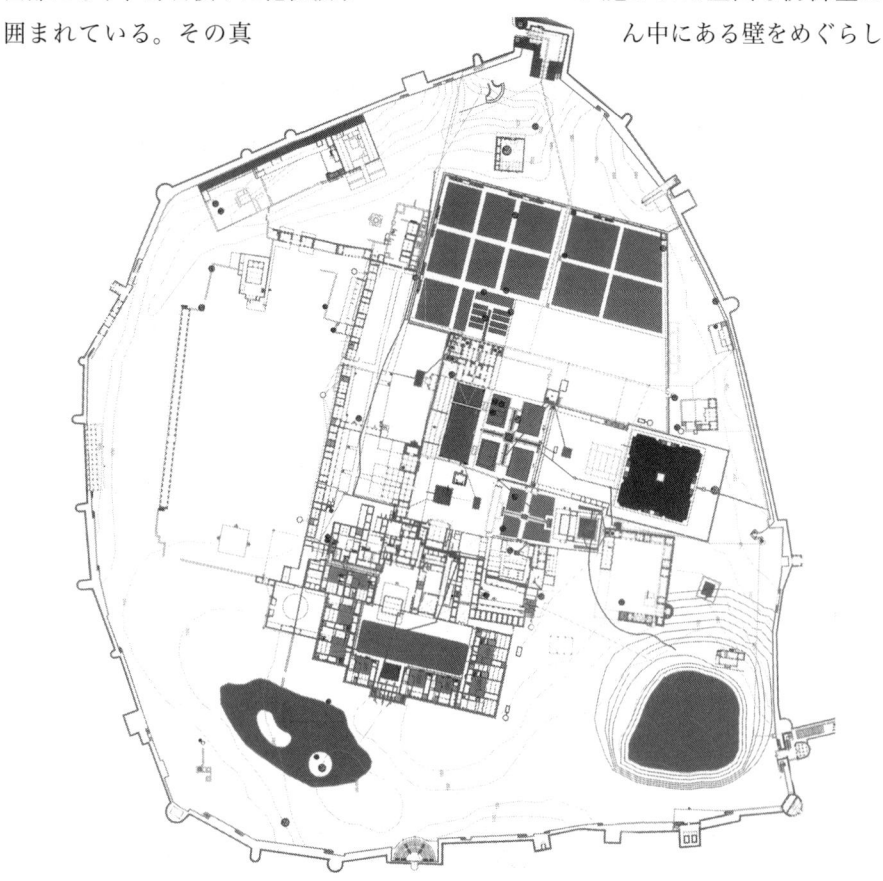

ナーガウルの城塞
(M. Jain)

た砂岩製の宮殿施設には、寺院、モスク (1631/1632年)、主宮殿、女王の宮殿(ラーニ)、後宮(ザナーナ)、浴場、ポロを行うグランド、そして水槽や園亭や庭園を備えた多くの小さな広間がある。最も大きな庭園はおそらく実利的用途も兼ねており、主宮殿の東側にある。壁に囲まれたこの庭園は約70m×80mの広さで、長方形に分割された花壇が幾何学的に配置され、周壁の内側を走る水道橋に取り囲まれている。南端 (図では右側) には巨大な水槽があり、島には園亭が設けられている。この水槽は16世紀後半に建てられたが、宮殿の他の部分は大体17世紀かそれ以降のものだ。城塞は非常に乾燥した砂漠気候の土地にあり、雨が降るのは雨季だけである。連結しているいくつもの大きな貯水槽と階段井戸、そして濠で集められた雨水は宮殿の広間に機械的に汲み上げられ、水道橋で分配された。いくつもの中庭を囲む屋上テラスもまた、雨水を集めて水槽にたくわえる役割を果たし、そこから庭園に水が供給された。城塞のかなりの部分が屋内の、または野外の庭園になっており、植物が植えられ、灌漑が行われていたが、その中には二つのチャハール・バーグ庭園もあった。主宮殿に面したそのうちのひとつでは、四分割された部分の2ヵ所に (オルチャのアーナンド・マンダル庭園のように) いくつもの凹みがあり、低い灌木が植えられていた。あるいは睡蓮が植えられた水生庭園だったのかもしれない。

Goetz, H. "The Nagaur School of Rajput Painting." *Artibus Asiae* 12 (1949): 89-98.
Jain, Minakshi, and Kulbhushan Jain. *The Fort of Nagaur*. Jodhpur: Mehrangarh Museum Trust; Ahmedabad: CEPT School of Architecture, 1993.
Shokoohy, Mehrdad, and Natalie Shokoohy. *Nagaur: Sultanate and Early Mughal History and Architecture of the District of Nagaur, India*. Royal Asiatic Society Monographs, 28. London: Royal Asiatic Society, 1993.

**オルチャ**

## 77 | アーナンド・マンダル庭園　*Anand Mandal Bagh*

　16、17世紀にラージプート族のブンデラ藩国の首都だったオルチャでは、ベトワー川の中州に立派な城塞が立っている。城塞には三つの宮殿があり、そのうちジャハーンギール宮殿(マハル)は1610年と1619年に、ジャハーンギール帝の同盟者だったビル・シング・デオ (在位1605-1627) によって建設された。この宮殿からは北側にはライ・プラヴィーン園亭と、アーナンド・マンダル庭園と呼ばれるその庭園を眺めることができる。インドラマーニ (在位1672-1675) の寵姫ライ・プラヴィーンのための区画だったが、すべてこの藩王によって建てられたのか、それともビル・シング・デオの時代に宮殿と同時に建てられたのかは、はっきりしない。
　庭園の南端にある石と煉瓦でできた二階建ての園亭は、壁に囲まれた非対称形の庭園に面しており、反対側にはずっと小さな平屋建ての園亭がある。二階建ての園亭に面してテラスが広がり、その下の地下室にある大きな水槽は深さ50cmまで水を貯蔵することができた。門のついた壁で庭園は二つに分かれ、その両方に隆起させた園路と低い水槽が設けられている。庭園の周壁の外にひとつ、中に二つの井

オルチャのアーナンド・マンダル庭園
(Ruggles)

戸があり、水車で汲み上げられた水は、地下に配した陶製の導水管や、現在も見ることのできる地表の水路に流し込まれた。ムガル帝国の人々が庭園の四分割された部分に色とりどりの花を植えるのを好んだのと違って、ライ・プラヴィーンでは地面はモルタルで固められ、深い八角形のくぼみが規則正しいグリッド状に配されている。灌漑が行われていないため、今では植物はほとんどなく、舗装された地面は熱く、見るからに不快だ。しかしくぼみが充分深ければ、そこに草花や背の低い木が生い茂り、木陰を提供してくれたことだろう。庭園には一部そういう部分も残っている。

ウダイプルの市街宮殿にあるアマール・ヴィラスの中庭は同じようにつくられ、植物が生い茂っているので、それをもとにアーナンド・マンダル庭園の当初の様子を想像することができる。

Begde, Prabhakar V. *Forts and Palaces of India*. New Delhi: Sagar Publications, 1982.
Joffee, Jennifer, and D. Fairchild Ruggles. "Rajput Gardens and Landscapes." In Michel Conan, ed., *The Middle East Garden Traditions, Unity and Diversity: Questions, Methods, and Resources in a Multicultural Perspective*, 269-85. Washington, D.C.: Dumbarton Oaks, 2007.
Michell, George, and Antonio Martinelli. *The Royal Palaces of India*. New York: Thames and Hudson, 1994.
Singh, A. P., and Shiv Pal Singh. *Monuments of Orchha*. Delhi: Agam Kala Prakashan, 1991.

## スィカンドラ

### 78 ｜アクバル廟　*Tomb of Akbar*

　この巨大な墓廟は、1612〜1614年に、ムガル皇帝ジャハーンギールによってアーグラーからほど近いスィカンドラに完成した。建築様式のわかりにくい廟（一辺105m）は単純なチャハール・バーグ庭園の真ん中に立っている。同時代の記録にはこの庭園は「ビヒシュターバード（楽園の住居）」として登場する。庭園の植生についてはほとんど知られていない。真ん中を水路に貫かれた、それぞれ東西と南北に走る園路が直交して四分庭園を構成している。チャハール・バーグ形式はもともとティムール朝に由来するが、アクバル廟の珍しい5層建築からそのつながりをうかがうことはできない。むしろムガル帝国以前のキムラサ城塞にある15世紀のナギナ・マハルや16世紀のファテープル・スィークリーのパンチ・マハルなど、古い宮殿建築に似ている。

庭園には南側に設けられた巨大な楼門から入れるようになっているが、左右対称性を重んじて、他の三方の壁にも偽扉が設けられている。南門の外側には詩が刻まれており、庭園を楽園に、またその建物を神の玉座になぞらえている。詩は次のように終わっている。「ここにあるはエデンの園。永遠に生きるため、中に入るべし」

 Asher, Catherine. *Architecture of Mughal India*. New Cambridge History of India, I: 4. Cambridge: Cambridge University Press, 1995.
 Smith, Edmund. *Akbar's Tomb, Sikandrah near Agra, Described and Illustrated*. ASI New Imperial Series, no. 35. Allahabad: Superintendent Government Press, United Provinces, 1909.

アクバル廟
（Edmund Smith に基づき Chodon 作図, 1909）

## ウダイプル

### 79 ｜市街宮殿　*City Palace*

 市街宮殿は16世紀半ばにラージプートの藩王ウダイ・シング2世によって、シソーディヤ家が藩王国の首都をウダイプルに移した時に築かれた。ピチョーラ湖畔の高台にそびえ立つ、何層にもわたる建築物だ。その主庭園はアマール・ヴィラス(在位 1698-1710) によってつくられた中庭で、宮殿の最上部のテラスにあるにもかかわらず、直接岩盤の上に座っている。ここにグリッド状に配された12の長方形の花壇は、中庭の敷石の延長である狭い園路で分けられている（口絵17）。それぞれの花壇には九つの多弁形の穴がより小さなグリッド状に配され、そこに植えられた花や背の低い木は、気持ちのよい木陰をつくっている。また中庭を囲む柱廊は、窓のあるいくつかの広間に通じている。片側からは湖と、ウダイプルの君主がしばし俗を忘れてくつろいだ島上の宮殿を眺めることができる。

 Joffee, Jennifer, and D. Fairchild Ruggles. "Rajput Gardens and Landscapes." In Michel Conan, ed. *The Middle East Garden Traditions, Unity and Diversity: Questions, Methods, and Resources in a Multicultural Perspective*. 269-85. Washington, D.C.: Dumbarton Oaks, 2007.
 Michell, George, and Antonio Martinelli. *The Royal Palaces of India*. New York: Thames and Hudson, 1994.
 Tillotson, G. H. R. The Rajput Palaces: *The Development of an Architectural Style, 1450-1750*. New Haven: Yale University Press, 1987.

## アメリカ合衆国

### ハワイ州、ホノルル

### 80 ｜シャングリラ館　*Shangri La*

 イスラーム建築に着想を得たこの邸宅は1937年から翌年にかけて、大富豪ドリス・デューク (1912-1993) のために、ワイエス＆キング建築事務所によってハワイの

オアフ島に建設された。歴史研究者のアーサー・ユーファム・ポープの助言に従い、デュークはこの建物を陶器、タイル、織物、ガラス器や金属器などのイスラームの芸術品で満たしている。ハワイの伝統建築とイスラームの要素を近代的に解釈し直したこの建物には、電気仕掛けの引き込み式ガラス・パネル、水圧式の昇降機を備えた飛び込み台などの画期的な装置もあった。邸宅は太平洋に面した岩場に位置し、火山岩を積み上げた高い壁の上に立っている。敷地内には多くのL字型の構造が見られ、二つの主要な建物、つまり母屋と娯楽室が、水泳プールをはさんで向かい合っている。母屋の真ん中にある中庭では、水盤と噴水を備えた小さな沈床庭園を囲んでイスファハーン風の木柱が立ち並び（口絵25）、あたかもほっそりした木立にいるような印象を受ける。どちらも引き込み式のガラス・パネルと障壁、そして柱廊や列柱などがつくり出す効果によって、室内の建物と屋外の景観はつながっているように感じられる。

　敷地のあちこちにナツメヤシとベンガル菩提樹が植えられている。テラスのひとつはムガル庭園風に整備されており、噴水を備えた中央水路に沿って煉瓦敷きの園路と沈床花壇が設けられ、花壇には白い石で枠組みが施されている。庭園の端の階段を上がった壇上から水路に向かって水が流れ込み、チーニー・ハーナの上をほとばしり落ちる。チーニー・ハーナには電気ロウソクが灯されることもあった。水泳プールの水は水槽を備えた高いテラスから、表面に凹凸を刻んだチャーダルの上を

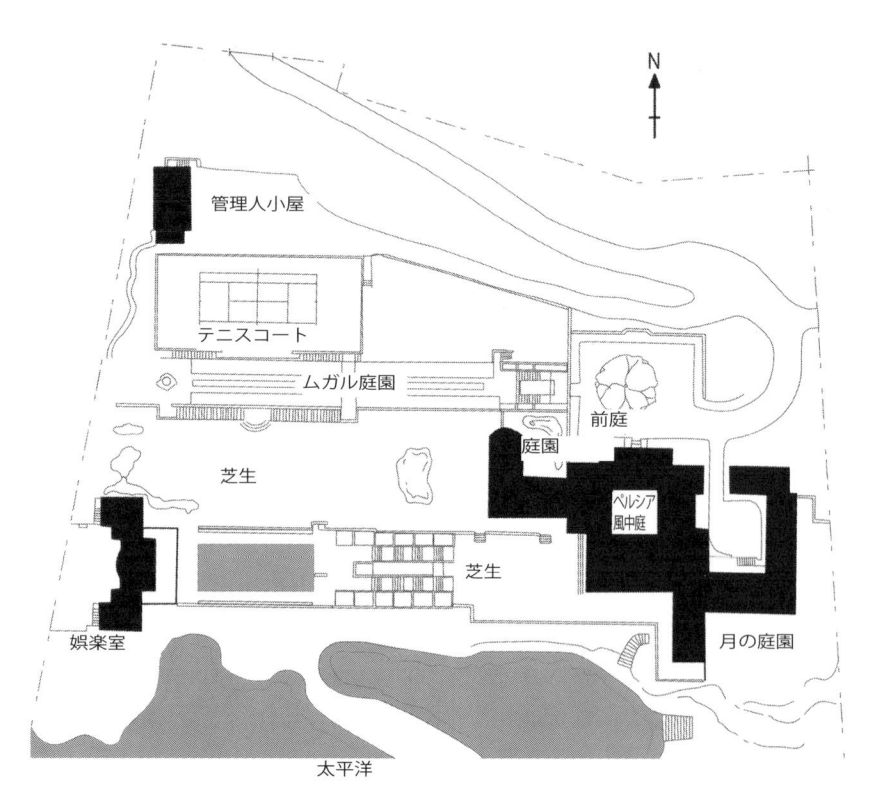

ホノルルのシャングリラ館
（ドリス・デューク慈善財団資料に基づき Variava が作図）

勢いよく流れ落ちる。この流れに沿って、階段と、樹木が植わる隆起した花壇が設けられている。

>Littlefield, Sharon, with Introduction by Carol Bier. *Doris Duke's Shangri La.* Honolulu: Honolulu Academy of Arts, 2002.
>Rochlin, Margy. "Her Own Shangri La." *Town and Country*, July 2007: 88-97, 117.

## ワシントン

### 81 │ エニド・A・ハウプト庭園　*Enid A. Haupt Garden*

　後援者の名を付けて1987年に公開されたこの1.6ヘクタールの庭園は、スミソニアン博物館の芸術産業館、フリーア美術館、地階のアーサー・M・サックラー・ギャラリーと国立アフリカ美術館の間に位置している。正確にはサックラー・ギャラリーとアフリカ美術館の上にある。建築家のジャン・ポール・カーリハンが、美術館の展示品を反映した庭園をデザインしたため、サックラー・ギャラリーとフリーア美術館に近いアジア美術の区画には二つの半円形にくりぬかれたピンクの花崗岩製の門が、またアフリカ美術館の近くにはイスラーム庭園を近代的に解釈し直した、ファウンテンズ・ガーデンという庭園がある。八角形のこの庭園の中心部は四分割され、各部分は、歴史的なイスラーム庭園で通常見られるように沈められているのではなく、逆に隆起している。中央部では格子の下から噴水が水をまっすぐ噴き上げており、それはグラナダのヘネラリーフェ離宮の水の階段を想起させる。庭園の北側にはチャーダルが設けられ、水はレリーフが施された花崗岩の上を水槽に向かって水しぶきを上げながら流れ落ちている。石壁に掘られた水路を流れ、ところどころで浅い水盤を満たしている。この視覚的な軸線は中庭の反対側の一連の低い階段で終わっている。階段は博物館のひとつの窓に続いているが、そこに設けられた丸天井のため、まるでそこが園亭であるかのような印象を与えている。

スミソニアン博物館の
ファウンテンズ・ガー
デン　　　（Thaisa Way）

>Kernan, Michael. "Turning a New Leaf" *Smithsonian*, August 2000.
>Smithsonian. www.gardens.si.edu/horticulture/gardens/Haupt/enid.htm.

## 庭園の所在地

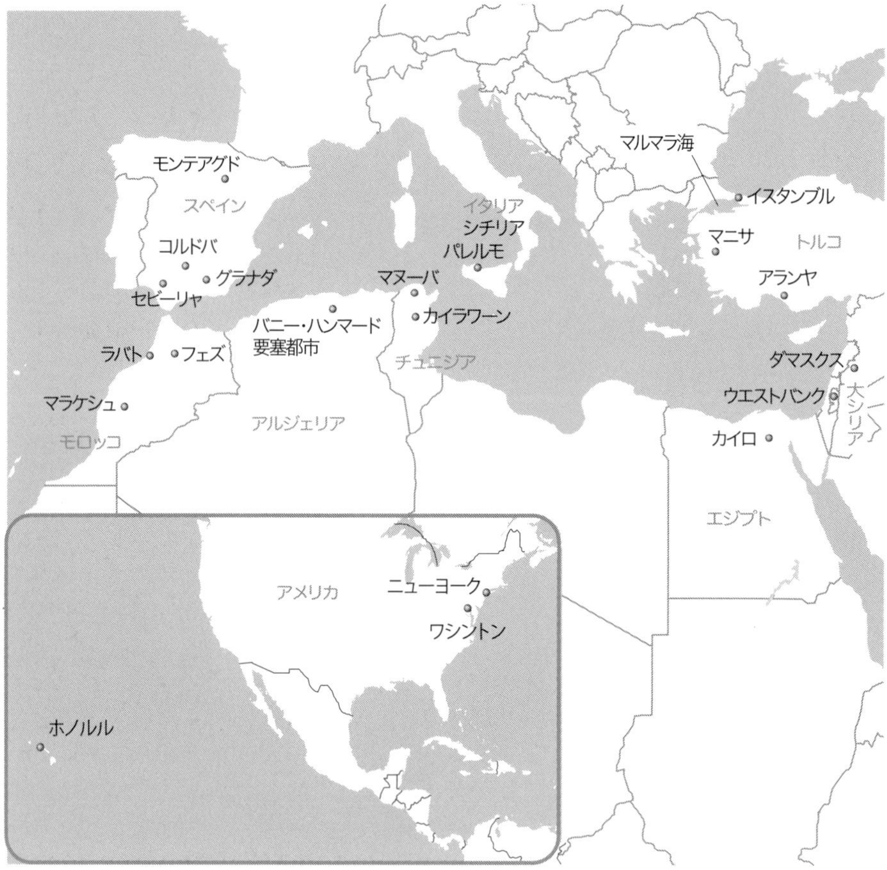
モンテアグド
スペイン
コルドバ
グラナダ
セビーリャ
ラバト
フェズ
マラケシュ
モロッコ
バニー・ハンマード
要塞都市
アルジェリア
マヌーバ
カイラワーン
チュニジア
イタリア
シチリア
パレルモ
マルマラ海
イスタンブル
マニサ
トルコ
アランヤ
ダマスクス
ウエストバンク
大シリア
カイロ
エジプト
アメリカ
ニューヨーク
ワシントン
ホノルル

## イスラームの主な王朝

| インド | |
|---|---|
| ガズナ朝 | 955/944-1187 |
| ゴール朝 | 1150-1215 |
| デリー・スルターン朝 | 1206-1526 |
| ――奴隷王朝 | 1206-1290 |
| ――ハルジー朝 | 1290-1320 |
| ――トゥグルク朝 | 1320-1414 |
| アフマド・シャーヒー朝 | 1403-1573 |
| ローディー朝 | 1450-1526 |
| ムガル朝 | 1526-1858 |

| スペイン・北アフリカ | |
|---|---|
| 後ウマイヤ朝 | 756-1031 |
| アグラブ朝 | 800-909 |
| ズィーリー朝 | 1013-1090 |
| ムラービト朝 | 1056-1147 |
| ムワッヒド朝 | 1130-1269 |
| マリーン朝 | 1196-1465 |
| ナスル朝 | 1230-1492 |
| マムルーク朝 | 1250-1517 |
| ハンマード朝 | 1015-1152 |
| サアド朝 | 1549-1659 |

地図上の地名:

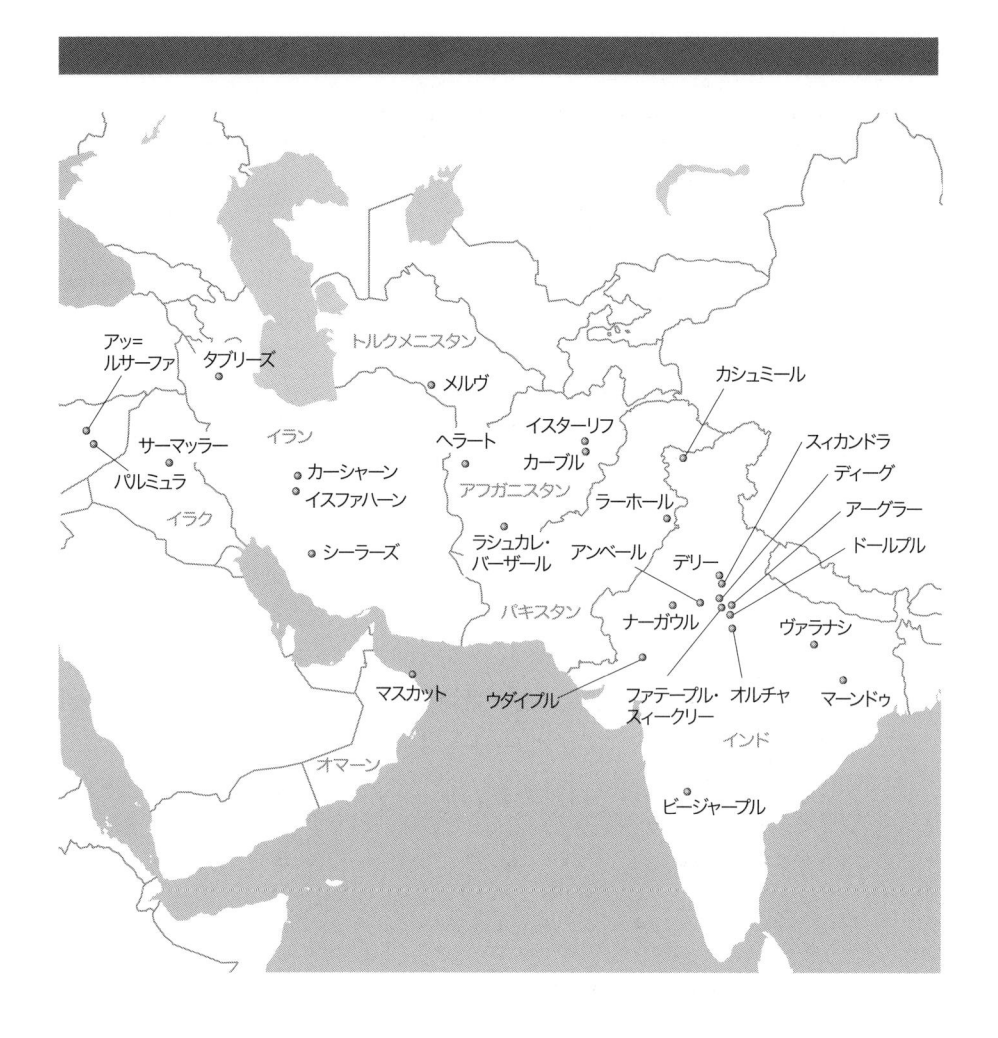

アッ=ルサーファ、タブリーズ、トルクメニスタン、メルヴ、カシュミール、サーマッラー、イラン、ヘラート、イスターリフ、スィカンドラ、バルミュラ、カーシャーン、カーブル、ディーグ、イラク、イスファハーン、アフガニスタン、ラーホール、アーグラー、シーラーズ、ラシュカレ・バーザール、アンベール、デリー、ドールプル、パキスタン、ナーガウル、ヴァラナシ、マスカット、ウダイプル、ファテープル・スィークリー、オルチャ、マーンドゥ、オマーン、インド、ビージャープル

| 西アフリカ（エジプト、シリア） | |
|---|---|
| トゥールーン朝 | 868-905 |
| ファーティマ朝 | 909-1171 |
| アイユーブ朝 | 1169-1250 |
| マムルーク朝 | 1250-1517 |

| 西アジア・中央アジア | |
|---|---|
| サーサーン朝ペルシア | 226-651 |
| ウマイヤ朝 | 661-750 |
| アッバース朝 | 749-1258 |
| セルジューク朝 | 1038-1194 |
| イエメン・ラスール朝 | 1229-1454 |
| イル・ハーン朝 | 1256-1353 |
| ジャラーイル朝 | 1340-1411 |
| ティムール朝 | 1370-1506 |
| サファヴィー朝 | 1501-1736 |
| アフガン・スール朝 | 1539-1555 |
| アーディル・シャー朝 | 1747-1748 |
| ザンド朝 | 1750-1794 |
| カージャール朝 | 1796-1924 |

81の庭園と遺跡

## 用語集　50音順

アイワーン aiwān（南アジア）多柱式の建物（ペルシアのターラール tālar に同じ）

アイヴァーン ayvān（ペルシア）「イーワーン īwān」を参照

アグダール agdāl（マグリブ地方）畑や庭園として人間の手が加えられた広大な土地

イーワーン īwān/ayvān（現在ペルシアでは eyvān）通常半円筒ヴォールト（かまぼこ型天井）をもつ大きな広間で、片側が屋外に開いている。

イマーラト 'imārat/imaret（トルコ）語義は「大きな建物」。建築学では救貧施設も表す

ガート ghāt（南アジア）川や水槽に沿って設けられた、水際におりていくための階段

カスル qaṣr　防御を固めた住居

カナート qanāt　地下水路

キブラ qibla　語義は「〜への方向」。建築上では、モスクでメッカに最も近い壁——祈りを捧げる方向を示す壁のこと

キャラバンサライ caravanserai　隊商宿

キュッリイェ külliye（トルコ）慈善複合施設で、通常、モスク、神学校、図書室、病院、コーランの学校、救貧施設などが含まれる

クッバ qubba　ドームをのせた建物

ザーウィヤ zāwiya/zaviye（トルコ：ザヴィイェ）祈りや瞑想のための修道場

サーキヤ sāqiya　語義は「水路」。建築上では、輪を回して鎖に取り付けられたバケツで深い水源から水を汲み上げるための装置（ノーリア を比較参照）

ザナーナ zanāna（南アジア）女性の区域、後宮

ジャーリー jālī（南アジア）装飾的な石のスクリーン、障壁。「マシュラビーヤ mashrabīyya」と同じ

ジャル・マハル jal-mahal（南アジア）水の宮殿

ジャローカ jharōka（南アジア）南アジアで君主が公式に臣下の前に登場する際に使用された張り出し窓やバルコニー

ジャンナ janna　楽園、庭園

セラムルク saramlık（トルコ）大きな邸宅で客を迎えるための区域

ゼリージュ zellij（マグリブ）施釉タイルの小破片をモザイクのように組み合わせた装飾

ターラール tālar（ペルシア）背の高い木の柱が並ぶ柱廊

タラオー talaō（南アジア）水槽または人工湖

ダルガー dargāh　南アジアでは、スーフィーの聖者廟を表すこともあれば、皇帝の宮廷自体を表すこともあった

チーニー・ハーナ chīnī khāna　語義は「磁器用の飾り棚」。ものをしまうためのチーニー・ハーナだが、庭園では人工滝の背後に設けられ、オイルランプや花が置かれることもあった

チャーダル chādar　三次元の彫刻や凹凸が刻まれた射水路

チャウク chawk　「チョウク chowk」を参照

チャトリー chhatrī（南アジア）語義は「傘」。ドームをもつ、壁のない小さなあずまや。独立して建つこともあれば、より大きな建物に付属していることもあった。

チャハール・バーグ chahār bāgh　語義は「四つの庭園」。十字に分けられた四分庭園を指すために歴史研究者が使用する言葉。近代以前の文書では、複数の花壇をもつあらゆる庭園を指した

チャブートラ chabūtra（南アジア）隆起した壇、台座

チョウク chowk（南アジア）屋外の中庭や公共の広場

ディーワーン dīwān　多くの意味をもつ。執務の間、謁見の間、役所、着座するための隆起させた壇、または詩や文学や法律の選集

テュルベ türbe　(トルコ)　墓

ニヴァス nivas　(南アジア)　小さな宮殿

ノーリア noria (スペイン、英)/nā'ūra (アラビア、ペルシア：ナーウーラ)　水車の枠組みに桶が取り付けられた、水を汲み上げるための装置(サーキヤを比較参照)

バーグ bāgh　庭園

バーラダリー bāradarī (南アジア)　四方が外に開いた、列柱のある長方形の園亭

ハイル ḥayr　壁に囲まれ、畑や庭園として整備された場所

ハジーラ ḥazīra　屋根のない墓を囲むスクリーン

ハシュト・ビヒシュト hasht bihisht　語義は「八つの楽園」。建築学では中心の部屋を八つの区画が取り囲む八角形の構造を表す

バフチェ baġçe/bahçe (トルコ)　「バーグ bāgh」を参照

ハラム ḥaram/harem　聖域、家の私的な区域、女性の区域。「ザナーナ zanāna」も参照

ハレムルク haremlık (トルコ)　大きな邸宅の私的な区域

バングラ bangla (南アジア)　おそらくベンガル地方起源の、緩やかな曲線を描いた屋根

ハンマーム ḥammām　浴場

ピエトラデュラ pietra dura/pietre dure (イタリア)　よく磨かれた色石をモザイクのように嵌め込んだピエトラデュラ技法

ヒンドラー hindolā (南アジア) 大理石アーチ

ブスターン bustān (アラブ)　庭園

マザール mazār　語義は「訪れる場所」。聖域や寺院

マスジド masjid　モスク

マドラサ madrasa/medrese (トルコ) 神学校

マハル maḥal　広間、園亭、宮殿

マルティリウム martyrium (ラテン語)　キリスト教の聖人の殉教地、墓、聖遺物の所在地を示す記念建築

ミーナーイー mīnā'ī　多彩陶器

ミフラーブ miḥrāb　モスクのキブラ壁、つまり祈る方向を示す壁龕

ミラドール mirador　スペイン語の「mirar」から、見晴らし台、望楼

ムカルナス muqarnas　ヴォールト装飾の一種で「鍾乳石」ヴォールトとも呼ばれる。通常小さなくぼみがアーチに繰り返されるが、平らな壁龕のように施されることもある

ムデーハル mudéjar　(イベリア)　キリスト教の支配下にいたムスリム、また彼らやその子孫がつくりだした芸術や建築

メイダーン maydān/maidan　公共または半公共の広場

メディナ medina (英)/madīna　壁に囲まれ、門をもつ都市

ヤル yalı　(トルコ)　木造のあずまやや住居

ラウダ rawḍa　墓廟庭園。墓自体を意味することもある

リヤード riyāḍ　(マグリブ)　住居内にある中庭

ワーディー wādī　季節性の川

ワクフ waqf/wakf　特定の施設維持や社会サービスの財源に充てるための財産寄進制度

# 注釈　*Notes*

---

### はじめに

1. 1976年に発表された論文「イスラーム期のペルシア庭園」を参照．筆者はそこで，コーランによって信者に約束された天上の楽園の魅力について次のように述べている．「暑く乾いた地に住む性欲の強い人々にとって,こうした快楽の園が約束されているということは,イスラームの勢力拡大に大きく貢献した.ワインも好きなだけ飲めるとあっては，到底抗いがたい魅力だったろう」．Wilfrid Blunt, "The Persian Garden Under Islam," *Apollo* 103, nos. 170-72 (1976): 302.

### 1章　イスラームの風景

1. *Baburnama*, Wheeler Thackston編訳 (New York: Oxford University Press, 1996), p. 332.
2. Ibn Baṭṭūṭa, *The Travels of Ibn Battuta*, H. A. R. Gibb訳, 3 vols. (Cambridge: Hakluyt Society, 1958-71).
3. Donald Wilber, *Persian Gardens and Garden Pavilions* (Washington, D.C.: Dumbarton Oaks, 1979), p. 17.
4. William Hanaway, Jr., "Paradise on Earth: The Terrestrial Garden in Persian Literature," in Elisabeth MacDougall and Richard Ettinghausen, eds., *The Islamic Garden* (Washington, D.C.: Dumbarton Oaks, 1976), p. 51.
5. D. Fairchild Ruggles, *Gardens, Landscape, and Vision in the Palaces of Islamic Spain* (University Park: Penn State University Press, 2001), chapters 4 and 5.
6. Ruggles, *Gardens, Landscape, and Vision*, ch. 8; and Ruggles, "The Eye of Sovereignty: Poetry and Vision in the Alhambra's Lindaraja Mirador," *Gesta* 36 (1997): 182-91.
7. その一例として，James L. Wescoat, Jr., and Gilbert White, *Water for Life*: *Water Management and Environmental Policy* (Cambridge: Cambridge University Press, 2003)参照．
8. これに関しては，D. Fairchild Ruggles, "Making Vision Manifest: Frame, Screen, and View in Islamic Culture," in Dianne Harris and D. F. Ruggles, eds., *Sites Unseen: Landscape and Vision* (Pittsburgh: University of Pittsburgh Press, 2007), pp. 131-56参照．
9. Nūr al-Dīn Jahāngīr, *The Jahangirnama: Memoirs of Jahangir, Emperor of India*, Wheeler Thackston編訳 (Washington, D.C.: Freer Gallery of Art, 1999), pp. 332-33.
10. 聖なる場所，時，記憶論に関する考察としては，Jonathan Z. Smith, *To Take Place: Toward a Theory of Ritual* (Chicago: University of Chicago Press, 1987), pp. 24-35参照．
11. Imru' al-Qays, *Muʿallaqa*.この翻訳の出典は，A. J. Arberry, *The Seven Odes* (London: George Allen & Unwin, 1957), p. 61.
12. Ruggles, *Gardens, Landscape, and Vision*, pp. 136-37.
13. Frances Robinson, *Islam and Muslim History in South Asia* (New Delhi: Oxford University Press, 2000), p. 39 から Akbar Ahmadを引用．D. Fairchild Ruggles, "Arabic Poetry and Architectural Memory in al-Andalus," *Ars Orientalis* 23 (1993): 171-78.
14. Oleg Grabar, *The Formation of Islamic Art*, rev. ed. (New Haven: Yale University Press, 1987), pp. 46-64; Grabar, *The Shape of the Holy: Early Islamic Jerusalem* (Princeton: Princeton University Press, 1996).
15. Godfrey Goodwin, *A History of Ottoman Architecture* (New York: Thames and Hudson, 1971), pp. 102, 121. ff.
16. Mahvash Alemi, "Royal Gardens of the Safavid Period: Types and Models," in Attilio Petruccioli, ed., *Gardens in the Time of the Great Muslim Empires* (Leiden: E. J. Brill, 1997), pp. 72-96.
17. R. D. McChesney, "Some Observations on 'Garden' and Its Meaning in the Property Transactions of the Juybari Family in Bukhara, 1544-77," in Attilio Petruccioli, ed., *Gardens in the Time of the Great Muslim Empires* (Leiden: E. J. Brill, 1997), pp. 97-109.
18. Wilber, *Persian Gardens*, pp. 28-29.
19. Ibn ʿArabshāh, *Tamerlane or Timur the Great Amir*, J. H. Saunders訳 (London: Luzac, 1936), p. 310.
20. Clavijo, *Embassy to Tamerlane, 1403-1406*, Guy Le Strange訳(New York: Harper & Brothers, 1928), pp. 287-88.
21. *Baburnama*, Thackston訳, p. 360.
22. Wilber, *Persian Gardens*, p. 18 から引用．
23. Ruggles, *Gardens, Landscape, and Vision*, p. 137.
24. Paula Sanders, *Ritual, Politics, and the City in Fatimid Cairo* (Albany: State University of New York Press, 1994).

### 2章　砂漠に花を咲かせる

1. シリアの景観と気候が農業に適しているかどうかについては，Georges Tchalenko, *Villages antiques de la Syrie du nord: Le massif du Bélus à l' Époque Romaine*, 2 vols. (Paris: Paul Geuthner, 1953), 2: 64-72 参照．
2. John Brookes, *Gardens of Paradise* (New York: New Amsterdam Books, 1987), pp. 214-17.
3. A. Ventura Villanueva, *El abastecimiento de agua a la Córdoba*

*romana. I. El Acueducto de Valdepuentes* (Cordoba: University of Cordoba, 1993). マディーナ・アッ=ザフラーにおける水の利用に関しては、Antonio Vallejo Triano, "Madinat al-Zahra', capital y sede del Califato omeya andalusí," in *El Esplendor de los Omeyas cordobeses* (Granada: Fundación Andalusí, 2001), pp. 386-97 を参照。

4. K. A. C. Creswell, *A Short Account of Early Muslim Architecture*, rev. by James Allan (Cairo: American University in Cairo Press, 1989), pp. 118-22; Jean Sauvaget, "Les ruines omeyyades du Djebel Seis," *Syria* 20 (1939): 239-56.

5. Creswell, *Short Account*, pp. 135-46; Oleg Grabar, "Umayyad 'Palace' and Abbasid 'Revolution', " *Studia Islamica* 18 (1962): 18; D. Schlumberger, "Les fouilles de Qasr el-Heir el-Gharbi (1936-1939)," *Syria* 20 (1939): 195-238, 324-73.

6. この遺跡の発掘、調査および分析に関しては、Oleg Grabar, R. Holod, J. Knustad, and W. Trousdale, *City in the Desert: Qasr al-Hayr East* (Cambridge, Mass.: Harvard University Press, 1978) を参照。

7. Creswell, *Short Account*, pp. 149-62.

8. Creswell, *Short Account*, p. 180; R. W. Hamilton, *Khirbat al-Mafjar: An Arabian Mansion in the Jordan Valley* (Oxford: Clarendon Press, 1959).

9. ヴァレンス水道橋は現在も残っている。1559年にメルキオール・ロリクスによって描かれた全景では、水道橋が高所からイスタンブルの半島部に伸びている様子、そしてローマ時代の水道橋がオスマン帝国時代の市街地に取り入れられ、主要なモスク複合体で利用されている様子がわかる。Cyril Mango and Stephan Yerasimos, *Melchior Lorichs' Panorama of Istanbul, 1559* (Bern: Ertug & Kocabiyik, 1999), facsimile edition.

10. Ventura Villanueva, *El abastecimiento de agua a la Córdoba romana*, passim.

11. Torres Balbásは、水車全般を意味する「ノーリア」という呼称を使用しているが、高さを考えると「サーキヤ」のほうが適切だと思われる。("Monteagudo y 'El Castillejo,' en la Vega de Murcia," *Al-Andalus* 2 [1934]: 366-72, and *Artes almorávide y almohade* [Madrid: Consejo Superior de Investigaciones Científicas, 1955], p. 17).

12. Karl Butzer, *Early Hydraulic Civilization in Egypt* (Chicago: University of Chicago Press, 1976), pp. 39-56.

13. Thorkild Schiøler, *Roman and Islamic Water-Lifting Wheels* (Denmark: Odense University Press, 1971).

14. Henri Goblot, *Les Qanats: Une technique d'acquisition de l'eau* (Paris: Mouton, 1979), pp. 59-73.

15. 通常、地上に降った雨水の20%は蒸発する(Brookes, *Gardens of Paradise*, p. 215).

16. Thomas Glick, *Islamic and Christian Spain in the Early Middle Ages* (Princeton: Princeton University Press, 1979), pp. 68-76.

17. Karl Wittfogelは、*Oriental Despotism* (New Haven: Yale University Press, 1957)の中で、大規模な治水事業は中央集権化された権力や独裁をもたらし、中東のような乾燥した気候では専制国家が誕生しやすいと述べた。

18. Eva Hunt and Robert C. Hunt, "Irrigation, Conflict, and Politics: A Mexican Case," in Theodore E. Downing and McGuire Gibson, eds., *Irrigation's Impact on Society* (Tucson: University of Arizona Press, 1974), pp. 129-57.

19. Husam Qawam El-Samarraie, *Agriculture in Iraq During the Third Century, A.H.* (Beirut: Librairie du Liban, 1972), p. 105, には以下が引用されている。Qudāma b. Ja'far (864-932), *Kitāb al-kharāj* (ms. Koprolulu Library, mo. 1076, fol. 100b).

20. Abū Bakr Aḥmad ibn Waḥshiyya, *Kitāb al-filāḥa al-nabaṭiyya* (ms. Istanbul, Vallyudin Barazid Library, no. 2485; Oxford Bodleian Library, nos. Hunt 340, Hunt 326; Beyazid, no. 4064); Abu'l-Wafā' al-Būzjānī, *Kitāb al-ḥawlī li'l a'māl al-sulṭāniyya wa rusum al-ḥisāb al-dīwāniyya* (ms. Paris, Bibliothèque nationale, no. arabe 2462); Ya'qūb b. Ibrāhīm Abū Yūsuf, *Kitāb al-kharāj* (Cairo: 1352/1933);は El-Samarraie, *Agriculture in Iraq* で論じられている。

21. Abū Yūsuf, *Kitāb al-kharāj*, El-Samarraie, *Agriculture in Iraq*, p. 42 に引用。

22. Al-Ya'qūbī, *Les pays*, G. Wiet 編訳 (Cairo: Imprimerie de l'Institut Français d'Archéologie Orientale, 1937), p. 251. (Arabic) and 35 (French trans.).

23. J. M. Rogers, "Samarra: A Study in Medieval Town Planning," in Albert Hourani and S. M. Stern, eds., *The Islamic City* (Philadelphia: University of Pennsylvania Press, 1970), p. 139.

24. Rogers, "Samarra," p. 134 に al-Ya'qūbī の引用。

25. Rogers, "Samarra," p. 140.

26. George T. Scanlon, "Housing and Sanitation," in Albert Hourani and S. M. Stern, eds., *The Islamic City*, p.188; André Raymond, "Les porteurs d'eau du Caire," *Bulletin de l'Institut Français d'Archéologie Orientale* 57 (1958): 183-202 も参照のこと。

27. Tchalenko, *Villages Antiques de la Syrie du Nord*; A. Reifenburg, *The Struggle Between the Desert and the Sown: The Rise and Fall of Agriculture in the Levant* ( Jerusalem: Jewish Agency, 1955); Grabar, "Umayyad 'Palace' and Abbasid 'Revolution,'" pp. 5-18.

28. Grabar, "Umayyad 'Palace' and Abbasid 'Revolution,'" pp. 5-18.

29. Ernst Herzfeld, *Erster vorläufiger Bericht über die Ausgrabungen von Samarra* (Berlin,1912), and Herzfeld, "Mitteilungen über die Arbeiten der zweiten Kampagne von Samarra," *Der Islam* 5 (1914): 196-204 は、ヘルツフェルトの確認と同意のもと、Creswellによって抜粋翻訳された。*Early Muslim Architecture*, 2: 232-42, 265-70. Henri

Viollet, "Description du palais de al-Moutasim à Samara" および "Fouilles à Samara," *Mémoires de l' Académie des Inscriptions et Belles-Lettres*, ser. I, vol. 12, part 2 (1909 and 1911): 567-94, 685-717 も参照のこと. 参考文献を網羅するには, Alastair Northedge, "An Interpretation of the Palace of the Caliph at Samarra," *Ars Orientalis* 23 (1993): 143-70 参照.

30. Al-Buḥturī, *Dīwān al-Buḥturī* (Cairo, 1911), II: 124 は以下からの引用. 1 Qasim al-Samarrai, "The Abbasid Gardens in Baghdad and Samarra (7th-12th Centuries)," in Leslie Tjon Sie Fat and Erik de Jong, eds., *The Authentic Garden* (Leiden: Clusius Foundation, 1991).

### 3章　園芸術

1. Claude Cahen, "Notes pour une histoire de l'agriculture dans *les pays* musulmans médiévaux: Coup d'oeil sur la littérature agronomique musulmane hors d'Espagne," *Journal of the Economic and Social History of the Orient* 14 (1971): 67.
2. アンダルスの農草暦や農書に関してはRuggles, *Gardens, Landscape and Vision*, pp. 19-21. イエメンの暦については, Daniel Varisco, *Medieval Agriculture and Islamic Science: The Almanac of a Yemeni Sultan* (Seattle: University of Washington Press, 1994), and Varisco, "Agriculture in Rasulid Zabid," *Journal of Semitic Studies, Supplement 14. Studies on Arabia in Honour of Professor G. Rex Smith*, eds. J. F. Healey and V. Porter (Oxford: Oxford University Press, 2002), pp. 323-51.
3. Varisco, *Medieval Agriculture and Islamic Science*, p. 7.
4. R. Dozy, ed., *Le calendrier de Cordoue* はアラビア語とラテン語の新版で Charles Pellatによるフランス語翻訳がついている (Leiden: E. J. Brill, 1961). また E. Lévi-Provençal, *Histoire de l'Espagne Musulmane*, 3 vols. (Paris: Maisonneuve, 1950-53), 3: 239-43; Julio Samsó, "La tradición clásica en los calendarios agrícolas hispanoárabes y norteafricanos," in *Actas del II Congreso para el Estudio de la Cultura en el Mediterráneo Occidental (1975)* (Barcelona, 1978), pp. 177-86; and Angel C. López, "Vida y obra del famoso polígrafo cordobés del siglo X, 'Arib Ibn Sa'id," in E. García Sánchez, ed., *Ciencias de la naturaleza en al-Andalus: textos y estudios*, 2 vols. (Granada, 1990), 1: 317-47 も参照.
5. Daniel Variscoは, イエメンの太陽暦が地元で観察を行って利便性を追求した結果採用されたものであり, キリスト教の暦を採用したのではないと述べている. 彼は 'Abd al-Raḥīm Jazm が編集したal-Malik al-Ashraf Yūsuf による「ミルフ」の論考を, 次の論文で取り上げている. "The State of Agriculture in Late Thirteenth-Century Rasulid Yemen," paper prepared for the "Storia e cultura dello Yemen in età islamica, con particolare riferimento al periodo Rasulide," Accademia Nazionale dei Lincei, Rome (October 30-31, 2003). 刊行前に論文を読むことを許可してくださったことについて, Varisco教授に感謝する.
6. Charles Pellat, *Cinq calendriers égyptiens* (Textes arabes et études islamiques, XXVI) (Cairo: Institut Français d'Archéologie Orientale du Caire, 1986), p. xxiii.
7. 4に記した論文以外にも以下を参照. *Cinq calendriers égyp-tiens*; Ibn Qutayba, *Kitāb al-anwā*', ed. Hamidullah and Pellat (Hyderabad, 1956); José Vázquez Ruíz, "Un calendario anónimo granadino del siglo XV," *Revista del Instituto de Estudios Islámicos en Madrid* 9-10 (1961-62): 23-64; and Julio Samsó, "Un calendrier tunisien d'origine andalouse?" *Cahiers de Tunisie* 24 (1978): 65-82.
8. イエメンとエジプトで発見された文書には重複している部分もあるようだ. *Journal of the American Research Center in Egypt* 25 (1988): 252-53に所収のDavid KingによるCharles Pellat著, *Cinq calendriers égyptiens* (1986)の書評を参照. イエメンの暦については, Varisco, *Medieval Agriculture and Islamic Science*.
9. この写本は現在ニューヨークのピアーポント・モーガン図書館に所蔵されている. いくつかの挿絵は以下に収録されている. Kurt Weitzmann, "The Greek Sources of Islamic Scientific Illustrations," in G. Miles, ed., *Archaeologica Orientalia in Memoriam Ernst Herzfeld* (Locust Valley, N.Y.: J. J. Augustin, 1952), plate XXXIV. ディオスコリデスの著作とその翻訳については以下を参照. C. E. Dubler, *La "materia medica" de Dioscórides*, 6 vols. (Barcelona: Tipografía Emporium, 1953), 1: 47-48.
10. Expiración García Sánchez, "Agriculture in Muslim Spain," in *The Legacy of Muslim Spain*, ed. S. K. Jayyusi (Leiden: E. J. Brill, 1992), pp. 987-99.
11. Johannes Pedersen, *The Arabic Book*, Geoffrey French訳 (Princeton: Princeton University Press, 1984), pp. 20-36.
12. Ruggles, *Gardens, Landscape, and Vision*, pp. 17-18.
13. Al-Maqqarī, *History of the Mohammedan Dynasties in Spain*, Pascual de Gayangos訳, 2 vols. (London: Oriental Translation Fund, 1840-43), 2:120; Renata Holod, "Luxury Arts of the Caliphal Period," in Jerrilynn D. Dodds, ed., *Al-Andalus: The Art of Islamic Spain* (New York: Metropolitan Museum of Art, 1992), pp. 41-47; Manuela Cortés García, "Ziryab, la música y la elegancia palatina," in *El esplendor de los Omeyas cordobeses, Estudios* (Granada: Fundación El Legado Andalusí, 2001), pp. 240-43.
14. El-Samarraie, *Agriculture in Iraq*. Ibn Wahshiyya, *Kitāb al-filāḥa al-nabaṭiyya* の引用.
15. Varisco, *Medieval Agriculture and Islamic Science*, pp. 156-57.
16. 農書に関するより詳細な論考については, Ruggles, *Gardens, Landscape, and Vision*, pp. 21-29を参照.
17. これについては校訂版が出版されている. Toufic Fahd,

L'agriculture nabatéenne, traduction en arabe attribuée à Abu Bakr Ahmad b. Ali al-Kasdani connu sous le nom d' Ibn Wasiyya (IV/X<sup>e</sup> siècle), 2 vols. (Damascus: Institut Français de Damas, 1993-95).批判的な考察としては以下を参照. Jaakko Hämeen-Anttila, *The Last Pagans of Iraq: Ibn Wahshiyya and his Nabatean Agriculture* (Leiden-Boston: Brill, 2006). El-Samarraieは1972年に発表した *Agriculture in Iraq*で，広範にわたってIbn Wahshiyyaの著作を利用した(第2章注20を参照).

18. Hämeen-Anttila, *Last Pagans of Iraq*, p. 241.
19. Hämeen-Anttila, *Last Pagans of Iraq*, p. 282.
20. López, "Vida y obra," pp. 317-47.
21. G.S.Colinによる1965年の簡単なコメントによると ("Filāḥa: Muslim West," *Encyclopaedia of Islam*, 2nd ed., 12 vols., 2: 901-2)，アブールカシスが書いた農書は数年前にHenri Pérèsによって発見され,彼はこれを出版するつもりだった．しかしその後何も発表されていない．また García Sánchez, "Agriculture in Muslim Spain," pp. 987-99.
22. Ibn Baṣṣāl, *Libro de agricultura*, J. M. Millas Vallicrosa and M. Aziman訳 (Tetuan: Instituto Muley el-Hasan, 1955).植物のリストについては, J. Esteban Hernández Bermejo and E. García Sánchez, "Economic Botany and Ethnobotany in Al-Andalus (Iberian Peninsula: Tenth-Fifteenth Centuries), an Unknown Heritage of Mankind," *Economic Botany* 52 (1998): 15-26.
23. Varisco, *Medieval Agriculture and Islamic Science*を参照．また以下には，Variscoによる貴重な要約が載っている．"The State of Agriculture in Late Thirteenth-Century Rasulid Yemen."
24. Abu'l-Khayr, *Kitāb al-filāḥa ou le livre de la culture*, の抜粋訳は, A. Cherbonneau and ed. Henri Pérès (Algiers: Editions Carbonel, 1946)に所収.
25. Margareta Tengberg, "Research into the Origins of Date Palm Domestication," in *The Date Palm: From Traditional Resource to Green Wealth* (Abu Dhabi: Emirates Center for Strategic Studies and Research, 2003), pp. 51-62.
26. Abu'l-Khayr, *Kitāb al-filāḥa*, pp. 16, 22.
27. Ibn Wāfid. 訳文は以下を参照. José Millás Vallicrosa, "La traducción castellana del *Tratado de agricultura* de Ibn Wafid," *Al-Andalus* 8 (1943): 309.
28. Ibn Wāfid. Millás Vallicrosa, "La traducción castellana," p. 304.以前この一節の翻訳を手伝ってくださったことを Richard Kagan教授に感謝する.
29. R. B. Serjeant and Husayn 'Abdullah al-'Amri, "A Yemeni Agricultural Poem," in *Studia arabica et islamica* (festschrift for Ihsan 'Abbas), ed. Wadad al-Qadi (Beirut: American University of Beirut, 1981).
30. Daniel Varisco, "A Royal Crop Register from Rasulid Yemen," *Journal of the Economic and Social History of the Orient* 34 (1991): 1-22.
31. Henri Bresc, "Les jardins de Palerme (1290-1460)," *Mélanges de l' Ecole Française de Rome* 84 (1972): 55-127.
32. Ziva Vesel, "Les traits d'agriculture en Iran," *Studia Iranica* 15 (1986): 99-108.
33. Ruggles, *Gardens, Landscape, and Vision*, ch. 2.
34. Al-Ya'qūbī, *Les pays*, Wiet訳, p. 56.
35. Al-Maqqarī (Abū 'Abdullāh al-Yaqurīを引用), *History*, Gayangos 編訳, 1: 62-63.
36. Al-Maqqarī, *History*, Gayangos編訳, 2: 170; al-Nuwayrī, *Historia de los musulmanes de España y Africa*, M. Gaspar Remiro編訳 (Granada, 1917), p. 57.
37. Clavijo, *Embassy to Tamerlane*, Guy Le Strange訳, p. 288.
38. Jahāngīr, *The Jahangirnama*, Thackston編訳, p. 332.
39. From al-Muḥassin ibn 'Alī al-Tanūkhī, *The Table-Talk of a Mesopotamian Judge, Being the First Part of the Nishwār al-Muḥāḍarah or Jāmi' al-Tawārīkh of Abu 'Alī al-Muḥassin al-Tanūkhī*, D. S. Margoliouth編訳 (London: Royal Asiatic Society, 1921-22), pp. 146 (144 of ms. numbering) and 160 (157 of ms.).
40. Jahāngīr, *The Jahangirnama*, Thackston編訳, pp. 332-33.
41. Maria Subtelny, "A Medieval Persian Agricultural Manual in Context: The Irshad al-Zirā'a in Late Timurid and Early Safavid Khorasan," *Studia iranica* 22 (1993): 167-217.
42. 以下を参照. Jerrilynn D. Dodds, "Aḥmad Ibn Bāso," in *Macmillan Encyclopedia of Architects*, 4 vols. (New York: Free Press, 1982), 1: 38, and María Jesús Rubiera Mata, *La arquitectura en la literatura árabe* (Madrid: Editora Nacional, 1981), pp. 139-40. セビーリャの庭園については, Ruggles, *Gardens, Landscape, and Vision*, pp. 141-47.
43. Wayne Begley, "Ghiyās̲, Mīrak Mīrzā," in *Macmillan Encyclopedia of Architects*, 2: 194. この段落の内容および結論は，次の論文の要約である．Maria Subtelny, "Mirak-i Sayyid Ghiyās̲ and the Timurid Tradition of Landscape Architecture," *Studia iranica* 24 (1995): 19-54.

---

4章　大地を整備する

1. Robert D. McChesney, "Some Observations on 'Garden' and Its Meanings in the Property Transactions of the Juybari Family in Bukhara, 1544-77," in Attilio Petruccioli, ed., *Gardens in the Time of the Great Muslim Empires* (Leiden: Brill, 1997), pp. 97-109.
2. David Stronach, "Parterres and Stone Watercourses at Pasargadae: Notes on the Achaemenid Contribution to Garden Design," *Journal of Garden History* 14 (1994): 3-12, and Stronach, "The Royal Garden at Pasargadae: Evolution and Legacy," in L. van den Berghe and L. De Meyer, eds., *Archaeologia iranica et orientalis. Miscellanea in honorem Louis*

*van den Berghe* (Ghent: Peeters Presse, 1989), pp. 475-502.

3. Wilhemina Jashemski, *The Gardens of Pompeii*, vol. 1 (New York: Caratzas Brothers, 1979), pp. 45-47 (Tiburtinus) and p. 201. (Foro Boario); also Jashemski, "Town and Country Gardens at Pompeii and Other Vesuvian Sites," in William Kelso and Rachel Most, eds., *Earth Patterns* (Charlottesville: University Press of Virginia, 1990), pp. 213-25.

4. A. G. McKay, *Houses, Villas and Palaces in the Roman World* (Ithaca: Cornell University Press, 1975), p. 6.

5. 庭園に壁画があった遺跡としてはポンペイ (Jashemski, *The Gardens of Pompeii*参照)，マサダ，イギリスのフィッシュボーンのローマ時代の邸宅，そしてエルサレムのヘロデ王の宮殿などがある．

6. Thilo Ulbert, "Ein umaiyadischer Pavillon in Resafa-Rusafat Hisham," *Damaszener Mitteilungen*, 7 (1993): 213-31. 階段は三つしか見つかっていないが，Ulbertは残る一辺にも階段があったと考えている．

7. 最良の考察は，Andrew Watson, *Agricultural Innovation in the Early Islamic World* (Cambridge: Cambridge University Press, 1983), and "The Arab Agricultural Revolution and Its Diffusion, 711-1100," *Journal of Economic History* 34 (1974): 8-35. また Hernández Bermejo and García Sánchez, "Economic Botany and Ethnobotany in *Al-Andalus*," 15-26 も参照．

8. 庭園が実際の園路，またはそれを暗示する軸線によって視覚的に分割された四分庭園に関する詳細な説明は，Ruggles, "Il giardini con pianta a croce nel Mediterraneo islamico," in Attilio Petruccioli, ed., *Il giardino islamico: Architettura, natura, paesaggio* (Milan: Electa, 1993), pp. 143-54.

9. Aly Bahgat and Albert Gabriel, *Fouilles d'al-Foustat* (Paris, 1921); Antoni A. Ostrasz, "The Archaeological Material for the Study of the Domestic Architecture at Fustat," *Africana Bulletin* 26 (1977): 57-87; *Journal of the American Research Center in Egypt*, 1966-1984に掲載されたGeorge Scanlonの複数の論文, "Housing and Sanitation: Some Aspects of Medieval Egyptian Life," in A. H. Hourani and S. M. Stern, eds., *The Islamic City* (Philadelphia: University of Pennsylvania Press, 1970), pp. 185-94.

10. 遺跡はヘルツフェルトを調査隊長として発掘が進められ，最初の発掘報告は翻訳されて，K.A.C. Creswell, *Early Muslim Architecture*, 2: 265-70に収められた．ヘルツフェルトが直面した諸問題や，最終的な発掘報告書がなかったために生じた問題などについては，Alastair Northedge, "Creswell, Herzfeld and Samarra," *Muqarnas* 8 (1991): 74-93を参照．

11. Alastair Northedgeからの個人的な情報．バルクワーラー宮殿のより正確な図は第2部参照．

12. 庭園は1950年代にF. ヘルツフェルト ギメネスによって発掘され，平面図は10年後に発表された．B. Pavón Maldonado in *Al-Andalus* 33 (1968): 21.

13. Ruggles, *Gardens, Landscape, and Vision*, pp. 73-85.

14. Ruggles, *Gardens, Landscape, and Vision*, pp. 101-3, and Ruggles, "The Gardens of the Alhambra and the Concept of the Garden in Islamic Spain," in Jerrilynn D. Dodds, ed., *Al-Andalus: The Arts of Islamic Spain* (New York: Metropolitan Museum of Art, 1991), pp. 162-71.

15. 庭園は最近，建築学の論文として発表されたが，実際の発掘調査についての記述はない．Manuel Vigil Escalera, *El jardín musulmán de la antigua Casa de Contratación de Sevilla. Intervención arquitectónica*, 2 vols. (Seville: Junta de Andalucía, Consejería de obras públicas y transportes, 1992).

16. セビーリャのアルカサルは庭園や宮殿が何層にも重なり，非常に複雑な構造になっている．十字庭園の分割部分が異常に深いのは，キリスト教徒の征服後にこの場所に建てられた建築物のせいもあるだろうが，それだけが原因ではない．

17. *Apuntes del Alcázar de Sevilla* 6 (May 2005), 全巻, 特に Miguel Angel Tabales Rodríguez and Antonio Almagroの論文を参照．この庭園の年代および視覚的効果に関しては，以下を参照．D. F. Ruggles, "The Alcazar of Seville and Mudéjar Architecture," *Gesta* 43 (2005): 87-98.

18. Jacques Meunié, Henri Terrasse, and Gaston Deverdun, *Recherches archéologiques à Marrakech* (Paris, 1952).

19. L. Torres Balbás, "Patios de crucero," *Al-Andalus* 23 (1958): 171-92; Ruggles, *Gardens, Landscape, and Vision*, pp. 160-62.

## 5章　樹木と草花

1. Kathryn Gleason and Naomi Miller, eds., *The Archaeology of Garden and Field* (Philadephia: University of Pennsylvania Press, 1994). George Rapp, Jr., and Christopher L. Hill, *Geoarchaeology: The Earth Science Approach to Archaeological Interpretation* (New Haven: Yale University Press, 1998).

2. Jashemski, *The Gardens of Pompeii*; W. Jashemski and E. MacDougall, eds., *Ancient Roman Gardens* (Washington, D.C.: Dumbarton Oaks, 1981); W. Jashemski and Frederick Meyer, eds., *The Natural History of Pompeii* (Cambridge: Cambridge University Press, 2002).

3. Ruggles, *Gardens, Landscape, and Vision*, pp. 135-38.

4. Abu'l-Khayr, *Kitāb al-filāḥa*, Cherboneau訳, pp. 14-15.

5. García Sánchez, "Agriculture in Muslim Spain," pp. 987-99.

6. E. Martín-Consuegra, J. L. Ubera, and E. Hernández-Bermejo, "Palynology of the Historical Period at the Madinat al-Zahra Archaeological Site, Spain," *Journal of Archaeological Science* 23 (1996): 249-61. より深く詳細にこの問題を扱った論文として，E. Martín-Consuegra, E. Hernández-

Bermejo, and J. L. Ubera, *Palinología y botánica histórica del complejo arqueológico de Madinat al-Zahra* (Monografías del jardín botánico de Córdoba 8)(Cordoba, 2000).

7. Martín-Consuegra, Hernández-Bermejo, and Ubera, *Palinología y botánica histórica*, p. 16.
8. Martín-Consuegra, Ubera, and Hernández-Bermejo, "Palynology of the Historical Period at the Madinat al-Zahra Archaeological Site, Spain," p. 260.
9. Jesús Bermúdez Pareja, "El Generalife después del incendio de 1958," *Cuadernos de la Alhambra*. (1965): 9-39.
10. Andres Navagero, *Viaje por España (1524-1526)*, スペイン語訳 Antonio Fabie (Madrid: Turner, 1983), p. 47.
11. Navagero, *Viaje por España (1524-1526)*, p. 48.
12. James Dickieの考察. "The Islamic Garden in Spain," in MacDougall and Ettinghausen, eds., *The Islamic Garden*, p. 100.
13. 「ライオンの中庭」をはじめとするアルハンブラ宮殿の各庭園についての詳細な説明は、Ruggles, *Gardens, Landscape, and Vision*, chapter 8.
14. M. T. Shephard-Parpagliolo, *Kabul: The Bagh-i Babur* (Rome: Instituto Italiano per il Medio e l'Estremo Oriente, 1972); 最近の発掘および修復に関しては、以下を参照。Ute Franke-Vogt et al., "Bagh-e Babur, Kabul: Excavations in a Mughal Garden," in Ute Franke-Vogt and Hans-Joachim Weisshaar, eds., *South Asian Archaeology 2003: Proceedings of the Seventeenth International Conference of the European Association of South Asian Archaeologists (7-11 July, 2003, Bonn)* (Aachen: LindenSoft, 2005), pp. 539-55.
15. Elizabeth Moynihan, "The Lotus Garden Palace of Zahir al-Din Muhammad Babur," *Muqarnas* 5 (1988): 135-52; and "'But What a Happiness to Have Known Babur!'" in James L. Wescoat, Jr., and Joachim Wolschke-Bulmahn, eds., *Mughal Gardens: Sources, Places, Representations, and Prospects* (Washington, D.C.: Dumbarton Oaks, 1996), pp. 95-126.
16. Ratish Nandaによる個人的なコメント (January,2006).
17. David Lentz, "Botanical Symbolism and Function at the Mahtab Bagh," in Elizabeth Moynihan, ed., *The Moonlight Garden: New Discoveries at the Taj Mahal* (Washington, D.C.: Arthur M. Sackler Gallery; Seattle: University of Washington Press, 2000), pp. 43-57.
18. Andrew Wilson, "Water Supply in Ancient Carthage," in J. T. Peña et al., *Carthage Papers (Journal of Roman Archaeology*, Supplementary series 28)(Portsmouth, R.I.: 1998), pp. 65-102. A. T. Hodge, *Roman Aqueducts and Water Supply* (London: Duckworth, 1992), and B. D. Shaw, "The Noblest Monuments and the Smallest Things: Wells, Walls and Aqueducts in the Making of Roman Africa," in A. T. Hodge, ed., *Future Currents in Aqueduct Studies* (Leeds: F. Cairns, 1991), pp. 63-91.
19. Al-Bakrī, *Description de l'Afrique septentrionale*, De Slane訳, 2nd ed. (Algiers, 1911-12), p. 59 (アラビア語は p. 26).
20. Marcel Solignac, "Recherches sur les installations hydrauliques de Kairouan et des steppes tunisiennes du VIIe au XIe siècle ( J.-C.)," *Annales de l'Institut d'Etudes orientales, Alger* 11 (1953): 60-170. この論文の内容は以下に要約されている。Georges Marçais, *L'Architecture musulmane d'occident* (Paris: Arts et Métiers Graphiques, 1954), pp. 36-39.
21. Al-Maqqarī (quoting al-Shaqundī), *History of the Mohammedan Dynasties in Spain*, Gayangos訳, 1: 41.
22. 観賞用のクロッカスはアメリカでは早春に咲くが、香料を利用するサフラン (*crocus sativus* L.)は秋に花を咲かせる。'Ināyat Khān, *The Shah Jahan Nama*, ed. W. E. Begley and Z. A. Desai (Delhi: Oxford University Press, 1990), p. 136; Hernández-Bermejo and García-Sánchez, "Economic Botany and Ethnobotany in Al-Andalus," p. 21.
23. Anna Pavord, *The Tulip* (New York: Bloomsbury, 1999), pp. 28-31. D. Yildiz, "Tulips in Ottoman Turkish Culture and Art," in Michiel Roding and Hans Theunissen, eds., *The Tulip: A Symbol of Two Nations* (Utrecht: M. Th. Houtsma Stichting; Istanbul: Turco-Dutch Friendship Association, 1993).
24. Pavord, *The Tulip*, p. 36に 以下が引用されている。Ahmed Refik, *Eski İstanbul manzaraları, 1553-1839* (Istanbul, 1931).
25. William Hanaway, "Paradise on Earth: The Terrestrial Garden in Persian Literature," in MacDougall and Ettinghausen, eds., *The Islamic Garden*, pp. 43-67.
26. 翻訳文は Hanaway, "Paradise on Earth," p. 53に所収.
27. A. R. Nykl, *Hispano-Arabic Poetry* (Baltimore: J. H. Furst, 1946), p. 149; R. Dozy, ed., *Scriptorum arabum loci de Abbadidis, nunc primum editi*, 3 vols. (1846; reprint Hildesheim: George Olms Verlag, 1992) I, p. 145; III, p. 25.
28. Ibn Sa'id, in al-Maqqarī, *Analectes sur l'histoire et la littérature des arabes d'Espagne*, R. Dozy et al.編, 2 vols. in 3 (Leiden: E. J. Brill, 1855-61; reprint London: Oriental Press, 1967), 1: 383-84; R. Blachère訳, "Un pionnier de la culture arabe orientale en Espagne au Xe siècle: Sa'id de Bagdad," *Hespéris* 10 (1930): 30に所収.
29. Al-Ya'qūbī, *Les pays*, Wiet 訳, pp. 263-64 (p. 56は訳文).
30. *History of Mehmed the Conqueror by Kritovoulos*, Charles Riggs訳(Princeton: Princeton University Press, 1954), pp. 22, 118, 14, 208.
31. Jahāngīr, *The Jahangirnama*, Wheeler Thackston 編訳 (Washington, D.C.: Freer Gallery of Art, New York: Oxford University Press, 1999), p. 332. アクバル帝も1589年に屋根の上に咲くチューリップに気づいている.(Norah Titley, *Plants and Gardens in Persian, Mughal and Turkish Art* [London: British Library, 1979], p. 25), シャー・ジャハーンもそれについて述べている。('Ināyat Khān, *Shah*

*Jahan Nama*, p. 125). この習慣は現在も続いている．

32. ʿInāyat Khān, *Shah Jahan Nama*, pp. 124-38.
33. Ibn Zaydūn, *Dīwān*, ed. Kāmil Kīlānī and A. R. Khalīfa (Cairo: 1351/1932), p. 168. もちろん人工授粉の技術は紀元前9世紀から知られていた．当時のアッシリアのレリーフにはナツメヤシの人工授粉の様子が表されている．
34. Miguel Asín Palacios, *Glosario de voces romances, registradas por un botánico anónimo hispanomusulmán (siglos XI-XII)* (Madrid: Consejo Superior de Investigaciones Científicas, 1943), pp. xxx-xxxi.
35. François Bernier, *Travels in the Mogul Empire AD 1656-1668*, Archibald Constable 訳, 2nd rev. ed. Vincent A. Smith (Delhi: Low Price Publications, 1989), p. 397.
36. Ibn Luyūn, *Ibn Luyūn: Tratado de agricultura*, Joaquina Eguaras Ibáñez 編訳(Granada: Patronato de la Alhambra, 1975), pp. 183-84.
37. Ibn Luyūn, *Tratado de agricultura*, (アラビア語), pp. 171-75; Dickie訳, "The Islamic Garden in Spain," p. 94. Ibn Baṣṣāl による同様の指示については, Ruggles, *Gardens, Landscape, and Vision*, p. 26参照.
38. Maria Subtelny, "Agriculture and the Timurid *Chaharbagh*: The Evidence from a Medieval Persian Agricultural Manual," in Attilio Petruccioli, ed., *Gardens in the Time of the Great Muslim Empires* (Leiden: E.J.Brill, 1997), pp. 110-28; Jürgen Jakobi, "Agriculture Between Literary Tradition and Firsthand Experience: The *Irshād al-zirāʿa* of Qāsim b. Yūsuf Abū Naṣrī Haravī," in Lisa Golombek and Maria Subtelny, eds., *Timurid Art and Culture* (Leiden: E. J. Brill, 1992), pp. 201-8; and Mahvash Alemi, "Il giardino persiano: tipi e modelli," in Attilio Petruccioli, ed., *Il giardino islamico: Architettura, natura, paesaggio* (Milan: Electa, 1994), pp. 39-62.
39. Subtelny, "Agriculture and the Timurid *Chaharbagh*," p. 113.
40. 訳文に基づいて，筆者が再構成した庭園は, Subtelnyが"Agriculture and the Timurid *Chaharbagh*," p. 128に示した図とは少し異なる．彼女の図ではアヤメの列は見られない．この違いは, 彼女が原文をもとに作図したのに対して, 筆者は翻訳文を利用したからかもしれない．
41. Gauvin Bailey, "The Sweet-smelling Notebook: An Unpublished Mughal Source on Garden Design," in Attilio Petruccioli, ed., *Gardens in the Time of the Great Muslim Empires* (Leiden: E. J. Brill, 1997), pp. 129-39.

---

6章　　庭園と景観の表現

1. Esin Atıl, *Kalila wa Dimna: Fables from a Fourteenth-Century Arabic Manuscript* (Washington, D.C.: Smithsonian Institution Press, 1981), pp. 9-10.
2. Bernard O'Kane, *Early Persian Painting* (London: I. B. Tauris, 2003), p. 281.
3. Oleg Grabar, *The Illustrations of the Maqamat* (Chicago: University of Chicago Press, 1984).
4. Richard Ettinghausen, *Arab Painting*, 2nd ed. (New York: Rizzoli, 1977), pp. 83-86.
5. A. R. Nykl, *Historia de los amores de Bayad y Riyad* (New York: Hispanic Society, 1941). 最近の研究ではどちらかというと13世紀に年代付けられている．Sabiha Khemir, entry 82, in Dodds, ed., *Al-Andalus: The Art of Islamic Spain*, pp. 312-13, and Cynthia Robinson, "The Lover, His Lady, Her Lady, and a Thirteenth-Century Celestina," in Oleg Grabar and Cynthia Robinson, eds., *Islamic Art and Literature* (Princeton: Markus Wiener, 2001), p. 8, note 6.
6. この挿絵は，以下に収録されている．R. Ettinghausen, O. Grabar, and M. Jenkins-Madina, *Islamic Art and Architecture, 650-1250*, Pelican History of Art (New Haven: Yale University Press, 2001), p. 287, fig. 474.
7. この写本および同時代の実際の庭園については以下を参照．Ruggles, *Gardens, Landscape, and Vision*, 特に, pp. 195-97.
8. Eleanor Sims, *Peerless Images: Persian Painting and Its Sources* (New Haven: Yale University Press, 2002), p. 45.
9. イル・ハーン朝の絵画については以下を参照. Robert Hillenbrand, "The Arts of the Book in Ilkhanid Iran," pp. 135-67, and Linda Komaroff, "The Transmission and Dissemination of a New Visual Language," pp. 169-95, in Linda Komaroff and Stefano Carboni, eds., *The Legacy of Genghis Khan: Courtly Art and Culture in Western Asia, 1256-1353* (New York: Metropolitan Museum of Art; New Haven: Yale University Press, 2002).
10. Zayn al-Dīn Wāṣifī. Maria Subtelnyによる引用, "The Poetic Circle at the Court of the Timurid Sultan Husain Baiqara, and Its Political Significance," Ph.D. diss., Harvard University, 1979, p. 208. また Thomas Lentz and Glenn Lowry, *Timur and the Princely Vision* (Los Angeles: Los Angeles County Museum of Art; Washington, D.C.: Arthur M. Sackler Gallery, 1989), p. 290に引用．
11. Sheila Blair and Jonathan Bloom, *The Art and Architecture of Islam, 1250-1800* (New Haven: Yale University Press, 1994), p. 173.
12. Blair and Bloom, *The Art and Architecture of Islam, 1250-1800*, pp. 173, 232.
13. Sylvia Crowe, Sheila Haywood, Susan Jellicoe, and Gordon Patterson, *The Gardens of Mughal India* (New York: Thames and Hudson, 1972).
14. Ellen Smart, "Graphic Evidence for Mughal Architectural Plans," *Art and Archaeology Research Papers* (December

1974): 22-23.

15. James L. Wescoat, Jr., "Picturing an Early Mughal Garden," *Asian Art* 2 (1989): 59-79; Wheeler Thackston, "Translator's Preface," in *The Baburnama*, W. Thackston 編訳 (Washington, D.C.: Freer Gallery of Art; New York: Oxford University Press, 1996), 特に pp. 9-15.
16. Titley, *Plants and Gardens*, p. 7.
17. つる性植物の植えられたパーゴラは17世紀の画帖の絵に登場する. 以下も参照. Franz Taeschner, *Alt-Stambuler Hof- und Volksleben* (Hanover, 1925), fig. 4; and in Gülru Necipoğlu, "The Suburban Landscape of Sixteenth-Century Istanbul as a Mirror of Classical Ottoman Garden Culture," in Attilio Petruccioli, ed., *Gardens in the Time of the Great Muslim Empires* (Leiden: E. J. Brill, 1997), p. 68, fig. 17.
18. Ibn Baṭṭūṭa, *Travels in Asia and Africa, 1325-1354*, H. A. R. Gibb 訳(1929; abridged version, New Delhi: Manohar, 2001), p.114. François Bernier, *Travels in the Mogul Empire, AD 1656-1668*, Archibald Constable訳, 2nd rev. Vincent A. Smith編 (Delhi: Low Price Publications, 1989), p. 397.
19. Stuart Cary Welch, *Persian Painting: Five Royal Safavid Manuscripts of the Sixteenth Century* (New York: George Braziller, 1976), p116. 『ハフト・アウラング』をテーマとした論文については，以下を参照. Marianna Shreve Simpson, *Sultan Ibrahim Mirza's "Haft Awrang": A Princely Manuscript from Sixteenth-Century Iran* (New Haven: Yale University Press, 1997).
20. Norah Titleyは同じような巨大な植木鉢で水やりが行われている別の木を示している (*Plants and Gardens*, p. 54).

### 7章　空想の庭園

1. W. Montgomery Watt, "Iram," in *Encyclopaedia of Islam*, 2nd ed. III (1975): 1270; and Edgar Weber, "La ville de cuivre, une ville d'al-Andalus," *Sharq al-Andalus* 6 (1989): 43-81. 伝説的な宮殿についての一連の物語については，次の論考を参照. Rubiera Mata, *La arquitectura en la literatura árabe*, pp. 45-68. また Finbarr Flood, *The Great Mosque of Damascus* (Leiden: Brill, 2001), pp. 34-35を参照のこと.
2. *The Book of the Thousand Nights and a Night*, Richard Burton 編訳 (n.p.: The Burton Club, 1885), IV:116.
3. *The Book of the Thousand Nights and a Night*, Burton編訳, IV: 116-17.
4. Ibn Ḥabīb's, *Kitāb al-ta'rīkh*, (*Kitāb al-Tar'rij* [*La historia*]), ed. Jorge Aguadé (Madrid: Consejo Superior de Investigaciones Científicas, 1991) に見られるこの物語の起源については，以下を参照. Janina Safran, "From Alien Terrain to the Abode of Islam: Landscapes in the Conquest of Al-Andalus," in John Howe and Michael Wolfe, eds., *Inventing Medieval Landscapes* (Gainesville: University Press of Florida, 2002), pp. 136-49, and Safran, *The Second Umayyad Caliphate* (Cambridge, Mass.: Center for Middle Eastern Studies and Harvard University Press, 2000), pp. 141-62. Weber, "La ville de cuivre."
5. *The Book of the Thousand Nights and a Night*, Burton編訳, VI:102. この物語は12世紀初頭のアンダルスで人気のあったAbū Ḥāmid al-Gharnāṭīの*Tuḥfat al-albāb*にも見ることができる. Gabriel Ferrand編, in *Journal asiatique*, 207 (1925): 1-148, 193-304 (特に pp. 55-60).
6. *The Book of the Thousand Nights and a Night*, Burton編訳, VI: 112.
7. *The Book of the Thousand Nights and a Night*, Burton編訳, VI: 112.
8. たとえばこの物語は以下にも登場する．al-Nuwayrī, *Nihāyat al-ʿarab* (Cairo, 1943), XIV: 100, 121-22. Rubiera Mata, *La architectura en la literatura árabe*, pp. 45-51で論じられている．
9. トレドの園亭に関しては以下を参照. Ruggles, *Gardens, Landscape, and Vision*, pp. 147-48.
10. *Al-Qur'ān*(コーラン), Ahmed Ali訳(Princeton: Princeton University Press, 1988).
11. イスラームの天の楽園のイメージは,先行するキリスト教のそれと比べることができる.ヨハネの黙示録21章10-21節は，天のエルサレムには碧玉と黄金で築かれた12の門と高い城壁があり，真珠，サファイヤ，エメラルド，黄玉その他の貴石で飾られ，道路は透き通ったガラスのような黄金でできていたと述べている．楽園イメージの形成と出典については以下を参照. Flood, *The Great Mosque of Damascus*, chapter 2.
12. Julie Scott Meisami, "Palaces and Paradises: Palace Description in Medieval Persian Poetry," in O. Grabar and C. Robinson, eds., *Islamic Art and Literature* (Princeton: Markus Wiener, 2001), pp. 21-54.
13. ʿAbd al-Vāsiʿ Jabalī (1145-46より後に没), *Dīvān*, ed. Ẕabīḥ Allāh Ṣafā (Tehran: Dānishgāh-i Tihrān, 1960), pp. 153-54; 以下に Meisami訳, "Palaces and Paradises," p. 38.
14. Al-Khaṭīb al-Baghdādī, *Taʾrīkh Baghdād*, (Cairo) I: 100-104;. 以下にスペイン語訳. Rubiera Mata, *La arquitectura en la literatura árabe*, pp. 69-74. 同様にカイロにも，まるで池の上にオレンジの木とともに浮かんでいるように見える園亭があり,陸地とは銅の橋でつながっていた. (Maqrīzī, *Kitāb al-khiṭaṭ* I: 487).
15. Janina Safranは, Ibn Ḥabībの*Kitāb al-ta'rīkh*に登場する銅の都の物語について巧みな説明をしている. Safran, "From Alien Terrain to the Abode of Islam," pp. 136-49, and Safran, *The Second Umayyad Caliphate*, pp. 143-50.

注釈

16. この情景は、1493年頃にイランのスルターン=アリー・ミールザーのために制作された『王書』の写本に挿絵として添えられている(現在ではアーサー・サックラー・ギャラリーのVever Collectionに収蔵)。同じ挿絵は以下にも収録されている。Glenn Lowry and Susan Nemazee, A Jeweler's Eye: Islamic Arts of the Book from the Vever Collection (Washington, D.C.: Sackler Gallery, 1988), pp. 98-99.
17. A. Littlewood, "Gardens of the Palace," in Henry Maguire, ed., Byzantine Court Culture from 829 to 1204 (Washington, D.C.: Dumbarton Oaks, 1997), p. 32.
18. Maqrīzī, Kitāb al-khiṭaṭ, II: 108-9; Rubiera Mata, La arquitectura, pp. 84-85; Doris Behrens-Abouseif, "Gardens in Islamic Egypt," Der Islam 69, no. 2 (1992): 302-12.
19. Gustave von Grunebaum, "The Response to Nature in Arabic Poetry," Journal of Near Eastern Studies 4 (1945): 137-51.
20. Al-Maqqarī, Analectes, 1: 349.
21. マディーナ・アッ=ザフラーと動物型の噴水については以下を参照。Ruggles, Gardens, Landscape, and Vision, pp. 123-28.
22. Zoja Pavloskis, Man in an Artificial Landscape: The Marvels of Civilization in Imperial Roman Literature (Leiden: Brill, 1973), pp. 50-51には、15世紀の浴場にあったライオン像の噴水の例が挙げられている。
23. Erica C. Dodd, "On a Bronze Rabbit from Fatimid Egypt," Kunst des Orients 8 (1972): 60-76; Priscilla Soucek, entry 28, in Christine V. Bornstein and P. Soucek, The Meeting of Two Worlds: The Crusades and the Mediterranean Context (Ann Arbor: Michigan Museum of Art, 1981), p. 52.ニューヨークのメトロポリタン美術館に所蔵されているファーティマ朝時代の絵には、これによく似た飛びはねるウサギが描かれている。この絵は以下にも収録されている。Ettinghausen, Grabar, and Jenkins-Madina, Islamic Art, p.212, fig. 343; Basil Gray, "A Fatimid Drawing," British Museum Quarterly 12 (1938): 91-96も参照のこと。
24. Marilyn Jenkins, "Al-Andalus: Crucible of the Mediterranean," in Metropolitan Museum of Art, The Art of Medieval Spain, A.D. 500-1200 (New York: Metropolitan Museum of Art, 1993), pp. 73-84.
25. Frederick Bargebuhr (The Alhambra [Berlin, 1968]) と Raymond Scheindlin ("El poema de Ibn Gabirol y la fuente del Patio de los Leones," Cuadernos de la Alhambra 29-30 [1993-94]:185-89)の説の要約は以下を参照。Ruggles, Gardens, Landscape, and Vision, pp. 164-66
26. これらの噴水の破片については以下を参照。Jenkins, "Al-Andalus: Crucible of the Mediterranean," pp. 73-84; and Ruggles, Gardens, Landscape, and Vision, pp. 209-11.
27. Banū Mūsā bin Shākir, The Book of Ingenious Devices (Kitāb al-ḥiyal), Donald Hill訳 (Dordrecht: D. Reidel, 1979); Ah-mad Y. al- Ḥassan, ed., Kitāb al-ḥiyal: The Book of Ingenious Devices (Aleppo: University of Aleppo, 1981).
28. Flood, The Great Mosque of Damascus, pp. 114-38; Donald Hill, Arabic Water-Clocks (Sources and Studies in the History of Arabic-Islamic Science, History of Technology Series, 4)(Aleppo: University of Aleppo, 1981), pp. 69-88; and Donald Hill, On the Construction of Water-Clocks (Kitāb arshimīdas fīʿamal al-binkamat)(Turner and Devereaux Occasional Papers, 4) (London, 1976), pp. 6-9, 30-33.
29. al-Jazarīについては以下を参照。A K. Coomaraswamy, The Treatise of al-Jaziri (Boston, 1924)と al-Jazarī, The Book of Ingenious Mechanical Devices, Donald Hill編訳 (Dordrecht: D. Reidel, 1974). 古代から中世にかけてのオートマトンについては以下を参照。Lynn White, Jr., Medieval Technology and Social Change (Oxford: Clarendon Press, 1962).
30. al-Jazarī, The Book of Ingenious Mechanical Devices, Hill訳, p. 16.
31. al-Jazarī, The Book of Ingenious Mechanical Devices, Hill訳, pp. 153-55.
32. Charles Barber, "Reading the Garden in Byzantium: Nature and Sexuality," Byzantine and Modern Greek Studies 16 (1992): 1-19.
33. Ruy González de Clavijo, Embajada a Tamorlán, ed. F. López Estrada (Madrid, 1943), nos. 194. 34-195.17.
34. Baburnama, Thackston訳, p. 237.
35. Nurhan Atasoy, A Garden for the Sultan (Istanbul: Aygaz, 2002), pp. 42-44.
36. Esin Atıl, Levni and the Surname: The Story of an Eighteenth-Century Ottoman Festival (Istanbul: Kocbank, 1999), pp. 132-37によると、山車はとても大きかったので、その前を歩く男たちは、はしご、手斧、棒などを持ち、行列の進行方向にあるどんな障害物でも取り除けるようにしていた。
37. Sayyid Aḥmad, Āthāru al-ṣanādīd は以下に引用されている。Gordon Sanderson and M. Shuaib, A Guide to the Buildings and Gardens: Delhi Fort, 4th ed. (1936; reprint, Delhi: Asian Educational Services, 2000), p. 31.
38. N. Manucci, Storia di Mogor by Niccolao Manucci, W. Irvine 訳 (London: John Murray, 1907), I: 184.これは以下に引用されている。Sanderson and Shuaib, A Guide to the Buildings and Gardens: Delhi Fort, p. 29.
39. Wayne Begley and Z.A. Desai, Taj Mahal: The Illumined Tomb: An Anthology of Seventeenth-Century Mughal and European Documentary Sources (Cambridge, Mass.: The Aga Khan Program for Islamic Architecture, 1989), p. 83.または以下にも引用されている。Ebba Koch, Mughal Architecture (Munich, 1991; reprint Oxford: Oxford University Press, 2002), p. 95.

40. 庭園の絨毯については，*Hali* 5 (1982-83)全巻を参照．
41. ペルシアの宮殿装飾については以下を参照． Yves Porter and Arthur Thévenart, *Palaces and Gardens of Persia* (Paris: Flammarion, 2003), 特にpp. 153-234.
42. 線刻を施したこの鋼鉄のリンゴの他に，梨と瓜の飾りが以下の美術館カタログに収録されている．*Images of Paradise in Islamic Art*, eds. Sheila Blair and Jonathan Bloom (Hanover: Hood Museum of Art, 1991), p. 104.
43. *Al-Qurʾān* (コーラン), Ahmed Ali訳．

## 8章　楽園としての庭園

1. *Al-Qurʾān* (コーラン), Ahmed Ali訳．
2. Oleg Grabar は，図像学全般についてこのことを述べている．彼によれば，イスラーム芸術において，コーランの記述にもとづき，物事に象徴性を与えたり図像を利用したりすることは，ほぼ常にその必要性が生じた後で起きた．象徴やしるしや特別な意味などはコーランの記述の中に見つけられることはあっても，少なくとも芸術に関して言えば，必ずしもコーランから積極的に引き出されたわけではなかった．Grabar, "Symbols and Signs in Islamic Architecture," in Renata Holod and D. Rostorfer, eds., *Architecture and Community* (Millerton, N.Y.: Aperture, 1983), p. 29. また以下を参照．Terry Allen, "Imagining Paradise in Islamic Art" (Sebastopol, Calif.: Solipsist Press, 1993), http://sonic.net/~tallen/palmtree/ip.html.
3. *Al-Qurʾān* (コーラン), Ahmed Ali訳．アーダムの妻の名は登場しないが，10世紀初頭の注釈者タバリーは，聖書とユダヤ教神学者を参照してコーランのこの節や天地創造の部分を説明し，ハウワー（エバ）という名を挙げている．(Tabari, I: 458-89, 513-14). コーランの注釈に関しては以下を参照．Mahmoud Ayoub, *The Qurʾan and Its Interpreters* (Albany: State University of New York Press, 1984).
4. イスラームの科学に関する入門書としては，以下の二つが挙げられる．Ahmad al-Hassan and Donald Hill, *Islamic Technology: An Illustrated History* (Cambridge: Cambridge University Press, 1986), and Howard R. Turner, *Science in Medieval Islam* (Austin: University of Texas Press, 1995).
5. コルドバのモスク中庭に植栽をした意味について，以下に簡単に述べられている．Ruggles, *Gardens, Landscape, and Vision*, p. 216.
6. これらは以下に列記されている．K. A. C. Creswell, *Early Muslim Architecture*, 2 vols. (Oxford: Oxford University Press, 1932-40) および Creswell, *Short Account*.
7. Ibn Ghālib, *Kitāb farhat al-anfus fi-akhbār al-Andalus*, ed. Luṭfī ʿAbd al-Badīʿ in *Majallat maʿhad al-makhṭūṭāt al-ʿarabiyya*, vol. 1 (Cairo, 1955), p. 298; Joaquín Vallvé Bermejo訳, "La descripción de Córdoba de Ibn Galib," in *Homenaje a Pedro Sainz Rodríguez*, 3 vols. (Madrid: Fundación Universitaria Española, 1986), III, p. 672.
8. Creswell, *Short Account*, pp. 299-300.
9. 筆者は2004年10月に，大聖堂を専門とする考古学者Pedro Marfilとともに屋根を調査した．そして中庭のファサードからキブラ壁まで走る切妻屋根の間に，鉛で縁取りされた非常に深い溝が設けられているのを見た．
10. Gayangos, *History*, 1: 226. この出来事は，10世紀の詩人Ibn Shuhaydによって詩に詠まれた．(A. R. Nykl, *Hispano-Arabic Poetry*, p. 43).
11. Ibn ʿIdhārī, *Histoire de lʾAfrique du Nord et de lʾEspagne musulmane intitulée Kitāb al-bayan al-mughrib*, eds. E. Lévi-Provençal and G. S. Colin, 2 vols. (Leiden: E. J. Brill, 1948-51), 2: 240; E. Fagnan訳, *Histoire de lʾAfrique et de lʾEspagne*, 2 vols. (Algiers, 1901-4), 2: 396.
12. G. Ruiz Cabreroによるスケッチ, p. 138を参照．Manuel Nieto Cumplido and Carlos Luca de Tena y Alvear, *La Mezquita de Córdoba: planos y dibujos* (Cordoba: Colegio oficial de arquitectos de Andalucía occidental, 1992).
13. 礼拝室の床は，土をつき固めて硬質石膏を張ってある．1557年になっても建物の床の水まきについての指示が出されているので，キリスト教徒が煉瓦張りにしなかった部分は変わることなく土張りだったことがわかる．Rafael Castejón, "El pavimento de la Mezquita de Córdoba," *Boletín de la Real Academia de Córdoba, de Ciencias, Bellas Letras y Nobles Artes* 54 (1945): 327-30.
14. Abuʾl-Aṣbagh ʿĪsā ibn Sahl ibn ʿAbd Allāh al-Asadī al-Kawātibīはムスリムの征服以降，アンダルスに住んでいたアラブ人家庭の出身．1022年にハエン近くの村で生まれ，1093年に，おそらくグラナダで没した．ハエンとバエサ（コルドバの州）の裁判官（カーディー）として仕事を始め，1051年頃に，ジュフール朝の支配するターイファ国の都であったコルドバに移った．その後上級の裁判官となって，ハエン，バエサ，コルドバ，グラナダ，タンジール，セウタ，メクネスなどのターイファ国の君主のために働いた．Thami Azemmouri, "Les *Nawazil* dʾIbn Sahl, section rélative à lʾIhtisab," *Hespéris-Tamuda* 14 (1973): 7-108の序文を参照．
15. 彼はこうした決定を600例以上集め，*Nawāzil* または，*al-Aḥkām al-kubrā*として知られる書物にまとめ，裁判官や法学者による法解釈の参考になることを期待した．Christian Müller 博士は筆者に刊行されたイブン・サフルの著作つまりThami Azemmouri, "Les *Nawazil* dʾIbn Sahl," および M. Khallāf, *Wathāʾiq fī shuʾūn al-ʿumrān fīʾl-Andalus* (Cairo, 1983). について教えてく

ださった．イブン・サフルの特別な重要性については以下を参照．C. Müller, "Judging with God's Law on Earth: Judicial Powers of the *Qadi al-jamaʿa* of Cordoba in the Fifth/Eleventh Century," *Islamic Law and Society* 7, no. 2 (2000): 159-86.

16. Azemmouri, "Les Nawazil d'Ibn Sahl," p. 24 (アラビア語). amṣ-ār (町)という言葉は，特にクーファ，バスラ，フスタートなどの初期の軍営都市を示す．*muʾadhdhin* と筆者が読み取った言葉は，Azemmouriの著書では *mudawwana* となっており，誤植かもしれない．イスラーム法では *shubha* とは，一見，合法にみえる違法な行為を意味する．筆者はコーネル大学の中近東学科のかつての同僚David Powersに，この部分の筆者の翻訳を修正し，そこに登場する法学の権威者の同定に力を貸してくれたことを感謝する．

17. Ibn Sahl in Azemmouri, "Les *Nawazil* d'Ibn Sahl," p. 24.

18. Castejón, "El pavimento de la Mezquita de Córdoba," p. 329.

19. Gaston Wiet, *Catalogue général du Musée de l'Art Islamique du Caire: Inscriptions historiques sur pierre* (Cairo: Imprimerie de l'Institut Français d'Archéologie Orientale, 1971), p. 36, これは以下に引用されている．Bernard O'Kane, "The Arboreal Aesthetic: Landscape, Painting and Architecture from Mongol Iran to Mamluk Egypt," in Bernard O'Kane, ed., *Iconography of Islamic Art: Studies in Honor of Robert Hillenbrand* (Cairo: American University in Cairo Press, 2005), p. 249, note 55.

20. Ibn Baṭṭūṭa *Travels*, Gibb訳 (1958-71), 2: 345. これは以下に引用されている．O'Kane, "The Arboreal Aesthetic," p. 249, note 55.

21. Ibn Baṭṭūṭa, *Travels in Asia and Africa*, 1325-1354, H. A. R. Gibb訳 (New Delhi: Manohar, 2001), p. 314.

22. Alfonso Jiménez Martín, "El Patio de los Naranjos y la Giralda," in *La Catedral de Sevilla* (Seville: Ediciones Guadalquivir, 1984), pp. 83-132. しかしヒメネスによれば，現在中庭で見られる，周囲に水路を巡らしたオレンジの木の列は20世紀半ばにFélix Hernándezによって植えられたものだという (p. 92).

23. 大聖堂は1402〜1507年に段階的に建設された．Stephen Brindle, "Seville, IV: Buildings, Cathedral," in *The Grove Dictionary of Art Online* (Oxford University Press, accessed 3 April 2007) http://www.groveart.com.

24. ダマスクスについては，Jean Sauvaget, "Le plan antique de Damas," *Syria* 26 (1949): 354-55; アレッポについては，Ibn al-Shihnah, "*Les perles choisies*" *d'Ibn ach-Chihna*, ed. Jean Sauvaget (Beirut, 1933), p. 56; フスタートについては，Ibn ʿAbd al-Ḥakam, *Futuḥ Miṣr wa akhbāruhā*, Robert Hoyland訳, *Seeing Islam as Others Saw It: A Survey and Evaluation of Christian, Jewish and Zoroastrian Writings on Early Islam* (Princeton: Darwin Press, 1997), p. 563に所収．アムル・モスクとカイロについては，al-Maqrīzī, *Kitāb al-khiṭaṭ*, iv, 6. シリアにあるモスクの庭園に関する推測については，以下を参照した．J. Pedersen, "Masdjid," in the *Encyclopaedia of Islam*, rev. ed. (electronic), およびFlood, *The Great Mosque of Damascus*, chapter 5.

25. Hans-Caspar Graf von Bothmer, "Architekturbilder im Koran—eine Prachthandschrift der Umayyadenzeit aus dem Yemen," *Pantheon* 45 (1987): 4-20.

26. Henry Maguire, "Imperial Gardens and the Rhetoric of Renewal," in Paul Magdaline, ed., *New Constantines* (Aldershot: Variorum, 1994), pp. 181-98; Littlewood, "Gardens of the Palaces," pp. 13-38.

27. コルドバの大モスクと，ダマスクスのウマイヤ・モスクの観念的な関係については，以下を参照．K. A. C. Creswell, *Early Muslim Architecture*, 2: 138-61; and Manuel Ocaña Jiménez, "La Basílica de San Vicente y la Gran Mezquita de Córdoba: nuevo examen de los textos," *Al-Andalus* 7 (1942): 347-66. このような関係性が認められるという意見については，以下で論評されている．D. F. Ruggles, "Mothers of a Hybrid Dynasty: Race, Genealogy, and Acculturation in *Al-Andalus*," *Journal of Medieval and Early Modern Studies*, 34 (2004): 65-94.

28. Ibn Zabāla. 出典は J. Sauvaget, *La Mosquée Omeyyade de Médine* (Paris: Vanoest, 1947), pp. 26, 811. この翻訳は Myriam Rosen-Ayalon, *The Early Islamic Monuments of al-Haram al-Sharif: An Iconographic Study* (Jerusalem: Hebrew University, 1989), p. 49からとられている．Ibn Zabāla の生きていた年代については，以下を参照．Klaus Brisch, "Observation on the Iconography of the Mosaics in the Great Mosque at Damascus," in Priscilla Soucek, ed., *Content and Context of Visual Arts in the Islamic World* (University Park: Penn State University Press, 1988), p. 18.

29. Miriam Rosen-AyalonとKlaus Brischは，どちらもモザイク装飾が楽園を表していると考えている．Rosen-Ayalon, *The Early Islamic Monuments*, and Brisch, "Observations on the Iconography," pp. 13-20. また Flood, *The Great Mosque of Damascus*, 特にpp. 31-34も参照．

30. 窓に関しては，以下を参照．Dickie, "Granada: A Case Study of Arab Urbanism in Muslim Spain," in S. K. Jayyusi, ed., *The Legacy of Muslim Spain*, pp. 100-101; 銘文については，Darío Cabanelas Rodríguez, "La Madraza árabe de Granada y su suerte en época cristiana," *Cuadernos de la Alhambra* 24 (1988): 29-54を参照．

31. Torres Balbás, "El Oratorio y la casa de Astasio de Bracamonte en el Partal de la Alhambra," *Al-Andalus* 10 (1945): 440-49. 隣接するカーサ・デ・アスタシオ・デ・ブラカモンテは後世になって南側に付け加えられた．

32. *Al-Qurʾān* (コーラン), Ahmed Ali訳．

33. Ibn Baṭṭūṭa, *Travels*, p. 315.

34. Rachel Arié, "Une métropole hispanomusulmane au Bas

Moyen Age: Grenade nasride," *Les cahiers de Tunisie* 34, nos. 137-38 (Tunis), (1986): 66-67.

35. Olivia Constable, *Trade and Traders in Muslim Spain* (Cambridge: Cambridge University Press, 1994), pp. 141-42, 211.

36. Jan Pieper, "Arboreal Art and Architecture in India," *Art and Archaeology Research Papers* (AARP) 12 (Dec. 1977): 47-54; Amita Sinha, "The Cosmic Tree in Buddhist Landscapes," *Geographical Review of India* 63, no. 1 (2001): 1-15; Sankar Sen Gupta, ed., *Tree Symbol Worship in India* (Calcutta: India Publications, 1965).

37. Amita Sinha, "Nature in Hindu Art, Architecture, and Landscape," *Landscape Research* 20 (1995): 3-10.

38. Muhammad Siraju-l-Islam, "The Lodi Phase of Indo-Islamic Architecture," Ph.D. diss., Freie Universität, Berlin, 1960, pp. 28-51.

39. Ruggles, "Making Vision Manifest." pp. 143-56. 石を彫った繊細な障壁の装飾は壊れやすく，多くが恣意的な破壊や略奪で失われた．

40. Gülru Necipoğlu, "Anatolia and the Ottoman Legacy," in Martin Frishman and Hasan-Uddin Khan, eds., *The Mosque* (London: Thames and Hudson, 1994), p. 154.

41. Necipoğlu, "Anatolia and the Ottoman Legacy," p. 154, n. 12.

42. 植栽や挿絵に関しては以下を参照．Maurice M. Cerasi, "Open Space, Water and Trees in Ottoman Urban Culture in the XVIIIth-XIXth Centuries," *Environmental Design* 2 (1985): 36-49.

43. Godfrey Goodwin, *A History of Ottoman Architecture* (New York: Thames and Hudson, 1971), p. 358に，以下が引用されている．C. Pertusier, *Promenades pittoresques dans Constantinople et sur les rives du Bosphore* (Paris, 1815), p. 187.

## 9章　現世と来世

1. Gabrielle d'Henry, "Scafati (Salerno): Monumento funerario," *Bollettino d'arte* ser. 4, v. 49 (1964): 368-69.

2. Thomas Leisten, "Between Orthodoxy and Exegesis: Some Aspects of Attitudes in the Shari'a Toward Funerary Architecture," *Muqarnas* 7 (1990): 18に，以下が引用されている．Abū al-Ḥasan ʿAlī al-Shābushtī, *Kitāb al-diyārāt*, ed. J. ʿAwwād (Baghdad, 1366/1866), p. 299.

3. Terry Allen, "The Tombs of the ʿAbbasid Caliphs in Baghdad," *Bulletin of the School of Oriental and African Studies* 46 (1983): 421-31.

4. ビザンツの墓については，Philip Grierson, "The Tombs and Obits of the Byzantine Emperors (337-1042)," *Dumbarton Oaks Papers* 16 (1962): 3-63; ローマ時代後期の墓廟については，Mark J. Johnson, "Late Imperial Mausolea," Ph.D. diss., Princeton University, 1986を参照．Robert Ousterhoutには，これらの論文への筆者の注意を喚起してくれたこと，そしてローマおよびビザンツからイスラームへの墓廟建築の変遷について意見を述べてくれたことに感謝する．

5. 岩のドームの歴史的かつ近代的な意味合いに関する多くの解釈と参考文献については　以下を参照．Ettinghausen, Grabar, and Jenkins-Madina, *Islamic Art and Architecture*, pp. 15, 305, notes 3-5.

6. Jane I. Smith and Yvonne Y. Haddad, *The Islamic Understanding of Death and Resurrection* (Albany: State University of New York Press, 1981), pp. 183-91.

7. Oleg Grabar, "The Earliest Islamic Commemorative Structures. Notes and Documents," *Ars Orientalis* 6 (1966): 7-46, and Grabar, "The Islamic Dome, Some Considerations," *Journal of the Society of Architectural Historians* 22 (1963): 191-98.

8. Robert Hillenbrand, *Islamic Architecture: Form, Function and Meaning* (New York: Columbia University Press, 1994), pp. 278-80.

9. Ruggles, *Gardens, Landscape, and Vision*, p. 131.

10. Basilio Pavón Maldonado, *Estudios sobre la Alhambra. I: La Alcazaba, el Palacio de los Abencerrajes, los accesos a la Casa Vieja, el Palacio de Comares, el Partal* (Granada: Patronato de la Alhambra y Generalife, 1975), pp. 87-88. またCuadernos de la Alhambra 36 (2000)にもその修復に関する論文がいくつか収められている．

11. Al-Maqrīzī, *Khiṭaṭ* (Cairo, 1853), 2: 459-60. Jonathan Bloom訳, "The Mosque of the Qarafa in Cairo," *Muqarnas* 4 (1987): 7.

12. Henri Basset, and E. Lévi-Provençal, "Chella: Une nécropole mérinide," *Hespéris* 2 (1922): 1-92, 255-316, 385-425.

13. G. Salmon, "Marabouts de Tanger," *Archives marocaines* 2 (1905): 15-26. この聖者廟については，以下で論じられている．Susan G. Miller, "Finding Order in the Moroccan City: The *Hubus* of the Great Mosque of Tangier as an Agent of Urban Change," *Muqarnas* 22 (2005): 265-83.

14. Barbara Brend, *Islamic Art* (Cambridge, Mass.: Harvard University Press, 1991), pp. 191-92.

15. Ibn Shuhayd, *El-Diwan de Ibn Shuhayd Al-Andalus, 382-426 H = 992-1035 C., Texto y Traducción*, James Dickie 編訳 (Cordoba: Real Academia de Córdoba, 1975), pp. 59-60.

16. Ibn Khāqān (1134/529没), *Qalāʾid*, p. 153, James Dickie訳, "The Islamic Garden in Spain," pp. 92-93.

17. Ibn Khāqān, Dickie訳, "The Islamic Garden in Spain," pp. 92-93.

18. 遊楽のための庭園から，墓廟庭園へと移行に関する詳細な分析については以下を参照．Ruggles, *Gardens,*

*Landscape, and Vision*, pp. 130-32.

19. その例として以下を参照。Abbas Daneshvari, *Medieval Tomb Towers of Iran: An Iconographical Study* (Lexington, Ky.: Mazda, 1986); Mary Burkett, "Tomb Towers and Inscriptions in Iran," *Oriental Art* 11 (1965): 101-6.

20. O'Donovanの記述とスルターン＝サンジャル廟については、チャハル・バーグ庭園における墓廟の発展形態との関わりが以下で論じられている。D. F. Ruggles, "Humayun's Tomb and Garden: Typologies and Visual Order," in Attilio Petruccioli, ed., *Gardens in the Time of the Great Muslim Empires* (Leiden: E. J. Brill, 1997), pp. 173-86.

21. W. H. Siddiq, "The Discovery of Architectural Remains of a Pre-Mughal Garden at New Delhi," in B. M. Pande and B. D. Chattopadhyaya, eds., *Archaeology and History: Essays in Memory of Shri A. Gosh* (Delhi: Agam Kala Prakasham, 1987), 2: 573-77; Anthony Welch, "Gardens That Babur Did Not Like: Landscape, Water, and Architecture for the Sultans of Delhi," in James Wescoat, Jr., and Joachim Wolschke-Bulmahn, eds., *Mughal Gardens: Sources, Places, Representations, and Prospects* (Washington, D.C.: Dumbarton Oaks, 1996), pp. 59-93.

22. Lisa Golombek, *The Timurid Shrine at Gazur Gah* (Toronto: Royal Ontario Museum, 1969).

23. スルターン朝の庭園については、Anthony Welchのいくつかの論文で述べられている。"Gardens That Babur Did Not Like," pp. 59-93; "Hydraulic Architecture in Medieval India: The Tughluqs," *Environmental Design* (1985): 74-81; and "A Medieval Center of Learning in India: the Hauz Khas Madrasa in Delhi," *Muqarnas* 13 (1996): 165-90.

24. Catherine Asher, "The Mausoleum of Sher Shah Suri," *Artibus Asiae* 39, nos. 3-4 (1977): 273-98.

25. Glenn Lowry, "Humayun's Tomb: Form, Function, and Meaning in Early Mughal Architecture," *Muqarnas* 4 (1987): 133-48.

26. Catherine Asher, *Architecture of Mughal India*, New Cambridge History of India, I:4 (Cambridge: Cambridge University Press, 1995), p. 37.

27. Koch, *Mughal Architecture*, p. 74.

28. Michael Brand, "Orthodoxy, Innovation, and Revival: Considerations of the Past in Imperial Mughal Tomb Architecture," *Muqarnas* 10 (1993): 323-34.

29. Edmund W. Smith, *Akbar's Tomb, Sikandrah* (Archaeological Survey of India, New Imperial Series 35)(Allahabad, 1909), pp. 34-35. この詩は、John Hoag, *Islamic Architecture* (New York: Rizzoli, 1987), p. 181に再録されている。

30. Wayne Begley and Z. A. Desai, *Taj Mahal: The Illumined Tomb*.

31. Ram Nath, *The Immortal Taj Mahal: The Evolution of the Tomb in Mughal Architecture* (Bombay: D. B. Taraporevala,

1972), p. 86.

32. Brookes, *Gardens of Paradise*, p. 143.

33. Gulbadan Begum, *The History of Humayun*, Annette Beveridge訳(1901; reprint, Delhi, 1972), pp. 110-11.

34. Qazwīnī, *Padshahnama*, Annette Beveridge訳と引用、*Baburnama* (*Memoirs of Babur*)(1922; reprint, Delhi, 1979)、また Salome Zajadacz-Hastenrath, "A Note on Babur's Lost Funerary Enclosure at Kabul," *Muqarnas* 14 (1997): 135-42 を参照。

35. Asher, *Architecture of Mughal India*, pp. 252-61.

36. Stephen Carr, *Archaeology and Monumental Remains of Delhi* (Simla, 1876), pp. 108-9; H. K. Kaul, *Historic Delhi: An Anthology* (New Delhi: Oxford University Press, 1985), pp. 284-86に再録。

37. Asher, *Architecture of Mughal India*, pp. 265-66.

38. Asher, *Architecture of Mughal India*, p. 260; 引用した語句はSāqī Must'ad Khān, *Ma'āsir-i 'Ālamgīrī*のもので、Sir Jadunath Sarkar訳 (Calcutta: Royal Society of Bengal, 1947), pp. 309-10. これはBrand, "Orthodoxy, Innovation, and Revival," p. 331にも引用されている。Brandはp.332に掲載したアウラングゼーブ廟の写真も再録している。

---

10章　景観としての庭園

1. Wayne Begley, "The Myth of the Taj Mahal and a New Theory of Its Symbolic Meaning," *Art Bulletin* 61(1979): 7-37; Ram Nath, *The Immortal Taj Mahal*, pp. 76 ff.; Michael Brand, "Orthodoxy, Innovation, and Revival," pp. 329-30, 332.

2. 歴史学者による、ムガル帝国の集大成としてのタージ・マハルの位置づけについては、Brand, "Orthodoxy, Innovation, and Revival," pp. 323-34を参照。

3. タージ・マハルの川沿いの庭園については、Ebba Koch, *The Complete Taj Mahal and the Riverfront Gardens of Agra* (London: Thames and Hudson, 2006), pp. 18-20を参照。

4. Bianca Maria Alfieri, *Islamic Architecture of the Indian Subcontinent* (London: Laurence King, 2000), p. 254.

5. Ellison Banks Findly, *Nur Jahan: Empress of Mughal India* (New York: Oxford University Press, 1993), pp. 220-22; また Chandra Pant, *Nur Jahan and Her Family* (Allahabad: Dan Dewal Publishing, 1978)も参照。

6. Ellison Banks Findly, "Nur Jahan's Embroidery Trade and Flowers of the Taj Mahal," *Asian Art and Culture* (Spring-Summer 1996): 7-25.

7. ムガルの墓廟に見られるピエトラデュラ技法については、以下を参照。Ebba Koch, "Pietre Dure and Other Artistic Contacts Between the Court of the Mughals and

That of the Medici," *Marg* 39, no. 1 (s.d.): 30-56; and Koch, *Mughal Architecture*, 特にpp. 75, 98, 101.

8. Vincent A. Smith, *A History of Fine Art in India and Ceylon*, 2nd ed. rev. by K. de B. Codrington (Oxford: Clarendon Press, 1930), pp. 174-75; Findly, *Nur Jahan*, p. 231.

9. Ebba Koch, *Shah Jahan and Orpheus* (Graz: Akademie Druck-u. Verlagsanstalt, 1988), p. 8; and Koch, "Pietre Dure and Other Artistic Contacts Between the Court of the Mughals and That of the Medici," p. 52.

10. Asher, *Architecture of Mughal India*, p. 132.

11. こうした図像が絵画に登場した最初の一例として，1610年頃にマンスールによって描かれた赤い花が挙げられる (in the Habib Ganj Library, Aligarh). Vivien Rich, "Mughal Floral Painting and Its European Sources," *Oriental Art* n.s. 33 (1987): 183による．

12. Rich, "Mughal Floral Painting and Its European Sources," pp. 183-89. 贈り物については，Findly, "Nur Jahan's Embroidery Trade," pp. 7-25を参照．

13. Jahāngīr, *The Jahangirnama: Memoirs of Jahangir, Emperor of India*, Thackston編訳, pp. 332-33; Robert Skelton, "A Decorative Motif in Mughal Art," in Pratapaditya Pal, ed., *Aspects of Indian Art* (Leiden: E. J. Brill, 1972), pp. 147-52.

14. Veronica Murphyは，植物モチーフは最初に織物に登場し，その後，他の表現形式に伝わったと主張している．(*The Origins of the Mughal Flowering Plant Motif* [London: Indar Pasricha Fine Arts, 1987]).

15. Murphy, *The Origins of the Mughal Flowering Plant Motif*, p. 3.

16. Findly, "Nur Jahan's Embroidery Trade," p. 23.

17. Susan Jellicoe, "The Development of the Mughal Garden," in MacDougall and Ettinghausen, eds., *The Islamic Garden*, p.115 に，以下が引用されている．*Imperial Gazetteer of India* 15 (Oxford: Clarendon Press, 1908): 93.

18. ʻInāyat Khān, *Shah Jahan Nama*, p. 126.

19. ʻInāyat Khān, *Shah Jahan Nama*, p. 126.

20. Sajjad Kausar, M. Brand, and J. Wescoat, *Shalimar Garden Lahore: Landscape, Form and Meaning* (Islamabad: Dept. of Archaeology and Museums, Ministry of Culture, Pakistan, 1990).

21. Koch, *The Complete Taj Mahal*, p. 208; James L. Wescoat, Jr., "Waterworks and Landscape Design at the Mahtab Bagh," in Elizabeth Moynihan, *The Moonlight Garden: New Discoveries at the Taj Mahal* (Washington, D.C.: Arthur M. Sackler Gallery; Seattle: University of Washington Press, 2000), pp. 59-78.

22. Ebba Koch, "The Mughal Waterfront Garden," in Attilio Petruccioli, ed., *Gardens in the Time of the Great Muslim Empires*, pp. 140-60; and Koch, *The Complete Taj Mahal*, pp. 37-40.

23. Ebba Koch, "The Zahara Bagh (Bagh-i Jahanara) at Agra," *Environmental Design* 2 (1986): 30-37; Koch, *The Complete Taj Mahal*, pp. 41-42.

24. Nur Baksh, "The Agra Fort and Its Buildings," *Annual Report of the Archaeological Survey of India, 1903-04* (Calcutta, 1906),pp. 180-81. 障壁は歴史的に微妙な問題を含んでいる．現在では何もさえぎるものがない窓でもかつては障壁が設けられ，その後イギリス統治時代に取り払われた可能性もあるからだ．障壁のもつ視覚的効果については 以下を参照．Ruggles, "Making Vision Manifest: Frame, Screen, and View in Islamic Culture," in D. Harris and D. Ruggles, eds., *Sites Unseen: Landscape and Vision* (University Park: Pennsylvania State University Press, 2007), pp. 131-58.

25. Koch, "The Mughal Waterfront Garden," and Koch, *The Complete Taj Mahal*, passim.

26. Koch, *The Complete Taj Mahal*, pp. 138-39.

27. 2003年1月に，筆者はJamesとFlorrie Wescoat夫妻とともに発掘中の庭園を訪ねた．夫人はこれらの深い花壇はむしろ水生花壇にふさわしいのではないかと感想を述べた．なぜなら花壇のセメント床は非常に深く，それは土の深さが1mもあれば充分な，普通の草花には必要ないからだ．その上，地表面の近くには注水口が認められたものの，底面に排水口の痕跡は見られなかったので，これらのくぼみからは容易に排水されなかったに違いない．しかし残念ながら短時間の観察しか行えなかったので，排水口が存在したとしてもそれを見逃した可能性もある．

28. 花壇の利用については以下を参照．Denis Lambin, "Gar-den, §VIII, 4(ii): France, c. 1550-c. 1800," *The Grove Dictionary of Art Online* (Oxford University Press, accessed April 20, 2004, *http://www.groveart.com*.); W. H. Adams, *The French Garden, 1500-1800* (New York: Braziller, 1979); and K. Woodbridge, *Princely Gardens: The Origins and Development of the French Formal Style* (London: Rizzoli, 1986).

29. Chandra Mukerji, *Territorial Ambitions and the Gardens of Versailles* (Cambridge: Cambridge University Press, 1997), pp. 124-35.

30. Mukerjiはフランス式やイタリア式庭園の花壇は，「16世紀までに交易や版画などを通じてアジアからヨーロッパに伝えられた東洋の絨毯や織物やその他の意匠パターン」に由来すると考えている (*Territorial Ambitions*, p. 124).

31. Moynihan, ed., *The Moonlight Garden*.

32. この出来事は同年12月に書かれた，将来皇帝になるアウラングゼーブの手紙に記録されている．Wheeler Thackstonによる翻訳はMoynihan, *The Moonlight Garden*, p. 28に収められている．

33. Jean-Baptiste Tavernier, *Tavernier's Travels in India*, V. Ball 編訳(London, 1889). 17～20世紀に記されたター

ジ・マハルにまつわる伝記については以下を参照. Pratapaditya Pal and Janice Leoshko, eds., *Romance of the Taj Mahal* (Los Angeles: Los Angeles County Museum of Art; London: Thames and Hudson, 1989), and Begley, "The Myth of the Taj Mahal and a New Theory of Its Symbolic Meaning."

34. ワーラーナシー(ベナレス)付近でのガンジス川の活発な水上交通とは異なり，ヤムナー川はアーグラー付近ではもはや滅多に交通に利用されていない．上流で工業や農業用に大量の水が吸い上げられているため，モンスーン期をのぞけば，かつての偉大なるヤムナー川はみじめな小川になり果ててしまった．

35. Amita Sinha and D. Fairchild Ruggles, "The Yamuna Riverfront, India: A Comparative Study of Islamic and Hindu Traditions in Cultural Landscapes," *Landscape Journal* 23, no. 2 (2004): 141-52.

36. 'Ināyat Khan, *Shah Jahan Nama*, pp. 83-84; 12周忌の様子については，pp. 299-30で述べられている．

## 11章　宗教と文化

1. (序章で取り上げた)「ムスリム」と「イスラーム」という言葉と同じように，「ヒンドゥー」というのも宗教や文化や民族をさまざまに意味することがある複雑な語だ．実際には前二者よりさらに定義の難しい言葉かもしれない．なぜならムスリムといえば，唯一のコーランと預言者によって結び付けられた，はっきりしたイスラーム信仰を持つ集団を表すのに対して，ヒンドゥーの中にはさまざまな伝統が含まれ，そこには深く根付いたシヴァやカーリーなどの主要な神への信仰のほかにも，地域の信仰，自然発生的な信仰，あるいは部族に固有の信仰が無数にあるからだ．このような多くの信仰を区別するのは本書の及ぶ所ではないが，筆者は「ヒンドゥー」と「インド」の区別を試み，前者は宗教や哲学的な信仰を，後者の「インド」または「南アジア」は南アジアの非ムスリム文化を表すものとした．西洋社会のもつヒンドゥー教とヒンドゥー美術のイメージの変遷については，以下を参照．Catherine Asher and Thomas Metcalf, "Introduction," in Asher and Metcalf, eds., *Perceptions of South Asia's Visual Past* (New Delhi: Oxford & IBH Publishing, 1994), 特にpp. 1-5; またP. J. Marshall, ed. *The British Discovery of Hinduism in the Eighteenth Century* (Cambridge: Cambridge University Press, 1970). こうした重要な意味の違いについて，数年前に辛抱強く筆者に説明してくれたAjay Sinha教授に，感謝する．

2. Marshall Hodgson, "The Role of Islam in World History," in Edmund Burke III, ed., *Rethinking World History* (Cambridge: Cambridge University Press, 1993), pp. 97-125; Phillip Wagoner, "Sultan Among Hindu Kings: Dress: Titles, and the Islamicization of Hindu Culture at Vijayanagara," *Journal of Asian Studies* 55, no. 4 (1996): 851-80.

3. アンベール城については，Oskar Reuther, *Indische Paläste und Wohnhäuser* (Berlin: L. Preiss, 1925)およびG. H. R. Tillotson, *The Rajput Palaces* (New Haven: Yale University Press, 1987)を参照．その庭園については以下を参照．Ruggles, "Gardens," in Frederick Asher, ed., *Art of India* (Chicago: Encyclopaedia Britannica, 2003), pp. 258-70および "The Framed Landscape in Islamic Spain and Mughal India," in Brian Day, ed., *The Garden: Myth, Meaning, and Metaphor* (Working Papers in the Humanities, 12) (Windsor, Ontario: University of Windsor, 2003), pp. 21-50.

4. Tillotson, *Rajput Palaces*, p. 98; Percy Brown, *Indian Architecture* (*Islamic Period*)(reprint, Bombay: D. B. Taraporevala, 1981).

5. ムガル帝国がいくつかのラージプート族,特にカチワーハ族をとりこんだ帝国の政治戦略については以下を参照．John Richards, *The Mughal Empire* (*The New Cambridge History of India*, 1.5)(Cambridge: Cambridge University Press, 1995), pp. 20-24; and Francis Taft, "Honor and Alliance: Reconsidering Mughal-Rajput Marriages," in Karine Schomer, Joan L. Erdman, Deryck O. Lodnick, and Lloyd I. Rudolph, eds., *The Idea of Rajasthan: Explorations in Regional Identity*, 2 vols. (New Delhi: Manohar and the American Institute of Indian Studies, 1994), 2: 217-41.

6. ムガル宮廷におけるRaja Man Singhの位置づけについては以下を参照．Catherine Asher, "Sub-Imperial Patronage: The Architecture of Raja Man Singh," in Barbara Stoler Miller, ed., *The Powers of Art: Patronage in Indian Culture* (Delhi: Oxford University Press, 1992), pp. 183-201; and Catherine Asher, "Sub-Imperial Palaces: Power and Authority in Mughal India," *Ars Orientalis* 23 (1994): 284-85.

7. D. Fairchild Ruggles, "What's Religion Got to Do With It? A Skeptical Look at the Symbolism of Islamic and Rajput Gardens," DAK: *The Newsletter of the American Institute of Indian Studies* 4 (Autumn, 2000): 1, 5-8.

8. A. P. Singh and Shiv Pal Singh, *Monuments of Orchha* (Delhi: Agam Kala Prakashan, 1991), pp. 32-33.

9. Singh and Singh, *Monuments of Orchha*, pp. 44-45.

10. 小塔もまた，文化間の混交のひとつの例だ．ヒンドゥー教徒は死者を葬ったり埋葬地に記念碑を建てたりする習慣を持たなかったが，彼らはインド固有の建築形態であるチャトリーを死者の記念碑として取り入れた．アンベール・デリー間の道路にはカチワーハ家の死者を記念する27のチャトリが立ち並んでいる．

11. シソーディヤ家がイスラーム風の建築形態を採用したのはムガル帝国への対抗心からだというのが，

Jennifer Joffeeが博士論文で主張している説である. "Art, Architecture, and Politics in Mewar, 1628-1710," Ph.D. diss., University of Minnesota, 2005. ラージプート族によるウダイプールとピチョーラ湖畔の宮殿建設については, 以下を参照. Jennifer Joffee and D. F. Ruggles, "Rajput Gardens and Landscapes," in preparation for Michel Conan, ed., *The Middle East Garden Traditions* (Washington, D.C.: Dumbarton Oaks, 2007), pp. 269-85.

12. Jahāngīr, *The Jahangirnama*, Thackston編訳, p. 8, note 28, and pp. 164-65.

13. Tillotson, *Rajput Palaces*, pp. 109-12; George Michell and Antonio Martinelli, *The Royal Palaces of India* (London: Thames and Hudson, 1994), pp. 158-61.

14. ウダイプールにあるシソーディヤ家の宮殿を描いたこの絵やその他の絵は, 以下に収められている. Andrew Topsfield, *The City Palace Museum, Udaipur: Paintings of Mewar Court Life* (Ahmedabad: Mapin Publishing, 1990), and Topsfield, "City Palace and Lake Palaces: Architecture and Court Life in Udaipur Painting," in Giles (G.H.R.) Tillotson, ed., *Stones in the Sand: The Architecture of Rajasthan* (Mumbai: Marg Publications, 2001), pp. 54-67.

15. 同行者はL. Wescoat, Jr.とFlorrie Wescoat, そしてイリノイ大学アーバナ・シャンペーン校の学生たちだった. 花壇を調べた我々は, 穴の底部に排水口がないことに気づいて驚いた. このような閉鎖的なシステムは, 水が下層土に浸み出すことがないので湛水灌漑には都合がよかったに違いない. しかし逆にモンスーン期には, 排水口がないため植物の根が腐る危険もあっただろう.

16. Asher, *Architecture of Mughal India*, p. 246. この年, タージ・マハルで続いていた建築活動に加えて, 二つの新しい建築プロジェクトが開始した. ひとつはアーグラー城の前にある巨大な公謁殿で, もうひとつは金曜モスクだ. ('Ināyāt Khan, *The Shah Jahan Nama*, pp. 205-6.)

17. Prabhakar V. Begde, *Forts and Palaces of India* (New Delhi: Sagar Publications, 1982), pp. 128-31; M. C. Joshi, Dig, 3rd ed. (New Delhi: Archaeological Survey of India, 1982).

18. Richards, *The Mughal Empire*, pp. 250-52. アクバル帝廟の略奪については, 同時代の目撃証言を挙げている. N. Manucci, *Storia do Mogor or Mogul India*, 2: 320.

19. C. Bayly, "Delhi and Other Cities in North India During the 'Twilight'," in R. E. Frykenberg, ed., *Delhi Through the Ages: Essays in Urban History, Culture, and Society* (Delhi: Oxford University Press, 1986), pp. 232-33.

20. Asher, *Architecture of Mughal India*, pp. 317-18.

21. Amita Sinha, "Nature in Hindu Art, Architecture and Landscape," 4-5; Sinha and Ruggles, "The Yamuna Riverfront, India," 141-51; and S. Bhardwaj, *Hindu Places of Pilgrimage in India* (Berkeley: University of California Press, 1973).

22. Thomas Metcalf, *An Imperial Vision: Indian Architecture and Britain's Raj* (Berkeley: University of California Press, 1989), pp. 13-18; Michell, The Royal Palaces of India, pp. 200-201, 220.

23. Metcalf, *An Imperial Vision*, p. 119; Michell, *The Royal Palaces of India*, pp. 208-9, 222.

24. Metcalf, *An Imperial Vision*, p. 120.

25. Andreas Volwahsen, *Imperial Delhi* (Munich: Prestel, 2002), p. 100.

26. Metcalf, *An Imperial Vision*, p. 23.

27. Philip Davies, *Splendours of the Raj: British Architecture in India, 1660-1947* (Harmondsworth: Penguin, 1987), Robert Byron著 *Country Life*から引用している.

28. ニューデリーの設計については, 以下を参照. Robert Irving, *Indian Summer: Lutyens, Baker, and Imperial Delhi* (New Haven: Yale University Press, 1981)およびVolwahsen, Imperial Delhi.

29. Volwahsen, *Imperial Delhi*, pp. 124-29.

30. Derek Cliffordはイスラーム庭園について, 「快楽に満ちた空想上の庭園……木陰やシャーベットや噴水があり, 乙女たちのいる, つまり砂漠で手に入れることのできないあらゆるものが備わっている」と書いている. *A History of Garden Design*, rev. ed. (New York: Frederick A. Praeger, 1966), p.48参照. James Dickieによれば「アラブ人が庭園を好む心情は, 自然の持つ敵対的な側面である砂漠に対して東洋人が常に感じてきた恐怖や嫌悪から生じている. 砂漠は彼らにとって死と不毛を意味し, 怪物や悪鬼の出没する場所なのだ」. "The Hispano-Arabic Garden: Its Philosophy and Function," *Bulletin of the School of Oriental and Asian Studies* 31 (1968): 237. Frederick Bargebuhrはアラブ人について, 「不毛な半島の子」と呼んでいる. *The Alhambra*, p. 235. Richard Ettinghausenは, イスラーム庭園とは不毛な砂漠の環境に対する人間の反応であり, 「この形のない敵対的な環境から, より高い次元に逃れるためにつくられた」としている. "Introduction," in MacDougall and Ettinghausen, eds., *The Islamic Garden*, p. 7.

# 参考文献 *Bibliography*

'Abd al-Vāsi' Jabaīl. *Dīvān*. Ed. Zabīḥ Allāh Ṣafā. Tehran: Dānishgāh-i Tihrān, 1960.

Abu'l Faẓl. *Akbarnama, trans.* Henry Beveridge, 3 vols. Calcutta, 1897-1921.

Abū Ḥāmid al-Gharnāṭī. *Tuḥfat al-albāb*. Ed. Gabriel Ferrand. *Journal asiatique* 207 (1925): 1-148, 193-304.

Abu'l-Khayr. *Kitāb al-Filāḥa ou le livre de la culture*. Extracts trans. A. Cherbonneau and ed. Henri Pérès. Algiers: Editions Carbonel, 1946.

Abu-Lughod, Janet. *Cairo: 1001 Years of the City Victorious*. Princeton: Princeton University Press, 1971.

Adams, William H. *The French Garden, 1500-1800*. New York: Braziller, 1979.

Aga Khan Trust for Culture. *AKTC-Afghanistan Newsletter*, July 2006. Web site www.akdn.org/hcsp/afghanistan/hcspafghanistan_ 0706.pdf

Aga Khan Trust for Culture Web site: www.akdn.org/agency/aktc_humayun.htmli#objectives

Aktepe, Münir. "İstanbul Fenerbahçesi Hakkında Bazı Bilgiler." *Edebiyat Fakültesi Tarih Dergisi* 32 (1979): 349-72.

Alemi, Mahvash. "Il giardino persiano: tipi e modelli." In *Il giardino islamico: Architettura, natura, paesaggio*, ed. Attilio Petruccioli, 39-62. Milan: Electa, 1994.

———. "Royal Gardens of the Safavid Period: Types and Models." In *Gardens in the Time of the Great Muslim Empires*, ed. Attilio Petruccioli, 72-96. Leiden: E. J. Brill, 1997.

Alfieri, Bianca Maria. *Islamic Architecture of the Indian Subcontinent*. London: Laurence King, 2000.

Allen, Terry. "Imagining Paradise in Islamic Art." Sebastopol, Calif: Solipsist Press, 1993, http://sonic.net/~tallen.palmtree/ip.html.

———. "The Tombs of the 'Abbasid Caliphs in Baghdad." *Bulletin of the School of Oriental and African Studies* 46 (1983): 421-31.

Almagro, Antonio. "El Patio del Crucero de los Reales Alcazares de Sevilla." *Al-Qantara* 20 (1999): 331-76.

———. "La Recuperación del Jardín Medieval del Patio de las Doncellas." *Apuntes del Alcázar de Sevilla* 6 (May 2005): 44-67.

Ameli, Abdullah J., A. Montazer, and S. Ayvazian. "Reperes sur l'évolution urbaine d'Ispahan." In Darab Diba, P. Revault, and S. Santelli, eds., *Maisons d'Ispahan*, 23-43. Paris: Maisonneuve & Larose, 2001.

Andrews, Peter A. "Maḥall. Vi." In *Encyclopaedia of Islam*, 2nd ed. 5: 1214-1220.

Arberry, A. J. *The Seven Odes*. London: George Allen & Unwin, 1957. Leiden: E. J. Brill, 1986.

Archaeological Survey of India. *Fatehpur Sikri*. New Delhi: Archaeological Survey of India (ASI), 2002.

———. *Humayun's Tomb and Adjacent Monuments*. New Delhi: ASI, 2002 (revised from the original 1946 ASI publication by S.A.A. Naqvi.)

Arianpour, Ali-Reza. *Bagh-hā-ye tārīkhī-ye Shīrāz* (in Persian). Tehran: Farhang-Sarā, 1986 (1365 H.).

Arié, Rachel. "Une métropole hispanomusulmane au bas Moyen Age: Grenade nasride." *Les cahiers de Tunisie* 34: 137-38 (Tunis) (1986): 47-67.

Artan, Tulay. "Architecture as a Theater of Life: Profile of the Eighteenth-Century Bosphorus." Ph.D. diss., MIT, 1989.

Asher, Catherine. *Architecture of Mughal India*. (New Cambridge History of India, I: 4). Cambridge: Cambridge University Press, 1995.

———. "The Mausoleum of Sher Shah Suri." *Artibus Asiae* 39, nos. 3-4 (1977): 273-98.

———. "Sub-Imperial Palaces: Power and Authority in Mughal India." *Ars Orientalis* 23 (1994): 284-85.

———. "Sub-Imperial Patronage: The Architecture of Raja Man Singh." In *The Powers of Art: Patronage in Indian Culture*, ed. Barbara Stoler Miller, 183-201. Delhi: Oxford University Press, 1992.

Asher, Catherine, and Thomas Metcalf "Introduction." In *Perceptions of South Asia's Visual Past*, ed. Asher and Metcalf, 1-12. New Delhi: Oxford & IBH Publishing, 1994.

Ashraf Husain, Muhammad. *An Historical Guide to the Agra Fort*. Delhi: Manager of Publications, 1937.

Asín Palacios, Miguel. *Glosario de voces romances, registradas por un botánico anónimo hispano-musulman (siglos XI-XII)*. Madrid: Consejo Superior de Investigaciones Científicas, 1943.

Atasoy, Nurhan. *A Garden for the Sultan: Gardens and Flowers in the Ottoman Culture*. Istanbul: Aygaz, 2002.

Atıl, Esin. *Kalila wa Dimna: Fables from a Fourteenth-Century Arabic Manuscript*. Washington, D.C.: Smithsonian Institution Press, 1981.

———. *Levni and the Surname: The Story of an Eighteenth-Century Ottoman Festival*. Istanbul: Kofbank, 1999.

Ayoub, Mahmoud. *The Qur'an and Its Interpreters*. Albany: State Universiy of New York Press, 1984.

Azemmouri, Thami. "Les *Nawazil* d'Ibn Sahl, section relative à l'Ihtisab." *Hespéris-Tamuda* 14 (1973): 7-108.

Bābur, Ẓāhir al-Dīn. *Baburnama: Memoirs of Babur, Prince and Emperor*. Ed. and trans. Wheeler Thackston. New York: Oxford Universiry Press; Washington, D.C.: Freer Gallery of Art, 1996.

———. *Babur-nama (Memoirs of Babur)*. Trans. Annette Beveridge. 1922; reprint, Delhi: Oriental Books Reprint, 1979.

Baer, Eva. "Khirbat al-Mafdjar." In *Encyclopaedia of Islam*, 2nd ed., 5: 10-17. Leiden:. J. Brill, 1986.

Bahgat, Aly, and Albert Gabriel. *Fouilles d'al-Foustat*. Paris: E. de Boccard,1921.

Bailey, Gauvin. "The Sweet-smelling Notebook: An Unpublished Mughal Source on Garden Design." In Attilio Petruccioli, ed., *Gardens in the Time of the Great Muslim Empires*, 129-39. Leiden: E. J. Brill, 1997.

al-Bakrī. *Description de l'Afrique septentrionale*. Trans. De Slane. 2nd ed. Algiers, 1911-12.

Baksh, Nur. "The Agra Fort and Its Buildings." *Annual Report of the Archaeological Survey of India, 1903-04*, 180-81. Calcutta, 1906.

———. "Historical Notes on the Lahore Fort and Its Buildings." *Annual Report of the Archaeological Survey of India, 1902-03*. Calcutta, 1904.

Bannerji, S. K. "Shah Jehan's Monuments in Agra." *Journal of United Provinces Historical Society* 17 (1944): 55-70.

———. "Shah Jehan's Monuments in Delhi and Ajmer." *Journal of United Provinces Historical Society* 19 (1946): 148-62.

Banū Mūsā bin Shākir. *The Book of Ingenious Devices* (Kitāb al-hiyal). Trans. Donald Hill. Dordrecht: D. Reidel, 1979.

Barber, Charles. "Reading the Garden in Byzantium: Nature and Sexuality." *Byzantine and Modern Greek Studies* 16 (1992): 1-19.

Bargebuhr, Frederick P. *The Alhambra: A Cycle of Studies on the Eleventh Century in Moorish Spain*. Berlin: De Gruyter, 1968.

Basset, Henri, and E. Lévi-Provençal. "Chella: Une nécropole mérinide." *Hespéris* 2 (1922): 1-92, 255-316, 385-425.

Bayly, C. "Delhi and Other Cities in North India During the 'Twilight'." In R. E. Frykenberg, ed., *Delhi Through the Ages: Essays in Urban History, Culture, and Society*, 232-33. Delhi: Oxford University Press, 1986.

Begde, Prabhakar V. *Forts and Palaces of India*. New Delhi: Sagar Publications, 1982.

Begley, Wayne. "The Garden of the Taj Mahal: A Case Study of Mughal Architectural Planning and Symbolism." In James L. Wescoat, Jr., and Joachim Wolschke-Bulmahn, eds., *Mughal Gardens: Sources, Places, Representations, and Prospects*, 213-31. Washington, D.C.: Dumbarton Oaks, 1996.

———. "Ghiyās̱, Mīrak Mīrzā." In *Macmillan Encyclopedia of Architects*. 4 vols., 2.: 194. New York: Free Press, 1982.

———. "The Myth of the Taj Mahal and a New Theory of Its Symbolic Meaning." *Art Bulletin* 61 (1979): 7-37.

Begley, Wayne, and Z. A. Desai. *Taj Mahal: The Illumined Tomb: An Anthology of Seventeenth-Century Mughal and European Documentary Sources*. Cambridge, Mass.: Aga Khan Program for Islamic Architecture, 1989.

Behrens-Abouseif. Doris. *Azbakkiyya and Its Environs from Azbak to Isma'il 1470-1679* (Supplément aux Annales Islamologiques, Cahiers no. 6). Cairo: Institut Français d'Archéologie Orientale,1985.

———. "Grdens in Islamic Egypt." *Der Islam* 69, no. 2. (1992): 302-12.

Bellafiore, Giuseppe. *Architettura in Sicilia nelle età islamica e normanna (827-1194)*. Palermo: Arnoldo Lombardi Editore, 1990.

———. *La Ziza di Palermo*. Palermo: S. F. Flaccovio, 1978.

Bermúdez Pareja, Jesús. "El Generalife después del incendio de 1958." *Cuadernos de la Alhambra* I (1965): 9-39.

Bernier, François. *Travels in the Mogul Empire AD 1656-1668*. Trans. Archibald Constable, 2nd revision ed. by Vincent A. Smith. Delhi: Low Price Publications, 1989.

Beveridge, Annette. See Babur

Beylié, L. de. *La Kalaa des Beni-Hammad: Une capitale berbère de l'Afrique du Nord au IX$^e$*. Paris: E. Leroux, 1909.

Bhardwaj, S. *Hindu Places of Pilgrimage in India*. Berkeley: University of California Press, 1973.

Bianca, Stefano, and Philip Jodidio, eds. *Cairo: Revitalising a Historic Metropolis*. Turin: Aga Khan Trust for Culture and Umberto Allemandi, 2004.

Bilgin, Bülent. *Geçmişte Yıldız Sarayı/Only Yesterday at Yildiz Sarayı*. Istanbul: Yildlz Sarayı Vakfi, 1988.

Blachère, Régis. "Un pionnier de la culture arabe orientale en Espagne au X$^e$ siècle: Sa'id de Bagdad." *Hespéris* 10 (1930): 15-36.

Blair, Sheila, and Jonathan Bloom. *The Art and Architecture of Islam, 1250-1800*. New Haven: Yale University Press, 1994.

———, eds. *Images of Paradise in Islamic Art*. Hanover, N.H.: Hood Museum of Art, 1991.

Blake, Stephen. *Half the World: The Social Architecture of Safavid Isfahan, 1590-1722*. Costa Mesa, Calif.: Mazda, 1999.

Blanchet, Paul. "Description des monuments de la Kalaa des Beni Hammad." *Nouvelles archives des missions scientifiques* 17 (ca. 1897): 1-21.

Bloom, Jonathan. "The Mosque of the Qarafa in Cairo." *Muqarnas* 4 (1987): 7-20.

Blunt, Wilfrid. "The Persian Garden Under Islam." *Apollo* 103, nos. 170-72 (1976): 302-6.

*The Book of the Thousand Nights and a Night*. See Burton, Richard

Bornstein, Christine V., and Priscilla Soucek. *The Meeting of Two Worlds: The Crusades and the Mediterranean Context*. Ann Arbor: Michigan Museum of Art, 1981.

Bosworth, C. E. "Lashkar-i Bāzār." In *Encyclopaedia of Islam*, new ed. 5: 690-92.

Braida, S. "Il castello di Favara." *Architetti di Sicilia* 5-6 (1965): 27-34.

Brand, Michael. "Mughal Ritual in Pre-Mughal Cities: The Case of Jahangir in Mandu." *Environmental Design* 1-2 (1991):

8-17.

———. "Orthodoxy, Innovation, and Revival: Considerations of the Past in Imperial Mughal Tomb Architecture." *Muqarnas* 10 (1993): 323-34.

———. "The Shahdara Gardens of Lahore." In James L. Wescoat, Jr., and Joachim Wolschke-Bulmahn, eds., *Mughal Gardens: Sources, Places, Representations, and Prospects,* 188-211. Washington, D.C.: Dumbarton Oaks, 1996.

———. See also Kavsar, Brand, and Wescoat.

Brand, Michael, and Glenn Lowry. *Fatehpur-Sikri*. Bombay: Marg Publications, 1987.

Brand, Michael, and Glenn Lowry, eds. *Fatehpur-Sikri: A Sourcebook*. Cambridge, Mass.: Aga Khan Program for Islamic Architecture at Harvard and the Massachusetts Institute of Technology, 1985.

Brend, Barbara. *Islamic Art*. Cambridge, Mass.: Harvard University Press, 1991.

Bresc, Henri. "Les jardins de Palerme (1290-1460)." *Mélanges de l'École Française de Rome* 84 (1972): 55-127.

Brindle, Stephen. "Seville, IV: Buildings, Cathedral." In *The Grove Dictionary of Art Online* (Oxford University Press, accessed 19 April 2004). www.groveart.com.

Brisch, Klaus. "Observation on the Iconography of the Mosaics in the Great Mosque at Damascus." In Priscilla Soucek, ed., *Content and Context of Visual Arts in the Islamic World,* 13-20. University Park: Penn State Press, 1988.

Brookes, John. *Gardens of Paradise*. London: Weidenfeld and Nicolson, ca. 1987.

Brown, Percy. *Indian Architecture (Islamic Period)*. Reved. 1944; reprint, Bombay: D. B. Taraporevala, 1981.

Bulatov, M. S. "The Tomb of Sultan Sanjar." *Architectural Heritage* 17 (in Russian). Moscow, 1964.

Burkett, Mary. "Tomb Towers and Inscriptions in Iran." *Oriental Art* II (1965): 101-6.

Burton, Richard, trans. and ed. *The Book of the Thousand Nights and a Night*. S.l: The Burton Club, 1885.

Butzer, Karl. *Early Hydraulic Civilization in Egypt*. Chicago: University of Chicago Press, 1976.

Cabanelas Rodríguez, Dario. "La madraza árabe de Granada y su suerte en época cristiana." *Cuadernos de la Alhambra* 24 (1988): 29-54.

Cahen, Claude. "Notes pour une histoire de l'agriculture dans les pays musulmans médiévaux: Coup d'oeil sur la littérature agronomique musulmane hors de l'Espagne." *Journal of the Economic and Social History of the Orient* 14 (1971): 63-68.

Cambazard-Amahan, Catherine. "Dar al-Batha." In Jacques Revault et al., eds., *Palais et demeures de Fès, III - Époque Alawite (XIXème-XXème siécles)*. Paris: CNRS, 1992.

Cantacuzino, Sherban. "Azem Palace." In S. Cantacuzino, ed., *Architecture and Continuity,* 164-69. New York: Aperture, 1985.

Caronia, Giuseppe. *La Ziza di Palermo: Storia e restauro*. Palermo: Editori Laterza, ca. 1982.

Carr, Stephen. *Archaeology and Monumental Remains of Delhi*. Simla, 1876.

Castejón, Rafael. "El pavimento de la Mezquita de Córdoba." *Boletín de la Real Academia de Córdoba, de Ciencias, Bellas Letras y Nobles Artes* 54 (1945): 327-30.

———. "Mas sobre el pavimento de la Mezquita." *Boletín de la Real Academia de Córdoba, de Ciencias, Bellas Letras y Nobles Artes* 55 (1946): 233-34.

Cerasi, Maurice M. "Open Space, Water and Trees in Ottoman Urban Culture in the XVIIIth-XIXth Centuries." *Environmental Design* 2 (1985): 36-49.

Clavijo, Ruy Gonzalez de. *Embajada a Tamorlán*. Ed. F. López Estrada. Madrid: Consejo Superior de Investigaciones Científicas, Instituto Nicolás Antonio, 1943.

———. *Embassy to Tamerlane, 1403-1406*. Trans. Guy Le Strange. New York: Harper & Brothers, 1928.

Clerget, Marcel. *Le Caire: Étude de géographie urbaine et d'histoire economique*, 2 vols. Cairo: Imprimerie E. & R. Schindler, 1934.

Clifford, Derek. *A History of Garden Design*. Rev. ed. New York: Frederick A. Praeger, 1966.

Colin, G. S. "Filaha: Muslim West." In *Encyclopaedia of Islam*, new ed., 2 (1965): 901-2.

Conan, Michel, ed. *The Middle East Garden Traditions, Unity and Diversity: Questions, Methods, and Resources in a Multicultural Perspective*. Washington, D.C.: Dumbarton Oaks, 2007.

Consejería de Obras Públicas y Transportes de la Junta de Andalucía, Consejería de Cultura de la Junta de Analuda, et al. *Plan especial de protección y reforma interior de la Alhambra y Alijares*. Granada: Patronato de la Alhambra, 1986.

Constable, Olivia. *Trade and Traders in Muslim Spain*. Cambridge: Cambridge University Press, 1994.

Coomaraswamy, A. K. *The Treatise of al-Jazari*. Boston: Museum of the Fine Arts, 1924.

Cortés García, Manuela. "Ziryab, la música y la elegancia palatina." In *El esplendor de los Omeyas cordobeses, Estudios*, 240-43. Granada: Fundación El Legado Andalusí, 2001.

Cousens, Henry. *Bijapur and Its Architectural Remains*. Bombay: Archaeological Survey of India (vol. 37), 1916; reprint, New Delhi, 1976.

Creswell, K. A. C. *Early Muslim Architecture*, 2 vols. Oxford: Clarendon Press, 1932-40.

———. *A Short Account of Early Muslim Architecture*. Rev. ed. James Allan. Aldershot: Scolar, 1989.

Crowe, Sylvia, Sheila Haywood, Susan Jellicoe, and Gordon Patterson. *The Gardens of Mughal India*. New York: Thames and Hudson, 1972.

*Cuadernos de la Alhambra* 36 (2000).

*Cuadernos de Madirat al-Zahra'*, Various articles.

Damluji, Salma Samar. *The Architecture of Oman*. Reading, UK: Garnet Publishing, 1998.

Daneshvari, Abbas. *Medieval Tomb Towers of Iran: An Iconographical Study*. Lexington, Ky.: Mazda, 1986.

Dar, Saifur Rehman. *Historical Gardens of Lahore*. Lahore: Aziz Publishers, 1982.

Davies, Philip. *Splendours of the Raj: British Architecture in India, 1660-1947*. Harmondsworth: Penguin, 1987.

Demiriz, Yıldız. "Tulips in Ottoman Turkish Culture and Art." In Michiel Roding and Hans Theunissen, eds., *The Tulip: A Symbol of Two Nations*, 57-75. Utrecht: M. Th. Houtsma Stichting, 1993.

Diba, Darab, P. Revault, and S. Santelli, eds. *Maisons d'Ispahan*. Paris: Maisonneuve & Larose, 2001.

Dickie, James. "Garden and Cemetery in Sinan's Istanbul." *Environmental Design: Journal of the Islamic Environmental Design Research Centre* ("Sinan and the Urban Vision"), 1-2 (1987): 70-85.

——. "Granada: A Case Study of Arab Urbanism in Muslim Spain." In Salma K. Jayyusi, ed., *The Legacy of Muslim Spain*, 88-111. Leiden: E.J. Brill, 1992.

——. "The Hispano-Arabic Garden: Its Philosophy and Function." *Bulletin of the School of Oriental and Asian Studies* 31 (1968): 237-48.

——. "The Islamic Garden in Spain." In Elisabeth Macdougall and Richard Ettinghausen, eds., *The Islamic Garden*, 89-105. Washington, D.C.: Dumbarton Oaks, 1976.

——. "Palaces of the Alhambra." In Jerrilynn D. Dodds, ed., *Al-Andalus: The Art of Islamic Spain*, 135-51. New York: Metropolitan Museum of Art, 1992.

Dioscorides. *Pedanii Dioscuridis Anazarbaei de materia medica*. 2 vols. Paris, 1935.

Dodd, Erica C. "On a Bronze Rabbit from Fatimid Egypt." *Kunst des Orients* 8 (1972): 60-76.

Dodds, Jerrilynn D. "Aḥmad Ibn Baso." In *Macmillan Encyclopedia of Architects*, 4 vols., I: 38. New York: Free Press, 1982.

Dodds, Jerrilynn D., ed. *Al-Andalus: The Art of Isldmic Spain*. New York: Metropolitan Museum of Art, 1992.

Dozy, Reinhart, ed. *Le calendrier de cordoue*, new ed. in Arabic and Latin with additional French trans. by Charles Pellat. Leiden: Brill, 1961.

——. *Scriptorum Arabum Loci de Abbaditis, nunc primum editi*. 3 vols. in 2. 1846; reprint, Hildesheim-New York: George Olms Verlag, 1992.

Dubler, C. E. *La "materia medica" de Dioscórides, transmisión medieval y renacentista*. 6 vols. Barcelona: Tipografía Emporium, 1953.

Écochard, Michel. "Le Palais Azem de Damas." *Gazette des Beaux-Arts*, 6th ser., 13 (1935): 231-41.

El Faïz, Mohammed. *Jardins de Marrakech*. Paris: Actes Sud, 2000.

——. *Les jardins historiques de Marrakech: Mémoire écologique d'une ville impériale*. Florence: EDIFIR, 1996.

El Faïz, Mohammed, Manuel Gómez Anuarbe, and Teresa Portela Marques. *Jardins de Maroc, d'Espagne et du Portugal*. Madrid: Actes Sud and Fondation Telefónica Maroc, 2003.

Eldem, Sedad H. and Feridun Akozan. *Topkapı Sarayı bir mimari araçtırma*. Istanbul: Millî Egitim Baslmevi, 1982.

Esin, Emil. "An Eighteenth-Century 'Yalı' Viewed in the Line of Development of Related Forms in Turkic Architecture." In *Atti del Secondo Congresso Internationale di Arte Turca*. Naples, 1965.

Ettinghausen, Richard. *Arab Painting*. 1962; 2nd ed., New York: Rizzoli, 1977.

——. "Introduction." In Elisabeth MacDougall and Richard Ettinghausen, eds., *The Islamic Garden*, 3-10. Washington, D.C.: Dumbarton Oaks, 1976.

Ettinghausen, Richard, O. Grabar, and M. Jenkins-Madina. *Islamic Art and Architecture, 650-1250*. Pelican History of Art. New Haven: Yale University Press, 2000.

Evliya, Çelebi (d.1679). *Narrative of Travels*, trans. J. von Hammer. London, 1834.

Fahd, Toufic. *L'agriculture nabatéenne, traduction en arabe attribuée à Abu Bakr Ahmad b. Ali al-Kasdani connu sous le nom d'Ibn Wahsiyya (IV/IX$^e$ siécle)*, 2 vols. Damascus: Institut Français de Damas, 1993-95.

Fat, Leslie Tjon Sie, and Erik de Jong, eds. *The Authentic Garden: A Symposium on Gardens*. Leiden: Clusius Foundation, 1991.

Fernandez Puertas, Antonio. *The Alhambra I, From the Ninth Century to Yusuf I (1354)*. London: Saqi Books, 1997.

Findly, Ellison Banks. "Nur Jahan's Embroidery Trade and Flowers of the Taj Mahal." *Asian Art and Culture* (Spring-Summer 1996): 7-25.

——. *Nur Jahan: Empress of Mughal India*. New York: Oxford University Press, 1993.

Flood, Finbarr. *The Great Mosque of Damascus: Studies in the Making of an Umayyad Visual Culture*. Leiden: Brill, 2001.

Forkel, Hermann, et al., eds. *Die Gärten des Islam*. London: H. Mayer, 1993.

Fowden, Garth. *Qusayr Amra: Art and the Umayyad Elite in Late Antique Syria*. Berkeley: University of California Press, 2004.

Franke-Vogt, Ute, K. Bartle, and Th. Urban. "Bagh-e Babur, Kabul: Excavations in a Mughal Garden." In Ute Franke-Vogt and Hans-Joachim Weisshaar, eds., *South Asian Archaeology* (Proceedings of the Seventeenth International Conference of the European Association of South Asian Archaeologists, 7-11 July 2003, Bonn. 541-57). Aachen: Linden Soft, 2005.

Gabriel, Albert. "Kasr el-Heir." *Syria* 8 (1927): 302-29.

Gallotti, Jean. *Moorish Houses and Gardens of Morocco*. 2 vols. New York: William Helburn, 1926, esp. vol. 2.

García Sánchez, Expiración. "Agriculture in Muslim Spain." In S. K. Jayyusi, ed., *The Legacy of Muslim Spain,* 987-99. Leiden: E.J. Brill, 1992.

Gayangos, Pascual de, ed. and trans. *History of the Mohammedan Dynasties in Spain*, 2 vols. London: Oriental Translation Fund, 1840-43 (a translation of al-Maqqarī; *Nafḥal-ṭīb*).

Gleason, Kathryn, and Naomi Miller, eds. *The Archaeology of Garden and Field*. Philadelphia: University of Pennsylvania Press, 1994.

Glick, Thomas. *Islamic and Christian Spain in the Early Middle Ages*. Princeton: Princeton University Press, 1979.

Goblot, Henri. *Les qanats: Une technique dacquisition de l'eau*. Paris: Mouton, 1979.

Goetz, H. "An Irruption of Gothic Style Forms into Indo-Islamic Architecture." *Artibus Asiae* 22 (1959): 53-58.

———. "The Nagaur School of Rajput Painting." *Artibus Asiae* 12 (1949): 89-98.

Goldschmidt, A."Die Favarades Königs Roger von Sizilien." *Jahrbuch der Kgl. Preuszischen Kunstsammlungen* 16, no. 3 (1895): 199-215.

Golombek, Lisa. "From Tamerlane to the Taj Mahal." In A. Daneshvari, ed., *Essays in Islamic Art and Architecture in Honor of Katharina Otto-Dorn*, 43-50. Malibu, Calif.: Undena,1981.

———. "Gardens. ii. Islamic Period." *Encyclopedia Iranica* 10, 3 (2000): 298-305.

———. "The Gardens of Timur: New Perspectives." *Muqarnas* 12 (1995): 137-47.

———. *The Timurid Shrine at Gazur Gah*. Toronto: Royal Ontario Museum, 1969.

Golombek, Lisa, and Renata Holod. "Preliminary Report on the Isfahan City Profect." In *Akten VII. Internationalen Kongresses für Iranische Kunst und Archäologie* (Munich, 1976), 578-90. Berlin: D. Reimer, 1979.

Golvin, Lucien. *Recherches archéologiques à la Qal'a des Banu Hammad*. Paris: Maisonneuve et Larose, 1965.

Goodwin, Godfrey. "Gardens of the Dead in Ottoman Times." *Muqarnas* 5 (1988): 61-69.

———. *A History of Ottoman Architecture*. New York: Thames and Hudson, 1971.

Grabar, Oleg. *The Alhambra*. 1978; reprint, Sebastopol, Calif.: Solipsist Press, 1992.

———. "The Earliest Islamic Commemorative Structures. Notes and Documents." *Ars Orientalis* 6 (1966): 7-46.

———. *The Formation of Islamic Art*. Rev. ed. New Haven: Yale University Press, 1987.

———. *The Illustrations of the Maqamat*. Chicago: University of Chicago Press, 1984.

———. "The Islamic Dome, Some Considerations." *Journal of the Society of Architectural Historians* 22 (1963): 191-98.

———. "Qaṣr al-Ḥayr Ash-Sharqī." In *The Oxford Encyclopedia of Archaeology in the Near East*, 5 vols. 4: 379-80. New York: Oxford University Press, 1997.

———. *The Shape of the Holy: Early Islamic Jerusalem*. Princeton: Princeton University Press, 1996.

———. "Symbols and Signs in Islamic Architecture." In Renata Holod and D. Rostorfer, eds., *Architecture and Community*. Millerton, N.Y.: Aperture, 1983.

———. "Umayyad 'Palace' and Abbasid 'Revolution'." *Studia islamica* 18 (1962): 5-18.

Grabar, Oleg, R. Holod, J. Knustad, and W. Trousdale. *City in the Desert: Qasr al-Hayr East*. Cambridge, Mass.: Harvard University Press, 1978.

Graf von Bothmer, Hans-Caspar. "Architekturbilder im Koran Meine Prachthandschrift der Umayyadenzeit aus dem Yemen." *Pantheon* 45 (1987): 4-20.

Gray, Basil. "A Fatimid Drawing." *British Museum Quarterly* 12 (1938): 91-96.

Grierson, Philip. "The Tombs and Obits of the Byzantine Emperors (337-1042)." *Dumbarton Oaks Papers* 16 (1962): 3-63.

Grunebaum, Gustave von. "The Response to Nature in Arabic Poetry." *Journal of Near Eastern Studies* 4 (1945): 137-51.

———. *Themes in Medieval Arabic Literature*. London: Variorum, 1981.

Gulbadan Bĕgum. *The History of Humayun*. Trans. Annette Beveridge. 1902; reprint, Delhi: Idarah-i Adabiyāt-i Dehli, 1972.

Gupta, Sankar Sen, ed., *Tree Symbol Worship in India*. Calcutta: India Publications, 1965.

*Hali* 5 (1982-83).

Hämeen-Anttila, Jaakko. *The Last Pagans of Iraq: Ibn Wahshiyya and his Nabatean Agriculture*. Leiden: Brill, 2006.

Hamilton, Richard W. *Khirbat al-Mafjar: An Arabian Mansion in the Jordan Valley*. Oxford: Clarendon Press, 1959.

Hammūdi, Khālid Khalīl. "Qaṣr al-khalīfa al-Muʻtasim fī Sāmarrā." *Sumer* 38 (1982): 168-205.

Hanaway, William, Jr. "Paradise on Earth: The Terrestrial Garden in Persian Literature." In Elisabeth MacDougall and Richard Ettinghausen, eds., *The Islamic Garden*, 43-67. Washington, D.C.: Dumbarton Oaks, 1976.

al-Ḥassan, Aḥmad Y., ed. *Kitāb al-Ḥiyal: The Book of Ingenious Devices*. Aleppo: University of Aleppo, 1981.

al-Ḥassan, Aḥmad, and Donald Hill. *Islamic Technology: An Illustrated History*. Cambridge: Cambridge University Press, 1986.

d'Henry, Gabrielle. "Scafati (Salerno): Monumento fune-rario." *Bollettino d'Arte* 4th ser. 49 (1964): 368-69.

Hernández-Bermejo, J. Esteban, and E. García Sánchez. "Economic Botany and Ethnobotany in Al-Andalus (Iberian Peninsula: Tenth-Fifteenth Centuries), an Unknown Heritage of Mankind." *Economic Botany* 52 (1998): 15-26.

Hernández Giménez, Félix. *Madinat al-Zahra': Arquitectura y decoracion*. Granada: Patronato de la Alhambra, 1985.

Hernández Núñez, Juan Carlos, and Alfredo J. Morales. *The Royal*

*Palace of Seville*. London: Scala, 1999.

Herzfeld, Ernst. "Mitteilungen über die Arbeiten der zweiten Kampagne von Samarra." *Der Islam* 5 (1914): 196-204.

Herzfeld, Ernst and F. Sarre, *Erster vorläufiger Bericht über die Ausgrabungen von Samarra*. Berlin, 1912.

Hill, Donald. *Arabic Water-Clocks*. Sources and Studies in the History of Arabic-Islamic Science, History of Technology Series, 4. Aleppo: University of Aleppo, 1981.

——. *On the Construction of Water-Clocks (Kitāb arshimīdas fi 'amal al-binkamat)*. Turner and Devereaux Occasional Papers, 4. London, 1976.

Hillenbrand, Robert. "The Arts of the Book in Ilkhanid Iran." In Linda Komaroff and Stefano Carboni, eds., *The Legacy of Genghis Khan: Courtly Art and Culture in Western Asia, 1250-1353*, 135-67. New York: Metropolitan Museum of Art; New Haven: Yale University Press, 2002.

——. *Islamic Architecture: Form, Function and Meaning*. New York: Columbia University Press, 1994.

Hoag, John. *Islamic Architecture*. New York: Rizzoli, 1987.

Hodge, A. T. *Roman Aqueducts and Water Supply*. London: Duckworth, 1992.

Hodgson, Marshall. "The Role of Islam in World History." In Marshall Hodgson and Edmund Burke III, eds., *Rethinking World History*, 97-125. Cambridge: Cambridge University Press, 1993.

Holod, Renata. "Luxury Arts of the Caliphal Period." In Jerrilynn Dodds, ed., *Al-Andalus: The Art of Islamic Spain*, 41-47. New York: Metropolitan Museum of Art, 1992.

Holod, Renata, ed. *Iranian Studies*. Special issue: Proceedings of The Isfahan Colloquium. 7 (1974).

Honarfar, L. *Historical Monuments of Isfahan*, 3rd ed. Isfahan: Emami Press, 1964.

Hourani, Albert, and S. M. Stern, eds. *The Islamic City*. Philadelphia: University of Pennsylvania Press, 1970.

Hoyland, Robert. *Seeing Islam as Others Saw It: A Survey and Evaluation of Christian, Jewish and Zoroastrian Writings on Early Islam*. Princeton: Darwin Press, 1997.

Hunt, Eva, and Robert C. Hunt. "Irrigation, Conflict, and Politics: A Mexican Case." In Theodore E. Downing and McGuire Gibson, eds., *Irrigation's Impact on Society*. Anthropological Papers of the University of Arizona, no. 25, 129-57. Tucson: University of Arizona Press, 1974.

Hussain, Mahmood, Abdul Rehman, and James L. Wescoat, Jr., eds. *The Mughal Garden*. Lahore: Ferozsons, 1996.

Ibn 'Abd al-Hakam. *See* Robert Hoyland.

Ibn al-Shihnah. "*Les perles choisies" d'Ibn ach-Chihna*. Ed. Jean Sauvaget. Beirut: Institut français de Damas, mémoires, 1933.

Ibn 'Arabshāh. *Tamerlane or Timur the Great Amir*. Trans. J. H. Saunders. London: Luzac, 1936.

Ibn Baṣṣāl. *Tratado de agricultura*. Trans. J. M. Millas Vallicrosa and M. Aziman. Tetuan: Instituto Muley el-Hasan, 1955.

Ibn Baṭṭūṭa. *Travels in Asia and Africa, 1325-1354*. Trans. H. A. R. Gibb. Abridged version. New Delhi: Manohar, 2001.

——. *The Travels of Ibn Battuta, A.D. 1325-1354*. Trans. H. A. R. Gibb, 3 vols. Cambridge: Cambridge University Press for The Halkluyt Society, 1958-71.

Ibn Ghālib. *Kitāb farhat al-anfus fi-akhbar al-andalus*. Ed. Lutfi 'Abd al-Badī' in *Majallat ma'had al-makhṭūṭat al-'arabiyya* vol. 1 (Cairo, 1955): 272-310.

——. "La descripción de Córdoba de Ibn Galib." Trans. Joaquín Vallvé Bermejo. In *Homenaje a Pedro Sainz Rodriguez*, 3 vols., III: 669-79. Madrid: Fundación Universitaria Española, 1986.

Ibn Ḥabīb. *Kitāb al-Ta'rij (La historia)*. Ed. Jorge Aguade. Madrid: Consejo Superior de Investigaciones Científicas, 1991.

Ibn 'Idhārī. *Histoire de l'Afrique du Nord et de l'Espagne musulmane intitulée Kitāb al-bayan al-mughrib*. Eds. E. Lévi-Provençal and G. S. Colin, 2 vols. Leiden: E.J. Brill, 1948-51.

——. *Histoire de l'Afrique et de l'Espagne*. Trans. E. Fagnan. 2. vols. Algiers: P. Fontana, 1901-4.

Ibn Luyūn. *Ibn Luyūn: Tratado de Agricultura*. Ed. and trans. Joaquina Eguaras Ibàñez. Granada: Patronato de la Alhambra, 1975.

Ibn Qutayba. *Kitāb al-anwā'*. Ed. Hamidullah and Charles Pellat. Hyderabad: Dairatu'l-Ma'arifi'l-Osmania, 1956.

Ibn Shuhayd. *El Dīwān de Ibn Shuhayd al-Andaluīs, 382-426 H = 992-1035 C., Texto y Traduccion*. Ed. and trans. James Dickie. Cordoba: Real Academia de Córdoba, 1975.

Ibn Wāfid. *See* Millás Vallicrosa.

Ibn Waḥsiyya. *See* Toufic Fahd.

Ibn Zaydūn et al. *Dīwān*. Ed. Kāmil Kīlānī and A.R. Khalīfa. Cairo: Muṣṭafā al-Bābī al-Halabī, 1932. (1351 AH).

Imru al-Qays. *See* A.J. Arberry, *The Seven Odes*.

'Ināyat Khān. *The Shah Jahan Nama*. Ed. W. E. Begley and Z. A. Desai, based on earlier edition of A. R. Fuller. Delhi: Oxford University Press, 1990.

INTACH. "Lodi Gardens" (map). New Delhi: Indian National Trust for Art and Cultural Heritage (INTACH), Heritage Education and Communication Service, n.d.

Irving, Robert G. *Indian Summer: Lutyens, Baker, and Imperial Delhi*. New Haven: Yale University Press, 1981.

Jacobs, Michael. *The Alhambra*. New York: Rizzoli, 2000.

Jahāngīr, Nūr al-Dīn. *The Jahangirnama: Memoirs of Jahangir, Emperor of India*. Ed. and trans. Wheeler Thackston. Washington, D.C.: Freer Gallery, 1999.

Jain, Minakshi, and Kulbhushan Jain. *The Fort of Nagaur*. Jodhpur: Mehrangarh Museum Trust; Ahmedabad: CEPT School of Architecture, 1993.

Jakobi, Jürgen. "Agriculture Between Literary Tradition and Firsthand Experience: The *Irshad al-zira'a* of Qasim b. Yusuf Abu Nasri Haravi." In Lisa Golombek and Maria Subtelny, eds., *Timurid Art and Culture*, 201-8. Leiden: E.J. Brill, 1992.

Jashemski, Wilhemina. *The Gardens of Pompeii*, 2 vols. New York: Caratzas Brothers, 1979-93.

———. "Town and Country Gardens at Pompeii and Other Vesuvian Sites." In William Kelso and Rachel Most, eds., *Earth Patterns*, 213-25. Charlottesville: University of Virginia, 1990.

Jashemski, Wilhemina, and Elisabeth MacDougall, eds. *Ancient Roman Gardens*. Washington, D.C.: Dumbarton Oaks, 1981.

Jashemski, Wilhemina, and Frederick Meyer, eds. *The Natural History of Pompeii*. Cambridge: Cambridge University Press, 2002.

al-Jazarī, Ibn al-Razzāz. *The Book of Ingenious Mechanical Devices*. Ed. and trans. Donald Hill. Dordrecht: D. Reidel, 1974.

———. *See also* A. K. Coomaraswamy.

Jellicoe, Susan. "The Development of the Mughal Garden." In Elisabeth MacDougall and Richard Ettinghausen, eds., *The Islamic Garden*, 109-29. Washington, D.C.: Dumbarton Oaks, 1976.

Jenkins, Marilyn. "Al-Andalus: Crucible of the Mediterranean." In *The Art of Medieval Spain, A.D. 500-1200*, 73-84. New York: Metropolitan Museum of Art, 1993.

Jiménez Martín, Alfonso. "El Patio de los Naranjos y la Giralda." In *La Catedral de Sevilla*, 83-132. Seville: Ediciones Guadalquivir, 1984.

Joffee, Jennifer. "Art, Architecture, and Politics in Mewar, 1628-1710." Ph.D. diss., University of Minnesota, 2005.

Joffee, Jennifer, and D. Fairchild Ruggles. "Rajput Gardens and Landscapes." In Michel Conan, ed., *The Middle East Garden Traditions, Unity and Diversity: Questions, Methods, and Resources in a Multicultural Perspective*, 269-285. Washington, D.C.: Dumbarton Oaks, 2007

Johnson, Mark J. "Late Imperial Mausolea." Ph.D. diss., Princeton University, 1986.

Joshi, M. C. *Dig*. 3rd ed. New Delhi: Archaeological Survey of India, 1982.

Kaul, H. K. *Historic Delhi: An Anthology*. New Delhi: Oxford University Press, 1985.

Kausar, Sajjad, M. Brand, and J. L. Wescoat, Jr. *Shalamar Garden Lahore: Landscape, Form and Meaning*. Islamabad: Department of Archaeology and Museums, Ministry of Culture, Pakistan, 1990.

Keenan, Brigid. *Damascus: Hidden Treasures of the Old City*. New York: Thames and Hudson, 2000.

Kernan, Michael. "Turning a New Leaf." *Smithsonian*, August 2000.

Khallāf, M. *Wathā'iq fī shu'un al-'umrān fī'l-Andalus*. Cairo, 1983.

Khan, Ahmad Nabi. "Conservation of the Hiran Minar and Baradari at Sheikhpura." *Pakistan Archaeology* 6 (1969).

Khangarot, R. S., and P. S. Nathawat. *Jaigarh: The Invincible Fort of Amber*. Jaipur: RBSA Publishers, 1990.

Khansari, Mehdi, M. Reza Moghtader, and Minouch Yavari. *The Persian Garden: Echoes of Paradise*. Washington, D.C.: Mage, 1998.

al-Khatīb al-Baghdādī. *Ta'rīkh Baghdād*, 14 vols. Cairo: Maktabat al-Khanjī, 1931. 1: 100-104.

Khokhar, Masood-ul-Hassan. "Conservation of Lahore Fort Gardens." In Mahmood Hussain, Abdul Rehman, and James L. Wescoat, Jr., eds., *The Mughal Garden*, 129-32. Lahore: Ferozsons, 1996.

Kiby, Ulrika. "Islamische Gartenkunst." *Der Islam* 68 (1991): 329-64.

King, David. Review of Charles Pellat, *Cinq calendriers égyptiens* (1986). *Journal of the American Research Center in Egypt* 25 (1988): 252-53.

Koch, Ebba. *The Complete Taj Mahal and the Riverfont Gardens of Agra*. London: Thames and Hudson, 2006.

———. *Mughal Architecture*. 1991; reprint, Oxford: Oxford University Press, 2002.

———. "Mughal Palace Gardens from Babur to Shah Jahan (1526-1648)." *Muqarnas* 14 (1997): 143-65.

———. "The Mughal Waterfront Garden." In Attilio Petruccioli, ed., *Gardens in the Time of the Great Muslim Empires: Theory and Design*, 140-60. Leiden: E.J. Brill, 1997.

———. "Notes on the Painted and Sculptured Decoration of Nur Jahan's Pavilions in the Ram Bagh (Bagh-i Nur Afshan) at Agra." In Robert Skelton et al, eds., *Facets of Indian Art*, 51-65. London: Victoria and Albert Museum, 1986.

———. "Pietre Dure and Other Artistic Contacts Between the Court of the Mughals and that of the Medici." *Marg* 39, no. I (s.d.): 30-56.

———. *Shah Jahan and Orpheus*. Graz: Akademie Druck und Verlagsanstalt, 1988.

———. "The Zahara Bagh (Bagh-i Jahanara) at Agra." *Environmental Design* no. 2 (1986): 30-37.

Komaroff, Linda. "The Transmission and Dissemination of a New Visual Language." In Linda Komaroff and Stefano Carboni, eds., *The Legacy of Genghis Khan: Courtly Art and Culture in Western Asia, 1256-1353*, 169-95. New York: Metropolitan Museum of Art; New Haven: Yale University Press, 2002.

Koran. *See* al-Qur'an.

Kritovoulos. *History of Mehmed the Conqueror by Kritovoulos*. Trans. Charles Riggs. Princeton: Princeton University Press, 1954.

Lambin, Denis. "Garden, §VIII, 4(ii): France, c. 1550-c. 1800." In *The Grove Dictionary of Art Online*. Oxford University Press, www.groveart.com. accessed 20 April 2004.

Lang, Jon, Madhavi Desai, and Miki Desai. *Architecture and Independence: The Search for Identity - India 1880-1980*. Delhi: Oxford University Press, 1997.

Latif, Syed Muhammad. *Lahore: Its History, Architectural Remains, and Antiquities.* Lahore, 1892.

Lehrman, Jonas. *Earthly Paradise: Garden and Courtyard in Islam.* Berkeley: University of California Press, 1980.

Leisten, Thomas. "Between Orthodoxy and Exegesis: Some Aspects of Attitudes in the Shari'a Toward Funerary Architecture." *Muqarnas* 7 (1990): 12-22.

Lentz, David. "Botanical Symbolism and Function at the Mahtab Bagh." In Elizabeth Moynihan, ed., *The Moonlight Garden: New Discoveries at the Taj Mahal,* 43-57. Washington, D.C.: Arthur M. Sackler Gallery; Seattle: University of Washington Press, 2000.

Lentz, Thomas, and Glenn Lowry. *Timur and the Princely Vision.* Los Angeles: Los Angeles County Museum of Art; Washington, D.C.: Arthur M. Sackler Gallery, 1989.

Lévi-Provençal, E. *Histoire de l'Espagne musulmane,* 3 vols. Paris: G. P. Maisonneuve, 1950-53.

Littlefield, Sharon, with Introduction by Carol Bier. *Doris Duke's Shangri La.* Honolulu: Honolulu Academy of Arts, 2002.

Littlewood, A. "Gardens of the Palaces." In Henry Maguire, ed., *Byzantine Court Culture from 829 to 1204,* 13-38. Washington, D.C.: Dumbarton Oaks, 1997.

López, Angel C. "Vida y obra del famoso polígrafo cordobés del siglo X, 'Arib Ibn Sa'id." In Expiración García Sánchez, ed., *Ciencias de la naturaleza en al-Andalus: textos y estudios,* 2 vols. 1: 317-47. Granada, 1990.

Lowry, Glenn. "Humayun's Tomb: Form, Function, and Meaning in Early Mughal Architecture." *Muqarnas* 4 (1987): 133-48.

Lowry, Glenn, and Susan Nemazee. *A Jeweler's Eye: Islamic Arts of the Book fom the Vever Collection.* Washington, D.C.: Arthur M. Sackler Gallery, 1988.

MacDougall, Elisabeth, and Richard Ettinghausen, eds. *The Islamic Garden.* Washington, D.C.: Dumbarton Oaks, 1976.

Maguire, Henry. "Imperial Gardens and the Rhetoric of Renewal." In Paul Magdaline, ed., *New Constantines: The Rhythm of Imperial Renewal in Byzantium, 4th-13th Centuries,* 181-98. Aldershot: Variorum, 1994.

Maguire, Henry, ed. *Byzantine Court Culture from 829 to 1204.* Washington, D.C.: Dumbarton Oaks, 1997.

Mango, Cyril, and Stephan Yerasimos, *Melchior Lorichs' Panorama of Istanbul 1559.* Facsimile edition. Bern: Ertug & Kocabiyik, 1999.

Manucci, N. *Storia do Magor by Niccolao Manucci.* Trans. William Irvine. London: John Murray, 1907.

Manzano Martos, Rafael. "Casas y palacios en la Sevilla almohade. Sus antecedentes hispánicos." In Julio Navarro Palazón, ed. *Casas y palacios de al-Andalus,* 315-52. Granada: El Legado Andalusí, 1995.

al-Maqqarī, Aḥmad. *Analectes sur l'histoire et la litterature des arabes d'Espagne.* Eds. R. Dozy et al. 2 vols. in 3. Leiden: E.J. Brill, 1855-61; reprint, London: Oriental Press, 1967.

———. *History of the Mohammedan Dynasties in Spain.* Ed. and trans. Pascual de Gayangos, 2 vols. London: Oriental Translation Fund, 1840-43.

Maqrīzī, Aḥmad. *Kitāb al-khiṭaṭ.* 5 vols. Ed. Gaston Wiet. Cairo: Imprimerie de l'Institut français d'archéologie orientale, 1911-1924.

Marçais, Georges. *L'Architecture musulmane d'occident.* Paris: Arts et Métiers Graphiques, 1954.

———. "Les jardins de l'Islam." In Marçais, *Mélanges d'histoire et d'archéologie de l'Occident musulman,* 2 vols.1: 233-44. Algiers: Imprimerie officielle du Gouvernement générale d'Algérie, 1957.

*Marg.* Special issue on Fatehpur-Sikri 38, no. 2 (1986).

*Marg.* Special issue, "Landscape Architecture and Gardening of the Mughals." 26, no. 1 (1972).

Marín Fidalgo, Ana. *EI Alcázar de Sevilla.* Seville: Ediciones Guadalquivir, 1990.

Marshall, P. J. ed. *The British Discovery of Hinduism in the Eighteenth Century.* Cambridge: Cambridge University Press, 1970.

Martín-Consuegra, E., J. L. Ubera, and E. Hernández-Bermejo. "Palynology of the Historical Period at the Madinat al-Zahra Archaeological Site, Spain." *Journal of Archaeological Science* 23 (1996): 249-61.

Martín-Consuegra, E., E. Hernández-Bermejo, and J. L. Ubera. *Palinología y botánica histórica del complejo arqueológico de Madinat al-Zahra.* Monografías del Jardín Botánico de Córdoba 8. Cordoba: Jardín Botaníco de Córdoba, 2000.

Mashmud, Muhammad Khalid. "The Mausoleum of the Emperor Jahangir." *Arts of Asia* 13( 1983): 57-66.

Masson, Charles. *Narrative of Various Journeys in Balochistan, Afghanistan, and the Panjab,* 3 vols. London, 1842.

Maury, Bernard. "La maison damascène au XVIII$^e$ siècle et au début du XIX$^e$ siècle." In *Habitat traditionnel dans les pays musulmans autour de la Méditerranee (Aix-en-Provence, 6-8 juin 1984),* 3 vols. 1: 1-42. Cairo: Institut Français d'Archeologie Orientale, ca. 1988-91.

McChesney, Robert D. "Some Observations on 'Garden' and Its Meaning in the Property Transactions of the Juybari Family in Bukhara, 1544-77." In Attilio Petruccioli, ed., *Gardens in the Time of the Great Muslim Empires,* 97-109. Leiden: E. J. Brill, 1997.

McKay, A. G. *Houses, Villas and Palaces in the Roman World.* Ithaca: Cornell University Press, 1975.

Meier, Hans-Rudolf. "'das ird'sche Paradies, das sich den Blicken öffnet': Die Gartenpaläste der Normannenkönige in Palermo." *Die Gartenkunst* 5, no. 1(1994): 1-18.

Meisami, Julie Scott. "Palaces and Paradises: Palace Description in Medieval Persian Poetry." In Oleg Grabar and Cynthia Robinson, eds., *Islamic Art and Literature,* 21-54. Princeton: Markus Wiener, 2001.

Menjili-De Corny, Irène. *Jardins du Maroc*. Paris: Le Temps Apprivoisé, 1991.

Metcalf, Thomas. *An Imperial Vision: Indian Architecture and Britain's Raj*. Berkeley: University of California Press, 1989.

Meunié, Jacques, Henri Terrasse, and Gaston Deverdun. *Recherches archéologiques à Marrakech*. Paris, 1952.

Meunié, Jean. "Le grand Riad et les batiments saadiens du Badi' it à Marrakech selon le plan publié par Windus." *Hespéris* 44 (1957): 129-34.

Michell, George, and Antonio Martinelli. *The Royal Palaces of India*. London: Thames and Hudson, 1994.

Millás Vallicrosa, José. "La traducción castellana del 'Tratado de agricultura' de Ibn Wāfid." *Al-Andalus* 8 (1943): 281-332. See also Ibn Baṣṣāl.

Miller, Susan G. "Finding Order in the Moroccan City: The *Hubus* of the Great Mosque of Tangier as an Agent of Urban Change." *Muqarnas* 22 (2005): 265-83.

Mir, Muhammad Naeem, Mahmood Hussain, and James L. Wescoat, Jr. *Mughal Gardens in Lahore: History and Documentation*. Lahore: Department of Architecture, University of Engineering and Technology, 1996.

Moaz, Abd al-Razzaq. "Domestic Architecture, Notables and Power: A Neighborhood in Late Ottoman Damascus: An Introduction." In *Art turc/Turkish Art (Tenth International Congress of Turkish Art, Geneva, 17-23 September 1995)*, 489-95. Geneva: Fondation Max van Berchem, 1999.

Mostyn, Trevor. *Egypt's Belle Epoque: Cairo 1669-1952*. London: Quartet, 1989.

Moynihan, Elizabeth. "The Lotus Garden Palace of Zahir al-Din Muhammad Babur." *Muqarnas* 5 (1988): 135-52.

———. "'But What a Happiness to Have Known Babur!'" In James L. Wescoat, Jr., and Joachim Wolschke-Bulmahn, eds., *Mughal Gardens: Sources, Places, Representations, and Prospects*, 95-126. Washington, D.C.: Dumbarton Oaks, 1996.

———. *Paradise as a Garden in Persia and Mughal India*. New York: George Braziller, 1979.

Moynihan, Elizabeth, ed. *The Moonlight Garden: New Discoveries at the Taj Mahal*. Washington, D.C.: Arthur M. Sackler Gallery; Seattle: University of Washington Press, 2000.

al-Muḥassin ibn ʿAlī al-Tanūkhī. *The Table-talk of a Mesopotamian Judge, being the first part of the Nishwār al-Muḥāḍarah, or Jāmiʿ al-Tawārīkh of Abu ʿAlī al-Muḥassin al-Tanūkhī*. Ed. and trans. D.S. Margoliouth. London: Royal Asiatic Society, 1921-22.

Mukerji, Chandra. *Territorial Ambitions and the Gardens of Versailles*. Cambridge: Cambridge University Press, 1997.

Mukherji, Anisha S. *The Red Fort of Shahjahanabad*. Delhi: Oxford University Press, 2003.

Müller, Christian. "Judging with God's Law on Earth: Judicial Powers of the *Qadi al-jamaʿa* of Cordoba in the Fifth/Eleventh Century." *Islamic Law and Society* 7, no. 2 (2000): 159-86.

Murphy, Veronica. *The Origins of the Mughal Flowering Plant Motif*. London: Indar Pasricha Fine Arts, 1987.

Nanda, Ratish, and Jolyon Leslie. "Rehabilitating the Garden of Babur and Its Surroundings in Kabul." In Aga Khan Historic Cities Programme, *Urban Conservation and Area Development in Afghanistan*, 21-41. Geneva: Aga Khan Trust for Culture, 2007. www.akdn.org/hcsp/afghanistan/Afghanistan%20Brochure.pdf.

Nath, Ram. *The Immortal Taj: The Evolution of the Tomb in Mughal Architecture*. Bombay: D. B. Taraporevala Sons, 1972.

Navagero, Andres. *Viaje por España (1524-1526)*. Spanish trans. Antonio Fabie. Madrid: Turner, 1983.

Navarro Palazón, Julio, ed. *Casas y Palacios de al-Andalus*, Granada: El Legado Andalusí, 1995.

Navarro Palazón, Julio, and P. Jimenez Castillo. "El Castillejo de Monteagudo: Qasr Ibn Saʿd." In Julio Navarro Palazón, ed. *Casas y Palacios de al-Andalus*, 63-103. Granada: El Legado Andalusí, 1995.

Necipoğlu, Gülru. "Anatolia and the Ottoman Legacy." In Martin Frishman and Hasan-Uddin Khan, eds., *The Mosque*, 141-53. London: Thames and Hudson, 1994.

———. *Architecture, Ceremonial and Power: The Topkapi Palace in the Fifteenth and Sixteenth Centuries*. Cambridge, Mass.: MIT Press, 1991.

———. "The Suburban Landscape of Sixteenth-Century Istanbul as a Mirror of Classical Ottoman Garden Culture." In Attilio Petruccioli, eds., *Gardens in the Time of the Great Muslim Empires*, 32-71. Leiden: E. J. Brill, 1997.

Nieto Cumplido, Manuel, and Carlos Luca de Tena y Alvear. *La Mezquita de Córdoba: pianos y dibujos*. Cordoba: Colegio de arquitectas de Andalucia occidental, 1992.

Northedge, Alastair. "Creswell, Herzfeld and Samarra." *Muqarnas* 8 (1991): 74-93.

———. "An Interpretation of the Palace of the Caliph at Samarra." *Ars Orientalis* 23 (1993): 143-70.

———. "The Palaces of the Abbasids at Samarra." In Chase Robinson, ed., *A Medieval Islamic City Reconsidered: An Interdisciplinary Approach to Samarra*, 29-67. Oxford: Oxford University Press, 2001.

Norwich, John Julius. *The Normans in Sicily*, 1970; reprint, London: Penguin, 1992.

al-Nuwayrī. *Historia de los musulmanes de España y Africa*. Ed. and trans. M. Gaspar Remiro. Granada, 1917.

———. *Nihāyat al-ʿarab*. Cairo, 1943.

Nykl, A. R. *Hispano-Arabic Poetry*. Baltimore: J. H. Furst, 1946.

———. *Historia de los amores de Bayad y Riyad*. New York: Hispanic Society, 1941.

Ocaña Jiménez, Manuel. "La Basílica de San Vicente y la Gran Mezquita de Córdoba: nuevo examen de los textos." *Al-*

*Andalus* 7 (1942.): 347-66.

O'Donovan, Edmond. *The Merv Oasis*, 2 vols. London, 1882, 2: 259-61.

Okada, Amina, and Jean-Louis Nou. *Un Joyau de l'Inde Moghole: Le mausotée d'I'timâd ud-Daulah*. Milan: 5 Continents Éditions, 2003.

O'Kane, Bernard. "The Arboreal Aesthetic: Landscape, Painting and Architecture from Mongol Iran to Mamluk Egypt." In Bernard O'Kane, ed., *Iconography of Islamic Art: Studies in Honor of Robert Hillenbrand*, 223-251. Cairo: American University in Cairo Press, 2005.

———. *Early Persian Painting*. London: I. B. Tauris, 2003.

Orihuela Uzal, Antonio. *Casas y palacios nazaríes. Siglos XIII-XV* Barcelona: El Legado Andalusí and Lunwerg Editores, 1996.

Ostrasz, Antoni A. "The Archaeological Material for the Study of the Domestic Architecture at Fustat." *Africana Bulletin* 26 (1977): 57-87.

Otto-Dorn, Katharina. "Grabung im ummayadischen Rusafah." *Ars Orientalis* 2 (1957): 119-33.

Pal, Pratapaditya, and Janice Leoshko, eds. *Romance of the Taj Mahal*. Los Angeles: Los Angeles County Museum of Art; London: Thames and Hudson, 1989.

Pant, Chandra. *Nur Jahan and Her Family*. Allahabad: Dan Dewal Publishing, 1978.

Parpagliolo, M. T. S. *Kabul: The Bagh-i Babur*. Rome: Istituto Italiano per il Medio e l'Estremo Oriente, 1972.

Parker, Richard. *A Practical Guide to Islamic Monuments in Morocco*. Charlottesville: Baraka Press, 1981.

Patil, D.R. *Mandu*. New Delhi: Archaeological Survey of India, 1992.

Pavloskis, Zoja. *Man in an Artificial Landscape: The Marvels of Civilization in Imperial Roman Literature*. Leiden: E. J. Brill, 1973.

Pavón Maldonado, Basilio. *Estudios sobre la Alhambra. I: La Alcazaba, el Palacio de los Abencerrajes, los accesos a la Casa Vieja, el Palacio de Comares, el Partal*. Granada: Patronato de la Alhambra y Generalife, 1975.

———. *Estudios sobre la Alhambra. II (supplement to Cuadernos de la Alhambra)*. Granada: Patronato de la Alhambra y Generalife, 1977.

———. "Influjos occidentals en el arte del califato de Córdoba." *Al-Andalus* 33 (1968): 205-20.

Pavord, Anna. *The Tulip*. New York: Bloomsbury, 1999.

Pedersen, Johannes. *The Arabic Book*. Trans. Geoffrey French. Princeton: Princeton University Press, 1984.

Pellat, Charles. *Cinq calendriers égyptiens* (Textes arabes et études islamiques, XXVI). Cairo: Institut Français d'Archéologie Orientale du Caire, 1986.

Pertusier, C. *Promenades pittoresques dans Constantinople et sur les rives du Bosphore*. Paris, 1815.

Petruccioli, Attilio. *Il giardino islamico: Architettura, natura, paesaggio*. Milan: Electa, 1994.

———. "Gardens and Religious Topography in Kashmir." *Environmental Design*, nos. 1-2. (1991): 64-73.

Petruccioli, Attilio, ed. *Gardens in the Time of the Great Muslim Empires*. Leiden: E. J. Brill, 1997.

Pieper, Jan. "Arboreal Art and Architecture in India." *Art and Archaeology Research Papers* (AARP) 12. (Dec. 1977): 47-54.

Pinder-Wilson, Ralph. "The Persian Garden: *Bagh* and *Chahar Bagh*." In Elisabeth MacDougall and Richard Ettinghausen, eds., *The Islamic Garden*, 71-85. Washington, D.C.: Dumbarton Oaks, 1976.

Pope, Arthur Upham, and Phyllis Ackerman. *A Survey of Persian Art*, 6 vols. 1938-39; reprint, Tokyo: Meiji-Shobo, 1964.

Porter, Yves, and Arthur Thévenart. *Palaces and Gardens of Persia*. Paris: Flammarion, 2003.

Prasad, H. Y. Sharada. *Rashtrapati Bhavan: The Story of the President's House*. New Delhi: Publication Division, Ministry of Information and Broadcasting in association with National Institute of Design for Rashtrapati Bhavan, ca. 1992.

al-Qur'an. Trans. Ahmed Ali. Princeton: Princeton University Press, 1988.

Rabbani, Ahmad. "Hiran Munara at Shekhupura." In S. M. Abdullah, ed., *Majlis-e Armughān-e 'Ilmī, Professor Muḥammad Shāfi' Presentation Volume*. Lahore, 1955.

Rani, Abha. *Tughluq Architecture of Delhi*. Varanasi: Bharati Prakashan, 1991.

Rapp, George, Jr., and Christopher L. Hill. *Geoarchaeology: The Earth Science Approach to Archaeological Interpretation*. New Haven: Yale University Press, 1998.

Raymond, André. "Les porteurs d'eau du Caire." *Bulletin de l'Institut Français d'Archéologie Orientale* 57 (1958): 183-202.

Redford, Scott. *Landscape and the State in Medieval Anatolia: Seljuk Gardens and Pavilions of Alanya*. Oxford: Archaeopress, 2000.

———. "Seljuk Pavilions and Enclosures in and Around Alanya." *Arastirma Sonuçlari Toplantisi* 14 (Ankara), (1997): 453-67.

Reifenburg, A. *The Struggle Between the Desert and the Sown: The Rise and Fall of Agriculture in the Levant*. Jerusalem: Jewish Agency, 1955.

Reuther, Oskar. *Indische Palaste und Wohnhäuser*. Berlin: I. Preiss, 1925.

Revault, Jacques. *Palais, demeures et maisons de plaisance à Tunis et ses environs: Du XVIe et XIXe siècle*. Aix-en-Provence: Édisud, 1984.

———. *Palais et résidences d'été de la région de Tunis (XVIe-XIXesiècles)*. Paris: Éditions du Centre National de la Recherche Scientifique, 1974.

Rich, Vivien. "Mughal Floral Painting and Its European Sources." *Oriental Art* n. s. 33 (1987): 183-89.

Richards, John. *The Mughal Empire*. New Cambridge History of India, 1.5. Cambridge: Cambridge University Press, 1995.

Riggs, Charles. *See* Kritovoulos

Rizvi, S. A. A. and Vincent Flynn. *Fatehpur-Sikri*. Bombay: D. B. Taraporevala Sons, 1975.

Robinson, Chase, ed. *A Medieval Islamic City Reconsidered: An Interdisciplinary Approach to Samarra*. Oxford: Oxford University Press, 2001.

Robinson, Cynthia. "The Lover, His Lady, Her Lady, and a Thirteenth-Century Celestina." In Oleg Grabar and C. Robinson, eds., *Islamic Art and Literature*, 79-115. Princeton: Markus Wiener, 2001.

Robinson, Frances. *Islam and Muslim History in South Asia*. New Delhi: Oxford University Press, 2000.

Rogers, J. M. "Samarra: A Study in Medieval Town Planning." In Albert Hourani and S. M. Stern, eds., *The Islamic City*, 119-55. Philadelphia: University of Pennsylvania Press, 1970.

Rosen-Ayalon, Myriam. *The Early Islamic Monuments of al-Haram ai-Sharif: An Iconographic Study*. Jerusalem: Hebrew University, 1989.

Rubiera Mata, Maria Jesus. *La arquitectura en la literatura árabe*. Madrid: Editora Nacional, 1981.

Ruggles, D. Fairchild. "The Alcazar of Seville and Mudéjar Architecture." *Gesta* 43 (200S): 87-98.

———. "Arabic Poetry and Architectural Memory in al-Andalus." *Ars Orientalis* 23 (1993): 171-78.

———. "The Eye of Sovereignty: Poetry and Vision in the Alhambra's Lindaraja Mirador." *Gesta*, 36 (1997): 182-91.

———. "The Framed Landscape in Islamic Spain and Mughal India." In Brian Day, ed., *The Garden: Myth, Meaning, and Metaphor*. (Working Papers in the Humanities, 12), 21-50. Windsor, Ont.: University of Windsor, 2003.

———. "Gardens." In Frederick Asher, ed., *Art of India*, 258-70. Chicago: Encyclopaedia Britannica, 2003.

———. *Gardens, Landscape, and Vision in the Palaces of Islamic Spain*. University Park: Pennsylvania State University Press, 2001.

———. "The Gardens of the Alhambra and the Concept of the Garden in Islamic Spain." In Jerrilynn Dodds, ed., *Al-Andalus: The Arts of Islamic Spain*, 162-71. New York: Metropolitan Museum of Art, 1991.

———. "Il giardini con pianta a croce nel Mediterraneo islamico:" In Attilio Petruccioli, *Il giardino islamico: Architettura, natura, paesaggio*, 143-54. Milan: Electa, 1993. German edition: *Der islamische Garten: Architektur. Natur. Landschaft*. Stuttgart: Deutsche Verlags-Anstalt, 1995.

———. "Hurnayun's Tomb and Garden: Typologies and Visual Order." In Attioli Petruccioli, ed., *Gardens in the Time of the Great Muslim Empires*, 173-86. Leiden: E.J. Brill, 1997.

———. "Making Vision Manifest: Frame, Screen, and View in Islamic Culture." In Dianne Harris and D. Fairchild Ruggles, eds., *Sites Unseen: Landscape and Vision*, 131-56. Pittsburgh: University of Pittsburgh Press, 2007.

———. "Mothers of a Hybrid Dynasty: Race, Genealogy, and Acculturation in al-Andalus." *Journal of Medieval and Early Modern Studies* 34 (2004): 65-94.

———. "Vision and Power at the Qala Bani Hammad in Islamic North Africa." *Journal of Garden History* 14 (1994): 28-41.

———. "What's Religion Got to Do with It? A Skeptical Look at the Symbolism of Islamic and Rajput Gardens." *DAK: The Newsletter of the American Institute of Indian Studies* no. 4 (Autumn 2000): 1, 5-8.

———. *See also* Jennifer Joffee.

Sack, Dorothée. *Damaskus: Entwicklung und Struktur einer orientalisch-islamischen Stadt*. Mainz: P. von Zabern, 1989.

Safran, Janina. "From Alien Terrain to the Abode of Islam: Landscapes in the Conquest of Al-Andalus." In John Howe and Michael Wolfe, eds., *Inventing Medieval Landscapes*, 136-49. Gainesville: University Press of Florida, 2002.

———. *The Second Umayyad Caliphate*. Cambridge, Mass.: Center for Middle Eastern Studies and Harvard University Press, 2000.

Saladin, Henri. *Tunis et Kairouan*. Paris: H. Laurens, 1908.

Salmon, G. "Marabouts de Tanger." *Archives marocaines* 2 (1905): 115-26.

al-Samarrai, Qasim. "The Abbasid Gardens in Baghdad and Samarra (7th-12th Centuries)." In Leslie Tjon Sie Fat and Erik de Jong, eds., *The Authentic Garden*. Leiden: Clusius Foundation, 1991.

El-Samarraie, Husam Qawam. *Agriculture in Iraq During the Third Century*, A. H. Beirut: Librairie du Liban, 1972.

Samsó, Julio. "Un calendrier tunisien d'origine andalouse?" *Cahiers de Tunisie* 24 (1978): 65-82.

———. "La tradición clásica en los calendarios agrícolas hispanoarabes y norteafricanos." In *Actas del II Congreso para el Estudio de la Cultura en el Mediterráneo Occidental* (1975), 177-86. Barcelona, 1978.

Sanders, Paula. *Ritual Politics, and the City in Fatimid Cairo*. Albany: State University of New York Press, 1994.

Sanderson, Gordon, with Maulvi Shuaib. *A Guide to the Buildings and Gardens: Delhi Fort*. 4th ed., 1936; reprint, Delhi: Asian Educational Services, 2000.

Sāqī Mustʿad Khān. *Maʾàsir-i ʿĀlamgīrī*. Trans. Sir Jadunath Sarkar. Calcutta: Royal Asiatic Society of Bengal, 1947.

Sauvaget, Jean. "Châteaux omeyyades de Syrie." *Revue des études islamiques* 39 (1967): 1-42.

———. *La Mosquée omeyyade de Médine*. Paris: Vanoest, 1947.

———. "Le plan antique de Damas." *Syria* 26 (1949): 314-58.

———. "Les ruines omeyyades du Djebel Seis." *Syria* 20 (1939): 239-56.

———. *See also* Ibn al-Shihnah

Scanlon, George T. "Housing and Sanitation: Some Aspects of Medieval Egyptian Life." In Albert H. Hourani and S. M. Stern, eds., *The Islamic City*, 185-94. Philadelphia: University of Pennsylvania Press, 1970.

Scheindlin, Raymond. "El poema de Ibn Gabirol y la fuente del Patio de los Leones." *Cuadernos de la Alhambra* 29-30 (1993-94): 185-89.

Schiøler, Thorkild. *Roman and Islamic Water-Lifting Wheels*. Denmark: Odense University Press, 1971.

Schlumberger, Daniel. "Les fouilles de Qasr el-Heir el-Gharbi (1936-1939 )." *Syria* 20 (1939): 195-238, 324-73

———. *Lashkari Bazar: Une residence royale ghaznévide et ghoride. la l'architecture*, 2 vols. in 3. Paris: Diffusion de Boccard, 1978.

Serjeant, R. B., and Husayn 'Abdullah al-'Amri, "A Yemeni Agricultural Poem." In *Studia Arabica et Islamica* (festschrift for Ihsan 'Abbas), ed. Wadād al-Qādī, 407-27. Beirut: American University of Beirut, 1981.

Seyrig, Henri. "Antiquités syriennes: Les jardins de Kasr el-Heir." *Syria* 12 (1931): 316-18.

Shah Jāhān. *See* 'Ināyat Khān.

Sharma, Y. D. *Delhi and Its Neighbourhood*. New Delhi: Archaeological Survey of India, 1990.

Shaw, B. D. "The Noblest Monuments and the Smallest Things: Wells, Walls and Aqueducts in the Making of Roman Africa." In A.T. Hodge, ed., *Future Currents in Aqueduct Studies*, 63-91. Leeds: F. Cairns, 1991.

Shephard-Parpagliolo, M. T. *Kabul: The Bagh-i Babur*. Rome: Istituto Italiano per il Medio e l'Estremo Oriente, 1972.

Shokoohy, Mehrdad, and Natalie Shokoohy. *Nagaur: Sultanate and Early Mughal History and Architecture of the District of Nagaur, India*. Royal Asiatic Society Monographs, 28. London: Royal Asiatic Society, 1993.

Siddiq, W. H. "The Discovery of Architectural Remains of a Pre-Mughal Garden at New Delhi." In B. M. Pande and B. D. Chattopadhyaya, eds., *Archaeology and History: Essays in Memory of Shri A. Gosh*, 2: 573-770 Delhi: Agam Kala Prakashan,1987.

Simpson, Marianna Shreve. *Sultan Ibrahim Mirza's "Haft awrang": A Princely Manuscript from Sixteenth-century Iran*. New Haven: Yale University Press, 1997.

Sims, Eleanor. *Peerless Images: Persian Painting and Its Sources*. New Haven: Yale University Press, 2002.

Singh, A. P. and Shiv Pal Singh. *Monuments of Orchha*. Delhi: Agam Kala Prakashan, 1991.

Singh, Patwant. "The Tragedy of the Lodi Tombs." *Design* 15 (April 1971): 15-26.

Sinha, Amita. "The Cosmic Tree in Buddhist Landscapes." *Geographical Review of India* 63, no. 1 (2001): 1-15.

———. "Nature in Hindu Art, Architecture, and Landscape." *Landscape Research* 20 (1995): 3-10.

Sinha, Amita, and D. Fairchild Ruggles. "The Yamuna Riverfront, India: A Comparative Study of Islamic and Hindu Traditions in Cultural Landscapes." *Landscape Journal* 23, no. 2 (2004): 141-52.

Siraju-l-Islam, Muhammad. "The Lodi Phase of Indo-Islamic Architecture." Ph.D. dissertation, Freie Universität, Berlin, 1960.

Skelton, Robert. "A Decorative Motif in Mughal Arr." In Pratapaditya Pal, ed., *Aspects of Indian Art*, 147-52. Leiden: E.J. Brill, 1972.

Smart, Ellen. "Graphic Evidence for Mughal Architectural Plans." *Art and Archaeology Research Papers* (AARP) (December 1974): 22-23.

Smith, Edmund W. *Akbar's Tomb, Sikandrah near Agra, Described and Illustrated*. Archaelogical Survey of India, New Imperial Series, no. 35. Allahabad: Superintendent Government Press, United Provinces,1909.

———. *The Moghul Architecture of Fathpur-Sikri*, 4 vols. 1894-98; reprint Delhi: Caxton, 1985.

Smith, Jane I., and Yvonne Y. Haddad. *The Islamic Understanding of Death and Resurrection*. Albany: State University of New York Press, 1981.

Smith, Jonathan Z. *To Take Place: Toward a Theory of Ritual*. Chicago: University of Chicago Press, 1987.

Smith, Vincent A. *A History of Fine Art in India and Ceylon*. 2nd ed. rev. K. de B. Codrington. Oxford: Clarendon Press, 1930.

Solignac, Marcel. "Recherches sur les installations hydrauliques de Kairouan et des steppes tunisiennes du VII$^e$ au XI$^e$ siècle (J.-C.)." *Annales de l'Institut d'Études Orientales, Alger* 11 (1953): 60-170.

Spear, T. G. P. Delhi, *Its Monuments and History*, 2nd rev. ed. Updated by Narayani Gupta and Laura Sykes. Delhi: Oxford University Press, 1994.

Staacke, Ursula. *Un palazzo normano a Palermo. La Zisa*. Palermo: Ricerche et documenti, 1991.

Stronach, David. "Parterres and Stone Watercourses at Pasargadae: Notes on the Achaemenid Contribution to Garden Design." *Journal of Garden History* 14 (1994): 3-12.

———. "The Royal Garden at Pasargadae: Evolution and Legacy." In Louis vanden Berghe and L. de Meyer, eds., *Archaeologia Iranica et orientalis. Miscellanea in honorem Louis van den Berghe*, 475-502. Ghent: Peeters, 1989.

Subtelny, Maria. " Agriculture and the Timurid *Chaharbagh:* The Evidence from a Medieval Persian Agricultural Manual." In Attilio Petruccioli, ed., *Gardens in the Time of the Great Muslim Empires*, 110-28. Leiden: E. J. Brill, 1997.

———. "A Medieval Persian Agricultural Manual in Context: The *Irshād al-Zirā'a* in Late Timurid and Early Safavid Khorasan." *Studia Iranica* 22 (1993): 167-217.

———. "Mīrak-i Sayyid Ghiyās̱ and the Timurid Tradition of Landscape Architecture." *Studia Iranica* 24 (1995): 19-54.

———. "The Poetic Circle at the Court of the Timurid Sultan Husain Baiqara, and Its Political Significance." Ph.D. diss., Harvard University, 1979.

"Sultan Qaboos University." *Mimar* ("Architecture in

Development ") 37 (1990): 46-49.

Tabales Rodríguez, Miguel Angel. "El Patio de las Doncellas del Palacio de Pedro I de Castilla: génesis y transformación." *Apuntes del Alcazar de Sevilla* 6 (May 2005): 6-43.

Tabbaa, Yasser. "The Medieval Islamic Garden: Typology and Hydraulics." In John Dixon Hunt, ed., *Garden History: Issues, Approaches, Methods*, 303-30. Washington, D.C.: Dumbarton Oaks, 1989.

——."The 'Salsabil' and 'Shadirvan' in Medieval Islamic Courtyards." *Environmental Design: Journal of the Islamic Environmental Design Research Centre* 1 (1986): 34-37.

Taeschner, Franz. *Alt-Stambuler Hof und Volksleben*. Hanover, 1925.

Tafit, Francis. "Honor and Alliance: Reconsidering Mughal-Rajput Marriages". In Karine Schumer, Joan Erdman, Deryck Lodnick, and Lloyd Rudolph, eds. *The Idea of Rajasthan: Explorations in Regional Identity*, 2vols. 2:217-41. New Delhi: Manohar, 1994.

Tagher, Jeanette. "Le jardin de l'Ezbékieh." *Cahiers d'histoire égyptienne* 5-6 (1951): 413-21.

Tandon, B. "The Architecture of the Nawabs of Avadh, 1722-1856." In Robert Skelton et al, eds., *Facets of Indian Art*, 66-75. London: Victoria and Albert Museum, 1986.

Tavernier, Jean Baptiste. *Tavernier's Travels in India*. Trans. and ed. V. Ball. London, 1889.

Tchalenko, Georges. *Villages Antiques de la Syrie du Nord: Le Massif du Bélus a l'Époque Romaine*, 2 vols. Paris: Paul Geuthner,1953.

Tengberg, Margareta. "Research into the Origins of Date Palm Domestication." In *The Date Palm: From Traditional Resource to Green Wealth*, 51-62. Abu Dhabi: Emirates Center for Strategic Studies and Research, 2003.

Thackston, Wheeler. *See* Babur

Thompson, J. P. "The Tomb of Jahangir." *Journal of the Punjab Historical Society* 1 (1911): 12-30.

*The Thousand and One Nights*. *See* Richard Burton, trans.

Tillotson, G. H. R. *The Rajput Palaces: The Development of an Architectural Style, 1450-1750*. New Haven: Yale University Press, 1987.

Titley, Norah. *Plants and Gardens in Persian, Mughal and Turkish Art*. London: British Library, 1979.

Titley, Norah, and Frances Wood. *Oriental Gardens*. San Francisco: Chronicle Books, 1991.

Tito Rofo, José. "Permanencia y cambio en los jardines de la Granada morisca (1492-1571). Los jardines de los palacios nazaríes: La Alhambra y el Generalife." In Carmen Añón and Jose Luis Sancho, eds., *Jardin y naturaleza en el reinado de Felipe II*, 363-79. Madrid: Sociedad Estatal para la Conmemoración de los Centenarios de Felipe II y Carlos V, 1998.

Topsfield, Andrew. *The City Palace Museum, Udaipur: Paintings of Mewar Court Life*. Ahmedabad: Mapin, 1990.

——. "City Palace and Lake Palaces: Architecture and Court Life in Udaipur Painting." In Giles Tillotson, ed. *Stones in the Sand: The Architecture of Rajasthan*, 54-67. Mumbai: Marg Publications, 2001.

Torres Balbás, L. *Artes almoravide y almohade*. Madrid: Consejo Superior de Investigaciones Científicas, 1955.

——. "Monteagudo y 'El Castillejo', en la Vega de Murcia." *Al-Andalus* 2 (1934): 366-72.

——. "El Oratorio y la casa de Astasio de Bracamonte en el Partal de la Alhambra."*Al-Andalus* 10 (1945): 440-49.

——. "Patios de crucero." *Al-Andalus* 23 (1958): 171-92.

Turner, Howard R. *Science in Medieval Islam*. Austin: University of Texas Press, 1995.

Ulbert, Thilo. "Ein umaiyadischer Pavillon in Resafa-Rusafat Hisam." *Damaszener Mitteilungen,* 7 (1993): 213-31.

Vallejo Triano, Antonio. "Madinat al-Zahra', capital y sede del califato omeya andalusí." In *El esplendor de los Omeyas cordobeses*, 386-97. Granada: Fundación Andalusí, 2001.

——. "Madinat al-Zahra' : The Triumph of the Islamic State." In Jerrilynn D. Dodds, eds., *Al-Andalus: The Art of Islamic Spain,* 27-39. New York: Metropolitian Museum of Art, 1992.

Varisco, Daniel. "Agriculture in Rasulid Zabid." *Journal of Semitic Studies. Supplement 14. Studies on Arabia in Honour of Professor G. Rex Smith*, eds. J. F. Healey and V. Porter, 323-51. Oxford: Oxford University Press, 2002.

——. *Medieval Agriculture and Islamic Science: The Almanac of a Yemeni Sultan*. Seattle: University of Washington Press, 1994.

——. "A Royal Crop Register from Rasulid Yemen." *Journal of the Economic and Social History of the Orient* 34 (1991): 1-22.

Vázquez Ruíz, José. "Un calendario anónimo granadino del siglo XV." *Revista del Instituto de Estudios Islámicos en Madrid* 9-10 (1961-62): 23-64.

Ventura Villanueva, Ángel. *El abastecimiento de agua a la Córdoba romana. I. El acueducto de Valdepuentes*. Cordoba: Universidad de Cordoba, 1993.

Vesel, Ziva. "Les traits d'agriculture en Iran." *Studia iranica* 15 (1986): 99-108.

Vigil Escalera, Manuel. *El jardin musulmdn de la antigua Casa de Contratación de Sevilla. Intervención arquitectónica*, 2 vols. Seville: Junta de Andalucia, Consejería de Obras Públicas y Transportes, 1992.

Vílchez Vílchez, Carlos. *El Generalife*. Granada: Proyecto Sur de Ediciones, 1991.

Villiers-Stuart, Constance Mary. *Gardens of the Great Mughals*. London: A & C Black, 1913.

Viollet, Henri. "Description du palais de al-Moutasim à Samara" and "Fouilles à Samara." *Mémoires de l'Académie des Inscriptions et Belles-Lettres*, ser. I, v. 12, pt. 2 (1909, 1911), 567-94, 685-717.

Volwahsen, Andreas. *Imperial Delhi: The British Capital of the Indian Empire*. Munich: Prestel, 2002.

Von Hantelmann, Christa, and Dieter Zoern. *Gardens of Delight: The Great Islamic Gardens*. Cologne: DuMont Buchverlag, 2001.

Wagoner, Phillip. "Sultan Among Hindu Kings: Dress, Titles, and the Islamicization of Hindu Culture at Vijayanagara." *Journal of Asian Studies* 55, no.4 (1996): 851-80.

Watson, Andrew. *Agricultural Innovation in the Early Islamic World: The Diffusion of Crops and Farming Techniques*. Cambridge: Cambridge University Press, 1983.

———. "The Arab Agricultural Revolution and Its Diffusion, 711-1100." *Journal of Economic History* 34 (1974): 8-35.

Watson, William, ed. *Landscape Style in Asia: A Colloquy held 25-27 june 1979*. London: University of London, School of Oriental and African Studies, 1980.

Watt, W. Montgomery. "Iram." In *Encyclopaedia of Islam*, 2nd ed. III (1975): 1270.

Weber, Edgar. "La ville de cuivre, une ville d'al-Andalus." *Sharq al-Andalus* 6 (1989): 43-81.

Weitzmann, Kurt. "The Greek Sources of Islamic Scientific Illustrations." In G. Miles, ed., *Archaeologica Orientalia in Memoriam Ernst Herzfeld*, 244-66. Locust Valley, N.Y.: J. J. Augustin, 1952.

Welch, Anthony. "Gardens That Babur Did Not Like: Landscape, Water, and Architecture for the Sultans of Delhi." In James L. Wescoat, Jr., and Joachim Wolschke-Bulmahn, eds., *Mughal Gardens: Sources, Places, Representations, and Prospects*, 59-93. Washington, D.C.: Dumbarton Oaks, 1996.

———. "Hydraulic Architecture in Medieval India: The Tughluqs." *Environmental Design* 2 (1985): 74-81.

———. "A Medieval Center of Learning in India: The Hauz Khas Madrasa in Delhi." *Muqarnas* 13 (1996): 165-90.

Welch, Stuart Cary. *Persian Painting: Five Royal Safavid Manuscripts of the Sixteenth Century*. New York: George Braziller, 1976.

Wescoat, James. L., Jr. "Early Water Systems in Mughal India." *Environmental Design* 2 (1985): 50-57.

———. "Lahore." In *The Grove Dictionary of Art Online*. Oxford University Press. *http://www.groveart.com* (accessed 19 April 2004).

———. "Picturing an Early Mughal Garden." *Asian Art* 2 (1989): 59-79.

———. "Waterworks and Landscape Design at the Mahtab Bagh." In Elizabeth Moynihan, ed., *The Moonlight Garden: New Discoveries at the Taj Mahal*, 59-78. Washington, D.C.: Arthur M. Sackler Gallery; Seattle: University of Washington Press, 2000.

———. *See also* Kausar, Brand, and Wescoat.

Wescoat, James L., Jr., Michael Brand, and Naeem Mir. "The Shahdara Gardens of Lahore: Site Documentation and Spatial Analysis." *Pakistan Archaeology* 25 (1993): 333-66.

Wescoat, James L., Jr., and Gilbert White, *Water for Life: Water Management and Environmental Policy*. Cambridge: Cambridge University Press, 2003.

Wescoat, James L., Jr., and Joachim Wolschke-Bulmahn, eds. *Mughal Gardens: Sources, Places, Representations, and Prospects*. Washington, D.C.: Dumbarton Oaks, 1996.

White, Lynn, Jr. *Medieval Technology and Social Change*. Oxford: Clarendon Press, 1962.

Wiet, Gaston. *Catalogue général du Musée de l'art islamique du Caire: Inscriptions historiques sur pierre*. Cairo: Imprimerie de l'Institut Français d'Archéologie Orientale, 1971.

———. *See also* al-Yaʿqūbī.

Wilber, Donald. *Persian Gardens and Garden Pavilions*. 1962; reprint, Washington, D.C.: Dumbarton Oaks, 1979.

Wilson, Andrew. "Water Supply in Ancient Carthage." In J. T. Peña, et al., eds., *Carthage Papers (Journal of Roman Archaeology*, Supplementary series 28), 65-102. Portsmouth, R.I.: 1998.

Wittfogel, Karl. *Oriental Depotism*. New Haven: Yale University Press, 1957.

Woodbridge, Kenneth. *Princely Gardens: The Origins and Development of the French Formal Style*. London: Rizzoli, 1986.

al-Yaʿqūbī, *Les pays*. Ed. and trans. Gaston Wiet. Cairo: Imprimerie de l'Institut Français d'Archéologie Orientale, 1937.

Yazdani, Ghulam. *Mandu: The City of joy*. Oxford: Oxford University Press, 1929.

Yildiz, D. "Tulips in Ottoman Turkish Culture and Art." In Michiel Roding and Hans Theunissen, eds., *The Tulip: A Symbol of Two Nations*. Utrecht: M. Th. Houtsma Stichting, 1993.

Zajadacz-Hastenrath, Salome. "A Note on Babur's Lost Funerary Enclosure at Kabul." *Muqarnas* 14 (1997): 135-42.

## 監修者あとがき

　豊かな緑に色とりどりの花に囲まれた庭園で鳥の歌を楽しみながら過ごす時間の贅沢さは、世界共通の喜びだろう。しかし、どんな樹木や花を植え、どのような形に庭園を整え、水をどのように扱えば、最も美しい庭園だと感じるかは、地域や時代によって大きな違いがあるはずだ。それをイスラームという宗教で共通する地域に限定すると、どのような特徴がみえてくるだろうか。
　本書は、イスラーム時代のスペイン（アンダルス）の庭園・景観学を専門としてきた研究者フェアチャイルド・ラッグルスによる、総合的な研究である。アンダルスは、イスラームの西のフロンティアであり、異教徒と接する最前線であった。そのアンダルスの庭園をイスラームの庭園全体の歴史のなかでいかに位置づけることができるか、ということから本書の執筆動機は出発したのだと考えるが、著者の専門であるアンダルス庭園に関する圧倒的な学識はもちろんのこと、文学的・絵画的な証言による庭園の定型化や宗教的な概念としての楽園の思想といった従来のイスラーム庭園論にとどまらず、灌漑や農業といった科学的なアプローチに目を向け、イスラームの反対側の東のフロンティアであるインドの庭園、現代の庭園に行き着き、極めて広範囲の時間と空間を扱う、イスラーム庭園研究の指南書として結実した。
　理想の庭園を人工的に創造していく上で必要となる技術や工夫は、本書で語られている地域ではその地形や気候の特徴のために、非常なる困難や努力を伴っていたことは想像に難くない。それにもかかわらず庭園が造られ続けた背景には、植物と水がもたらす恵みが物質生活のみならず精神生活の大きな支えになっていたからである。有力な王朝の支配者は、必ずその宮殿に付随する庭園をもっており、庭園での時間は彼らの日常生活の大きな部分を占めていただろう。
　だが、庭園というものは物理的に残りにくい。王朝が滅ぼされれば、その宮殿とともに破壊され、蹂躙され、焼かれてしまい、かつての敷地には新たな建物が建設される。19世紀、20世紀まで王朝が存続していたインドやトルコにおいても、庭園は不変ではなく、形態や植えられる植物の種類は創設当時の姿を残しているとは限らない。庭園遺構も常設の建築物が少ないために考古学的に発掘されても復元の手がかりが少ない。
　このような状況のなかでラッグルスは果敢に研究を進めるのだが、最終的にはイスラームの中心地域であるアラビア半島、イラク、シリア、エジプトの事例に乏しいという結果になってしまった。その一方で、イスラームのフロンティアであったスペインやインドの事例が豊富に扱われていることは興味深い。それぞれの地域にとって異質の要素をもつ庭園であるがゆえに珍しがられ、大事にされ、

学習されて、今日まで残されてきたのである。ムスリムは意識的に「イスラーム的」な庭園をつくろうとはしてこなかっただろうが、非ムスリムが「イスラーム的」だと感じてきた異質の要素のなかにこそ美しい結晶が輝いており、現代の庭園にも活かされ、次世代へとつながれていくことになるだろう。

　翻訳の木村高子さんは、さまざまな言語が織り交ぜられた、時代も地域も内容も多様な本書をわかりやすく丁寧に訳して下さった。木村さんという幅広い文化との接触をもつ希有な訳者を得て初めて、本書は和書としてはばたくことができた。日本の読者が新しいタイプの庭園に出会うきっかけとなれば幸いである。

2012年8月

桝屋　友子

## 訳者あとがき

　イスラーム庭園、と聞いたとき、普通の日本人が連想するのはアルハンブラ宮殿やタージ・マハルといったところだろうか。アラビアンナイトの世界そのままの、現実離れした夢幻の宮殿のイメージに空想をかき立てられるかもしれない。あるいは昨今の混沌とした政治情勢と重ね合わせ、自爆テロの元祖ともいうべき暗殺教団の長老が若者に描いてみせたという、緑豊かな豊穣の園、美しい乙女のいる楽園を思い描くだろうか。日本の伝統的な枯山水、ミニマムの美を追求する感性からかけ離れた、絢爛豪華な過剰の美とでも言うべきものを、思い浮かべる人は多いだろう。

　そうしたイメージを持つのはけっして日本人だけではない。西欧の人々も、長らくこうしたステレオタイプにとらわれてきた。日本とヨーロッパの間に位置するトルコからインド、インドネシアにかけての広大なイスラーム圏は、長年どちらにとってもなじみのない土地であり続け、『千夜一夜物語』が人々の想像力をかき立ててきた。

　しかし、イスラーム庭園は決してそのような決まりきった姿をしていたのではない。それよりずっと深く多様性に満ちている、と著者のD・フェアチャイルド・ラッグルズは述べている。決して画一的な、イスラーム庭園とひとくくりに単純化される存在があったのではなく、またその外見がすべてコーランの章句、つまり宗教に規定されていたわけでもないということだ。

　イリノイ大学アーバナ・シャンペーン校で景観設計の歴史を教える著者は本書で、西のスペイン・イスラームから東はインドのムガル帝国まで、そしてその間に位置するモロッコ、エジプト、トルコ、シリア、アフガニスタンなど各地に現存する、あるいは失われてしまった庭園を取り上げている。外見だけでなくそれが何を象徴しているか、またイスラーム世界内部だけでなく中国やヨーロッパなど当時の異文化圏との文化交流の結果がどのように反映されているかも説明する。中世から近代のイスラーム世界に残る庭園を考察した筆者は、20世紀にアメリカ合衆国に造られた「イスラーム風」庭園も忘れてはいない。読者は、イスラーム庭園が存在した地域と時間の広がりに圧倒されるだろう。

　イスラームの揺籃期には、砂漠の民は生きのびる必要から周囲の土地を整備し、水をひいて小さな畑を作っていたが、やがて権力者は、人間の想像力の限界に挑むような華麗で現実離れした庭園を造るようになる。本書では、機械仕掛けの鳥がさえずり、池の睡蓮のつぼみに金銀がひそんでいるような、こうした華麗な宮殿庭園だけでなく、残された資料が少ない庶民の住居の庭も、取りこぼしなく紹介されている。また、それぞれの地方に住む人々が厳しい自然とどのようにかか

わり合い、理想の自然をどのように思い描いたのかということも、明らかにされている。

　庭園は、それを造った人の数だけ多様であり、時には過剰なほどの装飾が施されている。しかしその根底には、厳しい環境にあって自然を愛でる気持ち、人間の生命の維持に欠かせない水と植物を慈しむ気持ちがある。それはイスラーム圏だけでなく、世界中のどこの庭園にも共通する、人間の本能ではないだろうか。

　著者は執筆にあたって、中世イスラーム宮廷の文献、農業書、そして宮廷詩を渉猟し、また最新の考古学調査の成果も取り入れている。これまで未発表の貴重な図面や古記録の挿絵も数多く載せ、実際に栽培された植物や水やりの方法なども、細部にわたって丁寧に説明している。そこにはガーデニングを趣味とする著者ならではの鋭い視点が光っている。本書は2009年に、ニューヨークに本拠を置くFoundation for Landscape Studiesから、景観をテーマに英語で書かれた優れた本に贈られる、J・B・ジャクソン・ブック賞を受賞した。

　日本ではイタリア式庭園、イギリス式庭園、フランス式庭園こそ市民権を得ているものの、イスラーム庭園については紹介する本も少なく、あまり知られているとはいえない。その意味で、豊富な図版と参考文献リストを備えた本書は絶好の入門書であり、研究者の参考資料になるだろう。1部でイスラーム庭園の成立や実際にどのように機能したか、そして庭園が何を象徴していたのかなどが説明されている。2部には実在したさまざまな庭園が地域ごとに丁寧に紹介されているので、本書は、実際にそれらの地域を旅する人が携えていくにも最適である。

　私事で恐縮だが、昔、イラクに住んでいた頃、ときおりサーマッラーに出かけて高いミナレットに上った。チグリス川が悠々と流れるほかは砂色が支配する砂漠に屹立するミナレットの印象は強く残っているが、その傍らに、アラビアンナイトそのままの華麗な宮殿がかつて存在したとは、全く気づかなかった。いつか機会があれば、ぜひ再訪し、宮殿跡を確認したいと思う。

　最後になりましたが、監修してくださいました東京大学東洋文化研究所教授の桝屋友子先生、翻訳に際してお世話になった株式会社リベルの山本知子さんと、きめ細かい編集をしてくださった原書房の永易三和さんに心から感謝いたします。

2012年5月

木村　高子

著者

フェアチャイルド・ラッグルズ　*Dede Fairchild Ruggles*
　イリノイ大学アーバナ・シャンペーン校ランドスケープ学科教授。
　著書 「Gardens, Landscape, and Vision in the Palaces of Islamic Spain」 2003。
　編集「Islamic Art and Visual Culture: An Anthology of Sources」 2011。

監修

桝屋　友子　*Tomoko Masuya*
　東京大学東洋文化研究所教授。東京大学大学院修士課程修了。ニューヨーク大学大学院にて博士号取得。
　著書「すぐわかるイスラームの美術：建築・写本芸術・工芸」東京美術、2009。
　共　著「Persian Tiles」Carboni,Stefano and Tomoko Masuya. New York, The Metropolitan Museum of Art, 1993。
　翻訳「イスラーム美術」ジョナサン・ブルーム　シーラ・ブレア著、岩波書店、2001。

訳者

木村　高子　*Takako Kimura*
　英語・仏語翻訳家。フランス・ストラスブール大学歴史学部卒、早稲田大学大学院考古学研究科修士課程修了。現在スロヴェニア在住。
　共訳「色　民族と色の文化史」ヴァリション著、「ユダヤ人の起源　歴史はどのように創作されたのか」サンド著、「いま、目の前で起きていることの意味について」アタリ著など。

　　翻訳協力　　大橋　正明　恵泉女学園大学人間社会学部教授。

ISLAMIC GARDENS AND LANDSCAPES
by D. Fairchild Ruggles
Copyright© 2008 University of Pennsylvania Press All rights reserved.
Japanese translation published by arrangement with
University of Pennsylvania Press
through The English Agency (Japan) Ltd.

図説　イスラーム庭園

2012年9月10日　第1刷

著　者　　フェアチャイルド・ラッグルズ
監　修　　桝屋　友子
訳　者　　木村　高子

装幀　　川島　進（スタジオ ギブ）

発行者　　成瀬　雅人
発行所　　株式会社 原書房
〒160-0022 東京都新宿区新宿1-25-13
http://www.harashobo.co.jp　振替・00150-6-151594
印刷・製本　中央精版印刷株式会社
© Takako Kimura ©HARA SHOBO Pubilishing Co.,Ltd. 2012
ISBN 978-4-562-04774-1　Printed in Japan